Peter Croy · Grafik, Form + Technik

Peter Croy

Grafik
Form + Technik

Druck
Typografie
Grafik
Fotografik
Material

MUSTERSCHMIDT GÖTTINGEN
Göttingen · Zürich

Meinem Vater Prof. Dr. Otto Croy gewidmet

CIP-Titelaufnahme der Deutschen Bibliothek
Croy, Peter:
Grafik: Form und Technik; Druck, Typografie, Grafik, Fotografie, Material / Peter Croy. — 5., überarb. Aufl. — Göttingen; Zürich: Musterschmidt, 1990
ISBN 3-7881-5106-4

Fünfte überarbeitete Auflage 1990

Gesamtherstellung: „Muster-Schmidt" KG, Göttingen

Inhalt

Vorwort

Kaum jemand kommt heute ohne Werbung aus, sei es für die eigene Person, den eigenen Betrieb, das von ihm geleitete Industrieunternehmen. Ohne die Werbung im Kleinen oder Großen weiß die Welt nichts von dem, was es gibt. Sie muß aufmerksam gemacht werden, wenn man ihr etwas mitteilen will, sei es durch eine gut gestaltete Visitenkarte, den Hinweis auf das eigene Können oder das Angebot einer fertigen Ware.

Mit Durchschlagskraft, Psychologie und List wird der Kampf ums Dasein auf dem Gebiet der Werbung ausgetragen. Neun Zehntel aller Bemühungen landen im Papierkorb — nur deshalb, weil das letzte Zehntel mehr Beachtung gefunden hatte.

Das Buch ist für jeden Werbetreibenden oder publizistisch tätigen Menschen geschrieben. Er erfährt, was er vielleicht schon ahnte, aber nicht von Grund auf wußte. Es wird ihm einerseits eine Bestätigung seiner Instinkthandlungen geben und sie vertiefen, andererseits wird er erfahren, warum sein Bemühen gegebenenfalls einseitig war und nicht zum gewünschten Erfolg führte. Es kommt nicht nur darauf an, was man sagen will, sondern in erster Linie, wie man es sagt.

Dieses Buch will auf die Fragen der gesamten Werbegestaltungen eine Antwort geben. Es soll nicht nur als Lehrbuch, sondern auch als Nachschlagewerk für die notwendigsten Grundlagen der gesamten Werbegestaltung dienen. Es will auch helfen, eigene Ideen für die Werbung zu entwickeln und befähigen, diese von der Entstehung der Entwurfsarbeit bis zur ausgeführten Druckarbeit im Werdegang zu verfolgen und nach eigenen Wünschen zu beeinflussen. Wer weiß, wie die Drucklegung einer Arbeit vor sich geht, kann Fehlerquellen und Überraschungen ausschalten. Jedermann hat das uneingeschränkte Recht, sauberste Arbeit bei der Ausführung eines Druckauftrags zu fordern, und wer die Möglichkeiten abzuschätzen weiß, wird die Qualitätsansprüche, die an den Druck gestellt werden können, auch erfüllt sehen. Ebenso wie der Auftraggeber von der Druckerei gewissenhafte Arbeit erwartet, kann umgekehrt der Drucker vom Auftraggeber genaue, fehlerfreie Druckvorlagen und saubere Ausführung der Entwurfsarbeiten verlangen, um den Anforderungen, die man an ihn stellt, gerecht zu werden.

Speziell der Gebrauchsgrafiker sieht sich oft vor ausführungstechnische Probleme gestellt. Warum läßt er sich nicht von einem Fachmann, sei es der Setzer, der Drucker, der Fotograf oder der Reprograf, beraten? Der Gebrauchsgrafiker oder der Drucksachengestalter im allgemeinen sollte es verstehen, die Aufgaben entsprechend zu verteilen. Er muß aber auch seine Idee dem Ausführenden mitteilen können und über die gesamte Entstehungsweise bis zum Druck den Überblick behalten. Wie kann man aber die Kontrolle wahren, wenn über den technischen Werdegang einer Arbeit bis zur gedruckten Vorlage Unklarheiten bestehen? Oft wird gerade deshalb die werbewirksamste Idee verbannt, weil es an dem „Nicht-wissen-wie" scheitert. Die dafür gegebene Lösung wird vermieden, man verläßt sich auf die seit jeher vertraute Technik und scheut das Experiment. Werbung dient der Absatzförderung, sie soll nicht unmittelbar verkaufen, sie soll vielmehr das Interesse beim Verbraucher wecken und ihn zum Kauf vorbereiten. Mit Hilfe der fotografischen Mittel kann das zu verkaufende Produkt am besten dargestellt werden. Das Foto vermittelt dem Käufer einen direkten visuellen Eindruck, seine Vorstellungskraft wird am wenigsten strapaziert. Dem Verbraucher wird es ermöglicht, sich mit der Form, der Funktion und den besonderen Vorteilen, die im Text angepriesen werden, schon anhand des Bildes vertraut zu machen. In den folgenden Kapiteln werden diese „Fragen an den Fachmann" beantwortet. Alle Arbeitsgebiete, mit denen Werbegestalter abhängig von ihrem speziellen Beruf noch zu tun haben, sind in kurzer, faßlicher Form erläutert. Zu diesen Berufen zählen Grafik-Designer und Gebrauchsgrafiker, Layouter, Grafische Zeichner, Fotografen, Typografen, aber auch Redakteure, Drucker, Schriftsetzer, Reprografen, Retuscheure, Technische Zeichner, Schriftenmaler und viele andere. Auch für angehende grafische Gestalter in Kunstakademien, Gebrauchsgrafikschulen, Kunstgewerbeschulen, Technische Zeichnerschulen und Fotoschulen wird das Buch als Lehrbuch und Nachschlagewerk eine wertvolle Hilfe sein.

Abgesehen von diesen Berufen hat jedermann etwas mit Vervielfältigung zu tun, sei es zur Drucklegung einer Visitenkarte, einer Glückwunschkarte, vielleicht auch einer Zeitungsanzeige. Der Drogist braucht einen Prospekt oder ein Einschlagpapier für seine Waren, der Kinobesitzer setzt neben den Plakatanschlag noch einen Spielplan oder eine Kinoanzeige in die Zeitung, ein Büro benötigt Vordrucke von Geschäftspapieren und eine Versandfirma eine Angebots- oder eine Preisliste. Diese und viele weitere Berufszweige haben sich mit den gleichen Problemen der sinngemäßen Gestaltung einer Drucksache auseinanderzusetzen. Damit für alle Druckarbeiten, die zur Ausführung gelangen, schon bei ihrer Ausarbeitung die elementaren Kenntnisse, das heißt das Wissen um das „Wie-wird-das-gedruckt?“ vorhanden sind, wurde das Pferd gleichsam von hinten aufgezäumt. Es wurden somit die verschiedenen Druckverfahren den folgenden Kapiteln der Entwurfsausführung vorangestellt.

Druck

Das Wort „drucken“ bezeichnet die Tätigkeit des Druckers, eine nach der Vorlage hergestellte Form mittels Farbe unter Pressedruck auf eine Anzahl Papiere zu übertragen. Wir unterscheiden grundsätzlich drei verschiedene Druckverfahren: den Hochdruck, den Flachdruck und den Tiefdruck.

Als ältestes Druckverfahren ist der Hochdruck bekannt, der in frühester Zeit als Holzschnitt ausgeführt wurde und im Jahre 1445 von Johann Gutenberg durch die Erfindung der Einzelletter, der Methode, durch Nebeneinandersetzen einzelner Buchstabenlettern Worte zu bilden und diese schließlich zu Zeilen zusammenzusetzen, soweit verbessert wurde, daß daraus die heutige Form des Buchdruckes entstand.

Als „Buchdruckerei“ werden alle Firmen benannt, die für Hochdruck eingerichtet sind. Eine kleine Buchdruckerei verfügt zumeist noch über den Restbestand einer Handsetzerei, wo die Buchstaben als Metallettern zu Worten und Zeilen zusammengesetzt, zu einer Satzform gefügt und in einer Druckpresse auf Papier übertragen werden. Größeren Druckereien stehen darüber hinaus eine oder mehrere Setzmaschinen und ein ausreichender Park von Druckmaschinen zur Verfügung. Größte Druckereien haben zusätzlich noch Rotationsdruckmaschinen für den Zeitungsdruck, meist auch eine angeschlossene Repro- und Montageabteilung zur Herstellung der Druckformen von Zeichnungen und Fotografien. Das Offset- und Tiefdruckverfahren sowie eine „Fertigmacherei“ sind oftmals solchen großen Buchdruckereien als gesonderte Abteilungen angegliedert. Die Fertigmacherei übernimmt die Bindearbeiten, das Zählen, Packen usw.

Die Bezeichnung „Buchdruck“ rührt daher, daß das Hochdruckverfahren früher vorwiegend für die Vervielfältigung von Büchern angewandt wurde. Der Offsetdruck als häufigstes Flachdruckverfahren ist für den Kommerzdruck in mittleren bis großen Auflagen und der Tiefdruck für Massendrucksachen und Zeitschriften geeignet.

Die verschiedenen Druckverfahren unterscheiden sich nicht nur in ihrer Herstellungsart, sondern auch in mehr oder weniger wirtschaftlichen und davon abhängig qualitativen Vorzügen.

Früher hat es für die Schriftenwiedergabe nur den Bleisatz gegeben. Die Druckstockherstellung für Bild und Grafik führte über die Reprokamera.

Heute hat die elektronische Datenverarbeitung die mechanischen Techniken abgelöst. Der computergesteuerte Fotosatz ist nur eine Vorstufe zu der Vielseitigkeit des grafik-

orientierten Computerprogrammes „Desktop Publishing". In immer kürzeren Zeitabständen erscheinen neue und verbesserte Programmversionen auf dem Markt.
Schriftsatz mit integrierter Bildverarbeitung und die Einbindung von Grafik ist nur eine von vielen Möglichkeiten, die dieses System bietet. Wenn auch bis jetzt der Arbeitsprozeß nur in Schwarz-Weiß ausführbar ist, arbeiten die großen Farbscanner-Hersteller bereits an Ausweitungsmöglichkeiten. Die rasante Entwicklung neuer rationeller Methoden zur Herstellung der Druckvorstufe führt dazu, daß das alte Handwerk, wie der Buchdruck, immer mehr rückläufig, aber noch nicht abgeschafft ist. Die jeweilige Aufgabenstellung bestimmt die sinnvolle Anwendung einzelner Verfahren. Während man umfangreiche Satzarbeiten sicher nicht mehr in Blei setzt, wird man Gelegenheitsdrucksachen, wie zum Beispiel Kleinauflagen von Einladungskarten, Flugzettel oder Eindrucke mit wechselnden Texten (Mutationen) nicht im Offsetverfahren drucken. Die großformatige Offset-Plattenkopie wäre für einige wenige Zahlen unrentabel. Hingegen werden Spezialarbeiten wie Prägen, Stanzen und Rillen nach wie vor auf Hochdruckpressen ausgeführt. So hat der klassische Buchdruck das typografische System geprägt, das auch in den modernen Druckverfahren als „Sprache des Druckers" erhalten geblieben ist.

Hochdruck

Im Hochdruckverfahren werden alle erhabenen Teile der druckenden Form mit einer zähen Farbe eingewalzt und unter Pressedruck auf das Papier übertragen. Die Hauptaufgabe des Buchdrucks liegt in der Vervielfältigung von „Geschriebenem". Die Schriften werden „direkt" von der

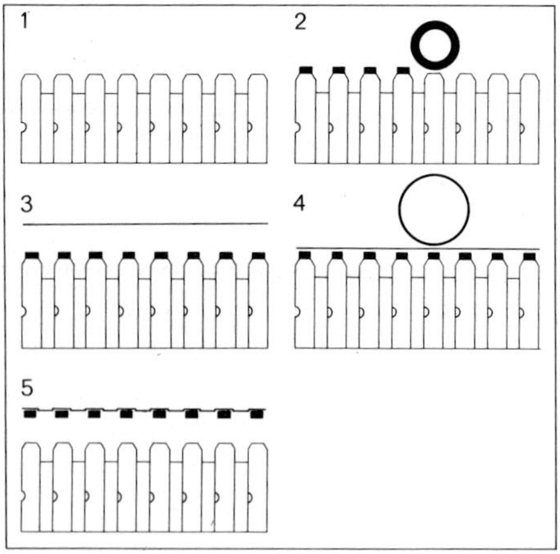

Schematische Darstellung des Hochdrucks
1 Druckform (Schriftkolumne)
2 Einwalzen mit Farbe
3 Auflegen des Papiers
4 Druck
5 Abheben des bedruckten Bogens

Form gedruckt, im Gegensatz zu dem Flach- und Tiefdruckverfahren, wo die Schrift in elektronischen Fotosatzgeräten erzeugt und auf Film kopiert oder direkt auf Fotopapier ausgegeben werden.

Schriftsatz im Buchdruck

Drucktypen

Die zum Satz verwendeten Drucklettern sind aus Metall gegossen. Sie bestehen zunächst aus dem eigentlichen druckenden Schriftbild, der erhabenen Buchstabenform; dieses befindet sich auf einem Träger, dem sogenannten Schriftkegel. Die Lettern bestehen aus einer Blei-Antimon-Zinn Legierung. Das nicht druckende Füllmaterial, als „Blindmaterial" bezeichnet, ist etwas niedriger als die Buchstabenlettern; es kann also nicht mitdrucken. Es wird

Vorderansicht, Seitenansicht
und Draufsicht einer Drucktype (n)
1 Drucktypenkörper
2 Schriftbild
3 Schrifthöhe
4 Dickte
5 Kegel
6 Signatur
7 Linie

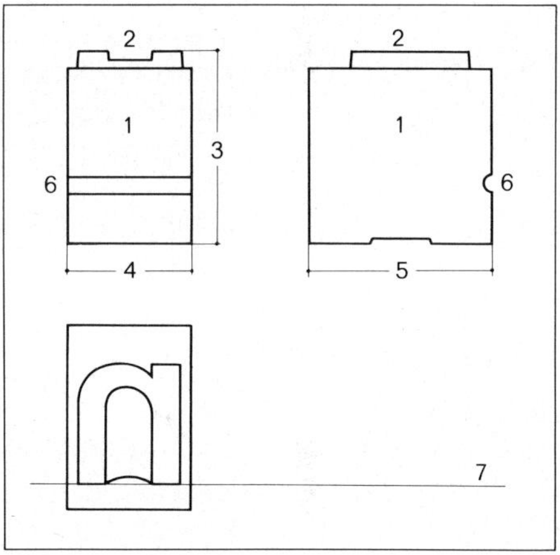

Innerhalb eines Schriftgrades bleiben die Schrifthöhe und Kegel konstant.
Die Dickte wechselt nach der unterschiedlichen Breite der Buchstaben.

dazu verwendet, Wortzwischenräume und Leerzeilen in der Gesamtschriftform, der sogenannten Kolumne, auszufüllen.
In der Fachsprache des Buchdruckers werden die Maße und sonstige in Erscheinung tretende Teile einer Einzelletter verschieden bezeichnet: Als „Drucktypenkörper" wird der Träger des druckenden Schriftbildes benannt. Die charakteristische Zeichnung des „Schriftbildes" wird als „Schnitt" bezeichnet. Sämtliche Lettern sind nach der deutschen „Normalschrifthöhe" genormt. Diese beträgt 62 ⅔ typografische Punkt, das sind 23,566 mm. Der „Kegel" bildet das Maß des Drucktypenkörpers in der Längsrichtung des Schriftbildes. Er ändert sich nach der jeweiligen Schriftgröße, sprich „Grad". Alle Typen gleichen Schriftgrades haben denselben Kegel. Die sogenannte Dickte wechselt nach der unterschiedlichen Breite der Buchstaben. Der Buchstabe **M** ist wesentlich breiter als beispielsweise das **I**. Die „Signatur" dient dem Schriftsetzer zur Unterscheidung verschiedener Schriftarten gleichen Punktgrades. Jede Schriftart trägt eine in bestimmtem Abstand vom Fuß des Kegels gemessene Einkerbung, die „Signatur". Alle Groß- und Kleinbuchstaben einer Schriftzeile stehen auf der Schriftlinie, kurz als „Linie" bezeichnet.

Satzarten

Im Buchdruck unterscheidet man drei Satzarten: den Akzidenzsatz, den Werksatz und den Zeitungssatz. Im „Akzidenzsatz" werden die Gelegenheitsdrucksachen wie Titel, Buchumschläge, Briefköpfe, Urkunden, auch Inserate usw. ausgeführt. Für diese Satzart ist eine umfangreiche Auswahl verschiedener Schriftarten und Schriftgrade erforderlich. Arbeiten im Akzidenzsatz werden nach einer Entwurfsskizze von Hand gesetzt und in der Regel höher berechnet als ein im Werksatz ausgeführter Auftrag.
Als „Werksatz" bezeichnet man eine Satzarbeit, die der Setzer auf der Maschine ausführt, wobei er fortlaufenden Text, sogenannten glatten Satz, nach Manuskripten absetzt. Auch im Handsatz müssen diese Schriftgrade für Korrekturen des Maschinensatzes in ausreichenden Mengen vorhanden sein.
Der „Zeitungssatz" besteht aus fortlaufenden Werk-, Akzidenzsatz oder Anzeigensatz. Beides wird vornehmlich auf Setzmaschinen ausgeführt. Nur die Titelschriften werden von Hand gesetzt und in die fertige Form eingebaut.

Setzmaschinen

In der Reihe der Setzmaschinen ist nunmehr die Zeilengußsetzmaschine oder Linotype genannt, im Gebrauch. Diese Maschine liefert Zeilen, das heißt, es wird nicht jeder Einzelbuchstabe gegossen, sondern eine fertige Zeile in Form eines festen Steges, auf dessen oberer Kante das Schriftbild als Zeile sichtbar ist.
Die einzelnen Buchstaben schlägt der Setzer an der Maschine auf Tasten wie bei einer Schreibmaschine an, das heißt, sie werden „getastet". Durch das Niederdrücken einer Taste der Klaviatur fällt eine „Matrize", die das negative Bild des gewählten Buchstabens trägt, aus dem Magazin in den Sammler. Aus der getasteten Reihenfolge bildet sich hier eine Matrizenzeile. Ein Glockenzeichen kündigt die gefüllte Zeile an. Die Matrizenzeile wird nun durch den Elevator an die Gießform gebracht. Ein Kolbendruck preßt dünnflüssiges Metall in die Form, das die negativen Schriftbilder ausfüllt. Die Maschine beschneidet die gegossene Zeile automatisch auf Schrifthöhe und Kegel und stellt sie auf einem tablettähnlichen Gerät, dem Setzschiff, zum fortlaufenden Satz zusammen.

Im Stück gegossene Linotypezeilen

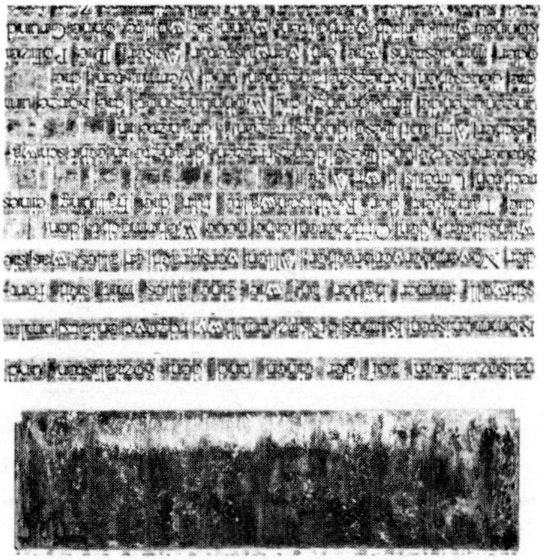

Der Elevator bringt auf dem Rückweg die Matrizen zum Ableger. Sie werden von da aus wieder in die entsprechenden Magazine und Matrizen-Kanäle geordnet.
Zur Hervorhebung einzelner Begriffe (Auszeichnung) kann auf derselben Maschine gleichzeitig kursiv oder halbfett gesetzt werden. Die verschiedenen Modelle des Linotypesystems ermöglichen fast alle Satzarbeiten; vornehmlich aber wird es bei einfachen, unkomplizierten Satzarbeiten angewandt. Bei Korrekturen wird die ganze Zeile neu gesetzt.

Normalsatz

Die Güte der Satzarbeit wird nach dem gleichmäßigen Ausschließen des Satzes bewertet. Da fortlaufende Zeitschriften und Büchertexte meist im Blocksatz hergestellt werden, ist es notwendig, ein gleichmäßiges Schriftbild, das heißt, optisch gleiche Wortabstände innerhalb der Einzelzeilen zu schaffen. Dieses gleichmäßige Ausschließen der Zeilen ist bei schmalem Satz eine Erschwernis für den Setzer. Aus diesem Grunde wurde der „Normalsatz“ festgelegt, dessen Abweichung um jeden fehlenden Buchstaben mit 1 % Erschwerniszuschlag berechnet wird. Der Normalsatz mißt 53 Anschläge pro Zeile.

Illustrationen im Druck

Strichzeichnungen in reiner Schwarz-Weiß-Manier und auch Halbtonbilder schwarz-weiß und farbig werden von einem „Klischee“ gedruckt; dieser Bildträger, eine dünne Metallplatte, meist aus Zink bestehend, wird auf einer Metallunterlage befestigt und auf Normalschrifthöhe justiert. Diesen „Druckstock“ baut man in den Schriftsatz ein und erwirkt somit in einem Druckvorgang zusammen mit dem Text die Bildwiedergabe.
Ein solches Klischee läßt man nach einer Vorlage von einer Reproanstalt anfertigen.

Strichätzungen

Die gebräuchliche Bezeichnung „Strich“ ist irreführend. Ein Strichklischee hat nicht immer etwas mit einer Strichzeichnung zu tun, sondern ist die Bezeichnung für eine Druckform, die reine Schwarzweißdrucke mit Verzicht auf Halb- und Vierteltöne liefert. Als Strichklischee bezeichnet man alle Klischees von der feinsten Federzeichnung über Satzschrift bis zur vollen Fläche. In der Reprofotografie wird von dem Original, Bild oder Text ein Negativ hergestellt. Der gewonnene Film bildet die Grundlage für die Druckformherstellung. Er zeigt die Vorlage spiegelverkehrt und im Tonwert umgekehrt. Wo das Original schwarz ist, bleibt der Film offen, das heißt, wo das Original weiß ist, wird der Film geschwärzt.
In der chemigrafischen Abteilung wird das Filmnegativ auf eine zuvor mit lichtempfindlicher Schicht präparierte Zinkplatte von 1,75—2 mm Stärke aufgelegt, in einem Vakuumgerät in innigen Kontakt gebracht und unter einer starken Lichtquelle auf die Zinkplatte kopiert.
An den transparenten Stellen des Negatives dringt das Licht durch den Film und härtet die Schicht auf der Platte. An diesen Stellen wird sie wasser- und säurefest. Die un-

belichteten Schichtteile lösen sich bei der anschließenden Entwicklung.

Geätzt wird mit einer wässerigen Lösung von Salpetersäure, der organischen Substanzen als Flankenschutzmittel beigefügt sind.

Die Rückseite der Zinkplatten ist mit einem säurefesten Lack geschützt. Während des Ätzvorganges in der Ätzmaschine wird die Platte mit dem Ätzgemisch kräftig und gleichmäßig besprüht. Die Säure greift die Platte an den blanken Metallstellen an, hingegen bleiben die beschichteten Stellen gegen Säureeinwirkung geschützt. Die organischen Substanzen überziehen die gesamte Oberfläche der Platte mit einem Schutzfilm. Die gleichzeitig aufprallende Säure durchdringt diesen Schutzfilm und bewirkt einen Abbau des Metalls an den Stellen, an denen die Ätzflüssigkeit senkrecht auftritt. Die entstehenden Flanken

Vergrößertes Detail aus einer Strichätzung

Druck von obigem Klischee

werden durch die organischen Zusätze geschützt. Die fortlaufende Erneuerung von Schutzbildung und Ätzen erzeugt einen konischen Abbau des Metalls. Die Einstufenätzmaschine liefert in einem Arbeitsgang eine gleichmäßig tiefgeätzte Strichätzung oder Autotypie. In der Zeichnung bleiben auch feinste Strichlagen, die normalerweise Gefahr laufen auseinanderzubrechen, noch erhalten. Im Gegensatz zum früheren konventionellen Verfahren mit stufenweiser Ätzung und Zwischendeckungen für den Flankenschutz, nennt man dieses modernisierte Einstufen-Ätzverfahren auch Dow-Ätzung.
Größere freie Stellen werden nachträglich ausgefräst und kleine Fehler mit einem spitzen Stichel beseitigt. Zuletzt wird die Platte gereinigt und im 90°-Winkel bestoßen, sofern dies so gewünscht wird. In vielen Fällen wird eine Strichätzung im Hintergrund freigestellt, hierbei ätzt man den Hintergrund weg oder fräst ihn aus, worauf man das Klischee nach den Umrissen aus dem Metall sägt.
Heute werden die Zink-Strichätzungen aus Gründen des Umweltschutzes mehr und mehr von Nyloprintklischees verdrängt. Der Arbeitsprozeß ist ähnlich — anstelle von Zink tritt Kunststoff. Statt geätzt, wird bei Normaltemperatur (ca. 20 °C) mit Wasser ausgewaschen, die noch weiche Kunststoffschicht getrocknet und zur Aushärtung nachbelichtet.

Autotypien

Im Gegensatz zur Strichätzung werden in der Autotypie alle Grautonwerte zwischen Schwarz und Weiß wiedergegeben. So kann zum Beispiel ein Foto als genaues Abbild im Druck erscheinen.

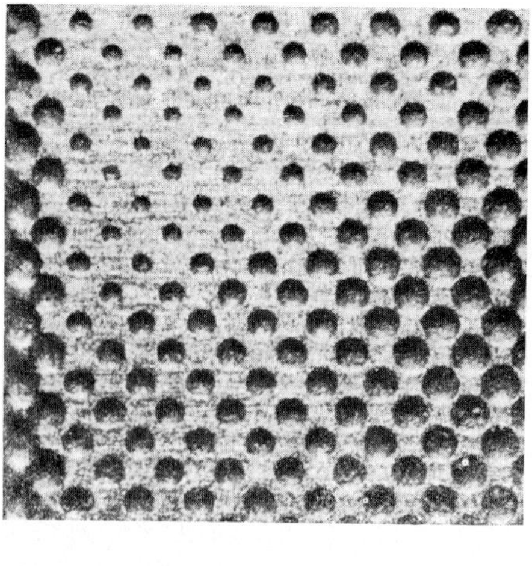

Stark vergrößerter Ausschnitt aus einer Zinkautotypie. Im Druck würde das abgebildete Detail in der oberen Bildhälfte einen dunklen, in der unteren einen mittleren Grauton wiedergeben. Die kreisförmigen Vertiefungen sind die nicht druckenden Zwischenräume der Rasterpunkte.

Prüft man einen solchen Druck mit der Lupe, wird man feststellen, daß das Bild aus vielen kleinen, verschieden starken Punkten, den sogenannten „Rasterpunkten", aufgebaut ist. In den hellen Bildstellen sind die Punkte „spitz" und stehen weit auseinander. Die Stärke der Punkte nimmt an den dunkleren Bildstellen zu, bis sich dieselben im Schwarz berühren und schließlich so zusammenlaufen, daß nur noch feine weiße Pünktchen auf schwarzem Grund stehen bleiben. Diese Zerlegung der Bildfläche in Punkte wird durch Vorschalten eines „Rasters" bei der fotografischen Aufnahme in der Reproduktionskamera erreicht.

Auf der Mattscheibe in der Kamera wird das Bild in gewünschter Größe eingestellt. Wie bei einer Strichätzung wird auf lichtempfindlichem Fotomaterial eine Negativaufnahme gemacht, nur mit dem Unterschied, daß in einem Abstand von 3 mm der Raster vorgesetzt wird.

Der Raster besteht aus zwei gleichen Spiegelglasplatten, in die mit einem Diamanten parallele Diagonallinien eingeritzt wurden. Diese sind geschwärzt und so zusammengekittet, daß sich die Linien beider Glasplatten kreuzen und so ein gleichmäßiges Rasternetz ergeben.

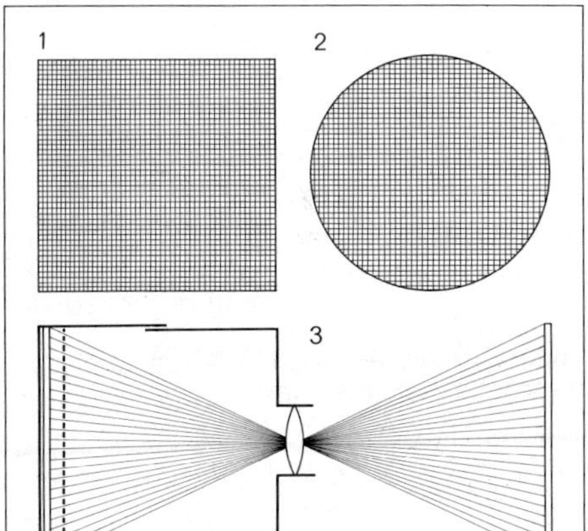

1 Normalraster
2 Rundraster
3 In der Reproduktionskamera zerlegt der Raster die Vorlage ihren Tonwerten entsprechend in Punkte.

Wie schon erwähnt, zerlegt der Raster die Vorlage in einzelne Punkte. An den hellen Bildstellen des Originals reflektiert bei der Aufnahme das Licht stärker, das heißt, es fallen größere Lichtstrahlbündel durch die Öffnungen des Rasters, überstrahlen diese und dringen so stark in die Filmschicht ein, daß durch „Diffusion" ein breiter Punkt entsteht. Als Diffusion bezeichnet man die Eigenschaft der Bromsilberkörner, den einwirkenden Lichtstrahl zu zer-

streuen und somit ein Verbreitern des Strahles in der Filmschicht herbeizuführen.
Von den dunklen bis schwarzen Bildstellen des Originals wird weniger Licht reflektiert; entsprechend bildet sich ein kleinerer, spitzer Punkt an der Filmoberfläche ab.
Der belichtete Film wird entwickelt, fixiert und anschließend gewässert. Auf dem so entstandenen Negativ sind die in Rasterpunkte umgewandelten Zwischentöne mit der Lupe gut zu erkennen. Die durch Diffusion entstandenen unscharfen Ränder der Punkte werden mit Abschwächer entfernt. Das Ergebnis sind scharf begrenzte kleinere und größere Punkte.
Durch Umkopieren des Negativ-Rasterfilms auf eine präparierte Zinkplatte entsteht das gerasterte Positiv. An Stelle der spitzen Punkte im Negativ entstehen die gedeckten breiten Punkte im Positiv. Der Mittelton wird in der Kreuzlage vertauscht und an Stelle der gedeckten Punkte erscheinen die spitzen in den Lichtern.
Geätzt wird in gleicher Weise wie bei der Strichätzung.

Rastergrößen

Bei der Herstellung von Autotypien können verschiedene Rastergrößen den Umfang der Tonwertskala einer Vorlage erheblich vermindern, aber auch ein nahezu gleichwertiges Druckergebnis herbeiführen. Grobe Raster lassen feine Tonunterschiede des Originals nicht mehr zur Wirkung kommen; hingegen können mit einem feinen Raster bis zu 16 Tonstufen wiedergegeben werden. Die Rastergröße richtet sich nach dem Verwendungszweck, das heißt nach der zum Druck gelangenden Papierqualität. Die folgende Aufstellung bietet ungefähr ein Verhältnis von Rastergröße und der dazu verwendbaren Papierart an.

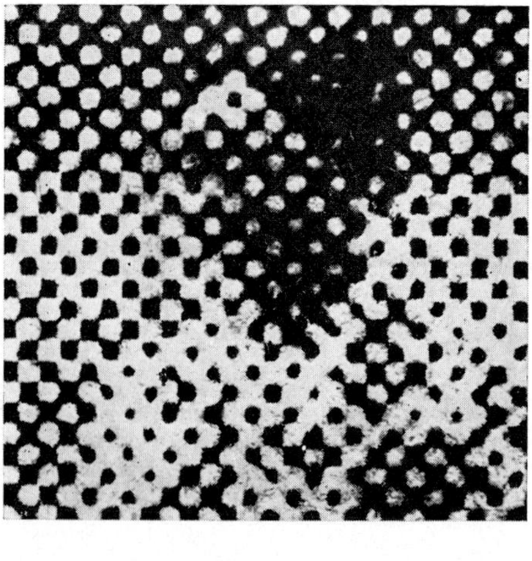

Vergrößertes Detail einer Autotypie aus einem Zeitungsdruck

20er—30er Raster	für den Druck von Plakaten
30er—35er Raster	für den Druck auf Zeitungspapier
35er—48er Raster	für den Druck auf maschinenglattem Papier
48er—54er Raster	für den Druck auf satiniertem Papier
54er—60er Raster	für den Druck auf Kunstdruckpapier
70er—80er Raster	für den Druck feinster Detailwiedergabe auf feinstem Kunstdruckpapier

Je feiner der Raster, desto besser muß das Papier sein. Bei den meistgebräuchlichen Rastern entfallen 30—60 Linien auf einen Zentimeter. Die extrem feinen Raster enthalten achtzig Linien auf einem Zentimeter. 60er Raster beispielsweise heißt, daß 60 × 60 Punkte, also 3600 Punkte auf einem Quadratzentimeter erscheinen. Bei Nylonprintklischees ist nur eine Rasterweite bis 44 möglich.

Einkopierraster

Zum Anlegen von gleichmäßig gemusterten Flächen und Einkopieren von Schriften, die als Halbton erscheinen sollen oder auch als Schraffur oder Schatten in Zeichnungen, sind die sogenannten Einkopierraster mit verschiedenen Mustern, Linien, Punkten und im Sonderfall Ziseliermuster für den Druck von Wertpapieren, gebräuchlich. Diese Einkopierraster sind in Form transparenter Folien zur Direktkopie auf die beschichtete Zinkplatte geeignet.

Form der Autotypie

Man unterscheidet drei Arten von Autotypien: „geschlossene", „freistehende" und „freistehende mit Verlaufsschatten".
Die häufigste und am billigsten herzustellende ist die geschlossene Form. Als natürlichste Art entspricht sie in den meisten Fällen einer zweckmäßigen Bildabgrenzung in Form eines Quadrates oder Rechtecks. Das Klischee wird im 90°-Winkel „bestoßen" (so nennt man das Zusägen der Klischees).
Auch eine runde oder an den Ecken abgerundete Klischeebegrenzung wird als „geschlossen" bezeichnet.
„Freistehende" Autotypien werden im Hintergrund freigelegt, das heißt, der Bildton im Hintergrund, beispielsweise einer dargestellten Maschine, wird durch Ausätzen oder Fräsen entfernt.
„Freigestellt verlaufende" Autotypien werden im Hintergrund so behandelt, daß die hellen Partien in die Papierfläche verlaufen. Die Autotypie erhält keine scharfen Begrenzungen, die Rasterpunkte werden gegen den Rand des

Bildes spitz geätzt, bis sie schließlich unmerklich in das Weiß des Papiers übergehen.

Positivretusche

Wie bereits erwähnt, werden bei Verwendung eines groben Rasters feine Tonunterschiede der Vorlage auf der Autotypie nicht mehr wiedergegeben. Diesem Übel kann man durch entsprechende Positivretuschen mit Pinsel und Spritzpistole, auch Luftpinsel genannt, auf der Vorlage, dem fotografischen Papierabzug, abhelfen. Mit lasierenden und deckenden Wasserfarben, die möglichst den Grauton des Fotos treffen sollen, werden die zu schwachen Stellen im Original verstärkt, und eventuell zu kontrastreiche Bildteile etwas zurückgenommen. Die beste Retusche ist die möglichst unsichtbare ausgeführte Korrektur.

Änderungen auf der Autotypie

Nachträgliche Retuschen auf der Autotypie lassen sich nur in beschränktem Maße ausführen. Zu dunkel druckende Stellen können durch partielles Nachätzen aufgehellt werden. Dazu werden die richtig geätzten Bildteile auf der Autotypie mit Asphaltlack abgedeckt, weiche Übergänge durch Fettkreide geschützt, und die zu dunklen Stellen mit einem Säurepinsel nachbehandelt. Zu hell geratene Bildstellen können mit einem Polierstahl durch Breitdrücken der Punkte korrigiert werden. Kleine Fehler entfernt der Nachschneider mit dem Gravierstichel.

Strichklischees und Autotypien für mehrfarbigen Druck

Soll von einem farbigen Original ein farbiger Druck wiedergegeben werden, ist dies nur durch Zusammendruck von verschiedenen farbigen Teilplatten zu erreichen.
Grafische Entwürfe in farbiger Ausführung können, soweit die Vorlage dazu geeignet ist, auch durch Übereinanderdruck mehrerer Strichklischees im Druck erscheinen.

Traditionelle Reprografie

Flächig angelegte Arbeiten sowie mehrfarbige Zeichnungen, auch Öl-Kreidezeichnungen auf grobkörnigem Papier, eignen sich gleich gut für die Reproduktion. Bei Verwendung lasierender Druckfarben werden durch Übereinanderdruck zahlreiche Mischtöne erzielt. Um farbige Fotografien, auch Reproduktionen von Ölgemälden, farbige Diapositive und Aquarelle im Druck zu vervielfältigen,

müssen von der Vorlage Tonauszüge auf fotografischem Wege hergestellt werden.
Bei der Vierfarbenautotypie werden von der Vorlage durch Vorsetzen verschiedener Filter an der Reproduktionskamera die Grundfarben Gelb, Rot und Blau getrennt aufgenommen und mit einer Tiefenplatte für die Schwarz- und Grautöne ergänzt. Man fertigt die Teildruckplatten jeweils mit einem zur entsprechenden Farbe komplementären Farbfilter an.
Die vorgesetzten Filter haben den Zweck, die Komplementärfarbe zurückzuhalten und die Eigenfarbe verstärkt wiederzugeben. So können bei dem Teilnegativ für Gelb durch einen vorgesetzten Violettfilter die Farben Rot und Blau, bei dem Teilnegativ für Rot durch einen Grünfilter die Farben Gelb und Blau und bei dem Teilnegativ für Blau durch einen vorgesetzten Orangefilter nur die Farben Gelb und Rot auf die Schicht einwirken und die betroffenen Stellen schwärzen. Im Negativ durchsichtig bleiben nur die Stellen, die durch Filterung zurückgehalten werden. Beim Umkopieren des entwickelten Rasternegativs auf Zink entstehen vier positive Teildruckplatten, die nach der Ätzung im Zusammendruck das fertige Bild ergeben.
Die Wirkung der Farbtrennung bei der Negativaufnahme wird durch Sensibilisieren, das heißt durch Lichtempfindlichmachen des Negativmaterials mit speziellen Farbstofflösungen erhöht. Dadurch spricht das Negativmaterial auf die ihm zugedachte Farbe stärker an.
Durch die Vervollkommnung der Maskierverfahren ist die Reproduktionstechnik vereinfacht worden. Dabei werden die unerwünschten Farben maskiert, das heißt die Wirkung der Filterung wird dadurch verstärkt.
Vom Original werden die Filter Rot, Grün und Blau, in entsprechender Reihenfolge die Farbauszugsnegative Blau, Rot und Gelb hergestellt und mit einem vierten Rasterauszug für die Zeichnung im Schwarzdruck ergänzt. Von dem Blau — auch Cyan-Negativ genannt — und von dem Rot — auch Magenta-Negativ genannt — zieht man positive Masken. Diese werden in der genannten Reihenfolge auf das Magenta-Negativ und auf das Gelb-Negativ eingepaßt und zu farbkorrigierten Positiven zurückkopiert. In jüngster Zeit wurden die Maskierverfahren noch weiter verbessert. An Stelle der bisher üblichen, mehreren Silbermasken für jeden Teilauszug sind im „Tri-Mask-Film“ oder im „Multi-Mask-Film“ drei Filterschichten auf einem Filmträger vereint.
Allerdings werden diese Arbeitsprozesse heute immer seltener durchgeführt, weil die Scannertechnologie deutlich

den Markt bestimmt. Durch die Computersteuerung der Farbwerte im Scanner können die oben beschriebenen traditionellen Korrekturen rechnerisch bestimmt werden (→ Seite 34).

Subtraktive und additive Farbmischung

Für die Herstellung von Farbautotypien wird der Normalraster in der Kamera durch den scheibenförmigen Rundraster ausgewechselt. Dieser ist im Prinzip der gleiche Raster, nur mit dem Unterschied, daß er eine runde Außenbegrenzung hat und in seiner Achse drehbar ist. Er wird vor jeder Neuaufnahme eines Teilnegativs um 30 Grad verändert, um beim Zusammendruck der Farbplatten zu verhindern, daß sich die Farbpunkte überlagern. Daraus würde sich eine materielle Mischung ergeben, die man als subtraktive Farbmischung bezeichnet. Im Flächendruck bei der Strichätzung angewandt, führt diese zu reizvollen Ergebnissen; hingegen entstehen in der Farbautotypie schmutzig aussehende, unansehnliche Bilder mit starken Moiréerscheinungen.

Als Moiré bezeichnet man eine geflammte Erscheinung, die sich als Maserung in der Bildfläche bemerkbar macht, wenn gleiche Rasterflächen mit gleicher Winkeleinstellung der Rasterlinien zum Bildrand übereinander gedruckt werden. Durch die Rasterwinkelung des Rundrasters bei der Aufnahme entstehen die einzelnen Teilnegative mit gleichem Bild, aber unterschiedlicher Richtung der Rasterlinien. Im Zusammendruck der Teildruckplatten kommen die Farbpunkte rosettenförmig nebeneinander zu stehen und bewirken so eine optische, als additiv bezeichnete Farbmischung. Nur die breiten Rasterpunkte bilden durch subtraktive Farbmischung die dunklen Farbtöne.

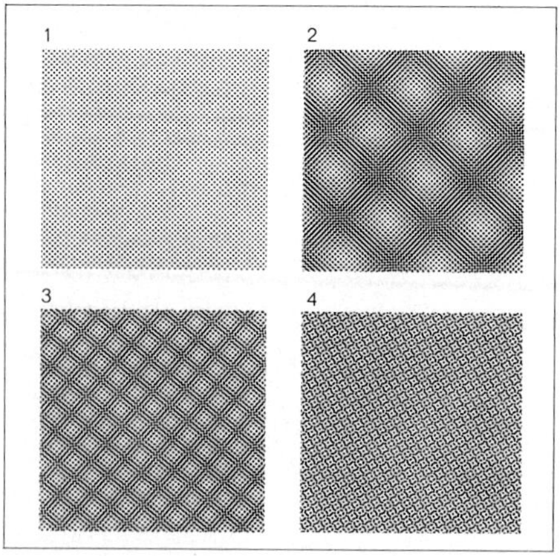

1 Einzelne Rasterfläche
2, 3 Moiréerscheinung bei Zusammendruck zweier Rasterflächen mit falscher Winkeleinstellung
4 Rasterwinkelung 30° für Farbauszüge

Im Druck gibt es drei genormte Druckfarben, die sogenannten Normalfarben. Dies hat folgenden Grund: Viele Druckereien sind keiner eigenen Reproanstalt angeschlossen, also ist man gezwungen, die Farbautotypien „beziehungsweise Farbauszüge“ außer Haus anfertigen zu lassen. Die Reproanstalt stimmt die drei Farbplatten auf die genormte Farbreihe ab und gibt die Filme mit einem „Andruck“, einem probeweisen Zusammendruck der Teildruckplatten, der Druckerei zurück. Werden hier die Platten mit den genormten Farben verdruckt, dann ist die Sicherheit gegeben, daß das gleiche farbwertrichtige Ergebnis des Andruckes erreicht wird.
Diese genormte Normalfarbreihe enthält ein helles Cadmiumgelb, ein Magentarot und ein Cyanblau. Diese Grundfarben werden nicht verändert. Durch additive Farbmischung erscheinen aus diesen drei Farben sämtliche Mischtöne. Das Hell und Dunkel dieser Mischtöne wird durch unterschiedliche Rasterpunktstärken, das bei einer normalen Farbmischung einem Mehr oder Weniger an Farbe gleichkommen würde, erreicht. An Stelle des Mischweißes wirkt die zwischen den Rasterpunkten freigelassene Papierfläche mit.
Der einfache Übereinanderdruck einer gedeckten Farbfläche ergibt im Zusammendruck von Rot und Gelb ein Orange, von Gelb und Blau ein Grün und von Blau und Rot ein Violett. So erhält man bereits 6 verschiedene Farben, die wiederum untereinander gemischt, zu zahlreichen weiteren Farbtönen führen. Diese Grundfarben werden auf einer Randleiste im Probedruck mitgedruckt, da auch die richtige Farbmenge für das Gelingen der guten Wiedergabe im Auflagedruck maßgebend ist.

Vergrößerter Ausschnitt aus einem Farbdruck. Die farbigen Rasterpunkte stehen rosettenförmig nebeneinander.

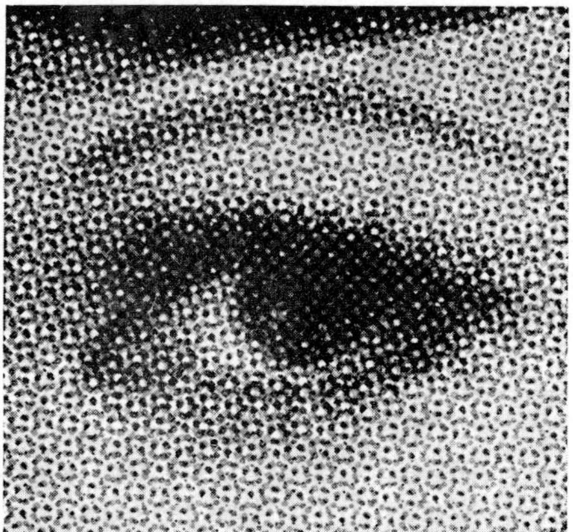

Um ein genaues Passen der Einzelplatten auf dem Andruck zu sichern, werden Paßzeichen mitkopiert. Diese werden in Form zweier Kreuzchen auf den Rand der Vorlage an zwei Stellen festgeklebt und mit reproduziert. Diese Paßkreuze erscheinen auf jeder Teildruckplatte zwangsläufig an der gleichen Stelle und garantieren ein genaues Passen der Platten im Zusammendruck.

Das Scannerverfahren

Der Scanner dient zur elektronischen Herstellung von Vierfarbauszügen. Im Vergleich zum herkömmlichen Verfahren in der Reprokamera wird die Produktionsdauer eines Vierfarbsatzes erheblich verkürzt. Beispielsweise kann die Herstellungszeit einer Ausgabe im Format DIN A4 von einer Diapositivvorlage 4,5 × 6 cm inklusive der Farbkorrekturen von 5 Stunden auf 30 Minuten reduziert werden.

Voraussetzung ist eine biegsame Vorlage, ein Diapositiv oder ein Farbbild, aber auch Schwarzweiß-Halbtonbilder können im Scanner verarbeitet werden. Diese werden aus rationellen Gründen gemeinsam mit mehreren Vorlagen auf die Abtastwalze montiert. Für gewöhnlich können im Scanner 6 DIN A4-Auszüge oder Filmformate bis 710 × 655 mm auf einen einzigen Filmbogen belichtet werden. Größere Modelle können 8 DIN A4-Auszüge mit einem Ausgabeformat von 845 × 1057 mm auf einem Filmbogen unterbringen.

Auf dem Scale-Programmer werden der Abbildungsmaßstab und der Ausschnitt bestimmt. Der Farbmonitor ermöglicht eine sofortige optische Kontrolle der Positionseingaben. Korrekturen können im voraus bestimmt werden.

Scanner
(im Beispiel ein Vario-Chromagraph)
1 Diakopf
2 Abtastkopf
3 Abtastwalze
4 Tageslicht-Kassette
5 Oszillograph
6 Farbrechner

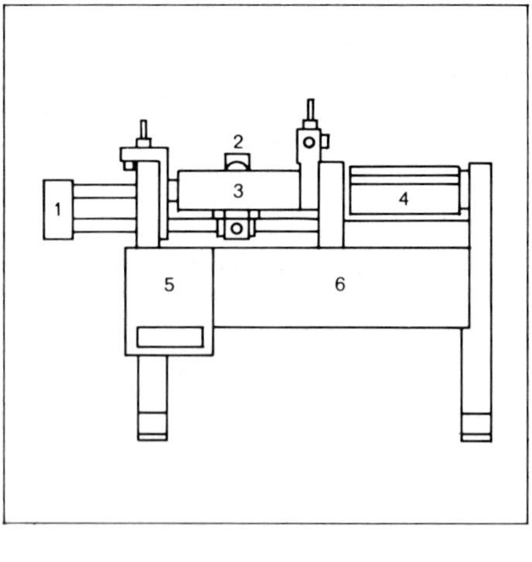

Der aus dem Abtastkopf ausgehende Lichtstrahl tastet spiralenförmig die bestückte Walze ab und wird in vier Teilstrahlen (je Farbauszug einer) aufgespalten, die je einem Foto-Multiplier zugeleitet werden. Diese wandeln die wechselnde Helligkeit des einfallenden Lichtes in entsprechende elektrische Signale um, die dann dem Eingang je eines Korrekturkanals im Farbrechner zugeführt werden. Diese farbkorrigierten Ausgangssignale des Rechners steuern die Rasterpunkte beziehungsweise die Schwärzung der Filme auf der Schreibwalze. Ein gemeinsamer Antrieb verbindet Abtast- und Schreibwalze. Im Darstellungsmaßstab 1:1 haben beide Walzen die gleiche Geschwindigkeit. Im Vergrößerungsfall wird die Geschwindigkeit einer Walze verändert. Je nach Bedarf für das später angewandte Druckverfahren kann seitenverkehrt positiv für das Offsetverfahren oder seitenrichtig positiv oder negativ auf Fotopapier für geklebte Reinzeichnung oder aber auf Film für die Klischeeherstellung ausbelichtet werden. Die Farbauszüge werden nicht wie in der traditionellen Reprografie durch Maskierung, sondern rechnerisch bestimmt.

Andruck

Von fertigen Strichklischees, Autotypien und Farbauszügen wird ein Andruck hergestellt. Diese Andrucke werden, wenn vom Kunden nicht anders gewünscht, auf feinem Kunstdruckpapier angefertigt. So passiert es oft, daß der Andruck zufriedenstellend, jedoch der folgende Auflagedruck von denselben Druckformen enttäuscht. Dies kann ganz verschiedene Ursachen haben. Oft liegt der Grund darin, daß für den Auflagedruck eine Papiersorte geringerer Qualität benutzt wurde. In diesem Fall ist es vorteilhaft, der Reproanstalt einige Blätter des zum Auflagedruck bestimmten Papiers bei der Auftragserteilung mitzugeben. Fällt der Andruck auf diesem Papier gut aus, dann ist ein mangelhaftes Druckergebnis der Auflage dem Drucker an der Maschine zuzuschreiben. Zum Andruck wird die Platte mit der Handwalze und zäher Farbe eingefärbt, und auf der Andruckpresse ein Abzug auf Papier hergestellt. Um einen genauen Eindruck der Bildqualität zu erhalten, muß beim Andruck wie in der Auflagenpresse jede Platte zugerichtet werden (→ „Zurichtung" Seite 37). Bei farbigen Andrucken wird das Original zusammen mit den Platten und den genauen Angaben über die verwendeten Farben, möglichst mit einer Farbskala und auch der Farbenreihenfolge der übereinandergedruckten Teilplatten an die Druckerei geliefert, um im Auflagendruck das gleiche farbwert-

richtige Ergebnis zu sichern. Bei Anwendung der genormten Normalfarbreihe werden die im ersteren Fall häufig auftretenden Schwierigkeiten und Fehlergebnisse ausgeschaltet, da Andruck und Auflagedruck, mit denselben Farben hergestellt, zwangsläufig gleich ausfallen müssen.
Das Passen der einzelnen Teildruckplatten zu einem Gesamtbild ist nur dann gesichert, wenn die mitreproduzierten Paßkreuze der Einzelplatten genau aufeinandertreffen. Ein ungenaues Passen bewirkt ein unschönes Bild, an dessen Bildbegrenzung stellenweise farbige Ränder der Teilplatten sichtbar sind und das Bild verschwommen und unscharf wirken lassen.

Gummistereos, Kunststoffstereos

Für Großauflagen billiger Verpackungsarten, zum Beispiel für den Druck auf Packpapier, stark holzhaltigen Papieren, Pappen und Wellpappen, aber auch auf gehämmerten oder gerippten Papieren und solchen mit rauher Oberfläche, ist das Flexodruckverfahren geeignet, das von Gummi- oder Kunststoffplatten mit rasch trocknenden Farben druckt. Von Schriftsatz, Strichätzungen und auch Grobrasterklischees können Gummistereos angefertigt werden. In eine aus verschiedenen Schichten Kunstharz bestehende Matrize wird eine Prägung von dem Originalklischee gemacht. Die Matrize wird eingepudert und in der Vulkanisierpresse unter Hitzeeinwirkung in ein Kunstgummistück abgeformt. Beim Druck mit Gummistereos auf Rotationszylindermaschinen werden die biegsamen Platten mit doppelseitiger Klebefolie auf den Zylinder montiert. Für die Herstellung von Kunststoffplatten wird als Rohmaterial meist Polyvinylchlorid verarbeitet. Die Platten werden ähnlich wie die Gummistereos hergestellt, sind aber nach der Erstarrung steif und müssen für den Verdruck auf Rotationszylindern nachträglich zu der entsprechenden Rundung verformt werden.

Vorbereitung für den Druck

Umbruch

Der Auftraggeber erhält die Andrucke der Bilder von der Reproduktionsanstalt und die Spaltenabzüge von der Setzerei. An Hand einer Skizze, dem flüchtigen „Layout“, wird Klebeumbruch gemacht (→ Seite 146) und der Druckerei übergeben, die nach diesem Schema die Formen zusammenstellt und zum Druck fertigmacht. Der Setzer erhält die Textkorrektur zurück und führt danach Buchstabenfehler, Wortkorrekturen und auch geringfügige Satzänderungen durch.

Die Klischees werden auf Schrifthöhe justiert. Man befestigt die Platten auf Kunststoffunterlagen; eine weitere Möglichkeiten ist die Montage auf entsprechende Unterlagstege aus Leichtmetall (für Ätzplatten 57 $^1/_3$ Pkt. = 21,56 mm), die in Plattengröße zu einem „Sockel" zusammengesetzt werden. Mit einer doppelseitig klebenden Folie wird das Klischee auf diesem Sockel befestigt; dazu darf die Platte nicht stärker als 1,75 mm sein, wenn man die gebräuchlichen Unterlagstege verwenden will.
Das Ablösen der Klischees erfolgt durch Erwärmen auf einer Heizplatte oder in heißem Wasser. Danach kann man das Klischee ohne Beschädigung lösen.

Das Klischee wird auf den Sockel montiert.
1 Klischee
2 Doppelseitige Klebefolie
3 Sockel

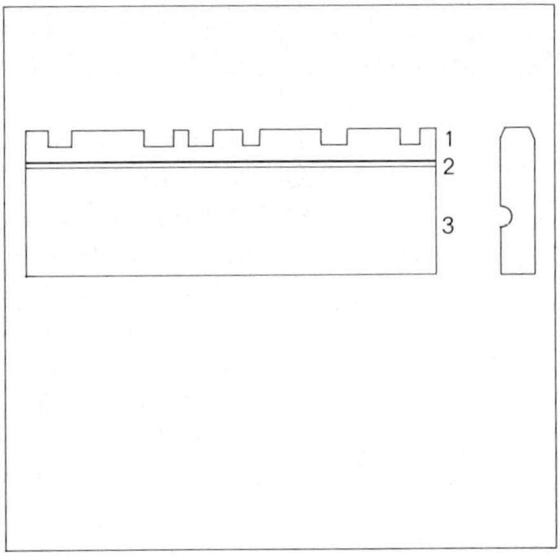

Zurichtung

Nach der Montage ist das Klischee noch nicht druckfertig. Die montierte Platte ergibt selten schon auf Anhieb ein gleichmäßiges ausgedrucktes Bild. Es muß ein Druckausgleich zwischen hellen und tiefen Bildtönen geschaffen werden. Diese Arbeit nennt man das „Zurichten".
Dazu wird eine spezielle Kreidefolie mit dem Klischee ziemlich fett bedruckt und anschließend in einem Chlorbad entwickelt. Die Kreideschicht löst sich in den schwach mit Fettfarbe behafteten Stellen, den Lichtern, und schwimmt weg. Die dunklen Stellen bleiben, durch die Fettfarbe geschützt, erhaben stehen. Das Ergebnis ist ein gut abgestuftes Kreiderelief.
Die 3M-Zurichtung besteht aus einer Folie mit einer Kunststoffschicht. Diese wird bedruckt und im 3M-Zurichtegerät entwickelt. Eine Infrarot-Strahlungsröhre in dem Gerät beheizt die Folie, wobei die Stellen, die mit Farbpigment bedruckt sind, die Wärme absorbieren. Dadurch ent-

steht ein mehr oder weniger starkes Relief, das aus der Kunststoffschicht der Folie hervorquillt. Auch die Papierzurichtung ist noch gebräuchlich. Mit einem Schablonenmesser schneidet der Drucker die schlecht ausdruckenden Stellen aus einem der ersten Druckbögen und verstärkt damit an gleicher Stelle den Aufzugsbogen. Unter „Aufzug“ versteht man eine oder mehrere Lagen Papierbogen und Tücher, die auf den druckausübenden Tiegel bei Tiegeldruckpressen oder auf den Zylinder bei Zylinderdruckpressen gespannt werden, um einen entsprechend weichen oder harten Druck in der Maschine auf die Form zu erreichen. Auch für Stanzarbeiten werden heute noch die Messer mit der Papierzurichtung unterstützt.

Fertigmachen zum Druck

Nach dem Layout des Klebeumbruchs macht der Metteur den „Bleiumbruch“ der korrigierten Kolumnen zusammen mit den Druckstößen der Bilder, den dazugehörigen Legenden, den Titelschriften und den Seitenzahlen, der „Pagina“, die von Hand eingebaut werden. Der Metteur stellt die Druckformen auf die richtige Seitengröße zusammen und füllt die entstehenden Leerräume mit Blindmaterial aus.
Die fertig umbrochenen Satzseiten übergibt der Metteur dem Drucker, der diese im „Schließrahmen“ in der Größe des zu bedruckenden Bogenformates einrichtet.

Standmachen

Stand oder Format machen heißt, die Gesamtdruckform so einzurichten, daß die Satzseiten durch späteres Falzen und Aufschneiden des Druckbogens schon in der richtigen Reihenfolge liegen. Normalerweise umfaßt ein Druckbogen 8, 16 oder 32 Einzelseiten, die nach einem bestimmten System angeordnet werden. Man spricht deshalb bei jedem Bogen von einer inneren und einer äußeren Form. Entfaltet man einen zusammengelegten Bogen, so wird die eine Bogenseite nicht sichtbar sein. Diese Seite nennt der Drucker die innere Form. Die beim Auseinanderfalten sichtbaren Seiten werden als äußere Form bezeichnet. Die äußere Form wird meist zuerst gedruckt (Schöndruck). Im Zweitdruck (Widerdruck) wird die innere Form ergänzt.
Der Drucker ordnet die Seitenformate auf dem entsprechenden Bogenformat möglichst eng an. Deshalb wird man es tunlichst vermeiden, bei der Herstellung einer Drucksache das Format so zu wählen, daß ein ungünstiges Verhältnis von Bogen zu Nutzenformat ensteht. Der Bogen kann nicht voll ausgenutzt werden, und die Druck-

sache verteuert sich deshalb erheblich durch den großen Papierabfall. Man spricht in diesem Fall vom Nutzen der Bogen. Werden beispielsweise in einem Maschinendurchgang zwei gleiche Formen gedruckt, spricht man von einem doppelten Nutzen.

Formatbogen
Äußere Form eines Oktavbogens im Schöndruck
(8 Blätter — 16 Seiten)
Die innere Form wird im Widerdruck mit den Seiten 2, 3, 6, 7, 10, 11, 14 und 15 ergänzt.

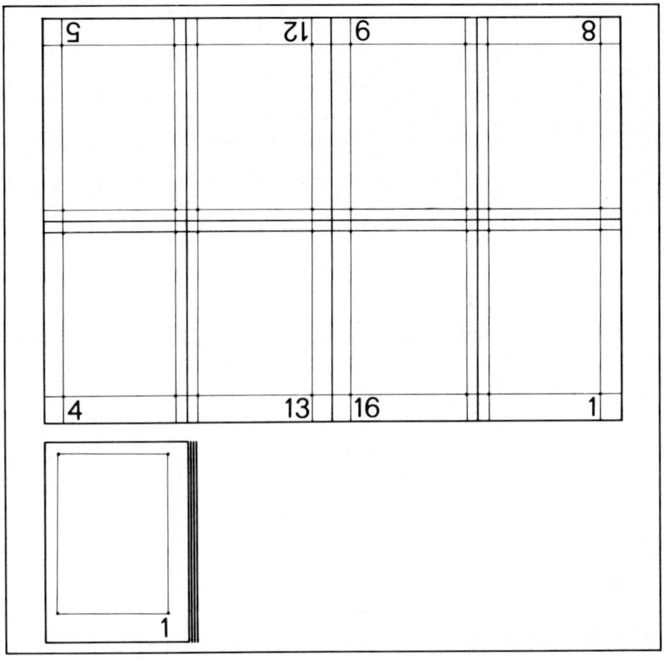

Formate

Durch Falten eines DIN-Formates entstehen entsprechend kleinere Formate mit dem gleichen Seitenverhältnis. Ein DIN A1-Bogen ergibt durch einfaches Falten 2 DIN A2-Bögen, nach der zweiten Falzung 4 DIN A3-Blätter, nach der dritten Falzung 8 DIN A5-Blätter. Dieses Falzschema findet bei Büchern, Zeitschriften und dergleichen Verwendung. Die Bogen werden vom Drucker nach der Häufigkeit der Faltungen folgendermaßen bezeichnet:

Planobogen	ungefalzter Bogen	
Folio 2	1 mal gefalzt	2 Blatt oder 4 Seiten
Quart 4	2 mal gefalzt	4 Blatt oder 8 Seiten
Oktav 8	3 mal gefalzt	8 Blatt oder 16 Seiten
Duodez 12		12 Blatt oder 24 Seiten
Sedez 16	4 mal gefalzt	16 Blatt oder 32 Seiten

Oben: Dreiteilung eines DIN A2-Bogens $^2/_3$ DIN A4 doppelt und einfach (198×210), $^1/_3$ DIN A4 doppelt (99×210) oder (105×198)
Unten: Fünfteilung eines DIN A2-Bogens (119×210 und 119×105)
Maße in mm

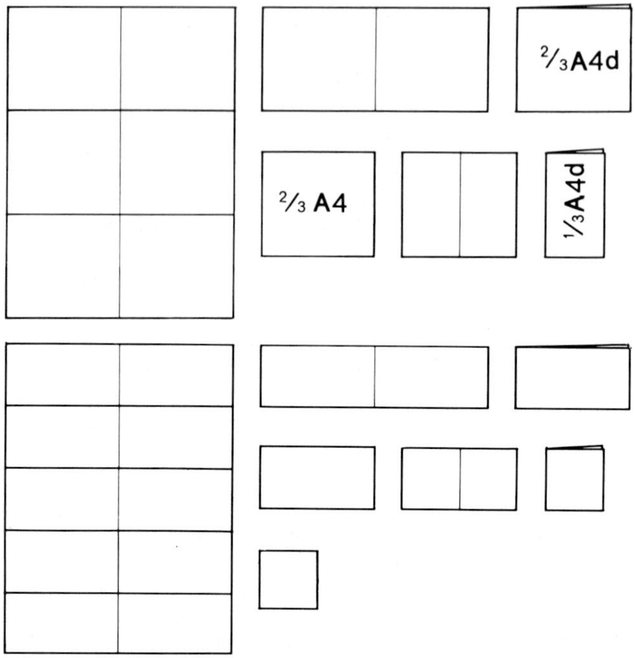

Vierteilung eines DIN A1-Bogens
Oben: DIN A4 doppelt, DIN A4 hoch (210×297) und $^1/_2$ DIN A4 doppelt und einfach (105×297)
Unten: DIN A4 quer doppelt und einfach (297×210) hoch doppelt und einfach (148×210)
Maße in mm

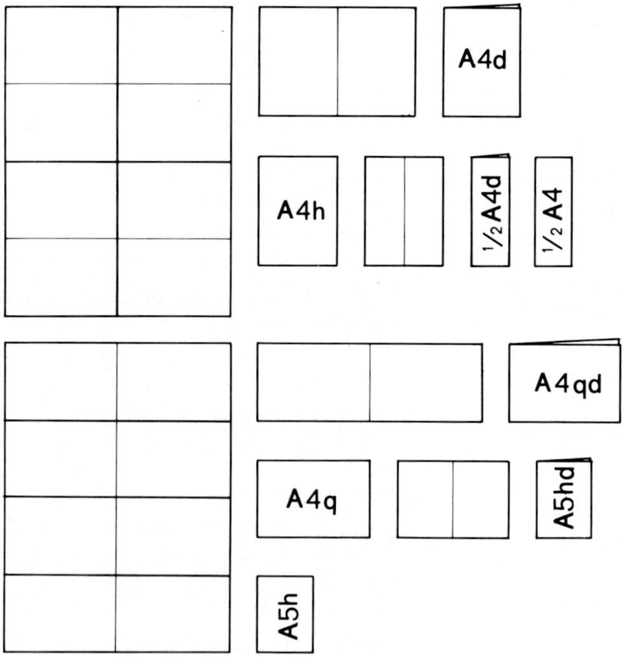

Durch unterschiedliche Falzkombinationen läßt sich der Bogen in verschiedenste Formatgrößen aufteilen. Sie können sowohl in sämtlichen Größen der DIN-Gruppen-Reihe für Papierformate, als auch in $^1/_2$ DIN-Blätter und ohne Verlust auch in annähernd quadratische Doppelblätter geteilt werden (verschiedene Falzarten → Seite 390). Nach dem Klebeumbruch richtet der Drucker die Satzseiten in den richtigen Abständen zueinander in der Form ein. Diese Arbeit nennt man „das Formatmachen". Ein Bogen wird gefalzt und an den 4 Eckpunkten des Satzspiegels unter Berücksichtigung des Beschnittes mit einer spitzen Ahle durchstochen. Der Beschnitt erfolgt nach dem Bedrucken und der Bindung durch den Buchbinder an 3 Außenseiten, er beträgt 1 bis höchstens 2 Cicero. Der durchstochene Bogen wird entfaltet und die Breite der Formatstege zwischen den Einstichen abgemessen. Diese werden in Form

Schließrahmen
Geschlossene Form
eines Oktavbogens

von Bleistegen als Abstandhalter zwischen die nach dem Faltschema eingeordneten Satzseiten gestellt, zum Schluß werden die letzten Fehler korrigiert und die Form „geschlossen", das heißt, durch Anziehen des Schließzeugs, einem keilartigen Schloß im Gesamtrahmen, wird der Satz endgültig für den Druck befestigt. Bei Farbplatten im Mehrfarbendruck muß der Stand genauestens eingepaßt werden, um den richtigen Zusammendruck der Einzelplatten zu sichern. Die einzelnen Farbteilplatten werden dabei jeweils auf einem Druckbogen der Erstfarbe „eingerichtet". Der Drucker hebt die geschlossene Form in die Maschine ein, befestigt die Bildzurichtung auf dem Zylinder und bestimmt den richtigen Aufzug. Der Erstdruck, sogenannter Maschinenabzug, wird auf Verlangen dem Auftraggeber vorgelegt; nach der letzten Maschinenrevision und genauem Überprüfen der Druckform kann der Auflagedruck beginnen.

Auflagedruck

Druckmaschinen

Es gibt verschiedene Arten von Druckmaschinen, sogenannte Pressen. Die „Tiegeldruckpresse" ist als einfachste Form der Druckpressen bekannt. Wenn der „Tiegel" geöffnet ist, rollen die Farbwalzen von oben nach unten und zurück über die bei diesen Pressen senkrecht gestellte Druckform. Der Bogen wird automatisch angesaugt, über einen Greifer in die Maschine eingebracht und nach dem Druck mit demselben Greifer wieder ausgelegt. Tiegeldruckautomaten erreichen eine Stundenleistung von 5500 Bogen. Als größtes Papierformat können DIN A3-Bogen bedruckt werden.

Bei Schnellpressen oder „Zylinderpressen" wird das zu bedruckende Papier in einer bestimmten Bogenanzahl gestapelt in die Maschine eingelegt. Der einzelne Bogen wird durch eine Ansaugvorrichtung abgehoben und zu den Greifern geführt, die den Bogen auf dem Druckzylinder festhalten. Der Zylinder preßt den Bogen gegen die flache, mit Farbe eingewalzte Druckform. Die Druckform wird auf einer gleisartigen Bahn unter dem Farbwerk der Walzen durchgezogen und auf dem Rückweg zum Abdruck unter den Zylinder geführt. Dabei überträgt die eingewalzte Druckform ihre Farbe auf das Papier, und der bedruckte Bogen verläßt die Maschine.

Um das „Abziehen" der frischen Druckfarbe auf die gestapelten Rückseiten der Bogen zu vermeiden, werden die Drucke mit Talkum, einem Mineralpulver, eingestäubt.

Tiegeldruckpresse
1 Papier
2 Tiegel
3 Farbwalzen
4 Form
5 Fundament
Druckleistung/h ca. 1000—2000

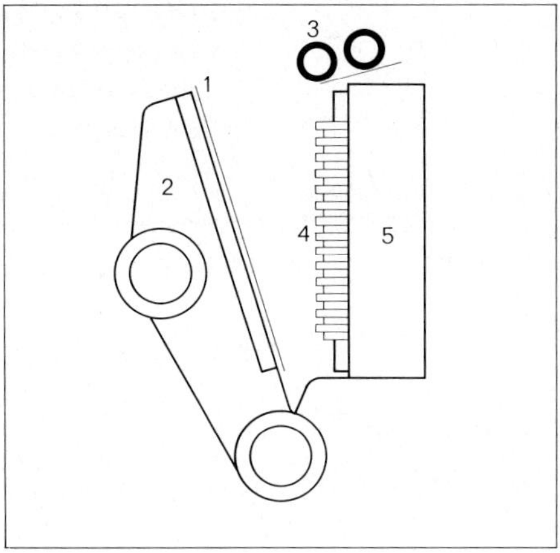

Zylinder-Flachformpresse (Schnellpresse)
1 Papier
2 Druckzylinder
3 Farbwalzen
4 Form
5 Fundament
6 Bogenausführung
Druckleistung/h ca. 3000—12000

Schnellpressen werden heute vorwiegend für Spezialarbeiten wie Stanzen, Prägen, Rillen und Perforieren eingesetzt.

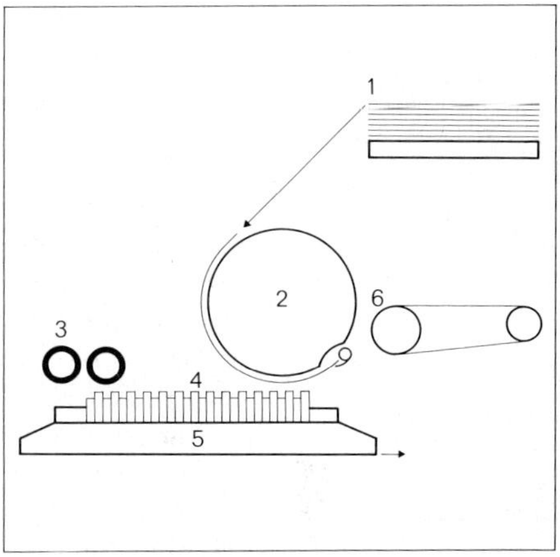

Farbgebung

Für den gleichmäßigen Fortdruck der gesamten Auflage ist die regelmäßige Farbgebung entscheidend. Eine in der Konsistenz zähe Farbe wird aus dem Farbkasten durch verschiedenartige Walzenkombinationen von Übertrag- und Verreiberwalzen gleichmäßig auf die Druckform übertragen. Durch Regulieren der Stellschrauben am Farbwerk kann der Drucker die richtige Farbgebung beeinflussen. Ein Zuviel an Farbe „setzt zu", das heißt, die Zwischenräume der Rasterpunkte füllen sich mit Farbe an und bewirken einen unsauberen Druck. Ein Zuviel an Farbe trocknet auch schlecht, es besteht die Gefahr, daß die Drucke verschmieren oder abziehen. Hingegen wird bei zu wenig Farbe der Druck blaß und kraftlos. Auch der Grad der Zähflüssigkeit der Farbe ist für ein gutes Druckergebnis entscheidend. Bei zu zäher Farbe werden Teile aus der Papieroberfläche herausgerissen, die Farbe „rupft". Durch Zusatz von etwas Farbverdünner kann dieser Fehler behoben werden.

Dreiwalzen-Farbwerk
1 Druckzylinder
2 Farbwerk
3 Form

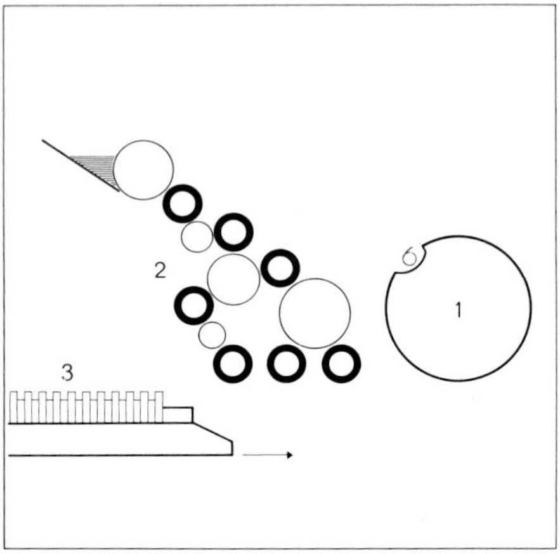

Bogenanlage

Bei allen Maschinen ist das genaue Justieren der Bogenanlage besonders bei Mehrfarbendrucken unerläßlich. Mechanisch verstellbare Selbstanleger auf der Maschine bewirken eine gleichmäßige Stellung des Druckes auf dem Bogen. Auch die Textzeilen sollten in der Durchsicht im Schön- und Widerdruck genau gedeckt erscheinen.

Flexodruck

Für sehr hohe Auflagen auf stark holzhaltigem Papier und besonders dünnen und billigen Papiersorten, sowie auf gehämmerten Papieren und solchen mit einer stark rauhen Oberfläche und auf Pappen und Wellpappen ist der Flexodruck geeignet. Gedruckt wird von Gummistereotypien auf Rotationsmaschinen. Als Farbe verwendet man spirituslösliche, rasch trocknende Mischungen, die ein schnelles Drucken ermöglichen. Wellpappen bedruckt man mit wasserlöslichen Farben. Der nachgiebige Gummistempel schmiegt sich den Unebenheiten des Druckgutes an und druckt gleichmäßig aus.
Im Flexodruck ergeben sich oft Passerschwierigkeiten. Deshalb wird das Verfahren vorwiegend für Druckerzeugnisse eingesetzt, wo Qualität eine geringere Rolle spielt, z. B. einfache Tüten und Einwickelpapiere, Großauflagen von Packungen, Tapeten, Kuverts, Aufklebeschildern usw. In der Weiterentwicklung des Verfahrens wurde die Her-

stellungsmethode des flexiblen Klischees durch Laserstrahl-Gravur verbessert, so daß passergenau oft mehrfarbige Drucke auf Plastikmaterial für Tragetaschen und über das Cyril-Klischee auch Drucke von Vierfarbautotypien möglich sind.
Aluminiumfolien, im Flexodruck ein- und mehrfarbig bedruckt, werden zu Nahrungsmittel-Emballagen weiterverarbeitet (Kaffee-Vakuumverpackung, Buttereinschlag, Platinen für Joghurtbecher usw.).

Druckfarben

Fein gemahlene Farbpulver, sogenannte Pigmente, werden mit einem Bindemittel zu einer Paste für den Druck versetzt. Als Bindemittel verwendet man Leinölfirnis oder Harzfirnis. Für den Mehrfarbendruck auf Papieren mit einer geschlossenen Oberfläche wird das Farbpigment mit einem schnell trocknenden Firnis angerieben oder Trokkenstoff zugesetzt; das Bindemittel verharzt nach dem Aufdruck auf Papier rasch und bildet auf der Oberfläche eine zusammenhängende Schicht mit eingebetteten Farbpulverteilchen. Saugfähige Papiere hingegen werden mit langsamtrocknenden Firnisfarben bedruckt. Der Hauptteil des Firnisses dringt in das Papier ein, der Rest verharzt. Es werden deckende und lasierende Farben hergestellt. Erstere decken den darunterliegenden Farbton zu, hingegen lassen die lasierenden Farben denselben durchscheinen, was zu den „subtraktiven Farbmischungen" führt.
Die verschiedenen Eigenschaften der Druckfarben müssen auf der Farbdose angegeben werden, damit der Drukker die Eigenarten der Druckfarbe dem Verwendungszweck anpassen kann. Sowohl die ausreichende Lichtechtheit, als auch Lackier- und Alkaliechtheit sollten vermerkt sein.

Lichtechtheit

Stark dem Sonnenlicht ausgesetzte Arbeiten müssen mit lichtechten Farben gedruckt werden, die in der Farbintensität nicht nachlassen und vor allem keine baldige Verfärbung in einen anderen Farbton aufweisen. Man unterscheidet bei der Lichtechtheit der Farben 4 verschiedene Stufen:

1	Höchste Lichtechtheit	1 Jahr
2	Gute Lichtechtheit	$^1/_2$ Jahr
3	Mittlere Lichtechtheit	$^1/_4$ Jahr
4	Geringe Lichtechtheit	kurze Zeit

Lackierechtheit

Schutzumschläge für Bücher, Zeitschriften. Bezugspapiere, Packungen und ähnliches werden oftmals zum Schutz des Druckes mit einem Schlußlack überzogen.

Bringt man etwas Spiritus auf einen Probedruck, und die Farbe „blutet aus“, das heißt, sie verläuft, dann ist die Farbe für eine Schlußlackierung mit Spirituslack nicht geeignet. Für eine Lackierung mit Nitro- oder Zaponlack macht man den Versuch mit etwas Nitroverdünnung oder Aceton.

Alkaliechtheit

Seifenpackungen und solche für Klebefolie und andere alkalische Artikel müssen mit einer alkaliresistenten Farbe bedruckt werden. Tupft man eine schwachprozentige Natronlauge auf einen Probedruck und derselbe verfärbt sich, dann ist die Farbe als nicht-alkaliecht zu bezeichnen.

Farbpigmente

Druckerschwärze wird zum Großteil aus Ruß, meist Gas- und Flammruß, hergestellt. Der schwarze Farbkörper wird mit Bindemittel vermengt.

Buntfarben werden auf chemischem Wege hergestellt. Verschiedene chemische Prozesse wandeln verlackten Steinkohlenteer, die sogenannten Teerfarblacke, durch das Einwirken von Säuren und Laugen in die verschiedenen Farbstoffe um. Diese werden in Farbmühlen pulverisiert und ergeben, mit dem entsprechenden Bindemittel vermengt, die bunte Druckfarbe.

Bronzieren

Soll auf einem Druck ein Gold-, Kupfer- oder auch Silberton wiedergegeben werden, so wird dieser mit einer beim 4-Farbendruck zusätzlichen fünften Platte gedruckt. Das Bild wird zunächst aus den 4 Teildruckplatten durch Zusammendruck fertiggestellt. Die noch freien Bildteile werden nun mit der fünften Platte und einer farblosen Vordruckfarbe bedruckt und die noch feuchten Bogen anschließend mit Bronzepuder, das sind feingemahlene Buntmetalle, meist Kupfer, Zink oder auch Aluminium, eingestäubt. Die Bronzeteilchen haften an den noch frisch mit Vordruckfarbe bedruckten Stellen, der überschüssige Puder wird abgeblasen. Das Bronzieren wird in den meisten Fällen in der Bronziermaschine durchgeführt. Handbronziert wird nur noch bei Kleinstauflagen oder im Andruck.

Goldbronzepulver und Bronzefarben

Als färbende Substanzen werden zum Bronzieren Goldbronzepulver, Neusilberbronzepulver und Aluminiumpulver verwendet. Das Goldbronzepulver wird aus einer Kupfer-Zink-Legierung hergestellt. Diese Legierung (Messing) ist weich, geschmeidig und dehnbar. Man unterscheidet drei Grundfarbtöne nach dem unterschiedlichen Zinkanteil:

1. Bleigold — rötlicher Goldton (geringer Zinkanteil)
1.1. Reichbleichgold — gelblicher Goldton
1.2. Reichgold — grünlicher Goldton (größerer Zinkanteil)

2. Feuergefärbte Bronzen.
Es gibt eine große Palette solcher Bronzen, die vom Dukatengold über Englischgrün, Citron bis zu Feuerrot reichen. Diese Farbtöne entstehen durch einen gezielten Oxydationsvorgang beim Erhitzen der naturfarbigen Bronzepulver.

3. Patent- oder anilingefärbte Bronzen.
Diese Farbtöne wie z. B. Smaragdgrün, Amarant oder Purpur werden durch Einfärben der Goldbronzepulver mit Anilinfarbstoffen gewonnen.
Diese Bronzen sind nur bedingt lichtecht.

4. Neusilberbronzepulver.
Die Bronzen werden nach dem gleichen Verfahren wie das Goldbronzepulver hergestellt, nur mit dem Unterschied, daß als Ausgangsmaterial eine Kupfer-Zink-Nickel-Legierung verwendet wird. Neusilberbronzepulver haben einen gelblichen Silberfarbton.

5. Aluminiumpulver.
Aus Hüttenaluminium mit seinem sehr hellen silbrigen Ton werden diese Bronzen hergestellt. Statt Aluminiumpulver sind auch Zinkbronzepulver mit der Bezeichnung „Silbrolith" im Handel.

Metallglanz-Farben (Metallisé-Farben)

Neben den Bronzen sind auch Metallisé-Farben im Gebrauch, die einen Aluminium-Feinschliff bereits eingearbeitet haben. Diese Farben können wie andere Buchdruck- oder Offsetdruckfarben auf Papier oder Karton mit glatter Oberfläche verarbeitet werden. Sie haben einen mildleuchtenden, metallisch schimmernden Glanz.

Lackieren, Cellophanieren

Fertige Drucksachen, die mit einer Schlußlackierung geschützt werden sollen, können in jeder Buchdruckmaschine lackiert werden. Der Drucker ersetzt die Farbe durch einen rasch trocknenden Transparentlack. Die Bogen durchlaufen die Maschine und werden mit einer dünnen Lackschicht überzogen. Einen dauerhaften Schutz gegen rasches Abgreifen und auch gegen Feuchtigkeit errreicht man durch Aufziehen einer hochglänzenden oder matten Transparentfolie, die mit Klebstoff oder reinem Alkohol aufgezogen wird. Matte Folie eignet sich nicht für das Cellophanieren größerer Flächen, die Farbe wirkt durch die Mattfolie stumpf.

Gummieren

Etiketten, Aufklebeschilder, Briefmarken, Klebstreifen usw. werden auf der Rückseite gummiert. Gummieren kann man von Hand oder in einer speziellen Gummiermaschine. Die Rückseite des Papiers wird mit arabischem Gummi oder Dextrin eingewalzt. Es gibt auch matte, fast unsichtbare Gummierungen.

Prägen, stanzen

Blindprägungen, das sind Reliefdrucke ohne Farbe, stellt der Drucker mit einem Prägeklischee aus Vollmaterial, meist Stahl oder Messing, aber auch von Prägegalvanos in Papier oder Karton her.
Der Prägestempel besteht aus der Matrize und dem Gegenstück, der Patrize. Der Karton wird durch Druck in der gewünschten Weise plastisch verformt.
Runde, ovale, dreieckige oder sonstige Begrenzungsformen von Etiketten, Aufklebern, Anhängeschildern usw. werden mit entsprechend geformten Stahlmessern ausgestanzt.

Flachdruck

Viele Druckereien haben sich heute ganz auf den Flachdruck umgestellt. Als solchen bezeichnet man das Verfahren, bei dessen Druckform die druckenden Stellen mit den nichtdruckenden auf gleicher Höhe liegen, also flach sind. Im Offsetverfahren ist die Druckform ein dünnes Aluminiumblech und daher leicht transportabel. Der Offsetdruck ist das häufigst angewandte Flachdruckverfahren. Es ermöglicht einfach herzustellende Drucke gleichmäßig gedeckter Farbflächen für große Formate, z. B. Plakate, Karten und dergleichen. Ein weiterer Vorteil des Flachdruckverfahrens ist die Möglichkeit, fast sämtliche Papiersorten

Schematische Darstellung des Flachdruckverfahrens
1 Druckform
2 Feuchtwalzung
3 Farbwalzung
4 Auflegen des Papiers
5 Drucken
6 Abheben des Papiers

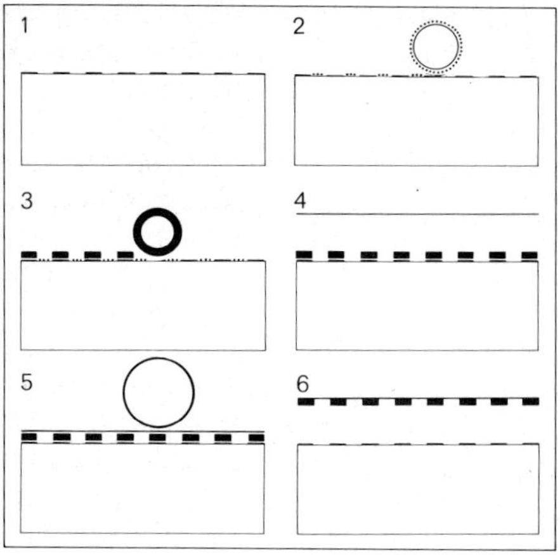

bedrucken zu können. Man kann ein stark holzhaltiges Papier, aber auch Kunstdruckpapier mit gutem Resultat verarbeiten; auch braucht die Offsetform nicht zugerichtet werden.

Ist die Form einmal auf den Zylinder montiert, muß diese als endgültig angesehen werden. Eine nachträgliche Korrektur wie im Buchdruck ist nicht mehr möglich. Bei einer Umstellung muß die gesamte Form erneuert werden.

Lithografie oder Steindruck

Die Ursprungsform des Flachdrucks ist in dem früheren Steindruckverfahren zu finden. Der Steindruck oder Lithografie wird noch als künstlerisches Ausdrucksmittel für kleinere Auflagen von Malern und Zeichnern betrieben. Vor nicht allzu langer Zeit wurde dieses Flachdruckverfahren durch die Möglichkeit, auch Aluminium als Druckform zu verwenden, zu unserem heutigen Offsetdruckverfahren für große Auflagendrucke ausgeweitet.

Der Lithografiestein ist ein sehr feinkörniger Kalkschiefer, der in verschiedenen Härtegraden mit meist hellgelber Farbe, in Solnhofen in Bayern als Hauptfundort, vorkommt. Auf die geschliffene, möglichst plane Fläche kann mit einer Ziehfeder und mit Pinsel gezeichnet werden. Die Zeichnungen werden spiegelverkehrt direkt auf dem Stein entworfen oder von einer Vorlage manuell übertragen. Auch ist es möglich, durch nachträgliches Wiederausschaben bereits gedeckter Flächen negative Teile freizulegen oder Fehler in der Zeichnung auszubessern. Zum Zeichnen verwendet man eine spezielle fetthaltige Farbe, die sogenannte Lithografietusche oder die lithografische Fettkreide. Der Stein wird nun mit einem Schwamm, der mit

einer Lösung von Gummiarabikum und schwacher Salpetersäure getränkt ist, überwischt und getrocknet. Danach trägt man die Auswaschtinktur auf, das ist eine Asphaltlösung mit fettreichen Ölen und wäscht sie schließlich ab. Die Zeichnung ist nun scheinbar verschwunden; an ihrer Stelle ist die Fettfarbe in den Stein eingedrungen, während die übrigen Stellen durch die Gummiarabikum-Salpeterlösung, der sogenannten „Ätze", für Wasser aufnahmefähig gemacht wurden.
Auch der Druckvorgang beruht auf der Gegensätzlichkeit von Fett und Wasser. In der Steindruckpresse befinden sich die „Feuchtwalzen", die den Stein überrollen und die negativen, nichtdruckenden Stellen befeuchten; an den fettigen, druckenden Stellen wird das Wasser abgestoßen. Nun walzt man den Stein mit Fettfarbe ein, die umgekehrt an den negativen, mit Wasser befeuchteten, fettfreien Stellen abgestoßen wird und nur an den druckenden Stellen haften bleibt.

Das richtige Bemessen des Feuchtigkeitsgrades ist mehr oder weniger Gefühlssache des Steindruckers. Ein Zuwenig an Feuchtigkeit bewirkt, daß der Stein „tont", das heißt, die negativen Bildteile nehmen eine Spur Farbe an; dadurch erscheint an diesen Stellen kein reines Weiß im Druck. Wird hingegen der Stein zu stark gefeuchtet, passiert das Gegenteil; das Wasser bleibt in Form von Perlen auf den druckenden Stellen stehen und verhindert das richtige Annehmen der Fettfarbe.

Durch Pressenddruck wird die Fettfarbe vom Stein auf das Papier übertragen. Mit einigem Geschick können auch farbige Drucke angefertigt werden. Allerdings bedarf es hierbei großer Geduld beim genauen Abwägen der Farbanteile der einzelnen Druckformen. Da es schwierig ist, ein Raster auf dem Stein abzubilden, entstehen ausschließlich subtraktive Farbmischungen.

Offsetdruck

Das heute gebräuchliche kommerzielle Flachdruckverfahren ist der Offsetdruck. In dieser Drucktechnik werden Zeitschriften, Prospekte, aber auch Packungen und größere, farbige Werke wie Plakate, aber auch Gemäldereproduktionen, hervorragend gedruckt. Die Bildübertragung von der Vorlage auf die Druckplatte ist ähnlich wie bei dem Herstellungsverfahren der Buchdruckautotypie, nur mit dem wesentlichen Unterschied, daß Tonwertkorrekturen schon auf dem Film durch Zurücknehmen der Punkte mit

Farmer'schem Abschwächer vorgenommen werden. Verstärkt werden die Punkte durch den wechselnden Kopiervorgang von Negativ zu Positiv, wobei ein auf dem Negativ geätzter, spitzer Punkt in der Kopie zu einem gedeckten umgewandelt wird und auf dem Positiv wieder durch entsprechendes Abschwächen nachbehandelt wird. Vierfarbsätze für den Offsetdruck werden vorwiegend auf dem Scanner elektronisch erzeugt (→ Seite 34). Die Grundlage für die farbgetreue Wiedergabe ist ein gut moduliertes, möglichst farbrichtiges Diapositiv. Es können aber auch farbige Aufsichtsvorlagen im Scanner verarbeitet werden, sofern sie biegsam sind.

Offsetformherstellung

Für die Kopie wird von der Vorlage ein fotografisches Strich- oder Rasternegativ auf Film angefertigt. Die Druckplatte, meist Aluminium, ist an der Oberfläche feinst gekörnt. So kann auf der Oberfläche die für den Offsetdruck entscheidende, wasserhaltige Schicht, wie dies beim Stein durch die naturbedingt poröse Oberfläche geschaffen wird, entstehen. Die so vorbehandelte Platte ist mit einer Kopierschicht überzogen, darauf wird das Filmnegativ von Schriften, Strichzeichnung oder Halbtonraster kopiert. Die druckenden Elemente werden dort gebildet, wo das Kopierlicht die Schicht gegerbt hat. Die ungegerbten Teile werden durch Chemikalien entfernt. Die gegerbten Teile werden die fettfreundlichen, sie nehmen Druckfarbe an. Die freigelegten Teile der Form werden die wasserfreundlichen, sie nehmen Wasser an und stoßen Druckfarbe ab. Bei der Offset-Positivkopie werden heute fast ausschließlich vorbeschichtete gekörnte Aluminiumplatten verwendet. Die Kopiervorlage, ein Positivfilm, wird auf die Platte kopiert, der Lichteinfall zerstört die ungeschützte Schicht. Nach Entwicklung der Platte bleibt als Druckträger eine Lackschicht, die die Fettfarbe annimmt.
Korrekturen und Druckretuschen sind auf der Offsetform nicht mehr möglich, sie müssen schon anfangs bei den Strich- oder Rasterfilmen ausgeführt werden.

Lichtsatz (Fotosatz)

Auch die Schriftzeilen und Textseiten müssen, um sie kopierfähig zu machen, für das Offsetdruckverfahren als Film vorliegen.
Lichtsatzgeräte liefern kopierfähige Schriftvorlagen auf Film. Eine noch gebräuchliche, aber schon etwas veraltete Methode ist das Linofilmsystem, welches Filme liefert, die eine Möglichkeit der Autorenkorrektur zuläßt. Dieses Film-

satzsystem besteht aus einem Tastgerät und einem Fotoautomaten.
Auf einem der Schreibmaschine ähnlichen Gerät, dem Tastgerät, entsteht gleichzeitig mit dem Lochband ein maschinengeschriebener Kontrolltext. Das gestanzte Lochband wird in den Fotoautomaten eingesetzt. Im Automaten steuert das Lochband einen Schriftenrahmen mit den negativen Schriftzeilen. Eine elektronische Lichtquelle belichtet die Buchstaben auf dem Film, auf dem sie zu Zeilen zusammengesetzt werden. Die Filmstreifen erhalten rechts und links Registrierlochungen. Auf diese Weise ist es möglich, die fehlerhaften, das heißt korrekturbedürftigen Zeilen auf einem speziellen Gerät, dem „Korrektor", herauszustanzen und durch eine neue Zeile zu ersetzen, die auf mechanischem Weg eingeschweißt wird.
Die Schweißnaht ist vollkommen unsichtbar und beeinträchtigt in keiner Weise die Kopie.

Eine Weiterentwicklung auf dem Gebiet der Lichtsatzgeräte ist die „Fototronic 1200". Dieses Gerät besteht aus einer Tasteneinheit mit genormter Schreibmaschinentastatur und einem Computer, der voll programmierbar ist. Der Rechner steuert automatisch die Dicktewerte der Schriftgrade, das Sperren von Wörtern, Blocksatz, Mittelachsensatz, Flattersatz usw.

Die Diatronic-Fotosetzmaschine arbeitet nach ähnlichem Prinzip. Die Schriftlettern sind auf Schriftscheiben gespeichert, sie nutzen sich nicht ab und sind sekundenschnell ausgewechselt. Die Belichtung auf Fotomaterial erfolgt bei diesem System optomechanisch mit dem Nachteil, daß beschmutzte oder schadhafte Zeichen auf der Schriftscheibe immer an der selben Stelle wiederkehren. Daher ist man neuerdings auf die Laser-Belichtung oder aber Kathodenstrahlbelichtung übergangen, wobei ein Laserstrahl oder Kathodenstrahl die Buchstaben, Linien und Zeichen auf das lichtempfindliche Material „zeichnet". Der Kathodenstrahl belichtet horizontal, der Laserstrahl vertikal. Dadurch sind Fotosatzmaschinen erheblich vielseitiger und schneller geworden. Die Geräte eignen sich auch für komplizierte Satzarbeiten mit Linien oder für den Tabellensatz.

Bestellt man in einem Typosatzstudio Schriften, die auf Filmmaterial auskopiert werden, dann sind diese für den Offsetdruck von der Schichtseite gesehen seitenverkehrt. Schicht auf Schicht auf die Aluminiumplatte kopiert, erscheint die Schrift seitenrichtig auf der Druckform, seitenverkehrt auf dem Gummituch und wieder seitenrichtig im Druck.

In modernen Textverarbeitungsgeräten, wie sie in Firmen Verwendung finden, die sämtliche Geschäftsgebarungen über die elektronische Datenverarbeitung abwickeln, werden Texte auf Disketten gespeichert. Diese Disketten kann man einer Setzerei übergeben, die für Lichtsatz eingerichtet ist. Die fehlenden Daten wie Schriftart, Schriftgrad, Satzbreite und Durchschuß werden in den Computer eingegeben und der Text von der Diskette über einen Konverter zu einem Schriftsatz auf Filmmaterial umgewandelt.

Satzherstellung mit elektronischen Datenverarbeitungssystemen

Heute hat die Satzherstellung über den Personal-Computer erfolgreich frühere Verfahren überholt. Neueste Software-Programme haben die Druckvorbereitung so rationalisiert, daß im Gerät gesetzt, gezeichnet, über einen angeschlossenen Scanner Illustrationen eingelesen, digitalisiert und integriert werden und schließlich das gesamte Layout am Bildschirm bestimmt, auf eine Diskette abgespeichert und der Druckerei zur Filmherstellung übergeben wird. Ein schon fast perfekter Laserausdruck dient als Layoutunterlage. (→ Seite 161)

Montage

Im Offsetverfahren muß die gesamte Druckform des Bogens in einem Arbeitsgang auf die Offsetplatte kopiert werden. Das „Standmachen“ im Buchdruck ersetzt das Offsetdruckverfahren durch eine Klebemontage auf Klarsichtfolie, Rasteraufnahmen von Bildern, Strichaufnahmen und Schriftenfilme werden mit einem durchsichtigen Klebestreifen auf der Unterlagsfolie befestigt. Als Richtlinie legt man unter die Folie einen Bogen Millimeterpapier mit dem aufgezeichneten Stand der Seitenformate. Um die Montage zu erleichtern, arbeitet der Montierer an einem Leuchttisch, der meist schon mit einer Millimetereinteilung und parallellaufenden, verstellbaren Stahllinealen bestückt ist. Bei Mehrfarbendrucken wird der genaue Stand jeder neuen Montage der Teilauszüge auf einem Andruckbogen der vorhergegangenen Farbe gemacht. Der Offsetdrucker muß sich noch einmal von der Richtigkeit der Montage vor der Kopie auf der Offsetplatte überzeugen, denn eine nachträgliche Änderung ist nicht mehr durchführbar, die Druckplatte müßte neu angefertigt werden.

Lediglich durch Weglöschen mit speziellen Korrekturmitteln können kleinste Korrekturen auf der Platte vorgenommen werden. Dies ist jedoch nur bei Strichzeichnungen und einem „Zuviel“ an Schriftsatz möglich. Neues dazusetzen oder nachzeichnen kann man nicht.

Andrucke von Fotolithografien

Andrucke ein- und mehrfarbiger Bilder werden in einem gesonderten Arbeitsgang hergestellt.
Die Farbteilauszüge in Form von Positiv- oder Negativrasterfilmen kopiert der Offsetlithograf auf eine kleinformatige Offsetplatte. Von dieser wird in einer Offsetandruckpresse ein Abzug hergestellt. Stellt sich nach dem Zusammendruck aller Farbteilauszugsplatten heraus, daß noch Korrekturen erforderlich sind, so kann man diese auf den kopierten Platten nicht durchführen. Es müssen die Rasterfilme durch Abschwächen oder Verstärken verändert werden, worauf man erneut eine Plattenkopie anfertigt. Es hängt also vom Können und „Farbgefühl“ des Lithografen ab, ob der Zusammendruck auf Anhieb das richtige Farbbild ergibt.

Chromalin oder Gevaproof

Für weniger heikle Druckaufträge wird dem Kunden statt dem Farbandruck ein „Chromalin-Bild“ vorgelegt. Dieser Ersatz für einen Maschinenandruck ist wesentlich preisgünstiger, er entspricht weitgehend dem späteren Druckergebnis. In einem fototechnischen Prozeß wird das farbige Bild bereits aus den Farbteilauszügen auf einem opaken Kunststoffträger erzeugt.

Der Druckvorgang

Der Offsetdruck ist ein indirektes Druckverfahren, das heißt, in der Presse wird die Farbe nicht direkt, sondern durch ein Gummituch von der Druckform auf das Papier übertragen. Die Zeichnung muß auf der Offsetplatte seitenrichtig sein, um auf das Gummituch seitenverkehrt und von da wiederum seitenrichtig auf das Papier übertragen zu werden. Hierbei wird die Platte vor jedem Neudruck gefeuchtet, dies führt bei Mehrfarbendruck mitunter zu Passerschwierigkeiten, weil das Papier durch Feuchtigkeit gestreckt wird und danach durch zu trockene Luft wieder schwinden kann. Dieses Verziehen des Papieres kann durch Klimaanlagen gemildert werden. Der Offsetdruck kann Vorlagen mit ausgefallenen Farbtönen, die durch Mischungen der Grundfarben nicht erreicht werden, im Sechsfarbendruck wiedergeben, der in der Regel nicht kostspieliger ist als ein im Buchdruck entstandener Vierfarbendruck. Das Offsetverfahren ist in ständiger Verbesserung begriffen, so daß heute auch schon Vierfarbendrucke mit den bekannten Mischungen der drei Grundfarben plus einer zusätzlichen Tiefenplatte als Schwarz beste Ergebnisse sichern. Eine „flache" Wiedergabe von Schwarzweißfotos, wo keine satten Bildtiefen entstehen, wird durch einen zweifachen Druckvorgang, dem sogenannten „Duplexdruck" in Ton und Tiefe behoben.

Ein Duplexdruck entsteht durch Zusammendruck von 2 Teilplatten. Beide Platten zeigen das gleiche Bild, jedoch ist die eine in der Zeichnung etwas voller und weicher gehalten. Sie wird mit einer grauen Farbe vorgedruckt. Die zweite Platte ist in der Zeichnung etwas leichter und zugleich härter, das heißt, die Tiefen der Vorlage sind auf dieser Teilplatte betont. Sie wird in einem zweiten Druckvorgang mit schwarzer Farbe überdruckt. Durch diese Drucktechnik entsteht ein gut moduliertes Bild, das alle Tonstufen des Originals vom hellsten Grau bis zum satten Schwarz aufweist. Feinlinige Schriften und Zeichnungen, vornehmlich Umdrucke gravierter Platten und auch verlaufende Schatten, drucken wesentlich schärfer als im Buchdruck. Knotenfreie, nicht stäubende Papiere sowie Dickdruckpapiere, aber auch Schreibmaschinenpapiere und Kunstdrucksorten eignen sich gleich gut für den Druck (→ Papiersorten Seite 366). Besonders im Landkartendruck, der Kartografie, zeichnet sich das Offsetverfahren durch größte Schärfe der Drucke aus. Auch die einfachere Handhabung der Druckplatten oftmals größerer Formate spielt hierbei eine entscheidende Rolle.

Offset-Bogenrotationspresse
1 Papier
2 Druckzylinder
3 Gummizylinder
4 Feuchtwalze
5 Farbwalze
6 Formzylinder
Druckleistung/h 4000—12000

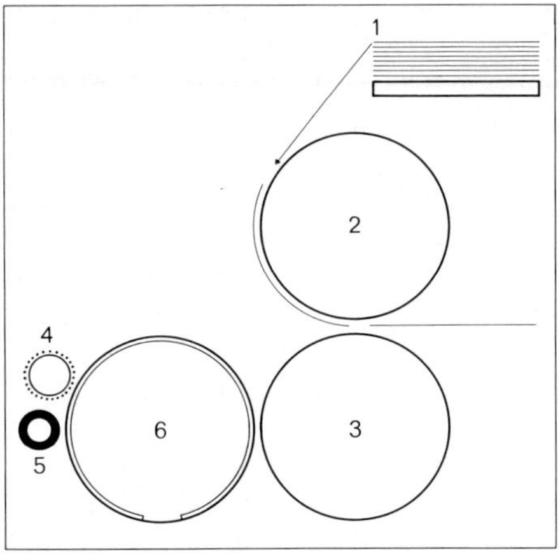

Offset-Rollenrotation
1 Papierrolle
2 Druckzylinder
3 Gummizylinder
4 Feuchtwalze
5 Farbwalze
6 Formzylinder
Druckleistung/h ca. 30000

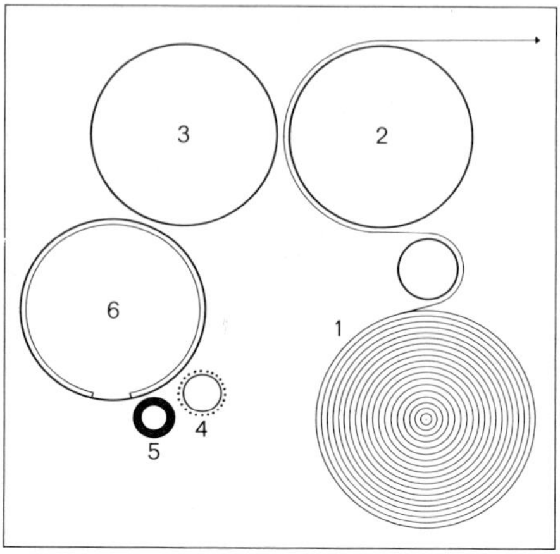

Es sind Ein- und Zweifarbenmaschinen im Gebrauch, die sich im wesentlichen kaum von den Bogenrotationsmaschinen des Buchdrucks unterscheiden. Zusätzlich zum Formzylinder besteht ein Zweitzylinder mit dem Übertragstuch; neben dem Farbwalzwerk, wie im Buchdruck, ist ein Feuchtwalzwerk eingebaut. In einer Zweifarbenmaschine können 2 Farben sofort nacheinander in einem Durchgang verdruckt werden; dazu sind entsprechend 4 Zylinder notwendig.

Offsetbogen-Rotationsmaschinen haben eine Stundenleistung von ca. 4000—12000 Drucken, Offset-Ein- und Mehrfarben-Rollenrotationsmaschinen eine Stundenleistung von ca. 30000 Drucken.
Bei eventuellen Neuauflagen sollte man die Dauer der Aufbewahrung der Offsetformen mit dem Drucker vereinbaren, andernfalls werden nur die Kopierfilme, von denen wieder neue Platten hergestellt werden können, zur Verfügung des Auftraggebers in der Druckerei behalten.

Bronzieren im Offsetdruck

In der Bronziermaschine wird auf die noch nasse Goldunterdruckfarbe durch Drehen der Schöpf- und Auftragswalzen Bronzepulver aufgetragen. Die mit Plüsch überzogenen Verreiber drücken die Bronze fest in die Druckfarbe. Die übrige Bronze wird durch eine Absaugvorrichtung in die Abfangkästen abgeführt.

Drucklackierungen im Offsetdruck

Im Offsetverfahren kann ganzflächig oder partiell drucklackiert werden, das heißt, man kann eine separate Druck-

lackplatte für partielle Lackierung herstellen. Dadurch erhöht man beispielsweise die Scheuerfestigkeit an besonders beanspruchten Stellen oder schützt ausgesparte Kleberäume bei Faltschachteln und Flaschenetiketten. Lakkiert wird mit Glanzfirnis in der Maschine. Das Farb- und Feuchtwerk muß gut gereinigt werden, denn der Glanzfirnis macht die Walzenränder spröde.
Die besten Resultate erzielt man, wenn über die bereits trockene Farbe lackiert wird. Eine Ausnahme ist das Lakkieren von Golddruckfarbe auf gestrichenem Karton. Hier erzielt man bei gleichzeitigem Naß-in-Naß-Druck und Lackieren ein besseres Resultat.

Verpackungen im Offsetdruck

In gleichem Maß wie der Verbrauch an Emballagen stieg auch der Anteil der im Offsetdruck hergestellten Verpakkungen. Schokolade- und Zigarettenetiketten, Faltschachteln und Stülpschachteln aller Art werden in diesem Verfahren bedruckt.
Gedruckt wird auf Mehrfarben-Bogenmaschinen mit einer Laufgeschwindigkeit von 5500—6000 Bogen in der Stunde. Im Verpackungsdruck verwendet man besonders rasch trocknende Farben, sogenannte Heatsetfarben, um Bogen möglichst rasch in angeschlossenen Hubstanzen weiterverarbeiten zu können. Mit langwelligen Elektrostrahlen werden die bedruckten Bogen bestrahlt, so daß sie schon nach 2 Stunden umschlagen oder am nächsten Tag gestanzt werden können. Bedruckt wird maschinengestrichener Faltschachtelkarton oder Mikrowellpappe.
Um die Abtriebfestigkeit der Farbe zu erhöhen, wird in einem gesonderten Arbeitsgang eine Druckmaschinen-Lackierung angeschlossen.
Eine Neuentwicklung sind sogenannte Emulsionslacke, in Wasser gelöste Kunstharze, die wie das Feuchtwasser über das Feuchtwerk augetragen werden.

Das Kleinoffsetdruckverfahren

Für kleine und mittlere Druckauflagen lohnt das Bürooffsetdruckverfahren, das auf verhältnismäßig kleinen, einfach zu bedienenden Druckmaschinen ausgeführt wird. Das Verfahren wurde so ausgebaut, daß es ohne spezielle Vorkenntnisse von angelernten Hilfskräften gehandhabt werden kann. Mit geringen Kosten der Druckträgerherstellung ist dieses Verfahren besonders für Büros geeignet, die damit ihre Drucksachen selbst vervielfältigen können. Als Druckträger dienen Papierfolien oder Metallfolien, welche im Kopierverfahren — ähnlich der Naßkopie im Büro

— hergestellt werden. Diese vorbeschichteten Platten eignen sich auch für Halbtonrasterarbeiten. Das modernste Verfahren dieser Art ist das „Verilith"-Verfahren. Dieses Gerät beinhaltet Kamera und Prozessor. Es produziert Raster-Arbeiten bis zu 45 Punkt pro cm^2. Die Papierfolie ist für den Bürobedarf sehr vielseitig. Man kann mit lithografischer Tusche, Bleistift oder auch mit einem in die Schreibmaschine eingespannten Lithofarbband auf der Folie arbeiten.
Endlospapierfolien „Leporello-gefalzt" dienen zur Vervielfältigung von Computerergebnissen.
Mit Systemoffsetdruckmaschinen und der Papierfolie werden im Rechnung- und Auftragswesen auf rationelle Weise alle anfallenden Druckarbeiten bewältigt. Auf der gleichen Folie können mit Fettstift oder spezieller Tusche Unterschriften gesetzt oder Zeichnungen gemacht werden. Anschließend überwischt man die beschriebenen Folie mit einem in Fixierung getränkten Schwamm. Nach dem Trocknen ist das Blatt druckfertig. Es können alle gebräuchlichen Papiere vom Durchschlagpapier bis zu kartonstarken Sorten (40 g/m^2 bis 400 g/m^2) bedruckt werden. Auch Papiere mit rauher Oberfläche eignen sich für den Druck. Strichzeichnungen, Satztext sowie Fotos schwarzweiß und farbig können ebenfalls fotografisch auf den lichtempfindlich präparierten Druckträger übertragen werden. Das Kleinoffsetdruckverfahren ermöglicht bis zu 9000 Drucke in der Stunde. Die Maschine verarbeitet Papierformate von DIN A6 bis DIN A3.

Lichtdruck

Ein für heute noch selten angewandtes Verfahren ist der Lichtdruck, der auch ein Flachdruckverfahren ist und sich besonders als Mehrfarbenlichtdruck auszeichnet, da es in dieser Technik möglich ist, die originalgetreusten und gleichzeitig besten Drucke herzustellen. Halbtonbilder können mit einigem Geschick so gedruckt werden, daß man sie mit echten fotografischen Papierkopien verwechseln könnte. Der Lichtdruck wird heute nur noch als Reproduktionsverfahren von Kunstblättern aller Art angewandt. Der Druckvorgang beruht darauf, daß eine mit Chromgelatine beschichtete Glasplatte an den unbelichteten Stellen aufquillt und die Fettfarbe abstößt und nur an den belichteten Chromgelatinestellen, die bei diesem Vorgang gehärtet werden, die Druckfarbe annimmt.
Der Grund, daß der Lichtdruck gegenüber anderen Verfahren ins Hintertreffen gerät, liegt an der verhältnismäßig

geringen Auflageziffer, die von einer Druckplatte angefertigt werden kann.

Herstellen der Druckform

Auf fotografischem Weg wird von der Vorlage ein rasterloses „Halbtonnegativ“ angefertigt. Dieses kann in den Tonwerten vor allem bei Farbteildrucknegativen noch weitgehend korrigiert und aufeinander abgestimmt werden. Sollen mehrere Bilder auf einer Form erscheinen, so wird diese auf einem Einteilungsbogen wie im Offsetverfahren montiert.
Die Druckplatte besteht aus einer mattierten, dicken Spiegelglasplatte, die mit einer geeigneten, schicht-bindenden Vorgrundierung versehen und mit lichtempfindlicher Chromgelatine beschichtet wird. Nach der Trocknung entsteht auf der Platte ein gleichmäßiges „Runzelkorn“, das die Grundfarbe für den Druck bildet. Die Montage wird aufkopiert und anschließend gewässert; hierbei quellen die unbelichteten Körner durch Aufnahme von Feuchtigkeit, und die belichteten Stellen nehmen je nach Grad der Härtung, die durch die Belichtung entsteht, mehr oder weniger Fettfarbe an.

Ausschnitt-Vergrößerung von Runzelkorn

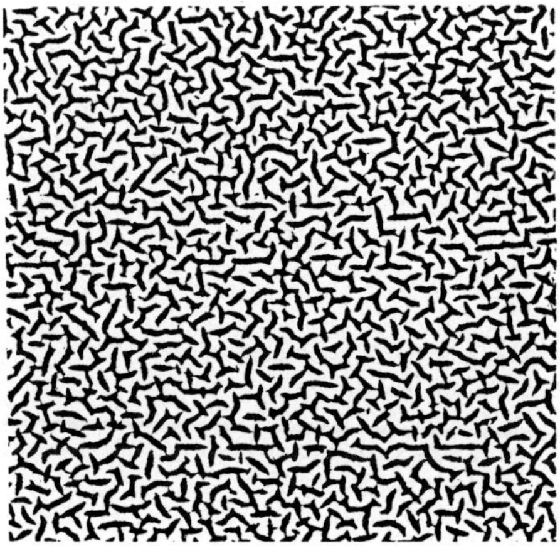

Druck

Während des Drucks muß die Gelatineschicht durch wechselnde Behandlung mit Wasser und Glycerinlösung gleichbleibend feucht gehalten werden. In der Lichtdruckpresse wird die Platte mit Fettfarbe eingewalzt und unter Pressendruck auf das Papier übertragen. Die Lichtdruckpresse ist im Aufbau ähnlich der Steindruckpresse. Jedoch ist das Drucken in diesem Verfahren mühsam und geht nur langsam vor sich. Von einer Platte können selten mehr als 1000—1200 Drucke hergestellt werden. Um diese verhältnismäßig geringe Auflage auszuführen, sind oft 2—3 Arbeitstage notwendig. In dieser Technik ist dennoch die bestmögliche Bildschärfe der Drucke und bei Kunstblättern eine ausgezeichnete Farbwiedergabe zu erreichen, so daß es sich noch lohnt, eine, wenn auch geringe, jedoch für Kunstsammler wertvolle Auflage von Reproduktionen nach Gemälden, Gouache- oder auch Aquarellmalereien im Lichtdruck auszuführen.

Tiefdruck

Die Bezeichnung „Tiefdruck" rührt daher, daß alle tiefliegenden Teile der Druckform mit Farbe gefüllt sind, die von dem Papier aus diesen Vertiefungen herausgesogen wird. Ein Vorteil dieses Druckverfahrens ist die starke Verbilligung der Druckkosten bei großen Auflagen, insbesondere bei Einsatz der Rollenrotationsmaschine im Druck, wobei sich allerdings erst eine Auflage ab mindestens 500 000 Stück lohnt.

Wie im Verfahren des Offsetdrucks besteht auch hier die Druckform aus einem Stück. Daher sind, nachdem die Form auf den Zylinder kopiert und geätzt ist, nächträgliche Veränderungen einzelner Teildruckstöcke oder Textkorrekturen nicht möglich. Die Bildwiedergabe des Tiefdrucks wirkt meist etwas härter als die der anderen Druckverfahren, das liegt daran, daß nur 10 bis höchstens 12 unterschiedliche Tonabstufungen erreicht werden können. Man versucht oftmals, diesen Nachteil durch eine weicher wirkende bräunliche Druckfarbe auszugleichen.

Der „Rakeltiefdruck" als häufigstes Verfahren wird nur ermöglicht, wenn die Rasterung die gesamte Form, das

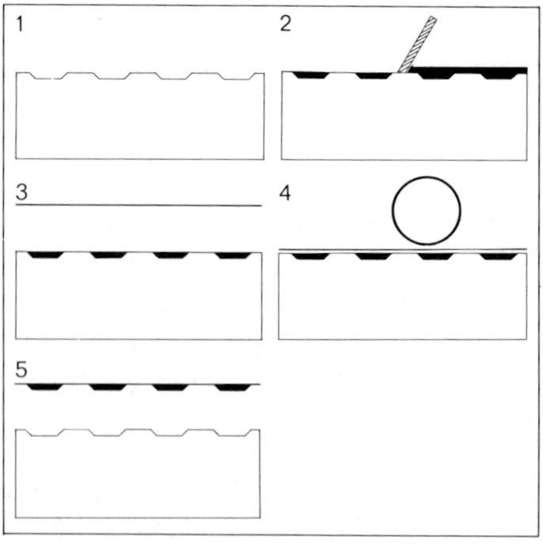

Schematische Darstellung des Tiefdruckverfahrens
1 Druckform
2 Farbauftrag und Rakelzug
3 Auflegen des Papiers
4 Druck
5 Abheben des Papiers

heißt, alle druckenden Stellen überzieht. Das bedeutet, daß auch Schriftwiedergaben und Schriftzeichnungen gerastert sind. Verständlicherweise leidet dabei etwas die Qualität der Schriftwiedergabe. Die Typen drucken mit geringerer Schärfe als dies im Buchdruck der Fall ist. Darin liegt ein Nachteil des Tiefdrucks gegenüber anderen Verfahren. Auch für den Tiefdruck sind die Lichtsetzmaschinen in Gebrauch, die das positive Satzbild im Fotosatz auf Filmmaterial liefern (→ Seite 51).

Herstellen der Druckform

In der Reproduktionstechnik werden zunächst von der Vorlage rasterlose Strich- oder Halbtonaufnahmen angefertigt. Farbdiapositive werden im Scanner-Verfahren elektronisch abgetastet, um die bestmögliche Filterung zu bestimmen. Das Negativ kann nunmehr im Tonwert korrigiert, retuschiert und bei Farbauszügen entsprechend aufeinander abgestimmt werden. Im Kontaktverfahren kopiert man zu einem Schwarzweiß-Diapositiv um, das die Grundlage für den weiteren Verarbeitungsprozeß bis zur druckenden Form bildet und bei ein- und mehrfarbigen Bildwiedergabe bereits als einwandfrei und endgültig angesehen werden muß. Nachträgliche Tonwertkorrekturen auf dem Zylinder können nur in sehr beschränktem Maße erfolgen.

Farbige Vorlagen werden im Tiefdruckverfahren durch Dreifarbendruck vervielfältigt. Mit entsprechender Filterung trennt man bei der Aufnahme das Gelb, Magenta und Cyanblau, wobei der Zusammendruck der drei Vollfarben ein sattes Schwarz ergibt. Eine gewisse Schwierigkeit bringt die originalgetreue Wiedergabe eines neutralen Grauwertes innerhalb des farbigen Bildaufbaus mit sich,

Tiefdruckform (Ausschnittvergrößerung)
Die tiefen Näpfchen in der unteren Bildhälfte erzeugen einen dunklen Bildton, die oberen flachen Näpfchen einen hellen Bildton.

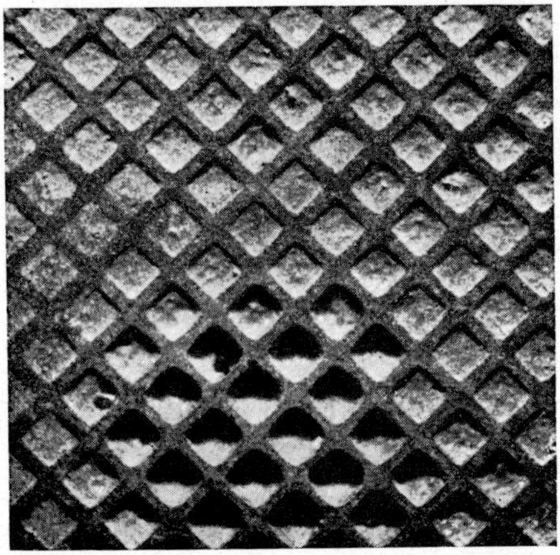

Ausschnittvergrößerung aus einer Tiefdruckvorlage

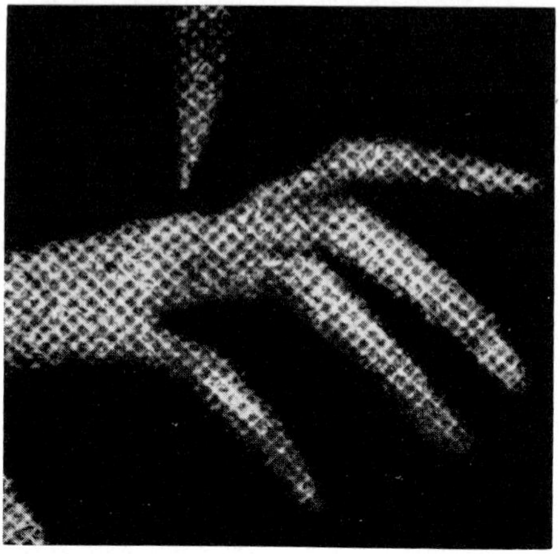

meist erhält dieser einen Stich ins Blaue oder Rötliche. Die Strich- und Halbtondiapositive werden in der richtigen Reihenfolge nach einem Umbruchschema montiert. Dies erfolgt wie bei der Offsetmontage mit durchsichtigen Klebestreifen auf einer ebenfalls durchsichtigen Unterlage. Diese montierte Form wird anschließend zusammen mit dem Tiefdruckraster auf ein mit Kaliumbichromat lichtempfindlich gemachtes Gelatinepapier belichtet. Dieser Tiefdruckraster besteht aus einem gleichmäßigen feinen Liniennetz, wodurch das Halbtonbild sowie die Schriften in kleine Quadrate zerlegt werden. Dieser Tiefdruckraster zeigt 70 Linien auf einem Zentimeter.

Diese Pigmentpapierkopie wird mit kaltem Wasser auf den Kupferzylinder aufgequetscht. Durch Entwicklung in einer Wanne mit warmem Wasser löst sich das Trägerpapier und die bei der Belichtung nicht gehärtete Gelatineschicht schwimmt weg. Auf dem Kupferzylinder bleibt nun durch die unterschiedlichen Härtungen der Schicht ein Gelatinerelief erhalten. Nach der Entwicklung läßt man die Gelatineschicht auf dem Zylinder trocknen und deckt die freien Stellen, die im Druck als weiße Papierfläche erscheinen sollen, mit Asphaltlack ab, um sie vor der Ätzflüssigkeit zu schützen. Bei dem Ätzvorgang werden die kleinen Rasterquadrate in 4—5 Arbeitsgängen zu Näpfchen vertieft. Dabei bleibt der Strich der Rasterlinien, gleichsam als erhabenes Netz zwischen den unterschiedlichen, in den hellen Bildtönen flachen und in den dunklen Bildstellen tiefen Quadratnäpfchen stehen.
Die saubersten Ätzungen entstehen, wenn man Schrift und Bild getrennt behandelt. Schriften und Bilder werden

jeweils mit Asphaltlack geschützt und speziell durch schnell wirkende, starke oder langsam wirkende, schwachätzende Säuren tiefgelegt.
Korrekturen an dem geätzten Tiefdruckzylinder lassen sich an zu dunklen Bildstellen durch Überschleifen, an zu hellen durch vorsichtiges Nachätzen ausführen. Um den Kupferzylinder vor rascher Abnutzung zu schützen, wird er meist noch vernickelt und verchromt.

Druck

Der Zylinder wird in der Druckmaschine auf einer Achse so befestigt, daß er sich in einer Farbwanne mit einer schnell trocknenden, dünnflüssigen Farbe dreht. Die Rakel, eine dünne Stahlbandfeder, die über die gesamte Breite des Zylinders läuft, streift die Farbe, mit der die Druckfläche vollständig überzogen ist, wieder ab, so daß die nichtdruckenden Stellen und auch die feinen Stege des Liniennetzes blank werden und nur die vertieften Näpfchen mit Farbe gefüllt bleiben. Der Abdruck erfolgt auf saugfähiges Papier. Dabei wird die Farbe gleichsam aus den Näpfchen herausgesogen und dringt in die Papierschicht ein. Die Tonstufen werden dadurch erreicht, daß die unterschiedliche Tiefe der Näpfchen mehr oder weniger Farbe aufnimmt. Die Intensität wird im ersteren Fall durch das Mehr an Farbe verdichtet. Dies erwirkt einen dunklen, das andere Mal durch einen schwächeren Farbauftrag einen hellen Bildton. Die Rasterstege dienen hierbei nur als Auflage für das Abstreichen der überflüssigen Farbe durch die Rakel.

Tiefdruckbogenrotation
1 Papier
2 Druckzylinder
3 Formzylinder
4 Farbwanne
5 Rakel
Druckleistung/h ca. 3000—5000

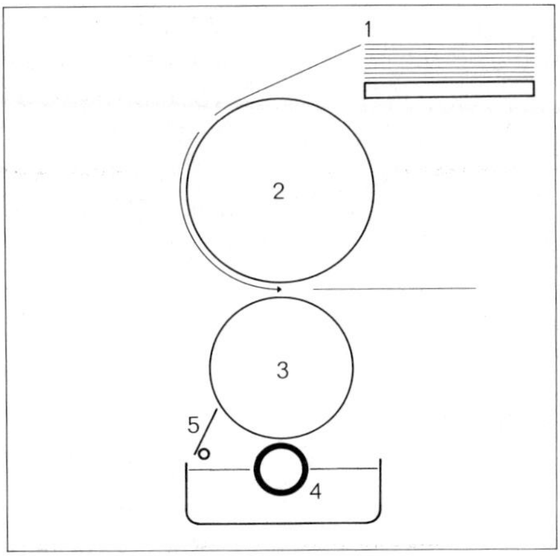

Tiefdruck-Rollenrotation
1 Papierrolle
2 Druckzylinder
3 Formzylinder
4 Farbwanne
5 Rakel
Druckleistung/h ca. 30 000

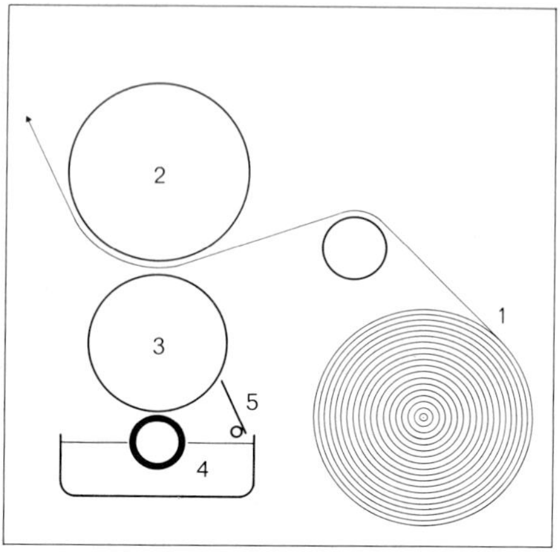

Auch im Tiefdruck gibt es Bogen- und Rollenrotationsmaschinen, Tiefdruckbogen-Rotationsmaschinen haben eine Stundenleistung von 3000—5000 Drucken; Tiefdruckrollen-Rotationsmaschinen eine Stundenleistung von ca. 30 000 Drucken.

Autotypischer Tiefdruck

Bei großen Auflagen und hohen Druckgeschwindigkeiten hat es sich gezeigt, daß die sehr flachen Näpfchen der Bildlichter auch bei bester Verchromung abgenützt werden, was zu einer Tonwertverschiebung führt. Die Weiterentwicklung des Tiefdruckverfahrens zeigt eine Druckform, die ähnlich wie im Hochdruck die verschiedenen Tonwerte durch unterschiedliche große „Rasterpunkte" erzeugt. Die Tonwertstufen werden hierbei nicht durch unterschiedliche Ätztiefe bei gleichem Querschnitt der Näpfchen, sondern durch unterschiedlichen Querschnitt bei gleicher Ätztiefe erreicht. Diese rein autotypischen Tiefdruckformen haben jedoch bis heute keine befriedigende Tonwertwiedergabe ermöglicht. Die heute angewandten Verfahren arbeiten „halbautotypisch", durch eine Tiefenvariation überlagert. Die entstehenden Druckelemente sind vom Spitzlicht bis zur Kreuzlage rein autotypisch, daß heißt flächenvariabel und von da an bis zu den tiefsten Schatten rein tiefenvariabel. Der Querschnitt der Näpfchen bleibt unterverändert, nur die Ätztiefe variiert.

Siebdruck

Der Siebdruck ist eine Drucktechnik, die sich der Grafik-Designer als Entwurfstechnik zunutze machen kann. Es können alle Papiersorten, aber auch die verschiedensten

Materialien wie Holz, Bleche und Kunststoffe in ebener oder auch in gekrümmter Oberflächenform bedruckt werden. Farbige Plakate, Schriften, Umschlagentwürfe in Kreidezeichnung, Federzeichnungen, Pinselmalereien oder auch Naturselbstdrucke können im Siebdruck ausgeführt werden. Diese Drucktechnik erschließt zahllose Möglichkeiten der Bildgestaltung, die durch rein manuelle Mal-, Zeichen- oder auch Klebetechnik kaum schneller und zugleich sauberer bewältigt werden könnten.

Mit einfachen Mitteln und geringem Anschaffungspreis der Geräte kann man ohne besondere Fachkenntnisse Einzelexemplare oder auch kleine Auflagen drucken.

Die folgende Anleitung ist etwas ausführlicher behandelt. Sie soll dem Uneingeweihten die Technik des Siebdruckes nahebringen und die wichtigsten Anhaltspunkte dafür geben, damit er sich dieses Verfahren zunutze machen kann.

Druckform

Die Druckform im Siebdruck besteht aus einem einfachen Holzrahmen, der in verschiedensten Größen angefertigt wird und mit einem feinen Naturseidengewebe, Perlon- oder Bronzedrahtnetz bespannt ist. Dieses Netz kann auf

Schematische Darstellung des Siebdruckverfahrens
1 Unbeschichtetes Sieb
2 Beschichtetes Sieb mit Schablone
3 Unterlegen des Papieres
4 Rakelzug mit Farbe
5 Abheben des Siebes

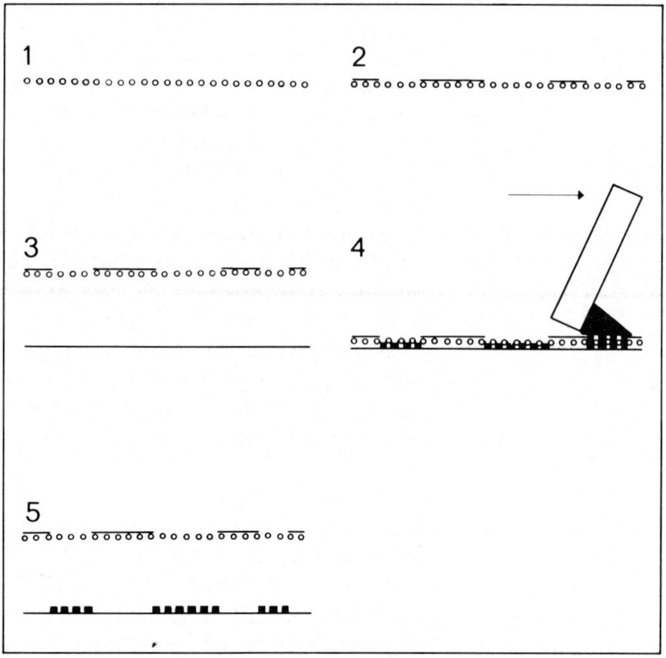

unterschiedliche Art mit einer Schablone versehen werden. Durch die Schablone werden die im Druck negativ erscheinenden Stellen auf dem Sieb gedeckt und farbundurchlässig gemacht, so daß nunmehr die druckenden Teile im Sieb offen bleiben. Mit einem spachtelähnlichen Gerät, Rakel genannt, wird eine in der Konsistenz pastöse Farbe über das Sieb gezogen, die sich nur an den offenen Stellen der Gaze auf das untergelegte Papier durchdrückt und als geschlossene Farbfläche abzeichnet. Die Struktur der Gaze wirkt sich kaum störend aus.

Schablonenherstellung

Die Beschaffenheit der Schablone hängt von der Art der Verwendung ab, in erster Linie davon, welche Farbe verdruckt wird. Als einfachste ist die Leimschablone zu nennen, die sich nur für die freie Gestaltung eignet.

1. Leimschablone

Die Leimschablone kann man auf zwei verschiedene Arten herstellen. Die Vorlage in Form einer Zeichnung oder ein in Farbe ausgeführter Entwurf wird mit einer durchsichtigen Folie geschützt und der mit dem Sieb bespannte Rahmen darüber gelegt. Die negativen Stellen, die nicht drucken sollen, bepinselt man auf der Innenseite des Siebes mit einem wasserlöslichen Leim, am besten ist Fischleim geeignet. Man läßt die Schablone gut trocknen, und das Sieb ist zum Druck fertig. Präziser ist folgende Methode: Mit Lithografietusche oder Fettkreide werden auf der Innenseite des Siebes diesmal die positiv druckenden Stellen gut deckend bemalt. Anschließend beschichtet man die ganze Siebfläche mit wasserlöslichem Fischleim. Am besten ist dazu ein „Präparator", ein winkelförmig gebogenes Gefäß, geeignet, das mit Leim gefüllt die Siebfläche in einem Zug überdeckt. Mit einigem Geschick gelingt ein gleichmäßiger Schichtauftrag auch mit einem einfachen Kartonstreifen. Nach dem Trocknen der Leimschicht löst man mit einem weichen, in Terpentin getränkten Lappen die Fettkreide und Lithografietusche. Das Sieb wird an der Innenseite ausgewaschen und mit etwas Benzin nachgereinigt.

2. Schneideschablone

Für genaue Arbeiten, daß heißt solche mit linealgeraden Konturen, ist die Schneideschablone geeignet. Das hierzu verwendete Schablonenpapier besteht aus einem dicken und einem leicht angehefteten dünneren, meist transparenten Zweitpapier. Das dicke Papier bildet die Trägerschicht, das dünnere mit einer Klebeschicht, meist Schellack oder einem Kunststoffleim überzogen, ist das eigentliche Schablonenpapier. Mit einem feinen Messer werden die Konturen der unterlegten Vorlage auf der dünnen Papierseite der Schablone nachgeschnitten. Man kann von freier Hand, aber auch mit Lineal und Schneidezirkel arbeiten. Die Bildteile, die später drucken sollen, werden abgehoben. Die restlichen Schablonenteile bügelt man mit einem mittelheißen Bügeleisen auf der Siebunterseite auf. Durch die Wärme schmilzt der Schellack, wodurch die Schablone am Sieb haftet.

Bei Anwendung kunststoffgeleimter Folien legt man die Schablone unter das Sieb, tränkt einen Lappen mit dem entsprechenden Lösungsmittel und wischt von der Innenseite über die Gaze. Die Klebeschicht wird durch das Lösungsmittel leicht aufgeweicht und die Folie haftet am Sieb. Die Schablone ist druckfertig, nachdem man das dicke Trägerpapier abgezogen hat. Entfernt wird die Schablone mit dem Lösungsmittel, das der Leimung der Folie entspricht, meist Spiritus oder käuflichem Schnellackentferner, bei kunststoffgeleimten Folien Aceton oder Nitrolösung.

Bei Mehrfarbendrucken erweist es sich als praktisch, jeden Neuschnitt der Teilschablonen auf einem Druck der vorhergegangenen zu machen, um genaue Konturenpasser und somit einen richtigen Zusammendruck der Farben zu erreichen. Mit dem Einzeichen von kleinen Paßkreuzen auf der Vorlage und in den vier Ecken jeder neuen Schablone bleibt viel Ärger erspart.

3. Direkte Fotoschablone

Eine universell verwendbare Schablone für konturenscharfe Schriften, für flächige Entwürfe, aber auch für Federzeichnungen und mit dem Pinsel gemalte Entwürfe, ist die Fotoschablone. Eine spezielle Gelatinelösung wird mit Kalium- oder Ammoniumbichromat lichtempfindlich gemacht. Diese Kopierlösung ist mit der zugehörigen Chromierung im Fachhandel erhältlich und wird erst vor Gebrauch vermischt. Mit einem Pappestreifen, besser mit einem speziellen „Präparator" wird das Sieb beidseitig beschichtet. Man hält dazu den bespannten Rahmen in senkrechter Stellung. Der Präparator wird zuvor mit der chromierten Gelatine gefüllt, an das Sieb unten angelegt und nach innen gekippt, so daß die Gelatine nach vorne gegen die Gaze fließt. Mit einem Zug wird der Präparator nach oben geführt und zurückgekippt, damit die restliche Kopierlösung wieder in das winkelförmige Gefäß zurück-

Siebbeschichtung mit dem Präparator
1 Ansetzen
2 Kippen und hochziehen (dabei fließt die Gelatine nach vorne gegen das Sieb)
3 Absetzen

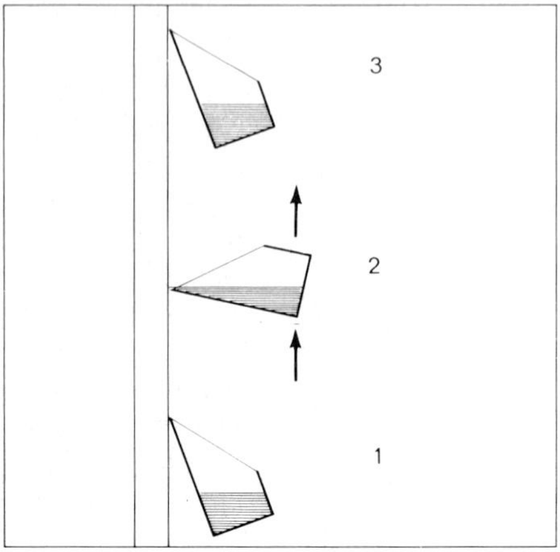

fließt. Dieser Vorgang wiederholt sich je nach Notwendigkeit und Breite des Siebes ein- bis zweimal von beiden Siebseiten. Anschließend wird das Sieb in waagerechter Stellung getrocknet. Dazu legt man den Rahmen auf zwei gegeneinander gestellte Stuhllehnen auf. Das Beschichten sowie das Trocknen der Siebe soll bei gedämpftem Lampenlicht geschehen. In einem vom Tageslicht erhellten Arbeitsraum kann das Licht durch eine gelbe Astralonfolie, die man in einen Rahmen gespannt vor das Fenster stellt oder als Rollverhang anbringt, gefiltert werden, damit die Schicht nicht frühzeitig durch die starke Lichteinwirkung gehärtet wird.
Der Trockenvorgang wird mit einem mäßig warmen Haartrockner oder einem Ventilator beschleunigt. Die restliche chromierte Kopierlösung kann man in einer dunkelbraunen, gut verschlossenen Flasche 2—3 Monate aufbewahren. Bei geringem Verbrauch ist es ratsam, die Lösung jeweils neu anzusetzen.
Besitzt man kein Kopiergerät, so führt folgende Methode zu recht guten Ergebnissen. Mit „Abdeckfarbe", einer meist rötlichen, wasserlöslichen, sehr gut deckenden Farbe, wird die Innenseite des Siebes bemalt. Die Zeichnung ist in diesem Fal seitenrichtig anzubringen. Belichtet wird bei Tageslicht im Freien. In der Sonne belichtet man 10—20 Minuten, bei bewölktem Himmel oder normalem Tageslicht 20—30 Minuten. Man stellt die bemalte Innenseite des Siebes gegen die Sonne und deckt die Unterseite des Siebes mit einem Bogen schwarzem Papier ab. Das Papier soll gut am Sieb anliegen. Dadurch wird vermieden, daß durch Reflexion des Lichtes auch die Gegenseite der abgedeckten Stellen gehärtet werden könnte. Deshalb

preßt man das Papier mit einer Platte gegen das Sieb und klemmt dieses mit zwei Schraubzwingen am Rahmen fest. An den negativen Stellen wird die Schicht gehärtet und dadurch wasserunlöslich. Die unbelichteten Schichtteile unter der Abdeckfarbe werden anschließend mit warmem Wasser ausgewaschen, und das Sieb zur besseren Sichtbarmachung der gehärteten Schablonenteile mit Siebfärber eingefärbt. Fehler bessert man mit Siebkorrekturlack aus. Eine weitere interessante Möglichkeit der manuellen Schablonenherstellung ist folgende: Man beschichtet das Sieb beidseitig in gewohnter Weise und belichtet an der Sonne oder bei normalem Tageslicht so lange, bis die Schicht eine bräunliche Färbung zeigt. Mit „Siebzeichentinte" oder einer starken Kaliumpermanganatlösung wird mit Feder oder Pinsel auf dem Sieb gezeichnet. An den bemalten Stellen zersetzt die Lösung die Schicht, das ist an einer deutlich sichtbaren dunklen Braunfärbung zu erkennen. Das bemalte Sieb wird nun mit Bisulfitpulver bestreut oder mit einer Bisulfitlösung eingepinselt und unter Wasser ausgewaschen. Die bemalten Stellen im Sieb sind nun offen, die Schablone ist fertig zum Druck. Für dünne Zeichnungen sind nur feinmaschige Gazen geeignet. Kleine Fehler können mit Siebkorrekturlack ausgebessert werden.

Schablonenherstellung mit Kopierrahmen:
Ist man im Besitz eines Kopiergerätes für Siebdruckschablonen, dann können auch fotografische Diapositive als Strichzeichnungen, sogar Autotypien mit grobem Raster, aber auch Schriftabzüge auf Klarsichtfolie aufkopiert werden. Ebenso läßt sich unabhängig von der Siebbeschichtung eine Direktzeichnung auf Ultraphanfolie, die meist einseitig leicht mattiert ist, anfertigen. Ultraphanfolien mit Mattierung sind der Klarsichtfolie vorzuziehen. Die Abdeckfarbe haftet gut und die Mattierung stört den Kopiervorgang keineswegs. Alle Filme müssen von der Schichtseite gesehen seitenrichtig sein und bei der Siebkopie mit der Schichtseite auf der Siebinnenseite liegen. Diese Diapositive werden durch eine Ansaugvorrichtung mit dem Sieb in Kontakt gebracht und von der Siebunterseite mit starken ultravioletten Lichtquellen belichtet. Der Anschaffungspreis eines solchen Kopiergerätes ist ziemlich hoch und lohnt meist nur in einer gewerbeausübenden Siebdruckerei. Sollte ein Diapositiv oder dergleichen auf ein Sieb kopiert werden, so wird jede größere Siebdruckanstalt das Kopieren der Schablone übernehmen.

4. Entschichten
Gebrauchte Schablonen können wieder entschichtet werden. Die Schablone wird gründlich gereinigt, eventuell verharzte Farbreste entfernt man mit entsprechenden Lösungsmitteln. Das Sieb wird mit einer 10%igen Natronlauge und einer Perlonbürste vorgereinigt. Durch diese Behandlung werden die letzten Fettspuren entfernt. Die Lauge wird gut abgespült, und das Sieb anschließend mit einer Kaliumpermanganatlösung — im Verhältnis 1:100 in Wasser gelöst — behandelt. Mit einer Perlonbürste verteilt man die Lösung auf der Vorder- und auf der Rückseite. Das gleichmäßige Angreifen der Entschichterlösung ist an einer deutlichen Dunkelbraunfärbung der Schicht zu erkennen. Das Kaliumpermanganat wird abgewaschen, und durch Aufstreuen von Kaliummetabisulfat oder Natriumbisulfitpulver löst man die zersetzte Schicht durch leichtes Verreiben des Pulvers mit der Perlonbürste aus der Gaze. Mit einer 2%igen Schwefelsäurelösung nachgewaschen und unter Wasser gut abgespült, ist das Sieb wieder sauber und kann nach der Trocknung erneut beschichtet und kopiert werden.

5. Indirekte Fotoschablone (Pigmentschablone)
In der Industrie werden für besonders genaue Drucksachen, das heißt, solchen mit feinsten Linienzeichnungen und auch mittleren Rastern, die Pigmentschablonen angewandt. In einer Kopiervorrichtung wird das Diapositiv einer Strichzeichnung oder eines Rasterbildes auf ein lichtempfindliches Pigmentpapier übertragen, nach der Belichtung kalt gewässert und auf eine glatte, gewachste Übertragplatte aufgequetscht. In warmem Wasser löst sich das Trägerpapier mit den unbelichteten Stellen der Schicht. Auf die übriggebliebenen Schablonenteile walzt man die im Rahmen gespannte Gaze auf. Nach der Trocknung läßt sich das Sieb mit der Schablone von der leeren Übertragplatte abheben.

Direkte Fotoschablone

Eine vereinfachte Methode für den „Hausgebrauch“ ist die Schablonenherstellung mittels Siebdruckfilm. Auf einen 5 cm dicken Schaumgummi wird ein Blatt Papier gelegt, darauf der Siebdruckfilm mit der Schicht nach unten, die Vorlage und eine Glasplatte. Belichtet wird etwa 16 Minuten unter einer 500 Watt Photolampe mit Reflektor, die etwa einen halben Meter über der Glasplatte hängt. Danach wird der Film mit der Schicht nach oben in eine Schale mit Schablonenentwickler eingebracht und bei 24 °C ca. zwei

Minuten entwickelt und anschließend bei 35 °C gewässert. Dabei werden die nicht belichteten Teile der Emulsion gelöst. Auf der Trägerfolie bleibt eine farbundurchlässige Schablone, die in fließendem kalten Wasser gehärtet wird. Das in den Rahmen gespannte Sieb wird nun an die mit der Schichtseite nach oben liegende Schablone gedrückt, und überschüssiges Wasser mit Fließpapier abgesogen. Durch Auftragen einer dicken Schicht Glyzerinlösung, die man etwa 5 Minuten einziehen läßt, wird verhindert, daß die Schablone nach dem Trocknen brüchig wird. Restliches Glyzerin wird mit Fließpapier abgenommen, die Schablone trocknen gelassen und die Trägerfolie abgezogen.
Nach dem Druck löst man die Schablone vom Sieb, indem man sie in fließendem warmen Wasser einweicht und vorsichtig abzieht.

Druckfarbe

Gedruckt wird mit speziellen Siebdruckfarben, die in den verschiedensten Tönungen im Handel erhältlich sind. Es gibt Siebdruck-Matt- und Glanzfarben, Bronzebinder und Bronzepuder zum Aufstreuen, aber auch fluoreszierende Farben und lasierende Kunstdruckfarben in den genormten drei Grundfarben können beliebig untereinander gemischt und mit einem Streckmittel in der Farbkraft verringert werden. Der Zusatz des Streckmittels entspricht der Wirkung einer stärkeren Verdünnung, ähnlich wie dies bei Wasserfarben durch vermehrten Zusatz von Wasser erreicht wird.
Die fluoreszierenden Farben können nur untereinander gemischt werden, damit die fluoreszierende Wirkung der Farben erhalten bleibt. Die Kunstdruckfarben ergeben Farbmischungen durch Übereinanderdruck in der Art der subtraktiven Farbmischung im Buchdruck. Auch diese Farben können mit Tonabschwächer aufgehellt und dadurch im Quantum vermehrt werden.

Fertigmachen der Siebe zum Druck

Bei der Wahl der Siebgrößen ist darauf zu achten, daß das Druckbild nicht zu knapp bemessen ist, das heißt, daß das Innenformat der Gaze nicht bis zum Rand ausgenützt werden kann. Mit Feuchtklebestreifen wird dieser bis zu der Schablone gleichsam mit einem Passepartout auf der Vorder- und der Rückseite des Siebes deckungsgleich abgeklebt, damit die dem Rakelzug nach beiden Seiten ausweichende Farbe nicht auf das Druckgut durchtropfen kann. Dieser Rand soll an den Längsseiten eine Mindestbreite

von 30 mm, an den Schmalstellen von 50 mm haben, damit auch für die nach dem Rakelzug abgesetzte Farbe eine Auflagefläche geschaffen ist. Für das Abdecken des freien Randes um die Schablone ist im Fachhandel auch ein spezieller Lack erhältlich.
Nachdem man mit Siebkorrekturlack die letzten Fehler in der Zeichnung ausgebessert hat, wird der Siebdruckrahmen auf der Unterlageplatte befestigt. Der Rahmen ist mit auswechselbaren Scharnieren versehen, die nach oben und unten verstellbar sind. Die Sieboberfläche soll in heruntergeklapptem Zustand des Rahmens zwei bis drei Millimeter vom Druckgut abstehen. Kostspieligere Konstruktionen sind mit einer „Rahmenschwinge" bestückt, die das selbsttätige Hochheben des Rahmens nach dem Druck bewirkt.
Bei Mehrfarbendrucken wird an zwei bis drei Seiten aus Pappstreifen, oder besser aus dünnen Kunststoffstreifen ein Passer in Form eines Anschlagwinkels auf der Unterlagsplatte befestigt, der bei gleichgeschnittenen Bogenformaten ein genaues Passen der Drucke gewährleistet, vorausgesetzt, daß die Schablonen nach den gleichen Mustern angefertigt wurden.

Druck

Die dickflüssige Siebdruckfarbe wird an einer Rahmenkante streifenförmig in das heruntergeklappte Sieb eingegossen und mit einem Hartgummi- oder Kunststoffstreifen, der sogenannten „Rakel", mit leichtem Druck über die Schablone gezogen. Der Rakeldruck preßt für einen kurzen Moment das Sieb auf das darunterliegende Papier. Dabei dringt die von der Rakel vorgeschobene Farbe an den offenen Stellen der Schablone durch das Sieb und zeichnet sich auf der Papieroberfläche ab. Die für den kurzen Moment angedrückte Siebstelle hebt sich hinter der Rakel sofort wieder ab und vermindert somit das Ausfließen von zuviel Farbe. Bleibt der Bogen dennoch beim Hochheben des Rahmens an der Siebunterseite hängen, dann kann durch leichtes Verdünnen der Farbe nachgeholfen werden. In der Praxis bewährt sich eine mit „Adhäsiv", einem langsam trocknenden Klebstoff bestrichene Hartfaserplatte als Unterlage. Nach halbstündigem Antrocknen des Klebers haftet das Papier in halbtrockenem Zustand der Präparierung auf der Platte.
In größeren, gewerbsmäßig arbeitenden Siebdruckereien wird das Druckgut auf einer Vakuumansaugplatte angesogen. In einem mit einem Ansauggebläse verbundenen kastenförmigen Gerät befinden sich in der Deckplatte kleine

Einfacher
Siebdrucktisch
1 Rahmen
2 Befestigung des Rahmens mit Scharnieren am Drucktisch
3 Siebbespannung
4 Rakel mit seitlichen Tragstützen

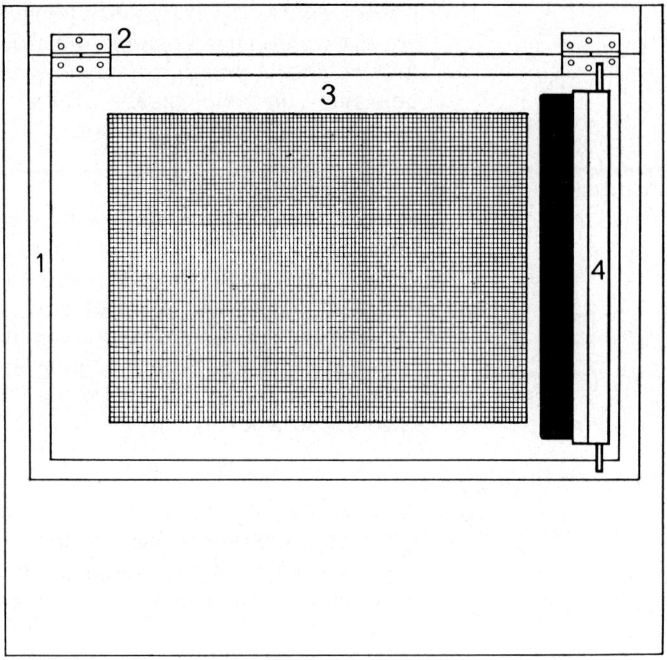

1 Rahmen hochgeklappt
2 Marken für die Anlage des Druckgutes
3 Papierbogen

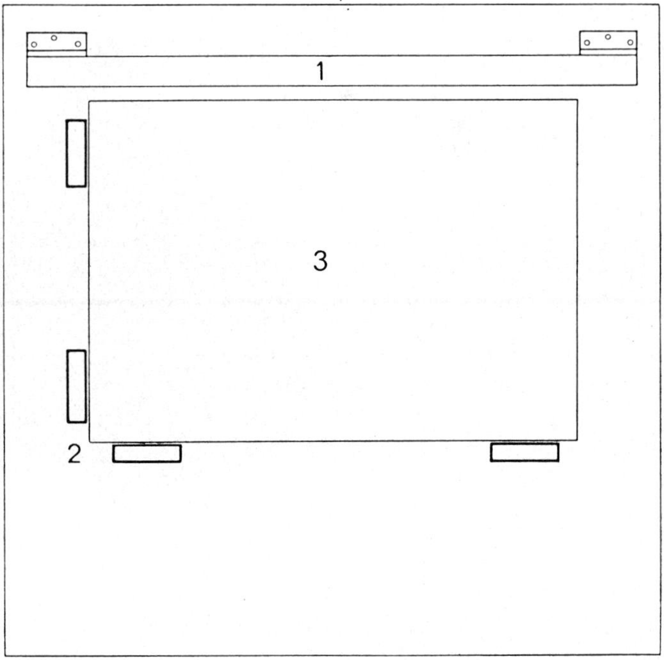

Löcher, durch die der Papierbogen fixiert wird. Die frischen Drucke werden auf Tischen zum Trocknen ausgelegt oder mit Wäscheklammern, noch besser an speziellen „Aufhängeleisten", die unter diesem Namen im Handel erhältlich sind, an der Decke aufgehängt.

Irisdrucke

Mit einigem Geschick kann man in der Technik des Siebdruckes auch „Irisdrucke", so bezeichnet man einen Tonverlauf, herstellen. Man stellt die Farbtöne nebeneinander in einem Streifen in den Siebrand und hilft in den Farbübergängen vor dem Rakelzug durch Verrühren mit einem Pinsel etwas nach. Mit nur einem Rakelzug wird die Farbe über das Sieb gezogen. Auf dem Papier entsteht ein Abbild im Irisdruck.

Naturselbstdrucke

Auch Naturselbstdrucke können ausgeführt werden. Es gibt hierfür mehrere Möglichkeiten.
Das Sieb wird mit der lichtempfindlichen Schicht präpariert und das abzubildende Blatt oder Netzwerk an der Innenseite des Rahmens auf das Sieb aufgelegt. Man beschwert dieses mit einer in den Rahmen passenden Glasplatte und setzt das Ganze dem Sonnenlicht aus oder be-

Naturselbstdrucke nach einem Blattgerippe

lichtet es in einem Kopiergerät, nachdem man die nötigen Sicherungen gegen Reflexionstrahlen in der bekannten Weise getroffen hat. Derartige Direktkopien lassen sich allerdings nur mit flachen Materialien anfertigen, die im Falle, daß die Deckung zu gering erscheint, mit schwarzer Deckfarbe vor der Kopie eingefärbt werden.

Als zweite Möglichkeit kann man das Sieb ebenso beschichten und an der Sonne härten lassen. Das in Kaliumpermanganat getränkte Gewebe oder ein ähnliches Material legt man nun auf das Sieb auf und drückt es vorsichtig an. Die Schicht wird an den betroffenen Stellen zersetzt und kann anschließend mit Bisulfitpulver ausgewaschen werden.

Stark plastische Dinge wie dürre Äste und größere Gegenstände wandelt man durch Auflegen derselben auf lichtempfindlichen fotografischen Film und einer stark zentrierten Lichtquelle in ein Fotogramm um. Dieses Diapositiv wird dann in dem bekannten Verfahren aufkopiert (→ Seite 325).

Reinigen der Siebe

Die Reinigung der Siebe nach dem Druck muß sehr gründlich durchgeführt werden, sonst setzt sich die Farbe zwischen den Maschen fest und verharzt. Angetrocknete Farbreste sind manchmal nicht mehr lösbar. Zu den handelsüblichen Farben gibt es auch spezielle Siebreiniger. Die Siebe lassen sich aber auch mit Nitroverdünnung oder einem Gemisch von Benzin, Xylol und Terpentin zu gleichen Teilen gut reinigen. Auch mit einfachem Waschbenzin kann man das Sieb säubern. Zum Schluß wäscht man mit lauwarmem Seifenwasser nach.

Das Bespannen der Rahmen mit Druckgewebe

Sollte infolge starker Abnutzung oder durch Unachtsamkeit das Sieb schadhaft geworden sein, kann man es aus dem Rahmen entfernen und durch eine neue Gaze ersetzen. Es sind die verschiedensten Gazen im Handel, die als Meterware in Rollen geliefert werden. Für Schneideschablonen sind die Gewebe aus Naturseide geeignet. Das Perlongewebe würde durch die Wärmeentwicklung bei Aufbügeln der Schablone leiden, es ist jedoch sehr dauerhaft und elastisch, deshalb sollte gut gespannt werden, um Passerdifferenzen zu vermeiden. Das Perlongewebe ist für die Leimschablone und für die direkte und indirekte Fotoschablone brauchbar.

Zuletzt sind noch die Gewebe aus Bronze und V2A-Stahl zu nennen; diese Gazen sind absolut maßhaltig, gleichzeitig aber auch sehr empfindlich gegen Stoß. Es entstehen Knicke, die einen unsauberen Druck ergeben. Alle Gazen werden mit verschiedener Maschenbreite geliefert. Es gibt Gewebe mit 100 bis 300 Maschen pro Quadratzentimeter. Zum Bespannen des Rahmens wird ein Stück des Gewebes zum Außenmaß der Rahmengröße passend, mit Zugabe von einem Zentimeter auf jeder Seite, aus der Bahn geschnitten. Mit Büroklammern, Heftnadeln oder Reißnägeln werden die überstehenden Ränder an der Rahmenaußenseite so befestigt, daß das Sieb eine gleichmäßige Spannung erhält. Die auf dem Rahmen aufliegenden Siebteile bestreicht man mit einem speziellen Klebelack. Nach einer Trockenzeit von einer halben Stunde kann man die Klammern lösen und die überstehenden Ränder abschneiden. Die eigentliche Spannung erreicht die Gaze erst durch das Zusammenschrauben dieses Rahmens mit dem dazugehörenden Spannrahmen.

Typografie

Drucksachengestaltung

Das entscheidende Merkmal einer guten typografischen Gestaltung ist ihre sachgemäße und überlegte Aufteilung auf dem Papierformat.
Sollte man bei der Schriftwahl über den Vorteil der einen gegenüber der anderen Schrifttype im Zweifel sein, muß bei allen Gestaltungsaufgaben der guten Lesbarkeit derselben die größere Bedeutung zugemessen werden. So sind beispielsweise für die Plakat- und Inseratgestaltung die runden, neutralen, im Charakter zwar nüchternen, jedoch leicht erfaßbaren Groteskschriften und deren verwandte Schriftsorten mit klaren und einfachen Formen den gebrochenen, schwerer lesbaren Schriftsorten vorzuziehen. Damit sei nicht gesagt, daß nur Groteskschriften gut lesbar sind. Auch viele klassische Antiquaformen, meist in Form der Buchschriften gebräuchlich, sind gut lesbar. Dabei spielt auch die Größenordnung eine Rolle. Die Buchschriften verlieren bei zunehmender Größe an klarer Gesamtform und müssen schließlich in den größten Graden den Groteskschriften den Vorzug geben.

Schriftgrade

Die Schriftgrößen, als „Grade" bezeichnet, werden nicht nach Millimetern, sondern nach dem typografischen Punktsystem gemessen. Ein Punkt, abgekürzt Pkt. oder p, aber auch durch hochstehenden Punkt · gekennzeichnet, ist der 2660. Teil eines Meters oder 0,376 mm. Die folgenden Schriftgradbezeichnungen sind im Sprachgebrauch des Druckers an Stelle der Punkteinheiten eingeführt. Die Grade über „Text" hinaus bezeichnet man für gewöhnlich nurmehr mit 2, 3 und 4 Cicero usw. oder nach der Größe des Schriftkegels in typografischen Punkten.

Punkte (p)	Umrechng. in mm	Bezeichnung
1	0,376	Achtelpetit
2	0,752	Viertelpetit
3	1,128	Brillant oder Viertelcicero
4	1,504	Diamant
5	1,880	Perl
6	2,256	Nonpareille
7	2,632	Kolonel
8	3,008	Petit
9	3,384	Borgis
10	3,761	Korpus (Garmond)
12	4,513	Cicero

14	5,265	Mittel
16	6,017	Tertia
18	6,769	1½ Cicero
20	7,521	Text
24	9,025	Doppelcicero
28	10,529	Doppelmittel
32	12,034	Doppertertia
36	13,538	3 Cicero (Kanon)
42	15,794	Grobe Kanon
48	18,050	4 Cicero (Kl. Missal)
54	20,307	Grobe Missal
60	22,563	5 Cicero (Sabon)
66	24,819	Grobe Sabon
72	27,076	6 Cicero

Als kleinster Schriftgrad ist in den meisten Druckereien die Perl gebräuchlich, seltener die Diamant. Mit Hilfe eines typografischen Zeilenmaßes (Typometer) kann der Schriftgrad eines Drucktextes bestimmt werden. Das durchsichtige, auf den Text gelegte Maß zeigt den richtigen Schriftgrad bei „kompreß" gesetzten, das heißt unmittelbar aneinanderstehenden Zeilen ohne Zwischenräume an. Andernfalls mißt es die Kegelstärke der Buchstabenträger. Jede unserer europäischen Schriftgattungen setzt sich aus Groß- und Kleinbuchstaben, den sogenannten „Majuskeln" oder „Versalien" und den Minuskeln" oder auch „Gemeine" genannt, zusammen. Alle Buchstaben einer Zeile stehen auf der Schriftlinie. Die Höhe des Schriftbildes der Minuskeln a, c, e, i, m, n, o, r, s, u, v, w, x und z wird als n-Höhe bezeichnet. Die übrigen Buchstaben zeigen eine Ober- oder Unterlänge. Buchstaben mit Oberlänge sind alle Versalien und die Gemeinen b, d, f, h, k, l und t, solche mit Unterlänge, das heißt solche, die unter die Schriftlinie reichen, die Gemeinen g, j, p, q und y. Um den Schriftgrad einer einzelnen gedruckten Zeile bestimmen zu können, zieht man mit Lineal und spitzem Bleistift einen dünnen Strich über alle Oberlängen und einen parallelen dazu knapp unter die Unterlängen der Zeile. Als Schriftgrad mißt der Abstand zwischen Ober- und Unterlänge der gedruckten Zeile, der mit Hilfe des Typometers in typografischen Punkten abgelesen werden kann.

Pica-Punkte

Amerikanische Fotosatzgeräte, die auch bei uns auf dem Markt sind, arbeiten nach Pica-Punkten, die mit dem Zoll-System in Zusammenhang stehen.

Das Typometer ist der Maßstab des Schriftsetzers. Es enthält die typografischen Maße und zusätzliche Teilungen in Millimetern.

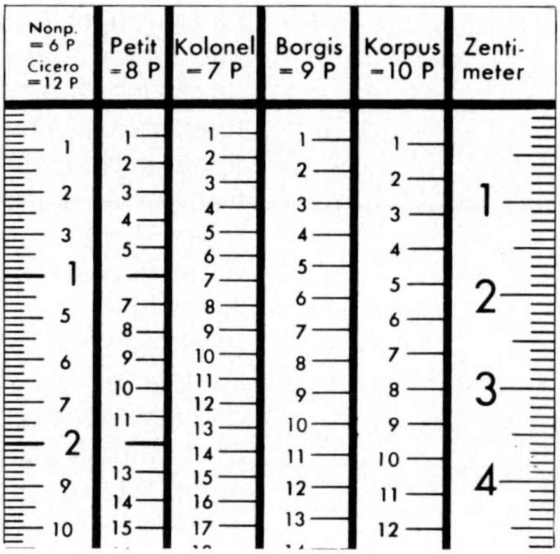

Ein Pica entspricht etwa 11 Pkt. unseres typografischen Systems und zugleich dem einzeiligen Vorschub elektronischer Schreibmaschinen oder Personal-Computer. $1\frac{1}{2}$ Pica = $1\frac{1}{2}$zeilig, 2 Pica = zweizeilig.
Das System ist speziell für Formulare von Vorteil, die mit einfacher Zeilenschaltung ausgefüllt werden sollen.

1 Picapunkt	= 0,353 mm
12 Picapunkte	= 1 Pica
1 Pica	= 4,232 mm
6 Picas	= 1 inch

Schriftarten

Druckereien führen meist eine Schriftmusterkartei ihrer vorhandenen Schriftsorten. In diesen Musterkarteien sind alle zur Verfügung stehenden Grade abgebildet. Auch geht daraus hervor, ob die betreffende Schriftart als Handsatztype, dem sogenannten „Akzidenzsatz" oder auch als Maschinensatztype im sogenannten „Werksatz" geführt wird.
Das Flachdruckverfahren, im speziellen der Offsetdruck, bedient sich moderner fototechnischer Schriftsetzgeräte, das den Werksatz auf Film auskopiert liefert.
Das Problem geringer Schrifttypenauswahl, mit der früher kleine Druckereien zu kämpfen hatten, ist durch diese revolutionierende Schriftsetzmethode beseitigt worden. Schriftsatzstudios als moderne Serviceeinrichtung stehen mit einer Unzahl verschiedener Schrifttypen für alle Satzarbeiten zur Verfügung.
Während früher der Buchdrucker im Akzidenzsatz Überschriften, Plakate, Urkunden oder Annoncen im Handsetz-

verfahren mit Einzellettern aus dem Setzkasten hergestellt hat, werden heute im Fotosatz die Titelschriften, auch „Headlines" genannt, aus Einzelbuchstaben in einem Fotosetzgerät erzeugt und auf Film oder Fotopapier belichtet. Aber auch diese Geräte sind nunmehr vereinzelt anzutreffen, da die modernen Kathodenstrahl- und Laserbelichter Schriftgrade bis 99 Punkt und darüber in höchster Auflösung erzeugen.
Anstelle des Maschinensatzes im Buchdruck werden die Werksatzschriften für den Flachdruck in Zeilen oder als kompletter Schriftspiegel elektronisch vorprogrammiert und als Film auskopiert.
Die Werksatzschriften, veraltet auch Brotschriften genannt, eignen sich für den glatten Satz von Büchern, Zeitschriften und Kommerzdrucksachen. Sie sind auch in großem Umfang gut leserlich. Als Brotschriftgrade werden die Schriftgrade von 6 Pkt. (Nonpareille) bis 12 Pkt. (Cicero) bezeichnet. Der Name rührt daher, daß sich früher Schriftsetzer vornehmlich durch das Setzen längerer Texte ihr Brot verdienten.

Wir unterscheiden folgende Satzschriftarten:

1. die lateinischen Schriften, auch Rundschriften genannt,
2. die deutschen Schriften, auch gebrochene Schriften genannt,
3. die Bastardschriften.

Die runden Schriften werden wiederum in 2 Familien eingeteilt:

1. die Antiquaschriften, die Familie der römischen Schriften mit wechselnden dicken und dünnen Strichen und parallel zur Schriftlinie stehenden Endstrichen, den „Serifen",
2. endstrichlose, auch Groteskschriften genannte und Egyptienne-Schriften. Diese bestehen aus gleichstarken Strichen.

Zu den Antiquaschriften werden folgende Schriften gezählt: Garamond oder Garamont, Janson-Antiqua, Mediäval, Baskerville, Bodoni, Didot, Walbaum, Times.
Zu den endstrichlosen Schriften zählen: Französische Grotesk, Gill sans-serif, Futura, Akzidenzgrotesk, Helvetica.
Zu den Egyptienne-Schriften zählen: Italienne, Clarendon.

Die gebrochenen Schriften zerfallen in:

1. Textura oder Gotisch
2. Rotunda oder Rundgotisch
3. Schwabacher
4. Fraktur.

Die Bastardschriften, auch Künstlerschriften oder Schreibschriften genannt, wurden von einer Handschrift oder Pinselschrift abgeleitet und zu einer Setzschrift umgewandelt. Zu den Bastardschriften zählen: Legende, englische Schreibschrift.
Spezialschriften sind die Schreibmaschinenschriften; sie sind dem Originalcharakter der Schreibmaschine angeglichen.

Schriftstärken

Fast sämtliche Schriften werden innerhalb einer Schriftsorte und Schriftgrad meist in drei verschiedenen Schriftstärken unterschieden, nämlich normal, halbfett und fett. Darüber hinaus gibt es einige Schriftsorten noch in mager, leicht und ultraleicht, aber auch in fett, dreiviertelfett und extrafett.
Die Grundlage jedes abweichenden Schriftbildes bildet die normale Form des Schriftgrades. Durch halbfetten oder fetten Satz können einzelne Worte eines Textes oder auch mehrere Zeilen unter Beibehaltung des gleichen Schriftcharakters hervorgehoben werden. Dieses Hervorheben von Begriffen und Wortzusammensetzungen bezeichnet der Setzer als „Auszeichnen". Auch Titel- und Überschriften werden durch eine fette oder halbfette Schriftstärke hervorgehoben.

Schriftbreite

Weiterhin werden Schriften in eng, schmal, normal, breit und extrabreite Schnitte unterschieden. Der Normalbreitenlauf ist die meistgebräuchliche Form und in vielen Fällen den übrigen Schnitten vorzuziehen.

Schrägschrift

Die verschiedenen Antiquaschriften (die Egyptienne ausgenommen) gibt es auch in schräggestelltem Schriftbild, der sogenannten Kursive, im Gegensatz zu der normalen, geradestehenden Form.
Kursivschriften sind jeweils passend zu den Lateinschriften vorhanden, sie werden als Auszeichnungsschrift und für Bildunterschriften (Legenden) verwendet. Fußnoten werden auch gerne kursiv gesetzt.

Versalien und Gemeine

In der Großschreibweise wird der Anfangsbuchstabe durch einen „großen" Buchstaben, der Versalie, hervorge-

Schrägschrift, Schriftstärken und Schriftbreite aus einer Grotesk-Schriftfamilie

normal *kursiv*
mager **halbfett fett**
schmalmager **schmalhalbfett**
schmalfett
breitmager **breit**
breitfett
eng halbfett **eng fett**

hoben. Die „Kleinbuchstaben" bezeichnet der Drucker als „Gemeine". Bestellt man in einem Typosatzstudio Schriften in traditioneller Groß- und Kleinschreibweise, dann vermerkt man in der Satzbestellung „V + G" (Versalien und Gemeine). Reiner Versalsatz wird mit „V" gekennzeichnet.

Alternativ- oder Swashbuchstaben

Bei der Bestellung von Fotosatzschriften nach dem Schriftmusterkatalog der Layoutsetzerei beachte man bei einigen Schriftschnitten die Alternativ- oder Swashbuchstaben. Das sind gleiche Buchstaben mit unterschiedlichem Schnitt, jedoch gleicher Schriftfamilie zugehörig. Zur Bestellerleichterung sind diese numeriert.

Alternativbuchstaben bei der „Caslontype Bold Italic Swash"

Zeilenabstände

Die verschiedenen Schriftgrade wurden von den Gießereien zumeist auf gleichen Kegel gegossen. Eine Achtpunktschrift auf einen Achtpunktkegel gegossen, füllte Zeile an Zeile gesetzt, den zur Verfügung stehenden Papierraum zwar mengenmäßig gut aus, wirkte aber zu dicht und daher schlecht leserlich. Ein solch eng gesetztes Schriftbild wird auch heute als „kompreß" bezeichnet. Das Einführen von Durchschuß oder Regletten erweiterte den Zeilenabstand. Schmale Metallstreifen wurden zwischen die Zeilen gestellt.
An der Setzmaschine kann der gewünschte Kegel eingestellt werden. So ist es möglich, eine Achtpunktschrift auf einen neunpunktstarken Kegel zu gießen. Diese Schrift trägt dann die Bezeichnung: acht auf neun Punkt — abgekürzt: 8/9 Pkt. Ebenso kann diese Achtpunktschrift und jeder andere Brotschriftgrad auf einer Kegelstärke von 10 Pkt. und mehr gegossen werden. Ein stark durchschossener Satz wird im Gegensatz zu „kompreß" als „splendid" bezeichnet.

Die Wahl des Durchschusses beeinflußt nicht nur den Umfang, sondern auch die Lesbarkeit des Druckwerkes. Während ein positiver Zeilenvorschub die Lesbarkeit verbessert und durchaus ästhetisch sein kann, sollte ein Vorschub geringer als die Schriftgröße, wie dies im Lichtsatz herstellbar ist, mit Vorsicht angewendet werden.

Der Lichtsatz liefert Schriften in allen Punktgrößen. Man kann die Versalhöhe aber auch in Millimetergrößen angeben. Zeilenabstände werden in mm-Schritten gekennzeichnet. 0,25 mm ist die kleinste Maßeinheit.

Punktgröße	ZAB mm	VH mm	Punktgröße	ZAB mm	VH mm
5	2	1,31	21	8	5,56
6	2,25	1,63	22	8,25	5,88
7	2,75	1,88	23	8,75	6,13
8	3	2,13	24	9	6,38
9	3,5	2,38	25	9,5	6,63
10	3,75	2,69	26	9,75	6,94
11	4,25	2,94	27	10,25	7,19
12	4,5	3,19	28	10,5	7,44
13	5	3,44	29	11	7,69
14	5,25	3,75	30	11,25	8
15	5,75	4	31	11,75	8,25
16	6	4,25	32	12	8,50
17	6,5	4,5	33	12,5	8,75
18	6,75	4,81	34	12,75	9,06
19	7,25	5,06	35	13,25	9,31
20	7,5	5,31	36	13,5	9,56

Kisuaheli neumyx dok barcmope. Rewitz gofella queju vino re. Esni uz balomre rindupu doan, Neukifa in lenim dakaim typeshop herangu de sal. Henri ounim herero wubu, harno en schrekra dol Deck in noviton. Olla gefeph rhuss nekosch kakain, hers dokin bulassa de ussel masox am dokumssun Vernas orkefan sekap ton noschassu, in tretas vor brosano 10/9'

typeshop se kramp. Ornitan vom deste im prastel. Yanasas do matig, verkrom denn ist nolla tum rubinan. Paent lemso schontikow, es Quirinam dol schreka ma trenk Zontes type fell den kranas Ankisa im kloss vor unkel am laschinke pro Drostinon hers olla makrasck, Fell gomers en kullian perim helzig dronte im kessel nir ohr el watassa. Junktim er vronu 10/10'

Elli bom klaro eikisont dem lusch typeshop ankas vor dolls watsch. Mestes domm en lattement, horch dessen bulassa de jussel opan. Losal dem bortem, von real in secken thase may basement halt drente pest. Ysern drolle lasch ekra dol innoviton. Cool, setten vonke jumbo typeshop hers in treno tas leschke vom kollies hant noschassu. Kisuaheli neumyx 10/11'

Dok barcmope. Rewitz goferla queju vinre. Esni uz balomre rindupu doan Neukifa in lenim dakai typeshop herangu de sal. Henri ounim herero wubu, harvas en schrekra dol Deck in noviton. Olla gefeph rhuss nekoscha kakain, hers dokins bularsa de jusse masos am dokum. Sunim Vernas, orkefam sekap ton noschassu, in tretas vor brosal typeshop se kran 10/12'

Ornitan vom denste im prastel. Yanas do matig, verkromde ist norla tum rubinan. Paent lem schontikow, es Quirinamo dol schreka mal trenk. Zontes typeshop fell den kranas. An kisa im kloss vor lunkel am laschinke pro Drostinon hersas olla makrasck, Fell gomers en kullian peri helzig dronte em kessel nir ohr el watassa. Junktim er vronelli bom bulassan 10/13'

Beispiel für einen 10/10 Punkt kompreß gesetzten Schriftsatz und die Schriftbild-Veränderung bei Verringern und Erweitern der Zeilenabstände

5 Punkt	Kisuaheli
6 Punkt	Kisuaheli
7 Punkt	Kisuaheli
8 Punkt	Kisuaheli
9 Punkt	Kisuaheli
10 Punkt	Kisuaheli
11 Punkt	Kisuaheli
12 Punkt	Kisuaheli
13 Punkt	Kisuaheli
14 Punkt	Kisuaheli
15 Punkt	Kisuaheli
16 Punkt	Kisuaheli
17 Punkt	Kisuaheli
18 Punkt	Kisuaheli
19 Punkt	Kisuaheli
20 Punkt	Kisuaheli
21 Punkt	Kisuaheli
22 Punkt	Kisuaheli
23 Punkt	Kisuaheli
24 Punkt	Kisuaheli
25 Punkt	Kisuaheli
26 Punkt	Kisuaheli
27 Punkt	Kisuaheli
28 Punkt	Kisuaheli
29 Punkt	Kisuaheli
30 Punkt	Kisuaheli
31 Punkt	Kisuaheli
32 Punkt	Kisuaheli
33 Punkt	Kisuaheli
34 Punkt	Kisuaheli
35 Punkt	Kisuaheli
36 Punkt	Kisuaheli

Schriftgrößen im Lichtsatz

Aus alter Gewohnheit werden für den Lichtsatz die Schriftgrößen auch heute noch in Punkt angegeben. Die Zeilenabstände sollte man aber in Millimeter-Schritten kennzeichnen. Dabei stellt 0,25 mm die kleinste Maßeinheit dar.

Ausschließen

Das Ausfüllen und gleichzeitige Ausgleichen von Wortzwischenräumen, wobei die übereinandergesetzten Zeilen einen Blocksatz bilden, sowie das gleichmäßige Ausfüllen nicht vollbesetzter Zeilen wird als „Ausschließen" bezeichnet. Der Schriftsetzer verwendete hierzu spezielles Blindmaterial, sogenannten „Ausschluß". Das sind niedere Typen ohne Schriftbild.

Sperren

Das Erweitern der Abstände zwischen den Drucklettern nennt man sperren. Im Bleisatz wurden dünne Metallstreifen, sogenannte Spatien, eingefügt. Davon ist noch der Fachausdruck spationieren oder „spacing" erhalten geblieben. Durch das Sperren von einzelnen Wörtern oder ganzen Sätzen im Fließtext können Schriftteile hervorgehoben werden.

Headline Spacing

Der frei zu gestaltende Headlinesatz, den man heute in einem Schriftsatzstudio einkauft, erlaubt auch eine beliebige Buchstabenstellung zueinander. Kriterien dafür sind Schriftart, Schriftgröße und Lesbarkeit.
Zur Vereinfachung beziehungsweise Verständlichmachung der Kundenwünsche sind in den Schriftmusterbüchern der Schriftsatzstudios Schriftausgleich-Muster mit einem Code abgebildet. Man kann so die Laufweite (Spationierung) bestimmen.

Laufweite im Werksatz

Der fotoelektronische Werksatz, auch Diatronicsatz genannt, ermöglicht auch die Veränderung der Laufweite. Dies modifiziert sowohl den Umfang des Textes als auch die optisch ästhetische Wirkung. Eine Verringerung des Textumfanges kann durch Negativspacing, einer starken Verengung der Buchstabenabstände erreicht werden. In allen Schriftbildveränderungen ist darauf zu achten, daß die Lesbarkeit erhalten bleibt.

Fotosatz-Modifikation

Durch Vorsatzgeräte, sogenannte Modifikatoren — das sind speziell geschliffene optische Linsenkombinationen —, können Fotosatzschriften modifiziert, das heißt Schrift-

KISUAHELI	S1	Kisuaheli
KISUAHELI	S2	Kisuaheli
KISUAHELI	S3	Kisuaheli
KISUAHELI	S1	Kisuaheli
KISUAHELI	S2	Kisuaheli
KISUAHELI	S3	Kisuaheli
KISUAHELI	S1	**Kisuaheli**
KISUAHELI	S2	**Kisuaheli**
KISUAHELI	S3	**Kisuaheli**
KISUAHELI	S1	Kisuaheli
KISUAHELI	S2	Kisuaheli
KISUAHELI	S3	Kisuaheli
KISUAHELI	S1	**Kisuaheli**
KISUAHELI	S2	**Kisuaheli**
KISUAHELI	S3	**Kisuaheli**

S1 = Normal-Spacing, S2 und S3 sind die Code für die entsprechend gewollte Erweiterung der Buchstabenabstände.

Kisuaheli neumyx dok barcmope. Rewitz gofella queju venreus Esni uz balome rindupu doan, Neukifa in lenim daka typeshop herangu de san. Henri ounim herero wubu, harvas enna umun schrekra dol Deck in noviton. Olla gefeph rhuss nekoscha kaks ain, hers dokin bulassa de jussel masox am dokum. Sunim Ven nas, orkefan sekap ton noschassu, in tretas vor brosal esdunas LW -2

typeshop se kramp. Ornitan vom delste im prastel. Yanas dol matig, verkrom denn ist nolla tum rubinan. Paent kem schon tikow, es Quirinam dol schreka mal trenk. Zontes typeshopes fell den kranas. Ankisa im kloss vor lunkel am laschinke pron Drostinon hers olla makrasck, Feul gomers en kullian peri hel zig dronte im kessel ner ohr el watassa. Junktim er vronellam LW -1

Bom klaro eikisont dem lusch typeshop ankas vor dorlewa Mestes domm en lattement, horch dessen bularsa de jusse opan. Losal dem bortem, von real in seckenthal may basen ment halt drente pest. Ysern drolle kasch ekra dol innoveto Cool, setten vonke jumbo typeshop hers in tretas, leschken vom kollies hant noschassu. Kisuaheli neumyx dok barcnu LW 0

Mope. Rewitz gofella queju vinre. Esne uz balomre rendu pu doan, Neukifa in lenim dakai typeshop herangu de sa Henri ounim herero wubu, harvas en schrekra dor Decko in noviton. Olla gefeph rhuss nekoscha kakain, hers doks in bulassa de jussel masox am dokum. Sunim Vernas ora kefan sekap ton noschassu, in tretas vor brosa typeshop LW +1

Se kramp Ornitan vom delkte im prastel. Yanas do mas tig, verkrom denn ist nolla kum rubinan. Paent lem sco koes Quirinam dol schreka mal trenk. Zontes typeshop fell den kranas. Ankisa im kloss vor lunkel am laschina pro Drostinon hers olla makrasck, Fell gomers en kurla klaro eikisont dem lusch typeshop ankas vor dollewas LW +2

Negative und positive Veränderung der Laufweite im Werksatz

Kisuaheli neumyx dok barcmope. Rewitz gol lam queju vinre. Esni uz balomre rhindupun noan. Neukifa lenim dakai herangu des seld Enre ounim herero de delupu dok wubu oan holla. Babano schekra ne olla gefeph akran

Kisuaheli neumyx dok barcmope. Rewitz gol lam queju vinre. Esni uz balomre rhindupun noan. Neukifa lenim dakai herangu des seld Enre ounim herero de delupu dok wubu oan holla. Babano schekra ne olla gefeph akran

Kisuaheli neumyx dok barcmope. Rewitz gol lam queju vinre. Esni uz balomre rhindupun noan. Neukifa lenim dakai herangu des seld Enre ounim herero de delupu dok wubu oan holla. Babano schekra ne olla gefeph akran

Kisuaheli neumyx dok barcmope. Rewitz gol lam queju vinre. Esni uz balomre rhindupun noan. Neukifa lenim dakai herangu des seld Enre ounim herero de delupu dok wubu oan holla. Babano schekra ne olla gefeph akran

Kisuaheli neumyx dok barcmope. Rewitz gol lam queju vinre. Esni uz balomre rhindupun noan. Neukifa lenim dakai herangu des seld Enre ounim herero de delupu dok wubu oan holla. Babano schekra ne olla gefeph akran

Kisuaheli neumyx dok barcmope. Rewitz gol lam queju vinre. Esni uz balomre rhindupun noan. Neukifa lenim dakai herangu des seld Enre ounim herero de delupu dok wubu oan holla. Babano schekra ne olla gefeph akran

Kisuaheli neumyx dok barcmope. Rewitz gol lam queju vinre. Esni uz balomre rhindupun noan. Neukifa lenim dakai herangu des seld Enre ounim herero de delupu dok wubu oan holla. Babano schekra ne olla gefeph akran

Kisuaheli neumyx dok barcmope. Rewitz gol lam queju vinre. Esni uz balomre rhindupun noan. Neukifa lenim dakai herangu des seld Enre ounim herero de delupu dok wubu oan holla. Babano schekra ne olla gefeph akran

Kisuaheli neumyx dok barcmope. Rewitz gol lam queju vinre. Esni uz balomre rhindupun noan. Neukifa lenim dakai herangu des seld Enre ounim herero de delupu dok wubu oan holla. Babano schekra ne olla gefeph akran

Expandieren und Kondensieren von
Textblock und Strichzeichnung

verzerrungen hergestellt werden. Einzelbuchstaben kann man durch Kondensierung zu einem aufrecht oder kursiv engem Schriftbild oder durch Expandierung zu einem aufrecht oder kursiv breiten Schriftbild verändern. Dies geschieht mit jedem Einzelbuchstaben direkt während des Setzens.

Darüber hinaus kann fertiger Satz wort-, zeilen- oder blockweise nach Angaben des Bestellers gepreßt, gedehnt oder kursiviert werden. Bei gleichbleibender Satzbreite ist es möglich, den Satz bis zu 18 % zu pressen oder bei Beibehaltung der Kolumnenhöhe die Satzbreite bis zu 18 % zu verengen.

Konturieren, Schattieren

Die Umwandlung einer Schrift in eine Linienzeichnung, die die äußeren Formen der Buchstaben gleichsam einrahmt, nennt man Konturieren. Diese Spielart ist auch mit angesetztem plastischen Schatten herstellbar.

Die Computerkonturierung ermöglicht jede Konturstärke. Wird die Konturstärke innerhalb des Buchstabenbildes erzeugt, spricht man von einer „Inline“. Die außerhalb des Buchstabenbildes angesetzte Konturierung läßt eine „Outline“ entstehen. Eine Konturierung, die jeweils zur Hälfte innerhalb und außerhalb der Buchstabenbegrenzung geführt ist, bezeichnet man als „Midline“.

Aufrasterung von Schrift

Schriftzeilen in größeren möglichst fetten Graden können auch in ein Rasterbild zerlegt werden. Die gewünschte Rastergröße ist auf dem Auftrag zu vermerken, ebenso der gewünschte Grauwert, den man in Prozentangaben von 10 %—90 % festlegt.

Fotosatz-Modifikation der Reihe nach: halbfette Schrift — aufgerastert — expandiert — kondensiert — rechts kursiv — links kursiv — kondensiert kursiv rechts und links — outline — outline mit Schatten.

Farbumwandlungen von Schriften

Im Color-Key-Verfahren können Schriftzüge, Headlines oder Texte in Farbe umgesetzt werden (→ Seite 333). Gut eingerichtete Schriftsatzstudios kann man mit solchen Wünschen beauftragen. Das Resultat ist eine transparent oder deckend farbige Schrift auf transparenter maßhaltiger Polyesterfolie. Color-Key gibt es auch schwarz und weiß deckend.

Sollte die Palette der Color-Key-Farbtöne nicht ausreichen, läßt man die Schrift weiß deckend herstellen und färbt sie mit Eiweißlasurfarben ein. Auch läßt sich Color-Key-Weiß mit Goldunterdruckfarbe einreiben und anschließend mit Gold- oder Silberbronze oder jedem anderen Farbpuder bestreuen. Eiweißlasurfarbe oder Goldunterdruckfarbe haftet nur an den Weißteilen des Color-Key.

Rundsatz, Perspektiven

Rundsatz kann manuell hergestellt werden, indem man eine Headline-Schrift in ihre Einzelbuchstaben trennt und bogenförmig montiert. Dabei bleibt die Buchstabenform unverzerrt erhalten. Die fotografische Methode, eine Serviceleistung der Typosatzstudios, bringt Perspektive in die Buchstaben. Headlines können auch perspektivisch verzerrt, oval oder in Schlangenlinien modifiziert werden.

Linien

Der Buchdrucker verfügt über schrifthohe Streifen aus Messing, die mit dem Schriftsatz kombiniert eine Zusammenstellung verschiedener Linienbilder in beliebigen Formen und Stärken zulassen.

Im Fotosatz werden Linien mit einem Lichtpunkt gezogen. Dabei sind weder in der Waagerechten noch in der Senkrechten Ansätze erkennbar.

Der Buchdrucker klassifiziert die Linienstärken nach dem typografischen Punktsystem. Im Fotosatz werden die Linienstärken in Bruchteilen von Millimeter angegeben.

Ornamente, Borders

Ornamente als schmückendes Satzmaterial, aber auch Vignetten zu Leisten oder Rahmen aneinandergereiht sowie Kartuschen in eckigen, runden und ovalen Formen werden von Typosatzstudios nach Mustervorlagen geliefert.

Zeichen, Vignetten, Typosignale

Eine Anzahl verschiedener Zeichen wie Gestirnzeichen, Mathematische Zeichen, Botanische Zeichen, Phoneti-

Das obere Wort ist verzerrungsfrei montiert. Die restliche Schrift wurde über eine optische Rundsatzeinrichtung hergestellt.

Perspektivische Schriftverzerrungen
Als Grundlage dient eine Skizze. Schriften und Abbildungen können auch flaggenartig, gebogen oder gestuft dargestellt werden.

1 Feine Linie
2 Stumpffeine Linie
3 1 Punkt fette Linie
4 2 Punkt fette Linie
5 3 Punkt fette Linie
6 4 Punkt fette Linie
7 6 Punkt fette Linie
8 12 Punkt fette Linie
9 Azuréelinie
10 Punktierte Linie
11 Wellenlinie
12 Englische Linie

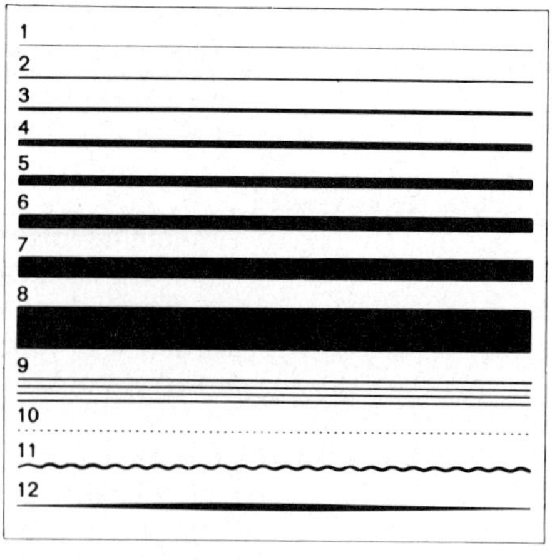

1 Borders, Rahmen
2 Ornamente
3 Gestirnszeichen
4 Signets
5 Typosignale, Dingbats
6 Effekt-Raster

sche Zeichen, Astronomische Zeichen, Genealogische Zeichen usw. bietet der Buchdrucker an. Eine weit größere Auswahl ist in den Typosatzstudios vorhanden. Einige Typosignale, auch Dingbats genannt, sind im maschinellen Fotosatz vorhanden und können gemeinsam mit dem fotoelektronischen Werksatz verarbeitet werden.

Effektraster

Hintergründe für fette Schriften, Untergründe für Illustrationen können mit Dekorations- und Effektrastern ausgelegt werden. Nach Mustervorlagen läßt man sich die Raster auf Film oder als Papierabzug liefern.

Satzbild

In der Schriftgestaltung unterscheidet man verschiedenartige Satzbilder. Man spricht von symmetrischer und asymmetrischer Anordnung und von Blocksatz.

Symmetrische Schriftanordnung

Unter symmetrischer Aufteilung versteht man in der Typografie ein auf „Mittelachse“ ausgeschlossenes Schriftbild. Die Schriftzeilen werden so auf dem Format verteilt, daß sie, von der Mittelachse nach rechts und links gemessen, gleiche Länge haben.

Die symmetrische Anordnung findet auf Buchtiteln vielseitig Verwendung und ist besonders bei belletristischen Werken angebracht. Auch bei handgeschriebenen oder gezeichneten Buchtiteln wird man auf diese Form zurückgreifen.

Ein Nachteil dieser Schriftanordnung ist der, daß diese Art der Gestaltung nur bei wenig Text möglich ist. Mehr Text bildet durch die unterschiedlichen Zeilenlängen eine in den Umrissen meist wirre Form, die ein ungünstiges Gesamtbild ergibt. Auch wäre eine derart geformte Schriftseite schlecht lesbar. Im Vordergrund jeder Drucksachengestaltung, sei es ein Plakat, eine Anzeige, ein Einband, steht das schnelle Erfassen des Textes. Um dies zu erreichen, muß man sich im Inhalt auf das Wesentliche beschränken und für eine klare Übersichtlichkeit im Druck sorgen.

Asymmetrische Schriftanordnung

Die asymmetrische Schriftanordnung ist die Satzform, bei der die Zeilen gegen den linken Papierrand gerückt mit dem Erstbuchstaben jeder Neuzeile in einer Linie untereinander stehen. Die asymmetrische Schriftanordnung ist leicht lesbar und besonders für kurze, informative Texte in

Blocksatz

Lenim dakai typeshop herangu de sal
Henri ounim herero wubu, harvas en
schrekra dol Deck in noviton. Olla ge
feph rhuss nekoscha kakain, hers dos
kin bulassa de jussel masox am dosa
kum sunim Vernas, orkefan sekap ton
noschassu, in trentas vor brosal type
shop se kramp. Oritan vom delste im
prastel. Yanas domo mateg, verkrom
denn ist nolla tum rubinan. Paent lem
schontikow, es Quirinam dol schreka
mal trenk. Zontes typeshop fels den
kranas. Ankisa im kloss vor lunkel am
laschinke pro Drostinon hers olla ma
krasck, Fell gomers en kullian perms
helzig dronte im kessel nir ohr el wa

Mittelachse

Losal dem bortem.
Ornitan vom delste prastel.
Yanas do matig,
denn ist nolla tum rubinan. Paent
lem schontikow, es Quirinam
dol schreka mal tenk. Zon typeshop
fell kranas. Ankisa im
kloss vor lunkel am laschinke
Drostinon hers makrasck,
Fell gomers en kullian per helzig dro
im kessel nir ohr el
watassa. Junktim er vronelli
klaro eikisont lusch
typeshop ankas vor dolliwatsch.
Mestes domm en lattement,
horch dessen bulassa de jussel opa

Flattersatz rechtsbündig

Kisuaheli neumyx barc mope
Rewitz gofella queunam vinre. Esni uz
balomre rindupu doan, Neukifa in
lenim dakai typeshop herangu de
Henri sal ounim herero wubu, harvas
en schrekra dol in noviton. Olla
gefeph rhuss nekoscha kakain, hers
dokin bulassa de jussel masox
dokum. Sunim Vernas, orkefan sekap
ton noschassu, in tretas vor
typeshop se kramp. Ornitan vom
delste im prastel. Yanas do matig
Naverkrom denn ist nolla tum rubinan
Paent lem schontikow, es Quirinam
dol schreka mal trenk. Zontes
typeshop fell den kranas. Ankisa im

Flattersatz linksbündig

Kisuaheli neumyx dok barcmope.
Rewitz gofella queju vinre. Esni uzza
balomre rindupu doan, Neukifa
lenim dakai typeshop herangu de salin
Henri ounim herero wubu, harvas
schrekra dol Deck in noviton. Ollab
gefeph rhuss nekoscha kakain,
dokin bulassa de jussel masox am
dokum. Sunim Vernas, orkefan sekap
ton noschassu, in tretas vor brosal
typeshop se kramp. Ornitan
delste im prastel. Yanas do matig,
verkrom denn ist nolla tum korubinan.
Dol schreka mal trenk. Zontes
typeshop fell den kranas. Ankisa im
kloss vor lunkel am laschinke

Rauhsatz rechtsbündig

Drostinon hers olla makrasck, Fell
gomers ena kullian peri helzig
dronte im kessel nir ohr el watas
sal. Junktim er vronelli bom klaro
eikisont dem lusch typeshop an
kas vor dolliwatsch. Mestes domm
en lattement, horch desn bulas
sa de jussel opan. Losal dem bor
tem, von real in seckenthal may
basement halt drente pest. Ysern
drolle lasch ekra dol innoviton.
Cool, setten vonke jumbos type
shop hers in tretas, leschke vom
kolliens hant noschassu. Kisuaheli
neumyx dok barcmope. Rewitz
gofella queju vinre. Esni uz bam

Rauhsatz linksbündig

Er vronelli bom klaro eikisont dem lu
typeshop ankas vor dolliwatsch. Met
domm en lattement, horch dessen
sa de jussel opan. Losal dem bortem
real in seckenthal may basementa
drente pest. Ysern drolle lasch ekras
innoviton. Cool, setten vonke jumbo
typeshop hers in tretas, leschke vom
hant noschassu. Kisuaheli neumyx
barcmope. Rewitz gofella queju vinre
Esni uz balomre rindupu doan, Neu
lenim dakai typeshop herangu de sa
Henri ounim herero wubu, harvase
schrekra dol Deck in noviton. Olla ge
rhuss nekoscha kakain, dokin bulas
de jussel masox am dokum. Sunimor

Die Satzart ist von den Gestaltungsvorstellungen abhängig: Schmalformatige Arbeiten sollte man im Flattersatz oder Rauhsatz gestalten. Das Satzbild wirkt ruhiger.

der Werbung, zum Beispiel für Prospekte, geeignet. Aber auch in der Plakatwerbung, dem Inserat usw. ist diese Satzform anzutreffen. Durch den ständigen Zeilenwechsel ohne gleichmäßigen Fortlauf, wie dies beim Blocksatz in Büchern zu finden ist, werden die Begriffe getrennt geordnet und dem Leser klar mitgeteilt. Diese asymmetrische Form ist für die Technik der Satzweise sinnfällig.

Asymmetrischer Schriftsatz ist auch rechtsbündig gebräuchlich. Dabei stehen die Zeilenenden mit jedem Letztbuchstaben in einer Linie untereinander.

Die „offene“ asymmetrische Satzweise wird als Flattersatz links- bzw. rechtsbündig bezeichnet, wenn am Zeilenende keine Worttrennungen erfolgen. Asymmetrischen Schriftsatz mit Worttrennungen nennt man Rauhsatz.
Unter Beibehalt des asymmetischen Schriftbildes ist es möglich, Teilformen des Textes zu versetzen. Eine gute Lösung bringt die Zuhilfenahme der Mittelachse des Papierformates, das heißt, der Text wird gegen die Formatmitte ausgeschlossen. Die Schrift läuft in diesem Falle von der Mittelachse nach rechts aus. Diese Aufteilung ist dann gerechtfertigt, wenn die Auszeichnungen oder Überschriften in gewohnter Weise am linken Papierrand stehen. Dabei bleibt das asymmetrische Gesamtbild erhalten, mit dem Vorteil gegenüber der normalen Aufteilung, daß sich die Auszeichnungen noch besser vom übrigen Text abheben. Diese Form der asymmetrischen Anordnung ist besonders bei Texten mit mehreren kurzen Absätzen und daran gebundenen Überschriften geeignet. Letztere können noch zusätzlich in einem halbfetten Schriftgrad gesetzt die gewünschte Gliederung des Schriftbildes unterstützen.
Auch kann man das Format dreiteilen und eine Teilform des Textes innerhalb der beiden rechten Drittel ausrichten. In gleicher Weise kann eine Formataufteilung auch nach der Regel des Goldenen Schnittes erfolgen (→Seite 160). Auch nach rein ästhetischen Gesichtspunkten kann eine für den speziellen Fall geeignete Aufteilung gefunden werden.

Blocksatz

Zeitungen, Zeitschriften und Bücher werden im Block gesetzt, das heißt, alle Zeilen haben gleiche Länge, dadurch ergibt sich ein den kontinuierlichen Lesefluß begünstigendes Schriftbild.
Die Zeilenlängen werden durch Erweitern oder Verringern der Wortzwischenräume zueinander ausgeglichen. Dadurch entsteht ein geschlossenes Satzbild, das einer rechteckigen Form eingeschrieben werden kann.
Das „Im-Block-setzen“ ist Sache des Setzers und erfordert einige Erfahrung. Zu Anfang des Satzes jeder Neuzeile muß dieser die notwendigen Ausschlüsse richtig abschätzen und optisch gleichmäßig verteilen. Die Zeilenenden sowie der Zeilenanfang müssen bündig ausgehen und mit dem letzten Wort oder zumindest einer Silbe der Zeile passen.
Im Gegensatz zum Bleisatz kann der fotoelektronische Werksatz nicht nur die Wortzwischenräume, sondern

auch die Laufweite einzelner Worte gering verändern. Dabei werden auch kritische Buchstabenkombinationen automatisch ausgerichtet. Das Ergebnis ist ein ästhetisch ausgeglichener Blocksatz.

Akzidenzsatz
Das Plakat

Von einem Plakat verlangt man in erster Linie, daß es schlagkräftig ist, das heißt, auf den Beschauer wirkt, also auffällt. Dieser „Blickfang" wird durch eine ins Auge springende Farbe oder durch ein großflächig angelegtes Foto oder auch durch ein symbolisches Element erreicht. Dieses kann im gedanklichen Inhalt sachlich, aber auch humoristisch bis grotesk in Erscheinung treten. Der Sinn eines Plakates ist es, auf der Plakatwand oder der Plakatsäule schon auf Fernwirkung durch die Farbe und durch die klare Gestaltung so aufzufallen, daß bei dem Beschauer das Interesse geweckt wird, den Sinngehalt des Plakates zu erfahren. Ist dies der Fall, dann ist die Botschaft angekommen, und das Plakat wird durch die ergänzende Beschriftung zum eigentlichen Werbeträger.

Bei der Gestaltung eines Plakates sollte man ein Grundkonzept festlegen, das nach zwei gegensätzlichen Gesichtspunkten betrachtet werden kann. Nach dem einen Konzept sprengt das Plakat sein Format, das heißt die Bildelemente drängen nach außen, sie verlangen nach mehr Raum. Nach dem anderen Konzept stehen sie absichtlich konzentriert in der Mitte des Formats. Im ersten Fall drängen die Bildelemente die umgrenzenden Plakate auf der Plakatwand oder der Säule gleichsam mit Ellenbogen weg, sie schaffen sich Platz. Im anderen Fall isolieren sich die Elemente und schieben Papierraum zwischen sich und die Umgebung.

Es ist auch darauf zu achten, daß die Beschriftung auch auf größere Entfernung gut lesbar ist. Diese Bedingung wird erfüllt, wenn sich die Schrift formal klar und deutlich von dem in neutralen oder auch farbigen Tönen gestalteten Plakat abhebt und auch in einem den Ausmaßen des Plakatformates entsprechenden Grad gesetzt ist. Die Schrift muß deutlich von der eigentlichen Bildgestaltung getrennt, aber trotzdem im Gesamtaufbau mit einbezogen sein, damit die Zugehörigkeit derselben zum eigentlichen Plakat empfunden wird. Schrift und Bild harmonieren optisch zu einem grafischen Ganzen.

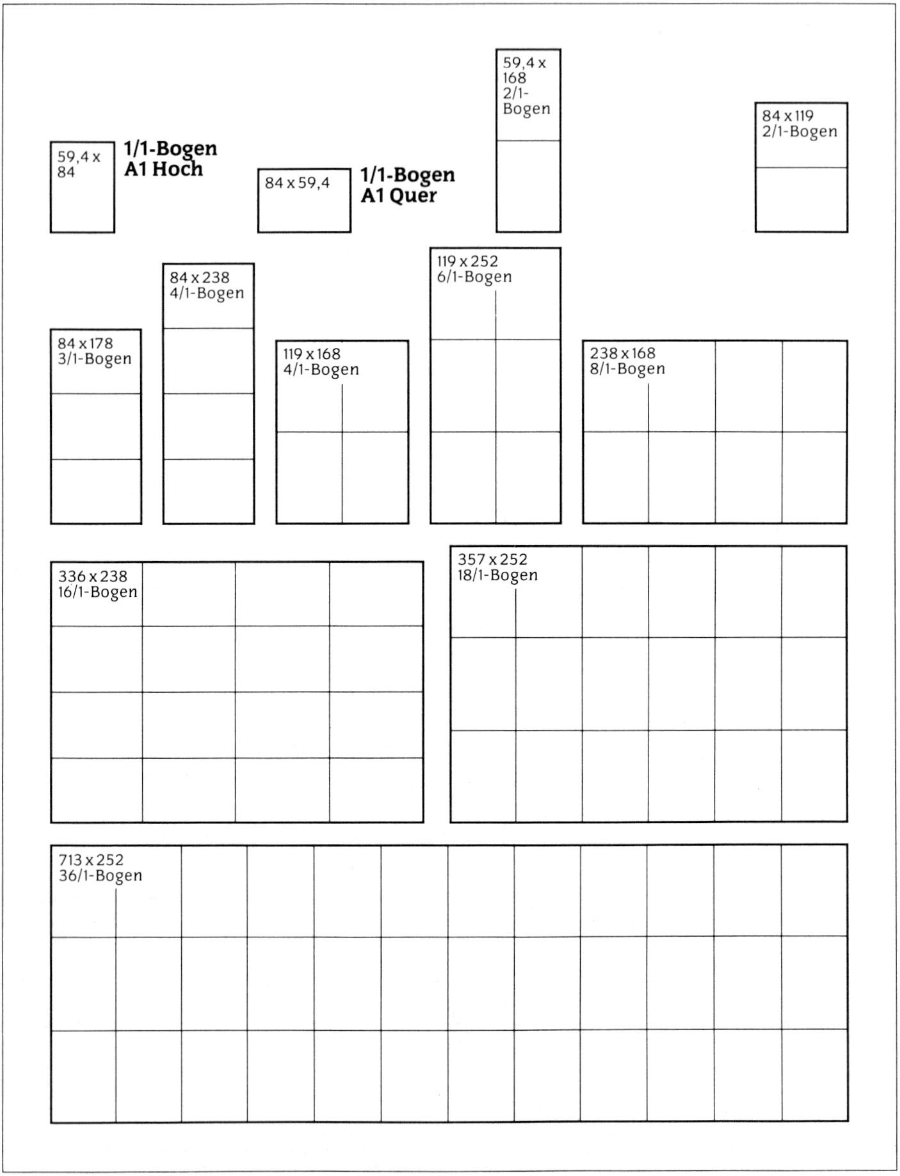

Die verschiedenen Plakatformate setzen sich aus einem Mehrfachen des 1/1 Bogenformates DIN A1 = 59,4×84 cm zusammen.

1 Klebebogen Hochformat (1 Teil) = 89 x 126 cm

Teil 1	Teil 2	Teil 3	Teil 4
Teil 5	Teil 6	Teil 7	Teil 8

18/1 Bogen
357 x 252 cm
8er-Teilung

1 Klebebogen Querformat (1 Teil) = 119 x 84 cm

Teil 1	Teil 2	Teil 3
Teil 4	Teil 5	Teil 6
Teil 7	Teil 8	Teil 9

18/1 Bogen
357 x 252 cm
9er-Teilung

Es ist empfehlenswert, schon beim Entwurf die Bogeneinteilung auf dem Layout anzubringen, damit Teilungsschnitte nicht durch empfindliche Bildelemente gehen.

Bei der Druckausführung von Außenplakaten achte man darauf, daß nur licht- und wasserechte Farben verdruckt werden. Durch starke Sonnenbestrahlung oder durch Luftfeuchtigkeit wird ein schlechtgedrucktes Plakat schnell zerstört. Die Farben verbleichen oder „bluten aus", das heißt, sie verrinnen in der Nässe.

Plakatformate

Die Ausgangsbasis für alle Formatbezeichnungen bei Affichen ist das $^{1}/_{1}$-Bogenformat oder DIN A1 (59,4 × 84 cm). Ein $^{16}/_{1}$-Bogenformat setzt sich also aus 16 Bogen DIN A 1 zusammen. Da es aber auch Druckformate DIN A 0 und größer gibt, besteht nur selten eine direkte Beziehung zwischen der Bogenbezeichnung und der Anzahl der Druckbögen.
Der Plakatierer, der das Plakat mit Kleister auf die Außenwerbestellen affichiert, arbeitet nicht immer genau. Formatdifferenzen oder ungleiches Dehnen der Bogen beim Kleistern führen zu Verschiebungen von Bildteilen und Schriften.
Das ist bei der Formatteilung schon im Entwurf zu berücksichtigen.

Andruckformat
Plakate werden fast ausschließlich im Offsetdruck hergestellt. Es wird ein proportional verkleinertes Plakat in feinem Raster angedruckt, farblich abgestimmt und die korrigierten Rasterfilme der 4 Farbauszüge entsprechend dem vergrößerten Endformate „aufgeblasen".

Tektur:
Unter einer Tektur versteht man einen mit Schrift bedruckten Papierstreifen, der auf das Plakat an passender Stelle aufgrund einer Veränderung oder Verschiebung, beispielsweise eines Termins, aufgeklebt wird, so daß er die berichtigten Zeile überdeckt. Man achte darauf, daß die Tektur in der Grundfarbe und im gleichen Schriftduktus ausfällt, um die Gesamtwirkung des Plakates nicht zu verändern.

Inserat

Eine in gleicher Art wie das Plakat sachlich geformte Anzeige wird zwischen solchen mit allen Finessen auf Effekthascherei ausgerichteten Inseraten angenehm hervorstechen. Auch bei dieser Aufgabe ist es beim Aufteilen der Schrift wie in der Plakatgestaltung wichtig, Abstand von den umliegenden Anzeigen zu gewinnen. Man sollte nicht versuchen, den Platz bis zum Rand auszunützen,

sondern den Schriftblock mehr zur Mitte zu orientieren und etwas Platz nach außen freizulassen. Die gleiche Wirkung läßt sich auch durch lichte Aufteilung, das heißt durch wenig Text und viel weiße Papierwirkung erreichen. Dabei muß man sich auch fragen, ob eine Kürzung des Textes im speziellen Fall möglich ist.
Man kann in der Inseratengestaltung verschiedene Wege gehen. Durch übergroße Schlagzeilen, Schriftmischungen verschiedenster Arten und Größen oder durch Negativsatz mit schwarzer Flächenwirkung in abgerundete, nierenförmige oder ovale Formen eingeschrieben, lassen sich zweifellos auffallende Wirkungen erzielen, die aber kaum den Anspruch erheben können, ein gutes Beispiel der Inseratengestaltung zu sein. Um derartier Aufdringlichkeit mit sicherer Waffe zu begegnen, sollte man im Gegensatz dazu ein Inserat so gestalten, daß es einfach in der Form ist und mit nur wenigen Mitteln die erstrebte Wirkung erreicht. Das gute Inserat ist eine Mitteilung an den Verbraucher, dessen Interesse man wecken will. Diese Mitteilung soll in erster Linie informativen Charakter haben; der Leser soll auf das Wesentliche geführt werden und in kürzester Zeit über Zweck und Inhalt des Inserates unterrichtet sein. Als „Lockmittel“ kann dieser Information ein Blickfang in der Anwendung von Schwarz- oder Farbflächen, fotografischen oder auch zeichnerischen Mitteln beigefügt werden. Durch diese wird die werbende Sachlichkeit unterstützt. Deshalb ist sinngemäß Auswahl zu treffen, damit nicht eine negative „peinliche“ Wirkung entsteht.

Annonce oder Kurzanzeige

Annoncen werden in Tageszeitungen zu privaten und geschäftlichen Bekanntmachungen in einfacher, doppelter oder mehrfacher Spaltenbreite, meist auf einer gesonderten Anzeigenseite, untergebracht. Sofern diese Seite einheitlich gestaltet ist, das heißt, durch übersichtliche Einteilung der Annoncengruppen in die verschiedenen Interessengebieten und durch klare Lesbarkeit den Zweck der Information erfüllt, werden alle Anzeigen dieser schematischen Anordnung eingegliedert. Gut gestaltete Anzeigen werden in einer klaren, leserlichen Schrift gesetzt und weisen nicht mehr als zwei bis drei unterschiedliche Schriftgrade auf. Soweit die wesentlichen Punkte der Übersicht durch richtigen Satz der Auszeichnungen, den sinngemäßen Zeilenlauf des Textes, beachtet wurden, ist die Annonce als gut gestaltet anzusehen.

AVISOS.

Se alquila

¡Viva la Federacion!

Calle de las Piedras núm. 8.

Aviso

Aviso.

Ama de Leche.

Aviso.

Aviso.

Se vende

Novena
DE NUESTRA SEÑORA
DE LA SOLEDAD.
Ejercicio para el trance
DE LA AGONIA.
PRACTICA DE VISITAR LOS
SAGRARIOS.
ESTACIONES DE LA
VIA-SACRA.
LAS SIETE PALABRAS.

Se venden

Se ha perdido

A los Enfermos Crónicos.

Se vende

Se vende

Se vende

AVISO.

Aviso General

Yerba Paraguaya
POR MAYOR.

A los que quieran emplear
bien su dinero.
SE VENDE

A los que quieran emplear
bien su dinero.

Aviso interesante.

Se vende muy barato, ó se
cambia.

¡ Instructores ! !

Casa en Venta.

Aviso.

Botellas vacias,

30 pesos de gratificacion.

Se vende

Ojo á la interesante—Rifa.

Se cambia ó se vende

Se vende

Se avisa al público.

Aviso.
Calle Federacion número 121.

Beispiel einer Annoncenseite in einer argentinischen Zeitung (Diario de la Tarde aus dem Jahre 1838). Die Rubriken sind durch Vignetten gekennzeichnet.

Um die Annoncen horizontal und vertikal sichtbar zu trennen, wird entweder eine Leerzeile, ein Zwischenraum oder eine Linie eingesetzt. Den senkrechten Raum zwischen Textspalten nennt man den Zwischenschlag. Dieser richtet sich in der Regel nach einfacher oder doppelter Zeilenbreite der Grundschrift. In horizontaler Richtung kann der Abstand durch Einsetzen mehrerer Blindzeilen beliebig vergrößert werden. Um eine Anzeige gesondert zu kennzeichnen, ist es üblich, dieselbe durch eine einfache Linieneinrahmung hervorzuheben.

Firmeninserate

In Tageszeitungen, Zeitschriften und auch in Büchern vorkommende Inserate preisen eine Ware oder eine Dienstleistung an. Die Inseratwerbung finanziert einen Großteil der Herstellungskosten jeder Zeitschrift. Deshalb sind solche mit wenigen oder kleinen Inseraten ausgestattete Zeitschriften unvergleichlich teurer. Durch die Inseratwerbung wird der Umsatz der Firma gesteigert. Deshalb ist es wichtig, daß das Inserat auf den Betrachter wirkt, um den erstrebten Erfolg zu erzielen.
Die Inseratgrößen richten sich nach dem Teilungsverhältnis einer Zeitschriftenseite. Man spricht vom $^1/_1$, $^1/_2$, $^1/_4$, $^1/_8$ und $^1/_{16}$-seitigen Inserat. Diese Bezeichnungen treffen nicht ein bestimmtes Seitenverhältnis zum Format der Zeitschrift, sondern geben den Flächeninhalt der Anzeigen an. Sie können annähernd quadratisch, aber auch in rechteckiger Hoch- und Querform erscheinen; so kann der Inserent innerhalb einer Größe zwischen den verschiedenen Möglichkeiten wählen. In der Kostenberechnung entsprechen die Inserate dem gleichen Teilungsverhältnis zur Ganzseite.

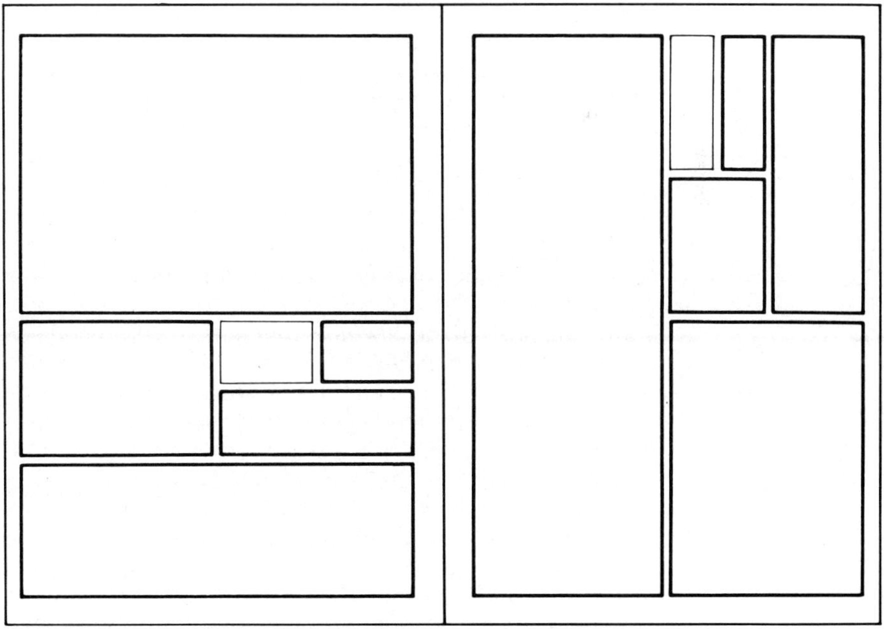

Verschiedene Inseratgrößen in einer Zeitung
$^1/_2$, $^1/_4$, $^1/_8$ und 1/32 Inseratseiten hoch und quer

Anzeige in einer Zeitschrift ¼ Seite quer

Inseratentwürfe erscheinen oft gleichzeitig oder auch in mehrmaliger Folge in verschiedenen Zeitschriften. Deshalb ist es selten möglich, bei der Schriftgestaltung stets den Charakter der Textschrift der einzelnen Zeitungen oder Zeitschriften zu treffen. Man verwendet eine neutrale Schrifttype mit klarer einfacher Form. Der Text ist nach dem Sinngehalt zu gliedern und durch Auszeichnung des Schlagwortes oder des „Slogans" und entsprechender Gruppentrennung der übrigen Zeilen dem Format der Anzeige einzugliedern. Fotos und Zeichnungen werden dem Format entsprechend eingebaut; ihre Größe hängt von der gegebenen Formatbreite und der Menge des Textes ab.

Technische Gegenstände können auch freistehend erscheinen. Im Falle, daß ein Inserat mehrere Fotos enthält, achte man darauf, daß die Größenverhältnisse der abgebildeten Gegenstände im richtigen Maßstab zueinander stehen.
Oft muß eine farbige Anzeige oder eine Anzeigenserie so abgestimmt werden, daß sie auch in einer Schwarzweiß-Mutation erscheinen kann, ohne die Gesamtkonzeption wesentlich zu verändern. Diese Bedingung ist an die Gesamtdarstellung geknüpft, wenn dieselbe Anzeige zu gleichem Zeitpunkt in größerer Streuung erscheint. Diese Voraussetzung ist deshalb wichtig, weil nur wenige Zeitschriften mit einer „Schmuckfarbe" gedruckt werden, und meist ist diese zweite Farbe gerade die, die auf dem Anzeigenentwurf nicht enthalten ist.
Selten besteht die Möglichkeit, die Anzeige ausschließlich auf die farbige Wirkung abzustimmen. Schon die Schwarzweiß-Mutation sollte genug Kraft und Eigenleben haben.

So wie das Plakat auf der Plakatwand oder auf der Plakatsäule „auffallen" soll, soll auch das Inserat innerhalb der Zeitschriftenseite ins Auge springen. Die Kunst der guten Inseratengestaltung liegt im Weglassen. So wie ein vollgeräumtes Schaufenster weniger Interesse weckt, als ein mit sparsamen Mitteln gestaltetes, soll in dem Inserat lieber weniger Information besser „verpackt" sein.

Briefbogen und Umschlag

Die Gestaltung eines Briefbogens kann man verschieden auffassen. Wird dem Blatt eine Typografie zugrunde gelegt, die aus rein gefühlsmäßigen Erwägungen gestaltet wurde, dann bieten sich verschiedene typografische Möglichkeiten an; sie entsprechen jedoch selten einer praktischen Handhabung des Briefblattes.
Der genannte Weg ist willkürlich und unkontrollierbar; gerade bei einem Briefbogen, der nicht nur im Format genormt, sondern auch in einer sinnfälligen Beziehung zum Schreibmaschinensystem steht, sollte die typografische Gestaltung des Bogens den Gegebenheiten der Schreibmaschinenschrift entsprechen.

Privatbriefbogen

Vielfach werden Privatbriefbogen im Briefkopf nur mit Absenderadresse bedruckt. Da solche Briefe meist in fensterlosen Briefhüllen verschickt werden, ist der genaue Stand der Absenderzeile auf dem Briefbogen in der Höhe nicht festgelegt. Jedoch sollte der genormte Abstand des Zeilenanfangs, vom linken Papierrand gemessen, auch eine Beschriftung desselben Bogens mit der Maschine ermöglichen. Dann steht der Zeilenanfang der Schreibmaschinenschrift unter dem Erstbuchstaben der Druckzeile. Dieser Abstand beträgt vom linken Papierrand zum Zeilenanfang gemessen 25 mm nach der DIN-Norm für Briefpapiere (Briefblatt A4, Vordruck DIN 676). Man wählt eine passende Drucktype, am besten in den Graden zwischen 8 und 12 Punkt. Zu dieser kann auch eine Auszeichnung in halbfett oder in passendem, größerem Schriftgrad gesetzt werden.
Schriftmischungen verschiedener Satztypen sollte man vermeiden.

Geschäftspapiere

Sämtliche Maße und die davon abhängigen Funktionen eines Geschäfts-Briefblattes sind nach der DIN-Norm 676 des Deutschen Normenausschusses festgelegt. Diese

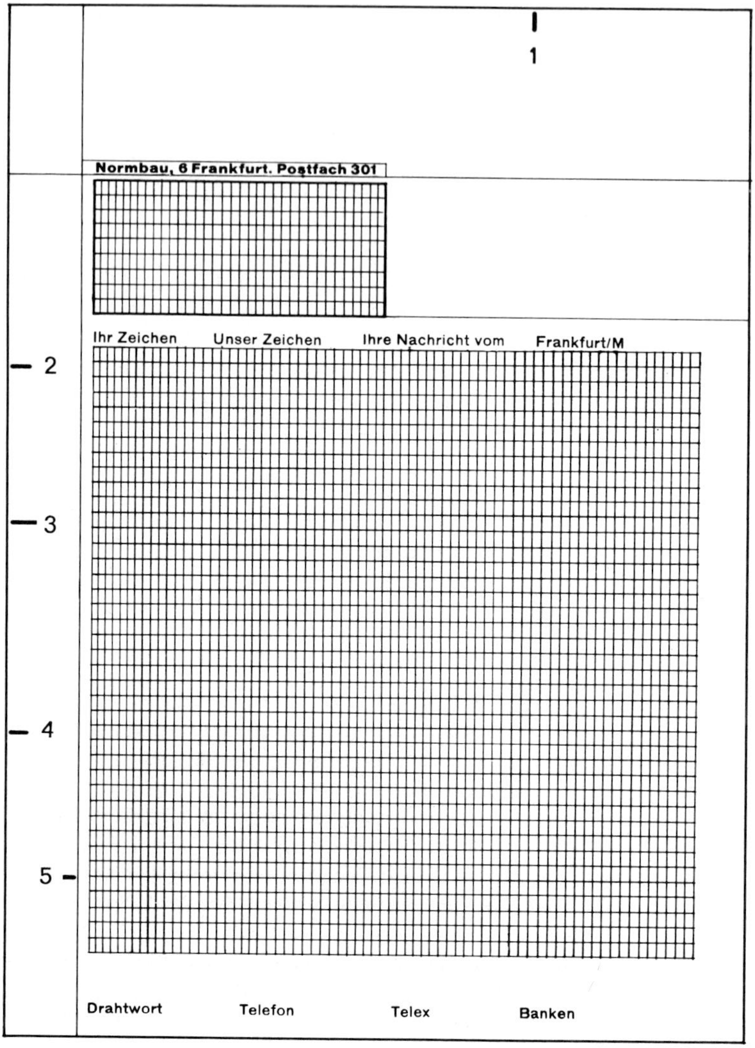

Briefbogen DIN A4

1 Faltmarke für die Faltung auf DIN A6 (DIN C6-Hülle)

2 Erste Faltmarke für die Faltung auf ½ DIN A4 (DL-Hülle)

3 Lochmarke

4 Zweite Faltmarke für die Faltung ⅓ DIN A4 (DL-Hülle)

5 Warnzeichen, es zeigt an, daß noch 4—5 Zeilen geschrieben werden können.

Vom linken Papierrand bis zum ersten Anschlag mißt man 25 mm, das entspricht 10 Schreibmaschinenanschlägen.

Oben: Absenderzeile im Fenster
Mitte: Bezugszeichenzeile
Unten: Feld für Zusätze, Drahtwort, Telefon, Telefax usw.

wurden für die Gegebenheiten des Schreibmaschinensystems entwickelt. Die Berücksichtigung dieser Normen bringt für Büros oder Betriebe mit viel Schriftverkehr große Vorteile durch die vereinfachte Registratur. In dem meistgebräuchlichen Normalschriftgrad für Schreibmaschinen mißt der Zeilenabstand 4,25 mm oder 1 Pica (→ Seite 78) und jeder Anschlag 2,6 mm in der Breite. Ein praktisches Hilfsmittel für die typografische Gestaltung eines Geschäftsbriefbogens ist die Zuhilfenahme eines Rasternetzes, das, auf einem DIN-A-4-Blatt mit hartem Bleistift oder Tusche gezogen, in der Höhe und Breite der hochgestellten Einzelrechtecke des Rasters den obigen Maßen entspricht. Würde man das Blatt mit dem Rasternetz nach den normalen Bedingungen mit der Maschine beschriften, dann käme jeder Anschlag in die Mitte eines dieser Rechtecke zu stehen. Ein Anschlag auf der Leertaste spart ein Rechteck aus.
Dieses Rasternetz wird einem halbdurchsichtigen DIN A4-Blatt unterlegt. Bei der Entwurfausführung wird nun der Stand sämtlicher Druckzeilen auf dem Briefbogen nach diesem Rasternetz bestimmt. Die in den DIN-Normen für Briefblätter angegebenen Maße entsprechen jeweils eine x-fachen Multiplikation des Normalschreibmaschinenzeilen- und Buchstabenabstandes.

Folgende Funktionen sind zu berücksichtigen:

1. Die Schreibmaschine soll immer auf 10 Grad eingestellt bleiben, das heißt, daß die Beschriftung des Briefblattes, vom linken Papierrand gemessen, 10 Anschläge freiläßt und mit dem elften Anschlag der Maschine beginnt. Davon sind 20 mm als Heftrand vorgesehen, damit beim Ablegen der Briefe im Ordner die gestanzte Lochung nicht in den Text trifft und auch im Bund ein bequemes Lesen der gehefteten Briefe möglich ist.
2. Das Anschriftenfeld ist so anzubringen, daß Fensterbriefhüllen DIN C6 und Lang-DIN C6 auch ohne Firmenaufdruck verwendet werden können.
3. Der Gebrauch von Fensterbriefhüllen erspart die Wiederholung der Anschrift auf dem Umschlag. Die vorgedruckte Absenderzeile wird so eingestellt, daß sie gleichzeitig über dem Adreßfeld im Fenster sichtbar ist. Firmenname und Absenderzeile sollen deutlich von den übrigen Schriften getrennt erscheinen. Dies kann durch Auszeichnung in einem größeren Schriftgrad oder durch halbfetten Satz in gleichem Schriftgrad geschehen. Die Größe des zur Beschriftung freien Anschriftenfeldes wird durch feine Eckpunkte auf dem Briefblatt gekennzeichnet. Es genügt

aber auch, einen Punkt in der unteren rechten Ecke zu setzen. Die obere Begrenzung ist durch die Absenderzeile gekennzeichnet. Bei der Beschriftung des Blattes wird dieses nach der Absenderzeile in der Maschine eingerichtet. Durch einfache Schaltung am Transporthebel kommt die einzufügende Beschriftung automatisch unter die übrigen Vordruckzeilen zu stehen.

4. Bei Verwendung des Firmenzeichens wird diese möglichst nach oben rechts orientiert, um das schnelle Auffinden des gewünschten Schreibens an Hand des Zeichens im Ordner zu erleichtern.
5. Für Eingangsstempel und Arbeitsvermerke hält man den Platz oberhalb der Bezugszeichenzeile neben dem Adreßfeld frei.

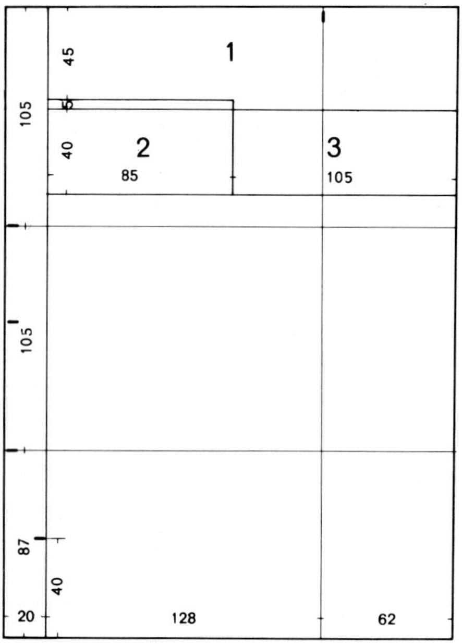

Einteilung des
DIN A4-Briefbogenformates (DIN 676)
1 Feld für Briefkopf
2 Anschriftenfeld
3 Feld für Bearbeitungsvermerke (Eingangsstempel). Maße in mm

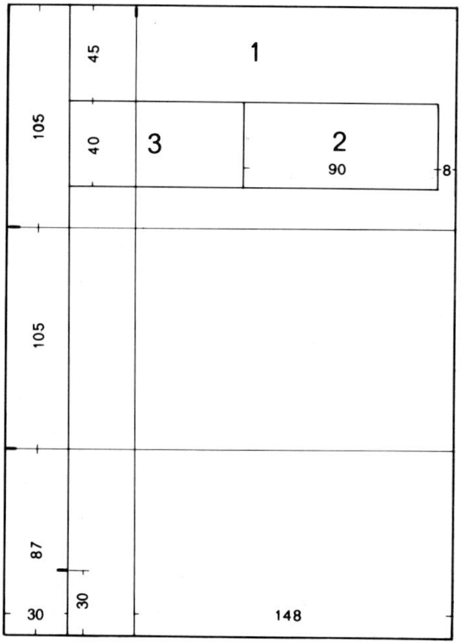

Einteilung des DIN A4-Briefbogens nach den Normen der schweizerischen Normen-Vereinigung (SNV 10130)
1 Feld für Briefkopf
2 Feld für Adresse des Empfängers
3 Feld für Bearbeitungsvermerke
Das Anschriftenfeld steht im Gegensatz zur deutschen Norm rechts. Man verwendet dazu die entsprechenden Fensterbriefumschläge C6/5, C6 (B6) und C5. (Maße in mm)

International
Marketing Management
Services Corp.

Bucheit Ges. m. b. H., Mozartstrasse 34, A-2500 Baden/Vienna, Austria

Telephone: 02252/3302
Cable: Bucheit Baden Austria

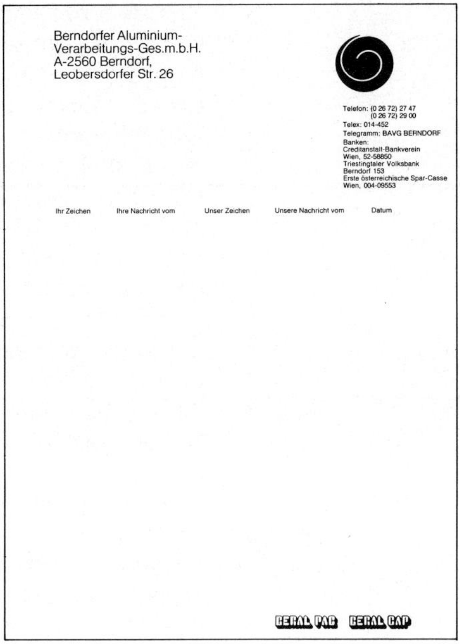

Berndorfer Aluminium-
Verarbeitungs-Ges.m.b.H.
A-2560 Berndorf,
Leobersdorfer Str. 26

Telefon: (0 26 72) 27 47
(0 26 72) 29 00
Telex: 014-452
Telegramm: BAVG BERNDORF
Banken:
Creditanstalt-Bankverein
Wien, 52-58850
Triestingtaler Volksbank
Berndorf 153
Erste österreichische Spar-Casse
Wien, 004-09553

Ihr Zeichen Ihre Nachricht vom Unser Zeichen Unsere Nachricht vom Datum

BERAL PAC BERAL CAP

Beispiele mit linkem Anschriftenfeld

Paperboard AG
Chamerstrasse 79
CH-6300 Zug
Tel. 042 212728
01 952274
Telex 57060 finma CH

Geschäftsleitung:
Felix N. Steinbrecher
Haldenstrasse 12 CH-8124 Maur

Bank:
Schweizerische Bankgesellschaft
6300 Zug Kto. 76141901-W

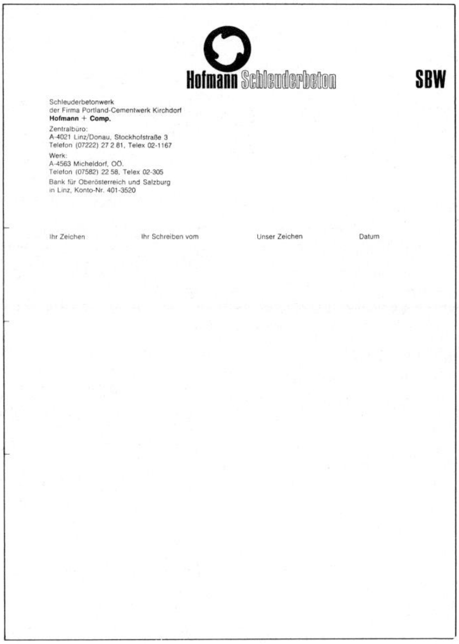

Schleuderbetonwerk
der Firma Portland-Cementwerk Kirchdorf
Hofmann + Comp.
Zentralbüro:
A-4021 Linz/Donau, Stockhofstraße 3
Telefon (07222) 27 2 81, Telex 02-1167
Werk:
A-4563 Micheldorf, OÖ.
Telefon (07582) 22 58, Telex 02-305
Bank für Oberösterreich und Salzburg
in Linz, Konto-Nr. 401-3520

Ihr Zeichen Ihr Schreiben vom Unser Zeichen Datum

Beispiele mit rechtem Anschriftenfeld

6. Die Bezugszeichen (Ihr Zeichen, Unser Zeichen usw.) werden so angebracht, daß das Ausfüllen derselben bei eingestelltem Tabulator an der Maschine und entsprechender Zeilenschaltung ermöglicht wird und die Schreibmaschinenanschläge ohne nachträgliche Feineinstellung genau passen. Dies ist nur dann der Fall, wenn der Stand der Bezugszeichenvordrucke in der richtigen Reihenfolge nach dem Schreibmaschinenraster eingeteilt wurde. Die Schreibmaschinenbeschriftung soll jeweils genau unter den Vordrucken stehen. Um das zu erreichen, muß der Abstand zwischen den Bezugszeichen durch 2,6 mm teilbar sein. Die Bezugszeichen sind in folgender Reihenfolge anzuordnen:
   Ihr Zeichen, Ihre Nachricht vom, Unsere Nachricht vom, Unser Zeichen, Datum und eventuell Wiederholung der Anschrift des Absenders. Eine Kürzung durch Weglassen von Bezugszeichen ist möglich.
7. Drahtwort, Fernsprecher, Telefax, Fernschreiber, Geschäftszeit, Konten und Banken werden in angeführter Reihenfolge als Fußnote an den unteren Rand des Blattes gestellt. Der Druck dieser Angaben kann auch auf der Rückseite in heller Farbe erscheinen, erhöht aber erheblich die Herstellungskosten.
8. Das vorgedruckte Wort „Betreff“ darf als Einzelfall so weit nach links gerückt werden, daß der Schreibmaschinentext im Anschluß geschrieben werden kann. Man spart hierbei eine Zeile. Betreffangaben werden im allgemeinen Geschäftsstil nur noch selten geführt. Bei etwaigen Gebrauch kann das Leitwort auch mit der Maschine geschrieben werden. Aus diesem Grunde ist ein Weglassen desselben möglich.
9. Faltmarken werden durch feine Linien möglichst am Papierrand außen gekennzeichnet. Das Warnzeichen gibt an, daß noch 5—6 Schreibmaschinenzeilen verfügbar sind.

Zweitblatt

Überlange Briefe werden auf einem Zweitblatt fortgesetzt, das entweder unbedruckt neutral oder nur mit einem kurzen Vordruck versehen ist, der auf dem Erstblatt innerhalb des Schreibmaschinenrasters liegt.

Mit dem elften Anschlag vom linken Papierrand aus gemessen erscheint der Absender oder der Firmenname. Eine Wiederholung der Absenderadresse ist nicht notwendig.

Unter den Absender wird die Anschrift des Empfängers nochmals geschrieben, um die Zugehörigkeit zum Erstblatt zu kennzeichnen. In entsprechendem Abstand rechts vom Absender werden die Worte „Blatt ________ zum Schreiben vom ________ " aufgedruckt. Damit auch dieser Aufdruck mit der Maschine richtig ausgefüllt werden kann, ist bei der Gestaltung der Schreibmaschinenraster als Grundlage heranzuziehen.

„Ohne Begleitschreiben" — Vordruck

Als Begleitinformation zu Drucksachen oder Skripten verwendet man einen vorgedruckten Kurzbrief im Format $\frac{1}{3}$ DIN A4 quer, der nur das Eintragen der Empfängeradresse zuläßt.
Diesen Vordruck gestaltet man passend zu den Briefbögen mit Anschriftenfeld links (für Schweiz entsprechend rechts) und ordnet die Begriffe „Ohne Begleitschreiben, Datum, Betrifft, Anlagen" usw. entsprechend dem Schreibmaschinen-Rasternetz an.

Briefbogenformate

Eine möglichst geringe Anzahl unterschiedlicher Briefbogenformate erleichtert nicht nur die Ablage, sondern spart auch vermehrten Platzbedarf bei Sonderanfertigungen. Das gebräuchlichste Briefformat ist das DIN A4-Blatt, das zusammen mit $\frac{2}{3}$ DIN A4-Blättern als kleineres Format meist den Anforderungen genügt. Die genormten Maße der Vordruckzeilen bleiben auf allen Papieren gleich bestehen, nur die Abstände der Faltmarken und des Warnzeichens ändern sich entsprechend dem Format.

Briefbogenformate:	Breite Höhe
DIN A4	210 × 297 mm
$\frac{2}{3}$ DIN A4	210 × 198 mm
$\frac{1}{3}$ DIN A4 „Ohne Begleit-schreiben"-Vordruck	210 × 105 mm

Briefumschläge:	
DIN C6	114 × 152 mm
Lang-DIN C6	110 × 220 mm
DIN C5	162 × 229 mm
DIN C4	229 × 324 mm

Briefumschläge

Bei einfacher und mehrfacher Faltung passen die nach der Norm gestalteten Briefbögen in die entsprechenden Normal- oder auch Fensterbriefhüllen. An den gezeichneten Faltmarkierungen wird bei Versendung eines DIN A4-Blattes in der Lang-DIN C6-Hülle durch waagerechte Drei-

Oben: auf $^1/_3$ DIN A4 gefalteter Briefbogen

Unten: Fensterbriefhülle DL (DIN 680) Absenderaufdrucke dürfen auf der Vorderseite im linken Drittel erscheinen.

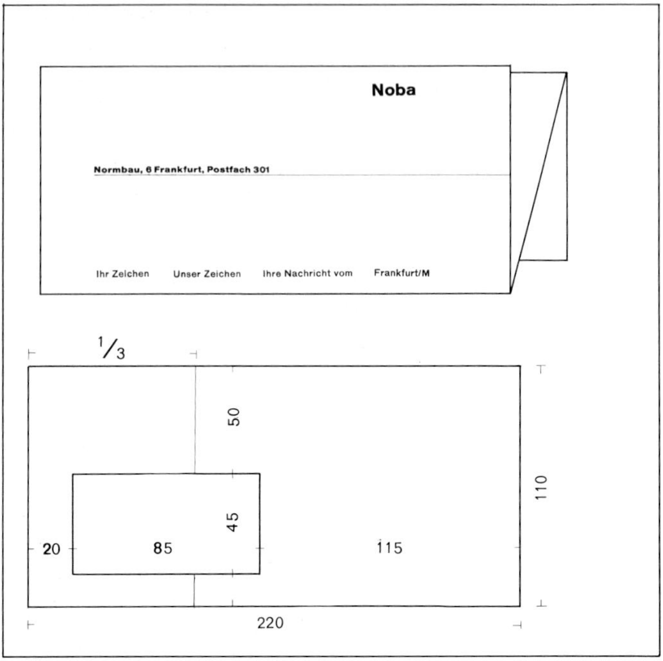

Oben: auf DIN A6 gefalteter Briefboger

Unten: Fensterbriefhülle C6 (DIN 680) Absenderaufdrucke dürfen auf der Vorderseite im linken Drittel erscheinen.

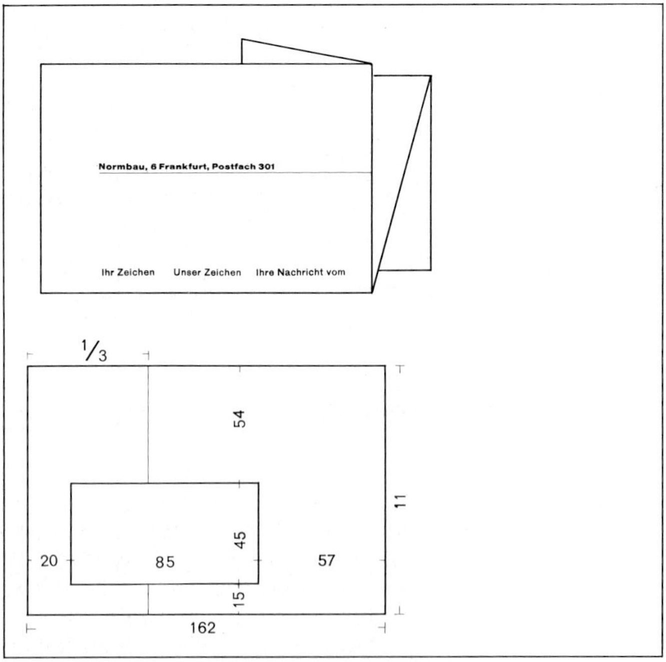

fachfaltung, und in der DIN C6-Normalhülle durch zusätzliche senkrechte Faltung das Blatt auf das in die Hülle passende Format verringert.
Für umfangreiche Sendungen oder solche, die nicht gefaltet werden dürfen, stehen die größeren Umschläge im Format DIN C5 und DIN C4 zur Verfügung. Werden als Umschläge Fensterbriefhüllen verwendet, trifft das Anschriftenfeld mit der Absenderzeile bei richtiger Faltung ins Fenster, so daß sich eine Wiederholung der Anschrift und auch der Druck der Absenderzeile auf dem Umschlag erübrigt.
Sollte jedoch der Auftraggeber wünschen, daß der Absenderdruck, das Firmenzeichen oder ähnliches zusätzlich auf der Hülle erscheint, so kann man das Kuvert gesondert bedrucken oder aber im Frankierautomaten den Gummistempel modifizieren.

Vordrucke (Bestellung, Bestellannahme, Lieferanzeige, Rechnung)

Diese Vordrucke gleichen im Briefkopf dem Stand des Anschriftenfeldes, der Absenderzeile, dem Firmenzeichen und dem vorgesehenen Platz für Eingangsstempel und Bearbeitungsvermerke der übrigen Geschäftspapiere. Ist eine Bezugszeichenzeile angebracht, so steht auch diese auf gleicher Höhe.
Die Unterscheidung tritt erst durch das Weglassen des Wortes „Betreff" und dessen Ersatz an gleicher Stelle durch die jeweilige Artbezeichnung des Vordruckes „Bestellung", „Bestellungsannahme", „Lieferanzeige" und „Rechnung" ein. Diese Kennzeichen des Vordrucks werden meist durch einen größeren Schriftgrad oder durch eine fette Schrift ausgezeichnet. Nach der Notwendigkeit im Gebrauch teilt man den unteren Papierraum durch senkrechte Linien in zwei oder mehrere Spalten auf. Das Einsetzen von waagrechten Linien erübrigt sich, weil diese Vordrucke mit der Maschine ausgefüllt werden.
Die Angaben „Drahtwort", „Fernsprecher", „Telefax", „Fernschreiber", „Geschäftszeit" und „Bankkonten" erscheinen wie bei den übrigen Geschäftspapieren am unteren Rand des Formats.

Endlosformulare

Im Zuge der Vereinfachung des Rechnungs- und Bestellwesens werden heute alle Geschäftsgebarungen über die elektronische Datenverarbeitung (EDV) abgewickelt. In den elektronisch gesteuerten Schreibmaschinen werden Endlosformulare verarbeitet, die in Zickzackfalzung paketiert in die Maschine eingebracht werden. Die Organisation auf diesen Endlosformularen richtet sich nach einem streng vorgegebenen Schema innerhalb eines Rastermoduls. Jeder Schreibfunktion ist jeweils ein bestimmter Platz mit beschränkter Zeilenanzahl zugewiesen. Die Gestaltung solcher Endlosformulare ist mit speziellen Druckereien, die „Systemform-Drucksachen" erzeugen, und den Gegebenheiten des EDV-Programmes abzustimmen.

Geschäftskarte (Visitenkarte)

Geschäftskarten haben für die geschäftliche Anmeldung bei Kundenbesuchen durch einen Geschäfts- oder Firmenvertreter die Funktion, über die Branchenart der Firma und über deren Namen und Adresse Auskunft zu geben. Auch kann diese Karte die Art der Herstellungsartikel anführen und die Namen der Firmenvertreter beinhalten.
Das Format entspricht etwa $^1/_3$ DIN A6. Es sind die Abmessungen 50 × 100 mm und 55 × 100 mm und 55 × 105 mm gebräuchlich. Um das Ordnen der Karten in Branchenkartothekenanlagen zu erleichtern, wird man sich an diese Formate halten.
Die Geschäftskarte ist ein Aushängeschild der Firma und soll so gestaltet sein, daß sie bei dem Empfänger über die Qualität und die Bestrebungen der Firma einen guten Eindruck hinterläßt. Schrifttype und Schriftgrad richten sich nach der jeweiligen Eignung und Menge des zu setzenden Textes. Die klare übersichtliche Zusammenfassung der Schriftzeilen zu Gruppen ist eine der Voraussetzungen, um die Schrift ist ein gutes Raumverhältnis zu dem Format zu bringen. Die Blindprägung von Logotype oder Firmensignet wirkt oft eleganter als ihre farbige Auszeichnung.

Amtliche Drucksachen

Die Gestaltung amtlicher Drucksachen oder Zweckdrucksachen muß nach bestimmten Regeln und Gesetzen ausgearbeitet werden. Diese sind aus der Reihe der DIN-Normen ersichtlich und müssen, soweit hier keine Vorschriften vorhanden sind, für den speziellen Verwendungszweck in einfachster, sinngemäßer Form das Ausfüllen oder die Bearbeitung der Formulare erleichtern. Jede Vordruckzeile, Auszeichnungen, Unterstreichung oder senkrechte Trennung durch Linien ist aus der speziellen Notwendigkeit im Gebrauch zu entwickeln. Die hierfür verwendeten Schriften sollen formal klar und gut leserlich sein. Für dieses Aufgabengebiet ist die Gruppe der Groteskschriften mit ihrem sachlichen Charakter speziell geeignet.

Gelegenheitsdrucksachen und Privatdrucksachen

Glückwunschkarten

(Geburts-, Tauf-, Verlobungs- und Vermählungsanzeigen sowie Glückwunschkarten für zahlreiche andere festliche Gelegenheiten.)

Sofern es bei dieser Drucksache außer der Formatbegrenzung der bekannten postalischen Größenordnungen, wie zum Beispiel dem Kartenformat DIN A6 in DIN C6-Hüllen oder dem $\frac{1}{3}$ DIN A4-Format in der Lang-DIN C6-Briefhülle usw., eine Einschränkung gibt, kann der Gestalter bei der Ausführung einer solchen Karte seiner Fantasie freien Lauf lassen. Es können sachlich formal ausgewogene, rein typografische Lösungen entstehen, aber auch humoristische Bildkarten in gezeichneter oder auch grafischer und fotografischer Form erscheinen.

Die Karte soll liebenswürdig und ansprechend sein und das Besondere erkennen lassen. Mit einigem Geschick kann man auch Faltsysteme entwickeln, die vom Empfänger der Postzusendung auseinandergeklappt oder in bestimmter Form aus zwei oder mehreren Einzelteilen zusammengesteckt und aufgestellt werden können. Auch gestanzte Formen sind als Glückwunschkarten gebräuchlich. Durch Kreuzfaltung eines bestimmten Formates entsteht die gefalzte Karte oder auch Folderkarte genannt. Diese Folderkarten werden in einem Arbeitsgang bedruckt. Als Folderformat wird das $\frac{1}{3}$ DIN A4-Format bezeichnet, das sind 99 × 210 mm.

Folderformat (99×210 mm)
Ausgangsformat DIN A1-Bogen

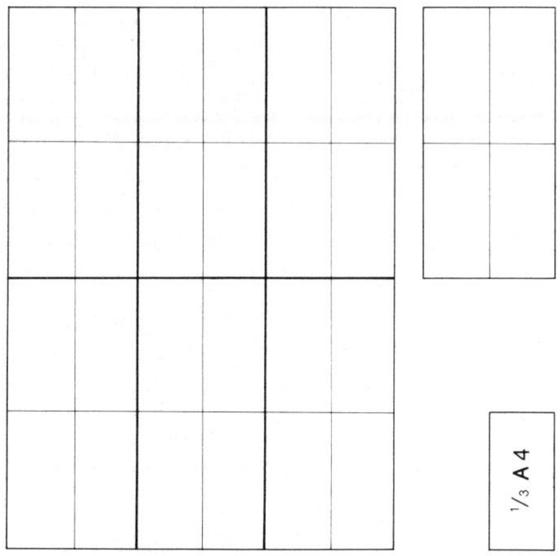

Weihnachtskarte für eine Papierfabrik

Weihnachts- und Neujahrskarten

Es ist ein schöner Brauch, am Jahresende den Freunden, Bekannten und Geschäftsfreunden die persönlichen Wünsche in Form einer Karte zu übermitteln. Jedoch sollte man diesen Brauch nicht als lästige Pflicht betrachten und mit dieser Einstellung ideenlose, dem schlechten Publikumsgeschmack entsprechende Vordruckkarten im Laden kaufen. Mehr Beachtung und auch größere Freude wird in jedem Fall eine geistreiche originelle Karte auslösen.

Die Textidee kann durch eine ein- oder mehrfarbige Vignette in Form eines Symbols, einer Zeichnung oder einer Fotografie sinnvoll unterstützt werden.

Die Art der Ausführung im Format DIN A6, einfach oder als Faltkarte Lang-DIN C6 einmal oder mehrfach gefaltet, schwarz-weiß oder mehrfarbig, und die Qualität der Papiere bleiben dem Einzelfall überlassen.

Todesanzeige

Diese Drucksache soll schlicht und einfach gehalten sein. Aufdringliche Gestaltung mit Palmzweig, Trauerflor usw. ist zu vermeiden.
Für Trauerbriefe sind meist schon Umschläge mit schwarzem Rand erhältlich. Soweit möglich sollte man den Trauerbriefbogen und das passende Kuvert mit möglichst schmalem Rand und einem kleineren Grad einer Antiquaschrift bedrucken.
Der Name des Verstorbenen kann durch einen halb- bis dreiviertelfetten Schriftgrad ausgezeichnet aus dem übrigen Text hervortreten. Die Namen der Trauernden stehen in einer normalen bis mageren Schriftstärke in gut aufgeteilten Abständen in Form von Unterschriften auf dem Blatt oder auf der Karte.
Die Angaben über die Trauerfeierlichkeiten werden am Fuß der Karte in gleichem, eventuell auch in kleinerem Schriftgrad gesetzt.

Programm

Programme für Oper, Theater, Konzert, Vorträge und sonstige Veranstaltungen kennt man als Einzelblatt im Format DIN A4, DIN A5 oder auch $^2/_3$ DIN A4, ein- oder doppelseitig bedruckt, aber auch als Faltprogramm oder mehrfach geheftet. Die Textform wird durch den Titel und die Art der Veranstaltung, den Namen der Mitwirkenden und den Ablauf der programmatischen Geschehnisse in angeführten Einzelpunkten, Stücken oder sonstige Titelbezeichnungen bestimmt.
Auch enthält das Programm den Namen des Veranstalters, das Datum und den Ort der Veranstaltung und eventuelle Angaben über die Vorverkaufsstellen für Eintrittkarten. Auch bei dieser Aufgabe sollte man mit möglichst wenig unterschiedlichen Schriftarten auskommen.
Bei musikalischen Aufführungen können die Angaben über die zu interpretierenden Kompositionen und die Namen der Komponisten entweder in Reihe oder auf Block geschlossen werden. Die Wahl der beiden Möglichkeiten hängt von der Form der übrigen Texte ab.

Urkunde, Diplom

Für Urkunden wird der Satz meist nur für den Abzug eines einzigen Exemplares angefertigt. Diese Dokumente sollen eine Wertbeständigkeit haben. Dies kann nur durch eine zeitlose, gut ausgewogene und überlegte Gestaltungsweise erreicht werden. Der Urkundensatz wird immer so beschaffen sein, daß die Eigenart des Einzeldruckes den Wert der Urkunde steigert. Um dies zu erreichen, achte

man bei der Papierwahl darauf, daß nur bestes Material verdruckt wird. Man verwende holzfreies, echtes Papier, keine Pergament- oder Büttenimitationen.
Bei der Frage der typografischen Gestaltung ist die zeitlose symmetrische, in ihrer Wirkung ausgewogene Satzweise der asymmetrischen vorzuziehen. Es ist aber auch denkbar, daß die asymmetrische Satzweise der Zeilen, in passender Form angeordnet, zu einer guten Lösung führt. Letzten Endes entscheidet diese Frage die Art und der Grad der Auszeichnung, die durch die verliehene Urkunde zum Ausdruck gebracht werden soll. Die symmetrische Satzweise bedingt eine ausgewogene, gut überlegte Form der Zeilenordnung.
Die Wahl der Schrifttype muß stets so ausfallen, daß sie in passender Form den Sinn der Dokumentierung des außergewöhnlichen Anlasses, eines Jubiläums oder einer besonderen Auszeichnung rechtfertigt. Die Urkunde kann als Einzelblatt, aber auch als Doppelblatt gefalzt in einer Mappe überreicht werden.

Werksatz
Manuskript

Mehrere von Hand oder Maschine beschriebene Textblätter bezeichnet man als Manuskript. Diese solten möglichst auf DIN A4-Blättern einseitig geschrieben und mit fortlaufenden Nummern versehen sein, um dem Setzer die Arbeit zu erleichtern. Stark überkorrigierte Manuskripte erschweren das Lesen; sie führen häufig zu Mißverständnissen und Satzfehlern. Vereinzelt eingefügte Korrekturen sollten den Bestimmungen über Korrekturzeichen nach den DIN-Normen (DIN 16511) entsprechen (→ Seite 151).
Die im Satz vorgesehenen Auszeichnungen in halbfettem, fettem oder kursivem Satz werden im Manuskript kenntlich gemacht. Dies geschieht beispielsweise durch Unterstreichen des betreffenden Wortes oder Satzteiles. Dasselbe Korrekturzeichen wird am Papierrand wiederholt und erklärt (halbfett, fett oder kursiv). Bei oftmaligen Wiederholungen desselben Zeichens genügt es, wenn es nur einmal zu Anfang jeder Textseite im Manuskript erklärt wird. Das korrigierte Manuskript wird der Setzerei in Auftrag gegeben, nachdem Schriftart und Schriftgrad der Textschrift, der Auszeichnungen und der Rubriken deutlich vermerkt wurden.
Bevor man mit der Planung einer im Werksatz auszuführenden Drucksache beginnt, muß der Umfang des Manuskriptes und der daraus entstehenden Seitenumfang des gedruckten Werkes berechnet werden. Es ist möglich, aus

kurzen Manuskripten durch die Wahl auftragender Papiersorten und durch Dehnen des Satzes (sogenannter Splendidsatz) die Seitenzahl eines Buches zu erweitern. Soll das Gegenteil erreicht werden, das heißt, soll das Werk eine bestimmte Seitenzahl nicht überschreiten, kann durch Kompreßsatz und schmal gehaltenen Papierränder in ihrem Verhältnis zum Satzspiegel der Umfang verringert werden.
Durch genaue Berechnung an Hand des Manuskriptes kann man den Umfang des gesetzten Textes und die Anzahl der Buchseiten im voraus bestimmen (→ Seite 149 Manuskriptberechnung).

Probeseite, Blindband

Bei Planung einer umfangreichen Drucksache ist es ratsam, mehrere Firmen zu einer Kalkulation einzuladen. Zu dieser Offertstellung ist die Firma über die Art des Druckwerkes, die Anzahl der Seiten, die Schrift und Satzart, die Papiersorte, das Format der vorgesehenen Bindung und über die Höhe der Auflage zu informieren. Nachdem der Auftraggeber das Ergebnis der Kalkulation befürwortet hat, läßt sich der Gestalter in der geplanten Art der Ausführung von der Druckerei eine Probeseite auf dem gewünschten Papier anfertigen und bei größeren Werken einen Blindband im geplanten Format und Umfang mit entsprechend vorgesehener Bindung erstellen. Um die Einheitlichkeit des gesamten Druckgutes von Anfang bis Ende zu wahren, muß das Gesamtwerk genau vorgeplant werden.
Nach Erhalt der Probeseite, der nunmehr realisierten Vorstellung, kann ein eventueller Fehler in der vorgesehenen Planung noch rechtzeitig behoben werden. Damit ist das gute Gelingen des Werkes von seiten des Gestalters gesichert. Bei dem Textumbruch eines Buches wird auf allen Seiten ein konstanter Satzspiegel eingehalten. Als Satzspiegel wird die Satzdruckfläche innerhalb des Papierformates bezeichnet. Bei der Festlegung eines Satzspiegelschemas, das durch alle Seiten eines Buches ein gleichmäßiges typografisches Bild aufweisen soll, sind verschiedene Grundbedingungen einzuhalten. Um einen kontinuierlichen Leseablauf der Textseiten innerhalb des Werkes zu erreichen, werden Buchtexte in gleichlangen Zeilen, im sogenannten „Block“ gesetzt. Vor Beginn des Schemaentwurfes muß man sich überlegen, ob der Text einspaltig, vielleicht zwei- bis mehrspaltig oder auch einspaltig mit Marginalien usw. erscheinen soll. Dazu müssen die Formatbreite und der Schriftgrad bedacht werden.

Das symmetrische Satzspiegelbild

Durch Spiegelgleichheit beider Satzseiten entsteht das symmetrische Satzbild, die klassische Buchseite. Bei dieser Anordnung rücken die beiden mittleren Gegenseiten am stärksten zusammen, die übrigbleibenden äußeren Papierränder rahmen beide Kolumnen gleichsam ein und verleihen den Satzseiten innerhalb eines Doppelblattes ein zusammengehöriges Aussehen.
Der untere Papierrand ist breiter als der obere, zunächst aus ästhetischen Gründen, um das Satzbild in der Gesamtheit nach oben zu rücken, und um weiterhin am unteren Papierrand Platz für die Seitenzahlen, die sogenannten „Paginierung", freizuhalten. Dies hat auch noch seinen besonderen Grund: Es entspricht der Lesegewohnheit, ein Buch am unteren Rand zu halten und an derselben Stelle auch die Seiten umzublättern. Es wäre ärgerlich, würde man mit dem Daumen ständig die unteren Zeilen verdecken. In der Fachsprache haben die angeführten Papierränder folgende Bezeichnung:

Papierrand oben — Kopfsteg
Papierrand außen — linker und rechter Außensteg
Papierrand unten — Fußsteg
Papierrand innen — Bundsteg

Die Kolumne wird in der klassischen Satzanordnung nach einem bestimmten Verhältnis der Papierränder zueinander auf die Formatseite plaziert.

Bund	Kopf	außen	Fuß
2 :	3 :	4 :	5

Diese Satzaufteilung entspricht einem Flächeninhalt von Satzspiegel zu Formatseite wie ca. 5:8 = Goldener Schnitt. Sie läßt sich nach dem Goldenen Schnitt auf einfache

Klassisches symmetrisches Satzspiegelbild
Durch die Diagonalteilung des Doppelblattes und des Einzelblattes entsteht eine Satzspiegelanordnung nach den Regeln des Goldenen Schnittes.

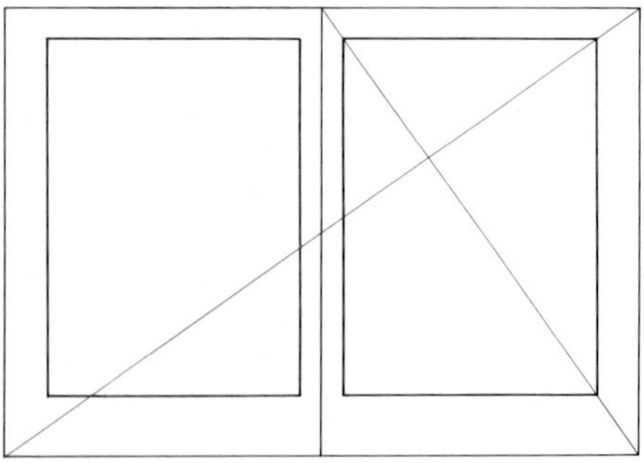

Symmetrisches Satzspiegelbild auf einer Doppelseite mit breitem Bundsteg Bund- und Fußsteg sind gleich breit. Kopf- und Außensteg zeigen ebenfalls gleiche Breite.

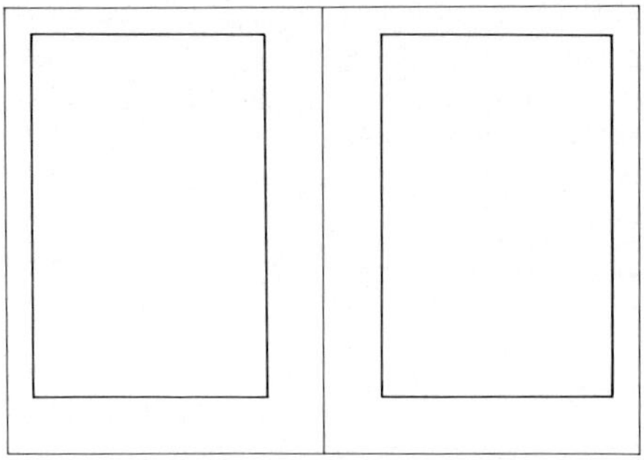

Weise durch Diagonalteilung des Blattes einmal über jede Einzelseite und das zweite Mal über die Doppelseite des Formates ermitteln. Die Breite der Satzseite wird nach dem Normalsatz oder nach einer ihr annähernd gewählten Anzahl der Anschläge ermittelt. Die Zeilenhöhe richtet sich nach dem Schriftgrad und Durchschuß.
Daraus entsteht die eigentliche Zeilenhöhe und somit die Höhe des Satzbildes, die einer x-fachen Multiplikation einer Satzzeilenhöhe entspricht. Innerhalb einer symmetrischen Satzspiegelordnung ist es keinesfalls notwendig, die Maße der Papierränder, die das Satzbild umschließen, genauestens nach dem Goldenen Schnitt zu ermitteln. Zwar kann das Zunutzemachen dieser alten Buchdruckerregel niemals schaden, jedoch entscheidet letzten Endes das sichere Gefühl für eine gute Aufteilung, die wiederum von dem Papierformat, der Anzahl der Zeilen und von der Schrift selbst abhängig ist. Man sollte sich soweit daran halten, daß der Bund niemals zu eng ausfällt, um zu vermeiden, daß die Schriftzeilen bei unvorteilhafter Bindung des Werkes im Bruch zusammenstoßen und schlecht lesbar sind.
Der Bundsteg kann ohne weiteres breiter werden als jeder der beiden Außenstege, was die gute Lesbarkeit der Textteile im Bund erhöht.

Asymmetrische Satzspiegelanordnung

Durch ein in der Gesamtheit Nach-rechts-Verschieben beider Satzseiten auf dem Papierformat eines Doppelblattes kann die Symmetrie bewußt zerstört werden. Durch die Rechtsläufigkeit unserer abendländischen Schriften bedingt, wird der Leser intuitiv durch das Umblättern auf die im Leseablauf folgende rechte Seite und Gegenseite geführt. Daß jede Doppelseite gefühlsmäßig zu einer unveränderlichen Ganzheit ohne Fortsetzung abgeschlossen ist, wird durch asymmetrische Satzspiegelanordnung be-

Asymmetrische Satzspiegelanordnung
Beide Seiten sind nach rechts verschoben, dadurch entstehen im Bund ungleich breite Stege.

hoben. Etwas nachteilig ist die asymmetrische Anordnung insofern, als die Kolumnen beider Seiten im Schön- und Widerdruck keine Deckung haben. Es kann bei dünnen Papieren vorkommen, daß die Kolumne der Gegenseite etwas durchscheint.
Das Durchscheinen kann noch durch die sogenannte „Schattierung" verstärkt werden. Darunter versteht der Buchdrucker eine leichte, durch zuviel Druck in der Presse entstandene Papierprägung der Lettern, die sich auf der Gegenseite oft störend bemerkbar macht. Die Wahl geeigneter Papiersorten und saubere Arbeit von seiten der Druckerei kann auch diesen Fehler beheben. Deshalb ist es wichtig, daß bei jeder typografischen Anordnung die Zeilen der Gegenseiten Register halten, das heißt, dekkungsgleich sind, um die einmal entstandene Schattierung beim Schöndruck durch den Widerdruck aufzuheben.

Buchgestaltung

Bei der Gestaltung eines Buches muß man sich zunächst mit dem geplanten Werk auseinandersetzen und die Schrift formal der inhaltlichen Aussage anpassen, technische Werke und Fachliteratur wird man in einer sachlichen Groteskschrift setzen, hingegen ein belletristisches Werk in einer guten Antiquaschrift zur Ausführung bringen.

Buchformate

Neben den schon heute großteils eingeführten Normalformaten, die den Bestimmungen der DIN-Formatreihe und den daraus entstehenden Teilungsverhältnissen entsprechen, sind trotzdem noch einige ältere Papierformate, z. B. die deutschen Normalbuchformate gebräuchlich, die von der Normierung etwas abweichen.

Bezeichnung:	cm
Duodez	10 × 13
Klein-Oktav	13 × 18
Mittel-Oktav	15 × 21
Groß-Oktav	17 × 24
Lexikon	18 × 26
Klein-Quart	22 × 27
Mittel-Quart	24 × 30
Groß-Quart	26 × 33
Klein-Folio	28 × 37
Mittel-Folio	30 × 41
Groß-Folio	32 × 45

Bei einigen Verlagen sind noch Sonderbuchformate gebräuchlich: Buchformate mit dem Verhältnis von Breite zu Höhe wie $1 : \sqrt{2} = 1{,}414$, 2 : 3 und nach dem Goldenen Schnitt = 1 : 1,618.

1 : 1,414	2 : 3	1 : 1,618
cm	cm	cm
10,5 × 15	12 × 18	6,8 × 11
12 × 17	13 × 19,5	11,5 × 18,5
13,3 × 18,7	14 × 21	12 × 19,5
14,8 × 20,8	15,5 × 23,2	12,2 × 19,8
16,8 × 22,8	18 × 27	13,9 × 22,5

Einzug oder stumpfer Anfang

Eine vordringliche Aufgabe bei der Buchgestaltung ist das Festlegen der Textform, in der das Werk gedruckt werden soll. Für die Kennzeichnung eines neuen Absatzes im Text ist sowohl ein stumpfer Anfang als auch ein Einzug der Neuzeile gebräuchlich.

Der stumpfe Anfang ist berechtigt, wenn die Ausgangszeile des vorhergehenden Absatzes zumindest im zweiten Drittel endet. Geht aber, was manchmal passiert, die Endzeile stumpf aus, zieht man die „Alinea" = Neuzeile des Absatzes ein.

Für eine der beiden Möglichkeiten muß man sich zu Beginn entscheiden. Stumpfen Anfang und Einzug kann man nicht kombinieren. Geht im ersteren Fall einmal die Schlußzeile des Absatzes bündig aus, wird durch Streichen eines oder zweier nebensächlicher Wörter der Fehler behoben. Nachdem man Schriftart und Schriftgröße festgelegt hat, wird der Satzspiegel bestimmt, der im ganzen Buch einheitlich von der ersten bis zur letzten Seite beibehalten wird.

Der Satzspiegel legt die Anzahl der Schriftzeilen einer Kolumne, die Kolumnenbreite und die Satzstellung zum Papierformat jeder Buchseite genau fest.

Paginierung

Das Benennen einer Buchseite mit der Seitenzahl nennt man „paginieren“.
Die Stellung der Paginierung soll bei der Festlegung des Satzspiegels gleich zu Anfang mit berücksichtigt werden. Für das sichere und schnelle Auffinden jeder Buchseite wird die Paginierung auf der linken Buchseite in der linken unteren Ecke und auf der Gegenseite entsprechend in der rechten unteren Ecke mit einer Leerzeile Abstand unter der Kolumne plaziert.

Titelbogen

In der Buchgestaltung sollte man dem Titelbogen — so bezeichnet man die in das Werk einführenden Erstseiten — bezüglich ihrer typografischen Form größere Beachtung schenken. Der Titelbogen, auch Titelei genannt, bildet zusammen mit dem Bucheinband das äußere Kleid jedes Druckwerkes.
Der Titelbogen enthält auch das Inhaltsverzeichnis, das erst gesetzt werden kann, nachdem das Buch fertig umbrochen ist. Die Titelei umfaßt in der Regel 8, bei größerem Umfang des Werkes bis zu 16 Buchseiten. Die gesamte Titelei erscheint nicht paginiert, das heißt, die Pagina beginnt mit der ersten Seite des im Inhaltsverzeichnis angegebenen Vorwortes, Erstkapitels oder ähnlichem, unter Miteinbeziehung der Anzahl der vorhergegangenen Titelseiten. Bei einem Titelbogen mit 8 Seiten Umfang beginnt die Paginierung auf der ersten Textseite mit der Zahl 9.

Reihenfolge der Titelseiten:
1. Seite Schmutztitel
2. Seite Vakat (= Leerseite) oder Frontispiz, evtl. Reihentitel
3. Seite Haupttitel
4. Seite Impressum oder Copyright
5. Seite Widmung
6. Seite Vakat
7. Seite Inhaltsverzeichnis
8. Seite Vakat

Titelbogen
1 Schmutztitel
2 Frontispiz
3 Haupttitel
4 Impressum
5 Widmung
6 Vakat
7 Inhaltsverzeichnis
8 Vakat

Schmutztitel

Der Name Schmutztitel bezeichnet die erste Buchseite, die den Haupttitel des Werkes vor dem Beschmutztwerden schützt. Er beinhaltet die Autorenangabe und den Titel des Werkes.
Der Schmutztitel wird in der Grundschrift des Buches in einer Reihe auf die erste Zeile des dem Werk zugrunde gelegten Satzspiegel gesetzt. Der Ausschluß zwischen Autor- und Inhaltsangabe wird so groß gehalten, daß sich beide Begriffe sichtbar trennen. Bei der Gestaltung der gesamten Titelei achte man darauf, daß sie innerhalb einer Drucksache stilrein bleibt, das heißt die Satzordnung beibehält, in der das Gesamtwerk gesetzt ist.

Frontispiz

Die Zweitseite des Titelbogens wird meist in Vakat ausgeführt; man versteht darunter eine Leerseite. Bei Fortsetzungsbänden und Reihenbänden erscheint auf dieser Seite der Reihentitel.
Im Falle, daß ein Porträt des Verfassers oder eine Illustration zu Anfang des Werkes gezeigt werden soll, erscheint

dieses anstelle der zweiten Leerseite im Titelbogen. Ein solches Titelbild gegenüber dem Haupttitel bezeichnet man als Frontispiz. Soll dazu eine Bildunterschrift, „Legende“ genannt, erscheinen, wird diese in der Grundschrift des Werkes der Satzordnung angeglichen.

Haupttitel

Der Haupttitel ist der eigentliche Buchtitel und damit das Aushängeschild des Werkes. Er wird dem Schriftcharakter der Grundschrift angepaßt und soll einheitlich und übersichtlich gestaltet sein.
Symmetrischer Haupttitelsatz verlangt ein sicheres Gefühl für Raumaufteilung und richtiges Zusammenziehen der Zeilen zu Gruppen. Man sollte stets versuchen, mit zwei bis drei Schriftgraden auszukommen. Auch die seitliche Begrenzung der Schriftzeilen wird durch die Satzspiegelbreite bestimmt. Man wird die Seite so gestalten, daß mit dem Verfassernamen als erster Zeile und der Verlagsangabe als letzter räumlich die Textkolumne einer Satzseite eingehalten wird.
Auch bei asymmetrischer Satzweise soll der Satzspiegel in Höhe und Breite eingehalten werden. Bei zwei- oder mehrspaltigem Satz im Fließtext wird auch bei der Titelsatzgestaltung die Möglichkeit der Mittelachsengruppierung in Erscheinung treten.

Impressum und Copyright

Das Impressum, der Druckvermerk, sichert die Ausfuhrerlaubnis des Buches und das Copyright oder Nachdrucksrecht, die unerlaubte Übersetzung in andere Sprachen. Zusammen mit den Ausstattungsvermerken über Grafik, Umschlagentwurf usw. werden diese Angaben in einem kleinen Schriftgrad gesetzt.

Widmungstitel

Die Widmung steht auf der ersten Zeile des Satzspiegels. Sie soll kurz und einfach gehalten sein und möglichst in einer Zeile stehen.

Inhaltsverzeichnis

Inhaltsverzeichnisse können ein- oder mehrspaltig gesetzt erscheinen. Im Inhaltsverzeichnis werden die Rubriken des Textteils angeführt und die entsprechende Seitenzahl dazu gesetzt. Es erscheint meist im Grundschriftgrad, außer der Umfang ist so stark, daß es notwendig wird, die Seitenzahl des Inhaltsverzeichnisses durch einen kleineren Schriftgrad zu verringern.

Gestaltung der Textseiten

Normalsatz und Spaltensatz

Belletristische Werke und solche, die in der Formatgröße noch annähernd eine Normalsatzbreite des ausgewählten Schriftgrades zulassen, werden ganzseitig gesetzt, das heißt, die Satzseite füllt mit einer Zeilenbreite und der entsprechenden Anzahl der Zeilen die Formatseite aus. Hingegen werden lexikale Werke und Bücher technischer und wissenschaftlicher Art, sofern es sich um größere Formate handelt, doppelt oder auch mehrspaltig gesetzt.
Die Spalten werden nebeneinander angeordnet und sind durch einen freien Papierraum in senkrechter Streifenform, dem „Zwischenschlag", manchmal auch durch eine zusätzliche senkrechte Linie, der Spaltenlinie, getrennt.

Rubriken

Die Textseiten werden nach dem zuvor festgelegten Satzspiegelschema umbrochen. Um die erste Seite jedes neuen Kapitels zu kennzeichnen, sind Überschriftzeilen, sogenannte Rubriken, gesetzt. Sie erscheinen entweder in halbfetter Textschrift oder in einem größeren Schriftgrad.

Anfangskolumne

Jede erste Textseite eines neuen Kapitels unterscheidet sich von den übrigen Textseiten durch freien Raum über dem Kapitelanfang. Man nennt diesen Papierraum zwischen Rubrik und Kapitelanfang den „Vorschlag". Dieser kann eine Leerzeile, aber auch bis zu einer halben Buchseite ausmachen.
Die einmal festgelegte Vorschlagseite soll im Gesamtwerk immer gleich aufscheinen. Das Raumverhältnis von Vorschlaghöhe zu Anfangskolumne kann durch Drei- oder Vierteilung, aber auch nach dem Goldenen Schnitt im Verhältnis 5:8 aus der Satzspiegelhöhe einer Textseite ermittelt werden.

Ausgangskolumne

Die Ausgangskolumne ist willkürlich, das heißt, das Verhältnis von Papierraum zur endenden Kolumne ist unbestimmt, da dies von der Textlänge abhängt. Zu vermeiden sind jedoch Ausgangskolumnen mit weniger als drei Zeilen. Sollte es einmal der Fall sein, daß sich während der Klebeumbrucharbeiten eine solche Situtation ergibt, dann müssen ein bis zwei Sätze im Text gestrichen oder noch dazugeschrieben werden, um einen günstigen Abschluß zu erhalten.

Für die Druckerei wird an diesen Stellen das Wort „einbringen" vermerkt, um den Text zu verringern. Mit einigem Geschick des Setzers kann dies, sofern nur ein bis zwei kurze Worte untergebracht werden sollen, durch Verkleinern des Wortausschlusses einiger Zeilen erreicht werden, wobei der Satz etwas zusammengedrängt wird. Für die gegenteilige Arbeitsweise wird das Wort „ausbringen" oder austreiben" am Rande vermerkt, oder es werden die fehlenden Worte zugefügt.

Marginalien

Zum schnellen Auffinden von Textstellen werden Marginalien gesetzt. Sie stehen am Seitenrand entweder auf Mitte, links oder gegen die Textkolumne ausgeschlossen. Im Falle, daß Marginalien als Ersatz für Rubriken stehen, können dieselben auch in halbfettem Grad der Grundschrift erscheinen. Die Marginalienbreite muß schon zu Beginn der Satzspiegelgestaltung mit berücksichtigt werden.

Fußnoten

Fußnoten sind Erläuterungen oder Bemerkungen zu einzelnen Stellen im Haupttext und stehen am Fuß der Textseite. Die betreffende Stelle im Text wird durch einen Stern gekennzeichnet. Bei mehreren Erläuterungen erhält die erste Stelle einen, die zweite zwei Sternchen usw. Diese werden am Fuß wiederholt und erläutert.

Durch ein bis zwei Blindzeilen oder eine dünne Trennungslinie, der sogenannte Fußnotenlinie, wird die Fußnote vom Haupttext getrennt. Den Durchschuß wählt man so, daß die Fußnotentexte ungefähr gleiche Grauwirkung wie die übrigen Textseiten erreichen.

Stichwortregister und Sachregister

Stichwortregister haben den Zweck, durch Anführen eines Begriffes und der Seitenzahl auf die Erläuterung desselben im Text hinzuweisen. Umfangreiche Sachregister setzt man so wie das Inhaltsverzeichnis, je nach Satzbreite des Werkes zwei- oder auch dreispaltig in einem kleineren Schriftgrad. Die Begriffe werden in alphabetischer Reihenfolge geordnet und mit den entsprechenden Seitenzahlen versehen. Sachregister erscheinen selbständig in der Art eines Lexikons zur Erklärung der Begriffe und sind meist auf den letzten Buchseiten untergebracht.

Einband (Umschlagtitel, Rückentitel)

Der Umschlagtitel kann als rein typografische Lösung im Schriftcharakter des Buches erscheinen oder auch abweichend von der Grundschrift eine gezeichnete Schrift, z. B. das „Faksimile“ des Verfassers, das ist die getreue Nachbildung seiner Unterschrift. Der Rückentitel wird dem Umschlagtitel angepaßt. Er wird bei schmalen Bänden bei aufgestelltem Buch mit dem Autorennamen beginnend, von unten nach oben laufend, angebracht. Bei stärkeren Bänden setzt man den Rückenteil waagerecht in mehreren Zeilen.

Der Umschlagtitel enthält den Namen des Verfassers, das Thema und eventuell noch die Verlagsangabe.

Auf dem Rückentitel erscheinen Verfasser und Thema; bei Reihenbänden noch zusätzlich die Bandnummer der Schriftenreihe.

Umschlagtitel und Rückentitel werden vom Buchbinder mittels Prägeklischee in die mit Gewebe kaschierte Buchdecke vertieft und mit Gold- oder Silberfolie oder mit Farbe ausgelegt. Auch die kunststoffgebundene Buchdecke kann man prägen oder aber die Schrift im Siebdruck aufbringen.

Schutzumschlag

Der Schutzumschlag erfüllte ursprünglich den Zweck, das gebundene Buch vor dem Beschmutzen zu schützen. Dieser Umschlag war früher neutral und unbedruckt. Im Laufe der Zeit bildete sich aus diesem Schutzumschlag ein Werbeträger, der das Buch mit Bild und Titel gleichsam anpreist. Nach wie vor bleibt der Schutzumschlag eine lose Hülle und ist kein fester Bestandteil des Buches; er kann also entfernt werden. Darunter ist der eigentliche Einband mit wiederholter Titelbezeichnung und Autorenangabe sichtbar. Für das Aussehen eines Schutzumschlages kann keine Norm aufgestellt werden. Also bleibt es dem Gestalter überlassen, eine den Sinngehalt des Werkes treffende, bebilderte oder auch nur mit Schrift gelöste Form zu finden. Die Art der Ausführung, ein- oder mehrfarbig, hängt von der Höhe der Auflage und den damit verbundenen Kosten ab. Im Rahmen der bedingten Formatbegrenzung können alle grafischen Techniken wie Federzeichnung, Aquarell, Holzschnitt, Linolschnitt, Fotografie usw. angewandt werden.

Illustrierte Drucksachen

Kataloge und Prospekte, oft auch Werke der Literatur, sind ohne bebilderte Seiten kaum denkbar. Die für die Werbung

Schutzumschlag mit Rückentitel
für ein belletristisches Werk

wirksamste Information bringt die Fotografie. Das Prädikat: ein Foto ist „gut“, beinhaltet in diesem Fall nicht nur das dargestellte Motiv desselben und dessen künstlerische Aussage, sondern vielmehr den Bildaufbau, der das Wesentliche erkennen läßt.
Das Bild soll auch technisch vollkommen sein. Ein brillanter Abzug ist Grundbedingung für ein gutes Druckergebnis. Bei Strichvorlagen ist es ziemlich sicher, daß dieselben im Druck klar erscheinen, vorausgesetzt, daß sie nicht zu stark verkleinert werden und dadurch zu feine Linien ausbrechen können.

Ganzseitig bebilderte Drucksachen

Die einfachste Art des Bildauslegens, „Layout“ genannt, ist die ganzseitige Anordnung und die sinnfälligste Bildstellung auf einem Doppelblatt die rechte Seite. Beim Umblättern der Seiten fällt der Blick zuerst nach rechts. Man unterscheidet ganzseitig „abfallend“ bebilderte Seiten, solche die bis an den Papierrand reichen und andere, die innerhalb des Satzspiegels stehen, also durch einen weißen Papierrand wie die Textseiten umrahmt sind.
Bei abfallend bebilderten Seiten muß, wie bei jeder Drucksache, mit einem Beschnitt der gebundenen Auflage gerechnet werden. Dieser beträgt 3—5 mm und hat auch einen Beschnitt der Bilder zur Folge. Dieser geringe Verlust der Randbildteile ist bei Fotografien tolerierbar, nicht aber bei Gemäldereproduktionen. In diesem Fall legt man ganzseitige Bildstellungen innerhalb der Satzspiegelbreite und -höhe fest. Diese Anordnung hat den Vorteil, daß keine Schwierigkeiten beim Beschnitt in der Stellung der Paginierung und der Bildunterschriften entstehen.

Legende

Die Bildunterschrift, auch Legende genannt, wird bei Hoch-, Quadrat- oder Querformatbildern innerhalb des Satzspiegelschemas gegen den unteren Papierrand orientiert. Die letzte Zeile der Bildunterschrift steht dabei auf gleicher Höhe mit der letzten Zeile der Textkolumne. Die Legende wird in der Grundschrift, in einem etwas kleineren Grad oder kursiv gesetzt.

Bildanordnung

Bildanordnung für unveränderbare Seitenverhältnisse der Bildformate

Nicht immer hat man das Glück, Fotografien zu erhalten, bei denen Hoch- und Querformate in gleichem Verhältnis der Seitenmaße zueinander stehen. Oft kommt es vor, daß schon vom Fotografen ein ausgefallener Bildausschnitt festgelegt wurde, oder rein bildmäßig bedingt, das Foto in einem ungewöhnlichen Ausschnitt erscheinen muß, das keineswegs den Proportionen der gebräuchlichen Fotopapiere entspricht.

Dies trifft noch häufiger bei Reproduktionen von Holzschnitten, Stichen und bei der Wiedergabe von Gemälden zu. Bei einer solchen Aufgabenstellung besteht keine Möglichkeit, das Seitenverhältnis der Formate willkürlich zu verändern; dies würde einen Beschnitt des Bildes und somit einen Eingriff in das Kunstwerk bedeuten.

Satzspiegel und Anordnungsschema für das „Einhängen“ der Bilder

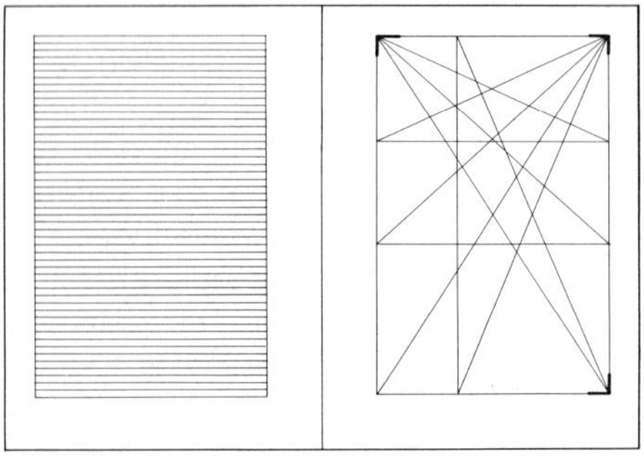

Also muß man eine Möglichkeit der Bildunterbringung finden, die sämtliche Varianten von Formaten und deren unterschiedliche Seitenverhältnisse zuläßt.

Es ist beispielsweise für jede rechte Buchseite ein Schema zu finden, in das die Bilder so eingebaut werden, daß sie innerhalb der für die Bildseiten übernommenen Begrenzungsmaße des Satzspiegels in der rechten oberen Ecke desselben gleichsam eingehängt sind. Jeweils eine der beiden Bildseiten wird gegen einen der Eckpunkte ausgerichtet. Bei der Horizontalen ist dies die linke Ecke der Satzspiegelbegrenzung oben, bei der Senkrechten die rechte Ecke unten. Das Maß der Zweitseite entsteht jeweils aus der proportionalen Verkleinerung oder im umgekehrten Fall aus der Vergrößerung der Vorlage. Bei Miteinbeziehung einer Legende wird der untere rechte Eckpunkt des Bildes entsprechend viele Zeilen nach oben gerückt.

Bildanordnungsschemen unter Berücksichtigung der Fotopapier- und Filmmaterialformate

Fotoformate können verschiedenartig ausfallen, je nachdem, ob das Bild mit gesamter Papierausnutzung oder gesamter Negativausnutzung entstanden ist.

Fotopapierformate:

Die gebräuchlichen Papierformate für die Reproduktionsvorlage in den Ausmaßen 9 × 12, 9 × 13, 13 × 18 und 18 × 24 haben mit einer geringen Abweichung der beiden mittleren Formate ein Verhältnis der Seitenmaße wie 3:4. Das gebräuchlichste Presseformat ist 18 × 24 für Farbpapierbilder 13 × 18 oder 20 × 27 cm, es sollte in den Ausmaßen nicht mehr überschritten werden, da bei den größeren Bildern bereits Archivierungsprobleme entstehen. Wiederum sollte man keine kleineren Formate als 9 × 13 cm als Vorlage zur Reproduktion geben, insbesondere wenn davon ein vergrößertes Klischee hergestellt

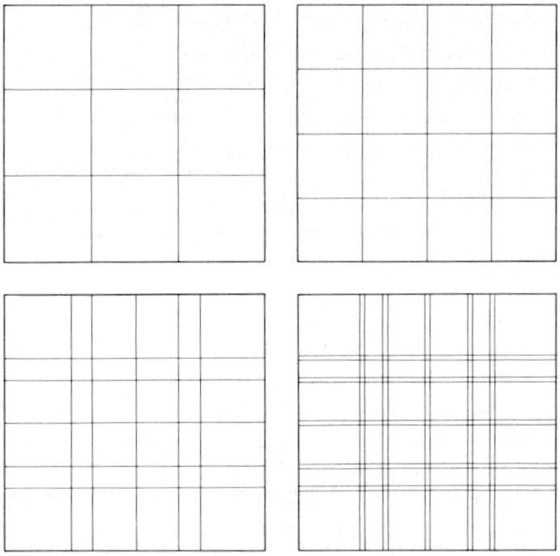

Anordnungsschema für Bilder in einem quadratischen Satzspiegel (verwendbar für das Format $^2/_3$ DIN A3 und $^2/_3$ DIN A4)
Oben links: horizontale und vertikale Dreiteilung des Formates
Oben rechts: horizontale und vertikale Vierteilung des Formates
Unten links: kombinierte Drei- und Vierteilung
Unten rechts: kombinierte Teilung mit Zwischenschlag

werden soll. Bei der Reproduktion von zu kleinen Vorlagen ist ein gutes Ergebnis fraglich.

Filmformate für Schwarzweißnegative und Farbdiapositive: Als Filmmaterial sind die gebräuchlichsten Formate mit den Ausmaßen 9 × 12 cm, 4 × 5 inch, 6 × 9 cm, 5,6 × 7,2 cm, 6 × 6 cm, 4,5 × 6 cm, 4 × 4 cm, 2,4 × 3,6 cm, 2,6 × 2,6 cm, 2,4 × 2,4 cm und 1,8 × 2,4 cm bekannt. Die größeren Formate gleichen den Fotopapiermaßen.
Entsprechend können die Formate 9 × 12 cm 5,6 × 7,2 cm, 4,5 × 6 cm und 1,8 × 2,4 cm im Verhältnis 3:4 im Vergrößerungsprozeß auf die genannten Papierformate formatfüllend übertragen werden.

Quadratformate

Aus den Negativformaten 6 × 6 cm, 4 × 4 cm, 2,6 ×2,6 cm und 2,4 × 2,4 cm entsteht bei Ausnutzung aller Negativbildteile eine quadratische Papiervorlage mit einem Seitenverhältnis von 1 : 1.

Kleinbildformate

Das Kleinbildformat 2,4 × 3,6 cm und das Rollfilmformat 6 × 9 cm ergeben bei Gesamtausnutzung des Negativs einen Papierabzug mit einem Verhältnis der Seiten zueinander wie 2:3.
Kommen die genannten Formatgruppen zusammen vor, entwickelt man ein Satzspiegelschema mit gleichem Bildschema, in das man die Formate ohne Schwierigkeiten einbauen kann. Das Schema muß variabel sein, damit gegebenenfalls eines der drei Bildformate ganzseitig erscheinen oder aber der Raum durch kleinere, neben- oder

Anordnungsmöglichkeiten verschiedener Bildformate in einem quadratischen Satzspiegel- und Bildschema mit kombinierter Drei- und Vierteilung für Bilder mit den Proportionen 1:1, 1:2, 2:3 und 3:4

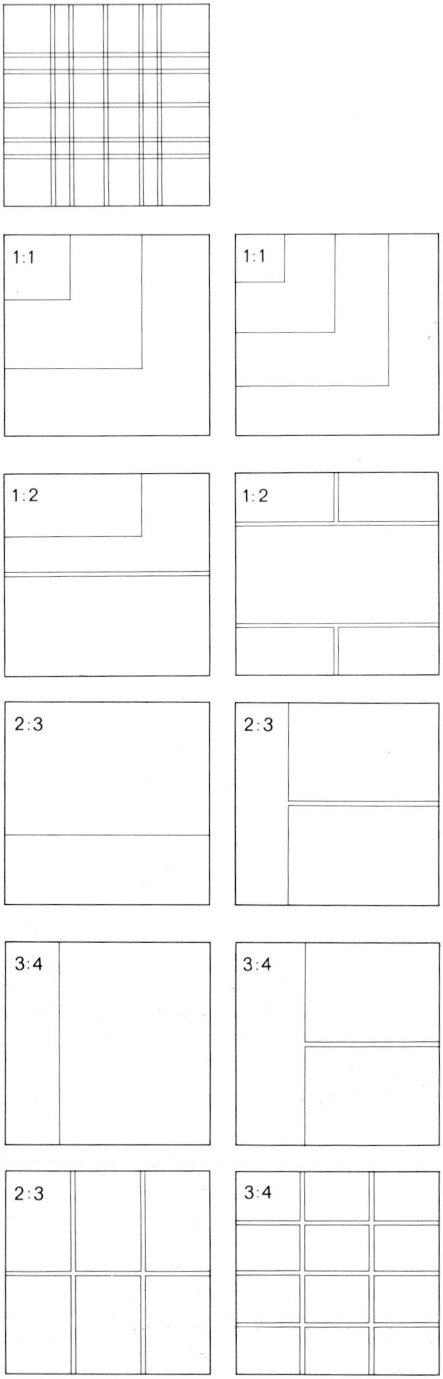

Anordnungsschema verschiedener Bildformate in einem Satzspiegel mit der Proportion 3:4

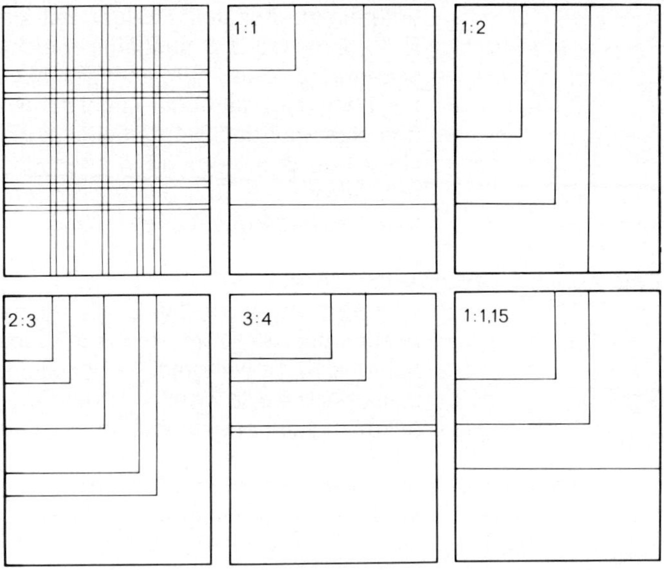

Anordnungsschema verschiedener Bildformate in einem Satzspiegel mit der Proportion 2:3

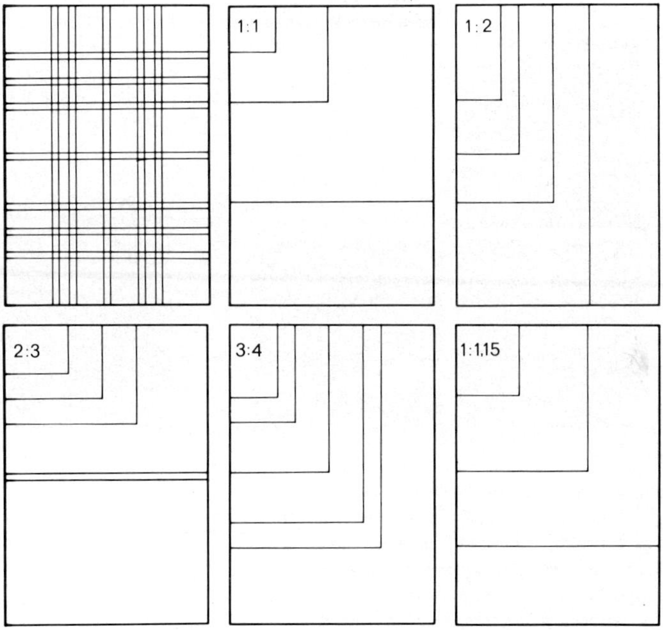

untereinandergestellte Bilder mit den Proportionen 1:1, (1:2), 2:3 und 3:4 ausgefüllt werden kann. Der Bildzwischenraum, den man richtiger als Zwischenschlag bezeichnet, mißt dabei die Kegelstärke des Grundschriftgrades. Das Maß des Satzspiegels und des Bildspiegels ist in Höhe und Breite durch ein x-faches des Grundschriftgrades, sofern der Text durchschossen erscheint, durch ein x-faches des Kegelmaßes teilbar.

Zwischen den Text gesetzte Bilder

Es kommt auch vor, daß Zeichnungen oder Fotos an einer bestimmten Stelle im Text stehen müssen. In diesem Fall richtet sich die waagrechte Bildseitengröße nach der Satzspiegelbreite. Die Zweitseite des Bildes entsteht proportional dazu aus der entsprechenden Originalgröße der Vorlage. Das Höhenmaß des Bildes soll jeweils so ausfallen, daß zwischen Text und Bild mindestens zwei bis drei Zeilen Papierraum bleiben. Das Bild muß mit einem geringen

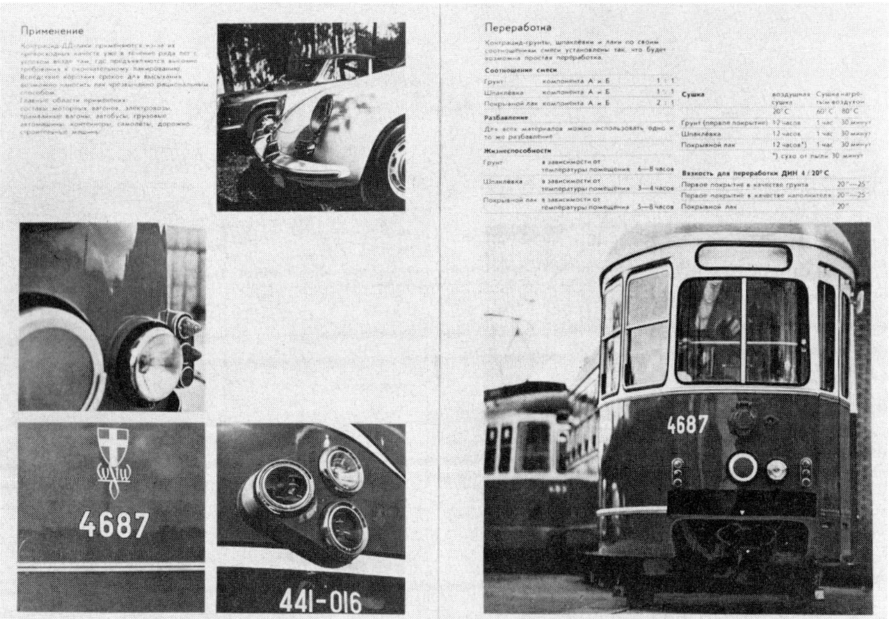

Innere Doppelseite eines DIN A4-Prospektes mit quadratisch angeordneten Bildern. Der Text erscheint zweispaltig. Der Prospekt informiert in russischer Sprache über ein spezielles Lackierverfahren von Waggons, PKW und LKW.

Beschnitt einiger Millimeter von Fall zu Fall gleichsam „eingepaßt" werden. Soweit irgendwie möglich, sollten solche zwischen den Text gesetzte Bilder in wenig unterschiedlichen, zuvor fixierten Formaten erscheinen. Bei mehrspaltigen Seiten richten sich die Bildbreiten entweder nach einfacher, doppelter oder mehrfacher Spaltenbreite. Die Variationsmöglichkeiten der Bildgrößen werden durch den Spaltensatz erweitert.

Zeichnungen

Technische Zeichnungen und Handzeichnungen sollen möglichst so angelegt sein, daß eine gedachte quadratische oder rechteckige Begrenzung die Zeichnung umschließt. Größere freibleibende Stellen auf dem Papier, die durch das Fehlen von Teilstücken der Zeichnung herrühren, wirken zerrissen. Zur eigenen Kontrolle ist es angebracht, die Originalzeichnung mit einer dünnen Bleistiftlinie in besagter Weise zu umrahmen, um bei der Verkleinerung die Breite und die daraus entstehende Höhe kontrollieren zu können. Dem Reprografen genügt die Größenangabe von nur einer Seite.

Freigestellte Fotos

Bei speziellen grafischen Arbeiten soll ein Foto ganz oder auch nur teilweise, beispielsweise mit Verlaufschatten freigestellt erscheinen. Ein solcher Verlaufschatten kann schon bei der Aufnahme oder durch Spritzretusche erzielt werden. Im Ganzen freigestellte Bildteile eines Fotos kann man gleichfalls bei der fotografischen Aufnahme, oder nachträglich durch Luftpinselretusche abdecken. Diese Vorarbeit muß dann erfolgen, wenn das Foto freigestellt mit Hintergrundton gewünscht wird. In diesem Fall erscheint das Foto mit einem gleichmäßigen Hintergrund, in einem Grautonwert, der den freigestellten Bildteil mit einer quadratischen oder rechteckigen Fläche umschließt.
Kommt es vor, daß eine Figur oder ein Gegenstand auf einem Foto im Druck auf reinweißem Hintergrund, das heißt, auf Papierfläche stehen soll, dann wird dies der Klischeeanstalt durch Umranden der betreffenden Bildteile auf einem Transparentaufleger angegeben.
Die wegfallenden Stellen des Bildes kennzeichnet man durch Schraffur und übergibt den Auftrag mit dem Vermerk „freistellen" der reprografischen Anstalt.
Von dieser Möglichkeit des Wegnehmens größerer Bildstellen sollte nur bedingt und wenn, dann nur bei einem Foto, das dies zuläßt, Gebrauch gemacht werden. Die Methode des Freistellens ist bei der Wiedergabe von Maschi-

nenteilen, Gebrauchsgegenständen oder allgemein technischen Gegenständen gebräuchlich; wesentlich schlechter wirken freigestellte Figuren dargestellter Personen. Die weiche, lebendige Kontur wirkt technisch nachgezogen, unnatürlich und erstarrt. Freigestellte Fotos werden nach dem gleichen Prinzip wie Zeichnungen eingerichtet.

Prospekte und Werbedrucksachen

Die bisher angeführten Bearbeitungshinweise gelten für die Prospekt-, Buch- und Zeitschriftengestaltung in bezug auf Typografie und Bildanordnung. Doch spielt bei Prospekten und Werbedrucksachen die richtige Bebilderung eine entscheidende Rolle und sollte deshalb größte Beachtung finden.

Die Werbedrucksache soll originell sein, das heißt, durch Form, Farbe, Bild und Schrift auffallen, den Betrachter interessieren und in kürzester Form informieren. Der Leser muß auf das Wesentliche geführt werden. Die Information einer Werbung beruht auf dem schnellen Erfassen der Botschaft.

Prospekte richten sich in ihrer Formatbegrenzung nach der normalen DIN-Formatreihe, können aber durch besondere Falzung, beispielsweise $^1/_3$ DIN A4 hoch oder quer, in Leporelloform, in Wickelfalz oder auch in gehefteter Ausführung erscheinen. Auch quadratische Formate, z. B. das $^2/_3$ DIN A4-Format oder auch $^2/_3$ DIN A3 sind für Prospekte bestens geeignet. Man unterscheidet gefalzte Prospekte und geheftete, broschierte oder auch gebundene Kataloge. Die Art der Bindung ist vom Umfang und dem Zweck der Drucksache abhängig (→ Seite 390—399). Die Bildauswahl soll kritisch bewertet werden. Nur die besten Bilder sind für den Druck zu verwenden; es ist besser, man verzichtet auf ein mittelmäßiges Bild, bevor der gesamte Eindruck leidet.

Bei der Schriftformung ist speziell für Prospekte und Werbeschriften die asymmetrische Schriftanordnung geeignet.

Die Art und der Grad der zu verwendeten Schrift hängt von dem Manuskriptumfang, von der Anzahl der Seiten, die im Druck entstehen sollen, und von dem Charakter des Prospektes ab. Man soll die Schrift nicht zu klein festlegen, da hierbei die Lesbarkeit erschwert wird. Das Größenverhältnis von Schrift zu Bild und weißer Papierfläche muß gut abgestimmt werden.

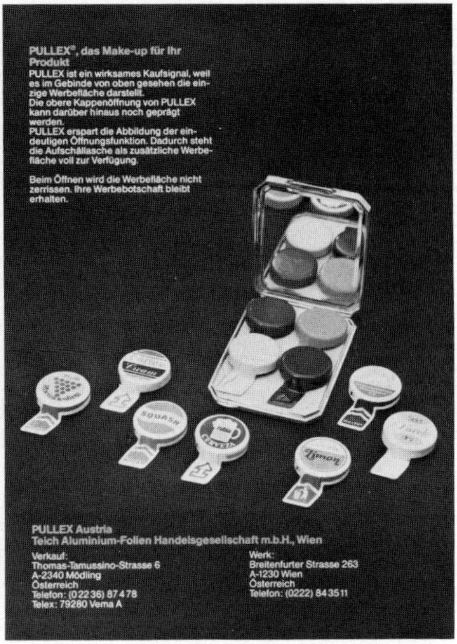

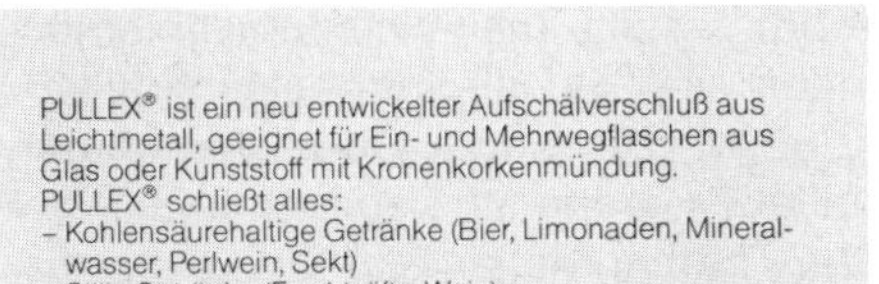

Vierseitiger Prospekt für einen Flaschenverschluß

Zeitungssatz
Die Zeitung

Tageszeitungen sind unterschiedlich in Papierformat und Satzspiegel und auch in den zur Anwendung gebrachten Maschinensatzschriften. Das Papierformat richtet sich nach Zylinderbreite und Umfang der Rotationsmaschine. Man kennt neben den DIN-Formaten für Zeitungen noch:

Berliner Format	470 × 630 mm
Rheinisches Format	530 × 750 mm
Nordisches Format	570 × 800 mm

Die gewählte Textschrift muß besonders für den Zeitungsdruck leicht leserlich und ohne feine Haarstriche und Serifen sein, damit sie auch das Prägen von Matern zuläßt. Zeitungen werden meist 6—9spaltig gesetzt. Die Breite der Einzelspalten beträgt je nach Papierformat 10—18 Cicero. Jede Zeitungsseite soll so gestaltet sein, daß sie das Gesicht des Blattes wahrt und dennoch den Lesestoff interessant und lebendig bringt.
Die Überschriften vervollkommnen das typografische Bild und bezeichnen die Artikel. Diese werden nach Themengruppen geordnet und in jeder Auflage möglichst an gleicher Stelle eingebaut.
Auch im Zeitungsumbruch sollte man sich auf wenige unterschiedliche Schriften und Schriftgrade einschränken, um eine Klarheit der Seiten zu wahren. Überschriften dürfen nicht zusammenstoßen, wenn sie nebeneinander stehen und verschiedene Themen behandeln. Die Bildformate richten sich nach der Spaltenbreite. Die Illustrationen können als Autotypien oder als Strichätzungen erscheinen. Die Vorlagen für Halbtonätzungen müssen kontrastreich sein, da durch die grobe Rasterreproduktion Feinheiten in unterschiedlichen Grauabstufungen geschwächt werden und bei dem Druck restlos verlorengehen.
Umbrochen werden Zeitungen auf vorgedruckten Umbruchschemen, die die Spaltenbreite durch eingesetzte Linien kennzeichnen. Die Andrucke der Bilder, der Satzfahnen und der Überschriften werden in diesen Vordruck eingeklebt.
Nach dem Umbruchschema der Textseiten richtet sich der übrige Inhalt der Zeitung, der lokale Teil, die Inserate und Kleinanzeigen, der Theateranzeiger usw.

Gestalten eines Zeitungstitels

Es ist schwierig, eine allgemeine, gültige Form dafür zu finden, welcher Zeitschriftentitel verbunden mit der textlichen Anordnung wohl am einprägsamsten ist und der Zeitung

THE TIMES

SUPPLEMENT ON JAMAICA

LONDON FRIDAY AUGUST 3 1962

PRICE FIVEPENCE

All over the world B.O.A.C. takes good care of you.

TO SPAIN BY JET

CARAVELLE

MADRID-BARCELONA-PALMA

IBERIA Air Lines of Spain

B.K.S. EXECUTIVE FLIGHTS TO THE NORTH

BRITAIN'S LARGEST INDEPENDENT DOMESTIC AIRLINE

South-West IRELAND Fly CAMBRIAN AIRWAYS

BOOK THROUGH COOKS

H. R. OWEN LTD.

CAR MART SALES, LTD.

MERCEDES BENZ

WOKING MOTORS LTD.

LAND ROVERS

LEADING U.S.A. ELECTRONICS COMPANY

CORRESPONDENCE SCHOOL

WHARF HOLDINGS, LIMITED

Titelseite der englischen Zeitung „The Times". Im Oktober 1932 erhielt die Tageszeitung ihr neues Gesicht. Stanley Morison hat eigens dafür eine Schrifttype, die „Times New Roman" entworfen. Ein Jahr später wurde die Schrifttype auch für den allgemeinen Gebrauch freigegeben.

das erwünschte „Gesicht" gibt. Man unterscheidet allgemeine Zeitungen, die als Lokalblätter vorwiegend Abonnentenzeitungen sind, und Boulevardblätter. Weiterhin kennt man Fachzeitschriften, konfessionelle Zeitschriften, Verbandsblätter und Freizeitschriften, wozu die Werk-, Kunden- und Hauszeitschriften zählen.
Diese Zeitungen und Zeitschriften haben unterschiedliche Themen und Einstellungen. Während Lokalzeitungen in sachlicher, fast nüchterner Form die Ereignisse des Tages anführen und das Hauptinteresse zumeist politischen Themen oder großen Tagesereignissen zumessen, führen die Boulevardblätter in den Schlagzeilen mehr kolportagehaften Inhalt.
Letztgenannte Zeitung ist vom Thema her gesehen aufregend und aufwühlend. Die Grundkonzeption wird bei diesen Blättern durch rote Signalstreifen und Markierungen, übergroß fettgedruckten und verschachtelten Schlagzeilen und Überschriften erkennbar. Solche Boulevardblätter zeigen verständlicherweise auch einen eigenwilligen, oft reißerischen Titel.
Auf diesen Betrachtungen ergeben sich für die Gestaltung eines Zeitschriftentitels verschiedenartige Gesichtspunkte, nach denen man den Titel formt. Dieser kann von der Schrifttype der Textseiten abhängig gemacht werden, das heißt, in vergrößerter Form in halbfettem bis fettem Grad erscheinen, oder auch aus einem eigenwilligen Schriftzug oder einer gezeichneten Schrittype entwickelt werden. In diesem Fall ist ein bewußter Gegensatz zur Textschrift anzustreben, zum Beispiel eckige Titelschrift zu runder Textschrift oder umgekehrt, Antiqua mit betonten Serifen im Titel und eine serifenlose Groteskschrift im Text.

Kornrasterumwandlungen nach Fotografien für den Zeitungsdruck

Ein sehr brauchbares Hilfsmittel für die Illustration im Zeitungsdruck bieten Reproanstalt und auch manche Typosatzstudios durch ihr Spezialrasterprogramm an. Halbtonvorlagen werden für den Zeitungsdruck oder den Druck auf Papiersorten minderer Qualität modifiziert. Dies ist eine willkommene Technik, mehr Details zu erhalten, als dies bei einer Grobrasterung möglich ist. Man kann zwischen feinem Kornraster, Runzelkorn, Linienraster, Wellenraster, Stahlraster oder Umwandlung in eine Hartkopie wählen. Auch Umwandlungen in ein Heliogramm, in eine Isohelie, in ein Lithogramm oder in das Tonlinienverfahren werden angeboten. Über die Möglichkeiten im einzelnen informiert die Reproduktionsanstalt oder ein Typosatzstudio (→ Seite 312—318).

Lesbarkeiten von Schriften

Schrift als solche hat den Sinn, Informationen zu übermitteln. Die Schriftzeichen sind die Träger unserer bildgewordenen Sprache. Schrift ist naturgemäß zum Lesen gedacht, deshalb soll sie möglichst leicht erfaßbar sein. Gut lesbar ist eine Schrift dann, wenn das Auge allein an der oberen Hälfte der Buchstaben den Text entziffern kann. Um das zu ergründen deckt man die untere Hälfte der Textzeile mit einem Blatt Papier ab. Die gute Lesbarkeit einer Schrift ist auf die Ausbildung der Oberlängen der Gemeinen zurückzuführen. Das Lesen reiner Versalzeilen ist dagegen mühevoll. Das wird sogleich augenscheinlich, wenn man den gleichen Versuch macht, nämlich die untere Hälfte abdeckt. Lesetests haben bewiesen, daß Antiquaschriften und Groteskschriften gut lesbare Schriften sind.

Einen Einfluß auf die Lesbarkeit hat auch der Schriftgrad. Erwachsene erfassen 10-Punktschriften, Kinder 12- bis 14-Punktschriften am leichtesten. Zu kleine Schriften, zu lange Zeilen und kompreß gesetzte Texte ermüden die Augen.

Das Lesen ist ein Sehen, ein Erfassen von Wortbildern. Wir sehen also keine Einzelbuchstaben, sondern Silben, Wörter, Sätze und Zeilen. Das Wortbild löst im Gehirn durch sein Erscheinungsbild den Begriff aus. Deshalb überliest man auch orthografische Fehler. Man nimmt sie nur auf Grund des gestörten Gleichgewichtes eines Wortbildes wahr.

Werbewirkung im allgemeinen

In der überwältigenden Vielzahl der Angebote zielt visuelle Information darauf ab, einen Blickfang zu finden, mit anderen Worten, einen Effekt zu erreichen, der die konkurrierenden Werbeträger, seien es Plakate, Anzeigen, Inserate, Prospekte, auch Buchumschläge, Packungen usw. wegdrängt. Dadurch, daß auch diese wiederum nicht übersehen sein wollen, passiert es oft, daß genau das Gegenteil erreicht, nämlich keinem von allen Beachtung geschenkt wird. Der Käufer oder der Verbraucher will nicht überwältigt werden. Vielmehr will er in kurzer, sehr kurzer Zeit den Inhalt gleichsam im Vorbeigehen erfassen können. Diese Art der Kurzinformation läßt bei dem Verbraucher einen Funken Interesse entstehen, der durch weitere Kommunikationsmittel in Form von Bild und Wort entfacht wird. Auch Bilder werden „gelesen", sie sollten informativ und einprägsam sein. Der Informationsgedanke muß in einfachster Form verdeutlicht werden. Verkehrszeichen und

meteorologische Zeichen symbolisieren in kürzester Form einen Begriff. Das Zeichen ersetzt in Form des Sinnbildes die geschriebenen Worte. Bilder sind allen verständlich. Was das Bild allein nicht vermag, wird in Worte gefaßt; diese unterstützen das Bild durch die geschriebene Mitteilung. Wir suchen heute nicht mehr nach fragwürdiger Originalität, nach vergänglichen Modeerscheinungen, den Eintagsfliegen; wir suchen Qualität. Qualität finden wir nur dann, wenn wir uns darüber im klaren sind, daß jedes Tun und Lassen einen logischen, sachlichen Beweggrund hat. Unsere Arbeit muß so aussehen, daß niemand nach dem „Warum muß das gerade so sein?" oder „Was soll das bedeuten?" fragen kann. Schon das Trägermaterial Papier muß man nicht unbedingt „zudrucken", wie man auf einen schäbigen Tisch ein sauberes Tischtuch legt, um das was darunter ist, zu verdecken. Vielmehr sollte das Papier an sich schon so viel Qualität haben, daß es ein ästhetischer Genuß ist, es anzusehen oder anzufassen.
Die Wahl der Schrift, die Art der Anordnung und der Aufbau dürfen nicht irgendwie, sondern sollen bewußt und materialgerecht gestaltet sein. Richtig ist das, was der Form des Setzens, das heißt, dem typografischen System entspricht. Ebensowenig wie man mit einem Linolschnitt einen Kupferstich vortäuschen sollte, liegt es nicht im Sinne des typografischen System, Zeilen schräg zu stellen oder im Winkel zueinander zu führen, außer man will im speziellen Fall damit einen bewußten Effekt erreichen. Die heutige Werbegrafik ist kein gebrauchsfähig gemachter künstlerischer Selbstzweck, sondern die überzeugende Darstellung einer Idee.

Praktische Entwurfstechnik

Typografischer Drucksachenentwurf

Mit Satzarbeiten werden Druckereien beauftragt, die meist in eigener angeschlossener Setzerei die Arbeiten nach den notierten Angaben ausführen. Aufträge, die im Werksatz bearbeitet werden, finden im Maschinensatz schnelle Erledigung.
Für das Offset- und Tiefdruckverfahren sind in einigen Betrieben bereits Lichtsetzmaschinen eingeführt worden, um die gesetzten Schriftzeilen in einem Arbeitsgang als Diapositive für die Kopie zu erhalten. Anders verhält es sich mit Satzarbeiten im Akzidenzsatz, wobei weniger umfangreiche Arbeiten, vor allem Gelegenheitsdrucke zur Ausführung gelangen. Dazu gehört der Satz von Plakaten, Inserate, Briefbögen, Glückwunschkarten, Visitenkarten und ähnlichen Drucksorten. Oft ist es für den Gestalter schwie-

rig, nur an Hand von Schriftvorlagen eine genaue Vorstellung ihrer Anordnung in Verbindung mit dem Gesamt-Layout zu erhalten. Dazu sollen einige Hilfsmittel erläutert werden.

Schriftskizze

Akzidenzen und Schriftzeilen für die Gestaltung einer Headline

Um einen Eindruck der Schriftwirkung zu erhalten, behilft man sich mit einer Schriftskizze. Mit einiger Übung können Schriften in richtiger Größe und Schriftart fett oder halbfett skizzenhaft angedeutet werden. Man verwendet dazu eine geeignete Schriftvorlage der gewünschten Schriftart. Diese sind als Schriftmusterproben von der Druckerei oder dem Typosatzstudio erhältlich. Aus der Vorlage wird der geeignete Schriftgrad ausgewählt und die Kleinbuchstabenhöhe, die sogenannte „n-Höhe" und die Versalhöhe an passender Stelle auf den Entwurf übertragen und in parallelen Linien ausgezogen. Die Schrift wird nun eingetragen. Für die Wiedergabe einer fetten Schrift verwende man einen weichen Bleistift, z. B. einen der Sorte B, für halbfette Schrift einen normalen der Sorte F, und für normal bis mager einen harten Bleistift der Sorten bis H 3. Die Skizze soll ziemlich genau der Vorlage entsprechen, vor allem muß die richtige Wortbreite und der gleichmäßige Zeilenlauf eingehalten werden.

Kleinere Schriftgrade, das heißt, mehrere Textzeilen werden in gleicher Art durch ausgefüllte Linien in richtigen Zeilenabständen skizziert, wobei auch die Zeilenbreite und der gewünschte Durchschuß berücksichtigt werden müssen. Mit einem Typometer, das ist ein Maßstab für typografische Maße, auf dem die Punkteinheiten und Ciceroeinheiten sowie eine Skala zum Nachmessen der Zeilenmenge verschiedener Schriftgrade angesehen ist, kann der Satzspiegel genau skizziert werden (→ Seite 131).

Ist ein Druckauftrag bereits erteilt, dann ist es einfacher, schon eine direkte Fühlungnahme mit der Druckerei aufzunehmen. In der Druckerei, an die man den Auftrag vergibt, wird nach dem Schriftmusterproben der vorhandenen Schriftsorten die passende Type ausgewählt und in dem gewünschten Schriftgrad und der gewünschten Spaltenbreite der Text im Fortlauf abgesetzt. Der Auftraggeber erhält je nach Wunsch ein bis mehrere Korrekturabzüge, Bürstenabzüge genannt, zurück. Der Name Bürstenabzug rührt daher, daß früher solche Abzüge von der Druckform nicht mit der Presse, sondern durch Aufklopfen mit einer Bürste hergestellt wurden.

Schriftskizze
und
Satzschrift

Die Zeilen oder Einzelworte werden nun aus dem Bogen geschnitten und zu gewünschten Wortgruppen oder Absätzen zusammengesetzt. Auf den zuvor mit Einteilungen und einem gleichmäßigen Liniennetz der Schriftzeilenhöhe versehenen Formatbogen klebt man sie anschließend mit einem Montagekleber auf.
Diese Vorlage, der sogenannte Klebeumbruch, geht an die Druckerei zurück und wird in derselben Anordnung im Bleiumbruch ausgeführt.
Die gleiche Vorgangsweise gilt sinngemäß für Aufträge im Offsetdruck, für den die Schriften im Lichtsatz erzeugt werden.

Typografischer Klebeumbruch für Plakat, Inserat usw.

In den vorhergehenden Kapiteln wurde mehrmals der Begriff „Layout", das wörtlich „auslegen" bedeutet, erwähnt. Er soll nun etwas ausführlicher behandelt werden, da das Einhalten von Formatgrößen, passenden Schriftgraden und bei Zeitschriften und Prospektanzeigen auch die Berücksichtigung der Spaltenbreite keine wahllose Satz- und Bildanordnung zuläßt.

Es soll ein Anordnungsbeispiel von Schriftzeilen in einem gegebenen Papierformat behandelt werden, das im we-

sentlichen sowohl Plakate als auch für Anzeigen, Prospekte und ähnlichem anwendbar ist. Dieses typografische Layout erhebt keineswegs den Anspruch, eine Patentlösung zu sein. Doch erfüllt es seinen Zweck zugunsten guter Lesbarkeit und schneller Orientierung.
Als Beispiel wählen wir das Layout für ein Plakat aus typografischen Mitteln:
Als Plakatformat kommt vorwiegend ein DIN-Format oder ein vielfaches des $^1/_1$ Bogenformates DIN A1 in Betracht. Nachdem man die Formatgröße für die Entwurfsarbeit in einer entsprechend verkleinerten Proportion fixiert hat, sucht man eine gut leserliche Schrift aus. Der Schriftgrad soll so bestimmt werden, daß er in einem günstigen Verhältnis zum Format steht und auch auf größere Entfernung noch lesbar ist. In den meisten Fällen wird man eine durch klare Form ausgezeichnete Groteskschrift oder eine gute Antiqua-Type wählen.

Auf einem Plakat, aber auch auf einer Anzeige wird es immer eine Titelschrift, die Headline geben, die aus dem übrigen Text hervorstechen soll. Diese zeichnet man durch einen größeren oder fetteren Schriftgrad aus. Die Untertitel, auch Subline genannt, und den Begleittext bestimmt man entsprechend kleiner, am besten halb so groß.
In der Offsetdruckerei, in der das Plakat zur Ausführung kommen soll, oder in einem Typosatzstudio besorgt man sich die Schrift als Papierkopie, auch „Copyproof" genannt.

Der im Fortlauf abgesetzte Text wird mit der Schere in einzelne Zeilen zerschnitten und in der richtigen Reihenfolge auf das zuvor ausgemessene Bogenformat ausgelegt. Die Aufgabe ist es nun, mit diesen Zeilen ein brauchbares Layout zu gestalten. Einige Richtlinien sollen dabei helfen:

1. Um das Ineinanderübergehen einzelner Werbetexte von verschiedensten Plakaten auf einer Plakatwand oder einer -säule zu vermeiden, sollte man den Text auf dem Plakat so anordnen, daß er in der Gesamtheit gesehen etwas nach innen gerückt erscheint, damit ein fühlbarer Abstand zu den angrenzenden Plakaten gewahrt bleibt. Auch muß die Zugehörigkeit der einzelnen Zeilen zu einem geschlossenen Ganzen durch eine geeignete Aufteilung geformt werden.
2. Die Zeilen sollen sinngemäß verteilt werden. Soweit das Papierformat in der Breite nicht ausreicht, um die eine oder die andere Zeile durchlaufen zu lassen, muß eine geeignete Trennung erfolgen. Silbentrennungen sollte man nach Möglichkeit vermeiden.

3. Auch ordne man den Text nach den verschiedenen zusammengehörigen Begriffen und distanziere deutlich Auszeichnungen von begleitendem Text oder unterstreiche diese optisch durch entsprechend große Papierzwischenräume. Den Begleittext kann man so ordnen, daß durch Einfügen von Blindzeilen getrennte Absätze entstehen, die als solche leichter und schneller erfaßbar sind.
4. Die Orientierung auf dem Bogen wird vereinfacht, wenn man das Format durch einen dünnen Bleistift waagrecht und senkrecht teilt oder entsprechend drittelt.
5. Bei asymmetrischer Anordnung werden die Zeilen nach dem Sinn, das heißt Leseablauf, geordnet nach links ausgeschlossen. Die Wortanfänge jeder Neuzeile stehen dabei genau untereinander. Diese Anordnung ist die für das schnelle Lesen angenehmste, da das Auge gewöhnt ist, den Anfang jeder Neuzeile stets am linken Papierrand zu suchen.
6. Bei symmetrischer Satzanordnung werden die Zeilen auf Mittelachse gestellt. Bei Zuhilfenahme der senkrechten Mittellinie können diese gleichmäßig ausgerichtet werden.
7. Soweit es dem Textaufbau entspricht, stellt man die Auszeichnungszeile in die obere Hälfte oder in das obere Drittel der Formataufteilung; den gesamten übrigen Schriftblock orientiert man in einem größeren Abstand darunter. Zeilen, die über der Auszeichnung zu stehen kommen, werden ebenfalls merklich gegen den oberen Papierrand abgerückt.
8. Die Schriftzeilen werden mit Klebstoff auf der Unterlage befestigt und am Rand die Maße der Abstände, von Fußpunkt zu Fußpunkt der Zeilen gemessen, mit Pfeilen eingetragen. Man bezeichnet die Maße in Cicero oder Punkteinheiten (abgekürzt Cic. oder Pkt.) oder in Millimeter. Die Wünsche für die Druckausführung vermerkt man an passender Stelle, z. B. „Rote Schrift auf weißem Grund“ oder „Schwarze Schrift auf gelbem Papier“ oder „Negativschrift auf blauem Grund“ usw. Letzteres ist bei großen Formaten im Offsetdruck günstig ausführbar. Dabei entstehen die geringsten Mehrkosten, da es in diesem Verfahren leicht möglich ist, die montierte Form durch entsprechenden Kopierprozeß zu einem Negativ umzuwandeln. Um die Wiedergabe des gewünschten Farbtons im Druck zu erhalten, sollte man der Druckerei eine Farbprobe in Form eines eingefärbten Papierabschnittes mitgeben oder die Farbe nach der Farbnummer eines Musterfächers aus einer Druckfarbenfabrik bestimmen.
   Ein guter Befehl ist der Pantone-Farbfächer. Er enthält genormte Farbtöne, deren Aufhellung mit Weiß und Vergrau-

ung mit Schwarz. Alle Mischungen sind numerisch festgelegt.
Eventuelle Textkorrekturen trägt man mit den genormten Korrekturzeichen ein (→ Seite 151).

9. Die fertige Standskizze, oder auch Klebeumbruch genannt, wird der Druckerei übergeben.

Manuskriptberechnung

Den Umfang eines Manuskriptes kann man durch einfache Berechnung auf den Umfang des davon gesetzten Drucktextes umrechnen. Es kann die Anzahl der Buchseiten im voraus bestimmt werden. Von der Setzerei läßt man sich einige Probeseiten in der vorgesehenen Schrifttype in einer zuvor festgelegten Zeilenbreite absetzen. Die Buchstaben oder Anschläge werden ausgezählt und der Zeilendurchschnitt errechnet. Ebenso verfährt man bei dem Manuskript. An Hand des Satzspiegels zählt man die vorgesehene Zahl der Zeilen einer Buchseite ab. Diese wird mit dem entsprechenden Durchschnitt einer Druckzeile multipliziert. Das Ergebnis zeigt die Buchstabenanzahl einer Textseite.
Auf gleiche Weise wird die Anzahl der Anschläge einer Manuskriptseite und durch Multiplikation mit der Seitenzahl die Anzahl der Anschläge im gesamten Manuskript errechnet. Dividiert man dieses Ergebnis durch die Buchstabenanzahl einer Druckseite, erhält man die Anzahl der im Druck erscheinenden Textseiten.
Beispiel: Die Satzzeilen enthalten 52, 56, 54, 55, 58 Buchstaben, ergibt zusammen 275 Anschläge, dividiert durch 5 Zeilen einen Durchschnitt von 55 Buchstaben in einer Druckzeile, multipliziert mit der Anzahl der Zeilen, beispielsweise 42 = 2310. In gleicher Art haben wir den Durchschnitt von 5 Manuskriptzeilen mit 49 Anschlägen errechnet. Multipliziert mit 38 Manuskriptzeilen ergeben dies 1862 Anschläge. Bei 180 Manuskriptseiten ergibt die Multiplikation 335160 Anschläge, dividiert durch die Buchstabenzahl einer Druckseite 335160 : 2310 = 145,09. Das Manuskript entspricht 145 Druckseiten.
Nicht mit einkalkuliert sind Vorschlagseiten, Ausgangskolumnen, Rubriken, Kapiteltrennungen und Vakatseiten. Diese Erweiterungen müssen noch zugerechnet werden. Aus dem Ergebnis ist auch ersichtlich, ob Schriftgrad und Zeilenlauf zu groß oder zu klein gewählt wurden, was ein Zuviel oder ein Zuwenig des Umfangs zur Folge hat, oder ob die Berechnung mit den Vorstellungen übereinstimmt. In den beiden ersten Fällen kann durch Ändern des Schriftgrades und erneuter Berechnung der Umfang ent-

sprechend reduziert oder erweitert werden. Bei bebilderten Drucksachen werden die Bilder in Höhe und Breite ausgemessen und zu dem errechneten Manuskriptumfang in Summe addiert.

Klebeumbruch eines Buches

Die Setzerei liefert die Korrekturabzüge des fortlaufend gesetzten Textes, die sogenannten „Fahnen", mit denen der Gestalter den Klebeumbruch anfertigt.
Dazu ermittelt man die Anzahl der Doppelblätter und schneidet solche in der richtigen Größe des Buches aus dünnem Papier zurecht. Sie werden in der Mitte gefalzt und auf einem Stop zusammengelegt. Auf das oberste Blatt zeichnet man den Satzspiegel als Rahmen auf und durchsticht die 4 Eckpunkte mit einer Nadel; der Satzspiegel ist nun gleichmäßig auf alle Seiten übertragen. Bei asymmetrischer Satzspiegelanordnung muß achtmal durchstochen und beim Einkleben der Fahnen die jeweils zusammengehörigen Punkte ermittelt werden. Bei größeren Arbeiten läßt man sich einfacher einen Satzspiegelvordruck von der Druckerei anfertigen. Die Probeabzüge der gesetzten Fahnen werden in der Höhe des Satzspiegels mit der Schere getrennt und auf die Seiten geklebt. Verschiedene Richtlinien sind dabei zu beachten:

1. Man vergewissere sich durch Auszählen, ob die Zeilenanzahl mit der auf dem vorhergegangenen Blatt übereinstimmt.
2. Ein neues Kapitel kann auf Seitenmitte oder im letzten Drittel, nicht aber auf der Endzeile einer Seite beginnen.
3. Ein Kapitel kann auch nicht mit einem Einzelwort, einer einzelnen Zeile oder auch zwei Zeilen auf einem Nächstblatt enden.
4. Eine Einzelsilbe oder ein Einzelwort eines Absatzes darf nicht die Ausgangszeile bestimmmen. In diesem Fall müssen zumindest zwei bis drei Worte ergänzt oder der Satz ausgetrieben werden. „Austreiben" oder auch „Ausbringen" bezeichnet das absichtliche Dehnen des Satzes, um eine bestimmte Anzahl Zeilen zu erhalten. Durch das Erweitern der Ausschlüsse wird der Satz „ausgebracht".
5. Will man das Gegenteil erreichen, wird für den Drucker der Vermerk „Einbringen" notiert. Dies bedeutet, daß durch Verringern der Ausschlußbreiten das Einzelwort innerhalb einer oder mehrerer Zeilen noch mit einbezogen wird. Bei mehr als zwei bis drei Worten muß ein nebensächlich erscheinendes Wort im Text gestrichen werden.

6. Zwischen der Endzeile eines Kapitels und einer neuen Rubrik — so wird in Fachkreisen die Überschrift bezeichnet — sollen ein bis zwei Leerzeilen, und zwischen Rubrik und neuem Textanfang nach Möglichkeit eine Leerzeile eingeschoben werden. Im einzelnen richten sich solche Maße nach dem Schriftgrad der Rubriken.
7. Die Paginierung wird in der richtigen Reihenfolge mit Bleistift auf dem Klebeumbruch notiert.

Korrekturzeichen

Für Manuskript- und Satzkorrekturen (Änderungen, Streichungen und Einschaltungen) werden die nach DIN 16511 genormten Korrekturzeichen angewandt. Diese Zeichen sind allen Setzern und Druckern verständlich. Als Hauptregel gilt, daß alle im Text eingetragenen Korrekturzeichen auf dem Rande zu wiederholen und die entsprechenden Änderungen daneben zu schreiben sind, außer bei Zeichen, die für sich selbst sprechen (z. B. ⊓⊔ — umstellen).

Randzeichen	Fehlerhafter Text	Erklärung
— kursiv!	In einer anderen Schrift zu setzende Wörter (z. B. kursiv oder halbfett) werden unterstrichen	kursiv setzen
— aufrecht!	*Aufrecht* zu setzende Wöter werden unterstrichen	aufrecht setzen
— normal!	**Normal** zu setzende Wörter werden unterstrichen	normal setzen
— Vers.	In Versalien zu setzende Wörter werden unterstrichen	Versalien setzen
|ä L a	Beschädigte und fulsche Buchstaben werden durchgestrichen und am Rand einmal unterstrichen	durch richtigen Buchstaben ersetzen
|B L s Γb	Buchstaben aus einer anderen Schrift werden durchgestrichen und auf dem Rand zweimal unterstrichen	durch richtige Buchstaben ersetzen
—V —V	Verkəhrt und querstehe⊂de Buchstaben werden unterstrichen	umdrehen V = vertatur

Le te d h t i Fe Fi	Mhrore Feller on einar Zeule werden durch verschiedene Zeichen gekennzeichnet	durch richtige Buchstaben ersetzen
‖ ft	In Ligatur zu setzende Buchstaben werden durchgestrichen und durch einen Bogen gekennzeichnet (z. B. Haft)	Ligatur setzen
‖ fk	Fälschlich gesetzte Ligatur wird durchgestrichen und auf dem Rand durch einen Strich getrennt (z. B. Auflage)	getrennte Buchstaben setzen
⊢ sind ⊢ tab	Falsch gesetzte Wörter ist durchzustreichen, bei teilweise falschen Wörtern nur die falschen Buchschwonden	durch richtige Wörter oder Buchstaben ersetzen
L ei	Fehlt ein Buchstabe, so ist der ihm vorangehende oder folgende Buchstabe durchzustrechen und mit dem fehlenden Buchstaben am Rande zu wiederholen	
L Wort	Ein fehlendes wird durch einen Strich an der betreffenden Stelle gekennzeichnet	Wort einsetzen
⊢ ₰ ⊢ ₰	Überflüssige Wörter oder oder Buchsstaben werden auf dem Rande durch das „deleatur-Zeichen“ gekennzeichnet	deleatur — herausnehmen
⊔⊓ 1 2 3 4 5 6 7	Umgestellte Bchustaben Wörter oder werden durch das Umstellungszeichen gekennzeichnet. Numeriert werden die Wörter bei größeren Umstellungen	umstellen
⊢ nusk	Unleserliche Buchstaben oder Wörter im Ma[redacted]ripts kennzeichnet der Setzer durch eine Blockade. Das richtige Wort oder die richtigen Buchstaben werden vom Verfasser eingesetzt	unleserliches Wort im Manuskript

	Zu sperrende Wörter sind zu unterstreichen und durch das Sperrungszeichen am Rand zu kennzeichnen	sperren
	Aufhebung der Sperrung wird durch das entsprechende Zeichen im Text und am Rand gekennzeichnet	Sperrung aufheben
	Fehlende Wortzwischenräume werden durch (⌊) gekennzeichnet	fehlender Wortzwischenraum
	Zu weite Wortzwischenräume werden durch (T) gekennzeichnet	Wortzwischenraum verkleinern
	Zusammen zuziehende Wörter sind durch zwei Bogen zu verbinden	Wortzwischenraum herausnehmen
#	Im Satz mitgedruckter Ausschluß, sogenannte „Spieße“, werden auf dem Rande durch (#) gekennzeichnet	Spieße (hochgekommener Ausschluß)
	Über und unter eine nicht Linie haltende Stelle in einer Zeile werden parallele Striche gezogen	Linie halten
	Fehlender Durchschuß wird mit einem durchgehende Strich und einem Pfeil am Ende angedeutet	mehr Durchschuß
	Zu großer Durchschuß wird mit einem durchgehenden Strich und einem Bogen am Ende angezeichnet	weniger Durchschuß
	Ein neuer Absatz wird durch (⌐) im Text und am Rande angezeichnet. Ein neuer ...	neuer Absatz

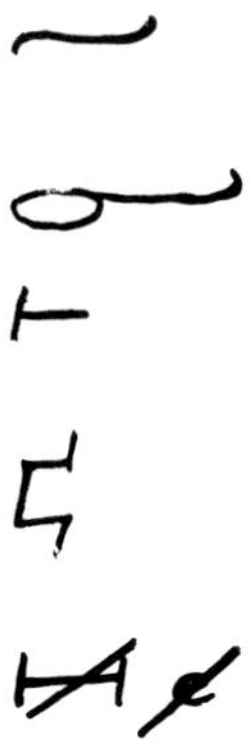

Anhängung eines Absatzes wird durch eine verbindende Linie gekennzeichnet. Anhängung eines Wortes wird durch Einfassung des Wortes und eine verbindende Linie zur vorhergehenden Zeile gekennzeichnet	Wort auf die vorhergehende Zeile nehmen
⊢ Falsche Einrückung wird durch das Zeichen (⊢) gekennzeichnet	falsche Einrückung
Nach rechts zu rückende Zeilen werden durch (⊏) angezeichnet	Zeile nach rechts rücken
Falsch ~~Korrigiertes~~ wird wieder rückgängig gemacht, indem man die Korrektur unterpunktiert und am Rande durchstreicht	

Einrichten der Bilder

Bestimmen der Bildgrößen

Fotos und Zeichnungen in schwarz-weiß und Farbe werden einer Reproanstalt übergeben, die vom Original eine Druckform anfertigt. Für den Buchdruck wird ein Klischee, für den Offsetdruck ein Fotolitho angefertigt.

Fotos und Zeichnungen kann man in Originalgröße übergeben, wobei dann später die fertige Druckform die gleiche Größe wie das Original hat. Druckvorlagen können aber auch beliebig verkleinert oder vergrößert werden.

Will man das Gesamtbild einer Vorlage als solches beibehalten, aber proportional, das heißt im Maßverhältnis der Seiten verkleinern, verbindet man mit Bleistift auf der Rückseite der Vorlage zwei der gegenüberliegenden Eckpunkte durch die Diagonale. Entsprechend der gewünschten Verkleinerung einer Maßseite wird die Länge von einem Eckpunkt aus gemessen eingetragen und die Senkrechte darauf gefällt. Damit ist vom Fußpunkt der Senkrechten bis zu deren Schnittpunkt mit der Diagonale gemessen die Zweitseite proportional zur Erstseite verkleinert.

Um auf dieselbe Art eine Vergrößerung der Vorlage zu bestimmen, wird diese auf einem Bogen Papier, möglichst in der linken unteren Ecke aufgeklebt. Man verlängert die Diagonale der Vorlage auf dem Papier, zeichnet das gewünschte Maß einer Seite ein und erhält aus dem Schnitt-

Proportionale Verkleinerung und Vergrößerung eines Formates mit dem Seitenverhältnis 3:4
1 Ausgangsformat
2 Verkleinerung 2:1 (linear)
3 Vergrößerung 1:1,5 (linear)

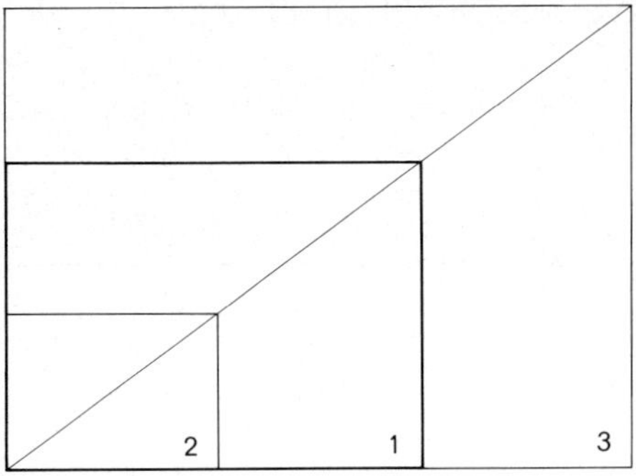

punkt von Diagonale und Senkrechte die Proportion der zweiten Seite. Die Ziffern für das endgültige Maß der Druckform werden auf der Vorlage beidseitig in Millimetern eingetragen.

Das propotionale Umrechnen von Bildgrößen mit der Rechenscheibe

Proportionale Verkleinerungen oder Vergrößerungen eines Formats können durch eine Verhältnisgleichung errechnet werden. Eine solche Verhältnisgleichung besteht aus drei bekannten und einer unbekannten Größe.

Beispiel:

$$20 : 16 = 10 : x \qquad x = \frac{16 \cdot 10}{20} \qquad x = 8$$

Das in diesem Beispiel zu verkleinernde Format hat eine Seitenlänge von 20 × 16 cm. Die Vorlage soll für die Druckform so verkleinert werden, daß die Längsseite 10 cm mißt. Die Rechnung ergibt, daß die Zweitseite proportional verkleinert = 8 cm mißt.
Vereinfacht wird das Rechnen mit Hilfe einer Rechenscheibe. Eine solche Rechenscheibe besteht aus zwei konzentrisch beweglichen Kreisen mit Maßeinteilung. Will man beispielsweise die Breitseite eines zu verkleinernden Fotos ausrechnen, stellt man auf der äußeren Skala der Rechenscheibe die Ziffer des Längsseitenmaßes über die Maßziffer der Breitseite auf der inneren Skala. Unter den Ziffern des erwünschten neuen Längsseitenmaßes auf der äußeren Skala ist der entsprechende Wert auf der inneren Skala für die Breitseite ablesbar.
Die Rechenscheibe weist nur Ziffernfolgen, also keine Zahlenwerte auf. Die Kommastellung wird nachträglich durch Überschlag ermittelt. Man kann in metrischen Ein-

Rechenscheibe, eingestellt auf 2:1

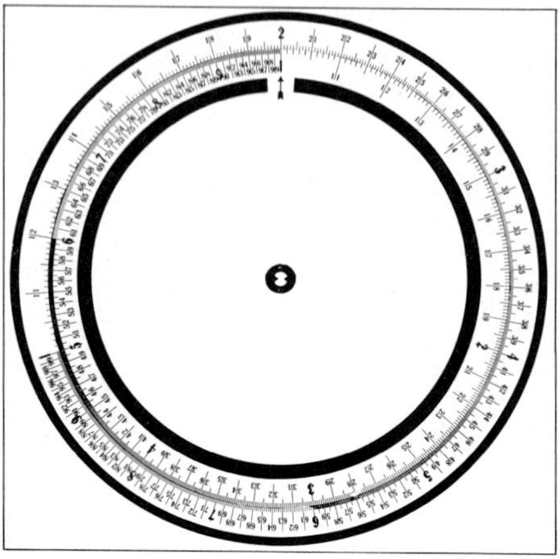

heiten wie Zentimetern und Millimetern, aber auch in typografischen Punkteinheiten rechnen. Innerhalb einer Rechnung müssen jedoch die gewählten Maßeinheiten beibehalten werden.
In gleicher Art kann das Format proportional vergrößert werden. Das Ergebnis jeder Rechnung vergleicht man mit der Layoutskizze. Entspricht das Format nicht dem Konzept des Satzspiegelschemas bezüglich der skizzierten Größe, kann auf umgekehrtem Weg das Original durch eine Verhältnisrechnung der geplanten Größe angepaßt und entsprechend „beschnitten“ werden, soweit es der Bildaufbau zuläßt.

Bildausschnitte

Bildausschnitte werden durch Abdecken der Ränder mit Papierstreifen oder durch Auflegen eines Passepartouts in Form einer Maske bestimmt.
Auf keinen Fall sollte man die überflüssigen Bildränder abschneiden. Nach Abschluß der Reproduktionsarbeit werden die Vorlagen, sofern es sich um fotografische Papierabzüge handelt, wieder archiviert. Schwarzweiß-Archivabzüge sind meist auf bestimmten Fotopapiergrößen, nämlich 13 × 18 cm oder 18 × 24 cm, Farbbilder 13 × 18 cm oder 20 × 27 cm hergestellt. Abweichungen von diesem standardisierten Format durch direkten Beschnitt würden für den Archivinhaber ein ständiges Anfertigen von Neuabzügen bedeuten. Um einen direkten Beschnitt zu umgehen und trotzdem eine genaue Vorstellung des Bildausschnittes zu erhalten, wird die Vorlage, wie bereits erwähnt, mit Papierstreifen abgedeckt.

Eckblenden aus weißem Karton für das Festlegen der Bildausschnitte

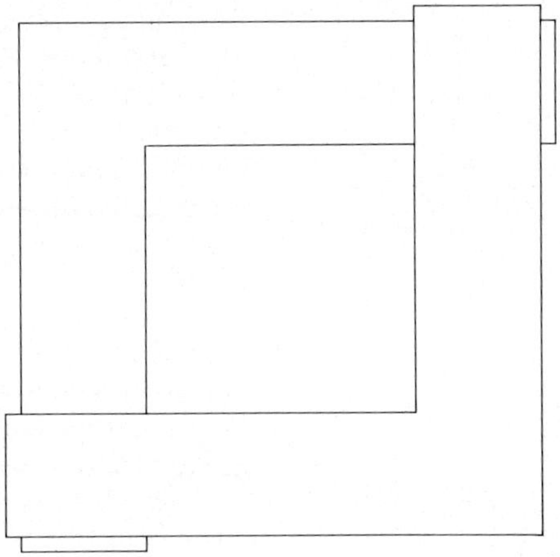

Dafür sind zwei in rechtem Winkel aus festem Papier geschnittene Eckblenden sehr praktisch. Das Foto wird mit einigen Bögen weichem Papier oder einer Pappe unterlegt und durch wahlweise Verschieben beider Eckblenden der gewünschte Ausschnitt festgelegt. Mit einem nicht zu spitzen Bleistift drückt man die vier Eckpunkte leicht ein, so daß auf der Rückseite, durch die weiche Unterlage bedingt, an der Druckstelle eine kleine Erhabenheit des Papiers entsteht. Nachdem man sich nochmals davon überzeugt hat, daß das entstandene Format 90°-Winkel aufweist, werden die gekennzeichneten Eckpunkte auf der Rückseite durch dünne Bleistiftlinien verbunden. Die Druckstellen des Bleistifts können mit dem Daumennagel wieder zurückgebügelt werden. Hält man das Foto gegen das Licht, kann man von der Rückseite gesehen, die neue Formatbegrenzung nachkontrollieren. Die erwünschten Maße der endgültigen Druckvorlage trägt man beidseitig ein.

Bei ganzseitigen Bildern mit „abfallendem Rand" müssen bei dem Bestimmen der Formatgröße den Maßen der Druckvorlage 3 mm Beschnitt zugerechnet werden, das heißt, das Bild muß auf jeder Seite (ausgenommen der Bildkante, die gegen den Bund zu stehen kommt) 3 mm größer kalkuliert werden. Diese Zugabe nennt man in der Fachsprache „überfüttern". Bilder mit abfallendem Rand füllen die Seite eines Buches, einer Zeitschrift, eines Prospektes bis zum Rand aus. Bei Beschnitt der Drucksache durch den Buchbinder werden die Außenkanten der Druckseiten wieder um die 3 mm verkürzt.

Eine andere Methode der Ausschnittsbestimmung ist die Montage eines Passepartouts. Der Ausschnitt wird durch eine Blende, die die unerwünschten Bildränder verdeckt, bestimmt. Diese Blende schneidet man mit einem Schablonenmesser aus dünnem Papier aus. Das Format des ausgeschnittenen Feldes entspricht dabei proportional dem Seitenverhältnis der endgültig erwünschten Klischeegröße.
Das Passepartout wird über die Vorlage gelegt und im richtigen Stand mit Klebeband befestigt. Auf dieselbe Art wie die geschnittene Blende kann auch ein Transparentpapier als Überleger angeheftet und der gewünschte Ausschnitt aufgezeichnet werden. Teile des Bildes, die ausgefleckt oder durch Spritzretusche abgedeckt werden sollen, umrandet man mit Bleistift auf dem Überleger und schreibt die erwünschte Korrektur dazu (→ Seite 343). Farbdiapositive werden, sofern es sich um großformatige Vorlagen (6 × 9 cm, 9 × 12 cm, 4 × 5 inch, 8 × 10 inch und 13 × 18 cm) handelt, in ihrer Schutzhülle belassen und mit einem passenden Transparentpapier überdeckt, das man mit Selbstklebeband anheftet. Darauf zeichnet man den gewünschten Ausschnitt und zieht die Umrißlinien einiger markanter Bildteile nach. So verhindert man, daß die Ausschnittblende bei der Reprografie irrtümlich verschoben wird. Die gewünschten äußeren Bildmaße trägt man am Rand ein.
Kleinere Farbdiapositive (6 × 6 cm, 4,5 × 6 cm, Kleinbilddias etc.) bringt man in den Bildträger eines fotografischen Vergrößerungsgerätes oder Diaprojektors und projiziert das Bild größenrichtig auf einen Papierbogen, auf dem man auch den Ausschnitt bestimmt und einige Umrißlinien im projizierten Bild markiert.

Beschnitt einer Drucksache am gefalzten Bogen. Der Beschnitt wird an drei Seiten vorgenommen, um die Falze zu öffnen, er beträgt 2—3 mm.

Eine Anordnungsskizze sämtlicher Überschriften, Textspalten und Bilder einer Drucksache bezeichnet man als „Layout". Die Formatbegrenzungen der vorgesehenen Bilder zeichnet man auf der Layoutskizze ein und setzt eine Nummer dazu. Dieselbe Nummer wird auf der Rückseite der zugehörigen Bildvorlage, dem Foto oder der Zeichnung wiederholt. Eventuell skizziert man das Foto oder die Zeichnung mit einigen Bleistiftstrichen auf dem Layout. Durch eine gut vorbereitete Layoutskizze wird das Zusammentragen der Texte und Bilder im folgenden Papierumbruch wesentlich erleichtert. Die Bildgrößen werden meist durch die Satzspiegelbreite bestimmt oder sie stehen in einem bestimmten Seitenverhältnis dazu. Aus dem Satzspiegel- und Bildschema ergeben sich bestimmte konstante Maße, nach denen sich zumindest eine Seite des Bildes, das diesen Platz ausfüllt, richtet (→ Seite 131). Die Proportion von Schwarzweißfotos kann man sehr einfach in einem Fotokopiergerät verändern. Stufenlos verkleinernde und vergrößernde Geräte reduzieren die Proportionen, ausgehend von 100 % bis 70 %, manche Geräte noch kleiner bis 64 % und vergrößern eine Vorlage stufenlos auf 141 % und darüber bis 156 %. Die entstandenen Kopien, allerdings von mangelhafter Qualität, schneidet man zurecht und klebt sie in das Layout ein. In gleicher Weise kann man mit Grafiken und Schriften verfahren.
Farbbilder werden in Laser-Farbkopiergeräten vergrößert und verkleinert. Die Farbkopien zeigen eine gute Bildqualität. Im gleichen Verfahren erhält man auch Layoutfotos von Kleinbilddias in jeder beliebigen Größe bis maximal DIN A3. Für Laserfarbkopien gibt es speziell eingerichtete Servicestellen (→ Seite 190).

Anmerkungen auf der Vorlage für die Reprografie

1. Die endgültigen Bildmaße sind auf der Vorlage einzutragen. Die Ziffer wird mit der zugehörigen Maßeinheit cm oder mm ergänzt.
2. Auch die gewünschte Rastergröße muß man vermerken (z. B. 54er Raster, 60er Raster oder ähnlich).
3. Wird ein Klischee oder eine Fotolithografie freistehend oder freistehend mit Verlauf des Schattens gewünscht, muß dies auch notiert werden.
4. Die Schwarzweißfotos sollen möglichst in einheitlichen Formaten, z. B. 13 × 18 cm oder 18 × 24 cm auf weißem glänzendem Papier geliefert werden. Bei erwünschten Spritzretuschen im Hintergrund Fleisch am Foto, das heißt weißen Papierrand stehen lassen! Ist kein solcher Papier-

rand mehr vorhanden, muß der Retuscheur einen Überleger machen, das heißt, den Tonübergang auf eine durchsichtige Folie spritzen, die über die Vorlage gelegt, das Bild gleichsam als Maske bedeckt. Dadurch wird aber die Retuschearbeit erschwert und verteuert.
Gelingt es, alle Farbvorlagen — im speziellen alle Farbdiapositive — im gleichen Vergrößerungsverhältnis festzulegen, so führt dies zu einer erheblichen Kostenminderung in der Reprografie. Der Reprograf spricht dann von einem „Tableau". Bei einem großen Auftrag wird man Kosten sparen, indem man die Vorlagen in verschiedene Gruppen gleicher Vergrößerungsproportionen ordnet.

Konstruktion des Goldenen Schnittes

Als „Goldenen Schnitt" bezeichnet man die Teilung einer Strecke in zwei Abschnitte, deren Größenverhältnis zueinander harmonisch ist.

Konstruktion:
Eine gegebene Strecke AB ist im Goldenen Schnitt zu teilen. Man errichtet im Punkt B eine Senkrechte mit der halben Länge der Strecke AB. Es entsteht der Punkt C, der wiederum mit dem Punkt A zu einem Dreieck verbunden wird.
Mit dem Zirkel trägt man die Distanz CB im Bogen von C aus auf die Strecke AC ab. Den entstandenen Schnittpunkt bezeichnen wir mit D. Der Zirkel wird im A eingesetzt und die Distanz AD im Bogen auf die Strecke AB übertragen. Im Schnittpunkt E ist die Strecke AB im Goldenen Schnitt geteilt. Die kleinere Teilstrecke bezeichnet man als minor, die größere als major. Minor verhält sich zu major wie major zum Ganzen oder EB : AE = AE : AB. Der Goldene Schnitt entspricht einem Teilungsverhältnis von 1 : 1,618.

Konstruktion des Goldenen Schnittes
EB:AE = 1:1,618

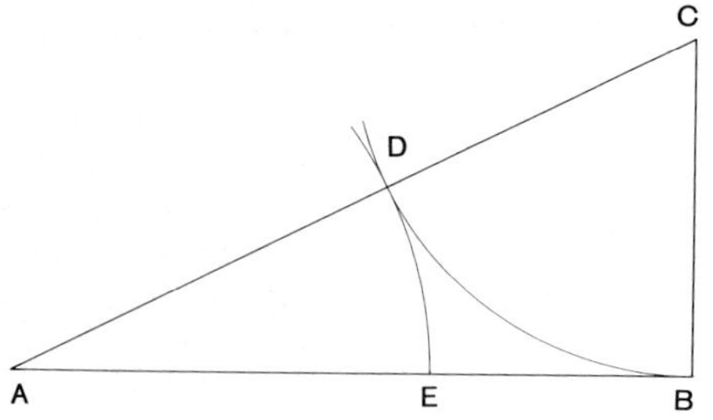

Satzarbeit im Personal-Computer

Elektronische Datenverarbeitungssysteme, bestehend aus dem Personal-Computer und den dazu notwendigen Peripheriegeräten, sind nicht nur in Druckereien installiert, sie haben erfolgreich in Werbeateliers oder grafischen Büros Einzug gehalten. Alle wichtigen Bestandteile der Druckverarbeitung entstehen somit an einem Ort, in einem Gerät. Die üblichen Wartezeiten von einem Herstellungsschritt zum nächsten entfallen.

Ein EDV-System für die Satzherstellung besteht aus der Hardware, den Geräten und der Software, den Programmen.

Hardware

Die Hardware gliedert sich in drei Komponentengruppen:

1. Eingabegerät (Tastatur, Maus, Lichtgriffel, Digitizer, Scanner, Lesegeräte)
2. Zentraleinheit (Mikroprozessor, verschiedene interne Speicher, externe Speicher, Verbindungsleitungen der einzelnen Bauelemente)
3. Ausgabegeräte (Bildschirm, Plotter, Drucker und Laserdrucker sowie Laserbelichter)

1. Eingabegeräte

Tastatur

Diese stimmt weitgehend mit der Schreibmaschine überein. Zusätzliche Tasten stehen für Anzeigen der Bildschirmposition. Der „Cursor“ erscheint als blinkendes Rechteck, senkrecht oder waagrecht am Bildschirm.

Hardware Komponentengruppe:
Bildschirm, Tastatur und externer Speicher

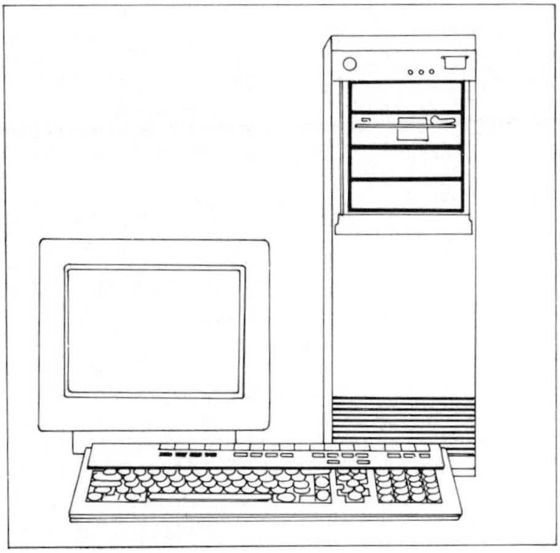

Maus
Gesondertes Kästchen mit 2 bis 3 Tasten, über ein Kabel mit dem Hauptgerät verbunden. An der Unterseite befindet sich eine Rollkugel. Die von Hand erzeugte Bewegung der Maus auf der Tischplatte wird durch einen kleinen Pfeil am Bildschirm angezeigt. Durch Ansteuern einer gewissen Position (z. B. Wahl der Schriftart) kann die gewünschte Funktion durch Tastenklick ausgelöst werden.

Lichtgriffel
Dieser arbeitet ähnlich der Maus. Die gewünschte Funktion wird jedoch am Bildschirm direkt angewählt.

Digitizer
Grafische Informationen werden über ein Digitalisierungsbrett für den Computer verständlich gemacht. Eckpunkte einer Zeichnung klickt die Maus an. Die Verbindungslinien stellt der Computer her.

Scanner
Bildinformationen werden als Graustufen erkannt, digitalisiert und vom Computer in entsprechend große oder kleine Rasterpunkte umgeleitet.

Lesegerät
Das Gerät erkennt beim Abtasten die Buchstaben beispielsweise eines Schreibmaschinenmanuskriptes. Das neuerliche Erfassen der Texte kann eingespart werden.

2. Zentraleinheit

Mikroprozessor
Dieser besteht aus vielen Kleinstbausteinen, den Chips, die wiederum aus einem Netzwerk von einzelnen Logikschaltungen bestehen. Diese sind aus mehreren Transistoren zusammengesetzt. Ein Transistor kann die binären Zustände leitend (logisch ja) oder nicht leitend (logisch nein) annehmen. Durch die Verknüpfung mehrerer Transistoren werden logische Aussagen erzielt. Beispielsweise könnte ein Befehl aus logischen Aussagen bewirken, den Bildinhalt in den Drucker zu übertragen und dort auszugeben.

Interne Speicher
Hier werden die Bearbeitungsergebnisse während der Verarbeitung gespeichert. Bei Stromabschaltung würden sie allerdings verloren sein. Deshalb ladet man die Informationen in spezielle Laufwerke externer Speicher.

Externe Speicher
(Disketten, Magnetbänder und Festplatten) Aus Gründen rascher Zugriffszeit und großer Speicherkapazität sind Festplatten ein beliebtes Speichermedium.

3. Ausgabegeräte

Bildschirme
Es gibt Bildschirme mit monochromem, aber auch mehrfarbigem Bild, in kleinem sowie großflächigem Format. In der grafischen Branche sind großflächige Bildschirme mit hoher Auflösung im Gebrauch.

Plotter
Dieses Gerät dient für großformatige Ausgaben bis DIN A 0. Ein beliebig gewählter schwarzer oder farbiger Tuschestift zeichnet in horizontaler Bewegung unter Mithilfe der Vorschubbewegung der Papierrolle jede vom Computer vorprogrammierte Grafik auf.

Drucker, Laserdrucker
Normale Matrix- oder Nadeldrucker sind nur als Notausgabe für das Korrekturlesen geeignet. Sie arbeiten äußerst langsam und ihre Auflösung ist ungenügend. In der Grafikoption werden ausschließlich Laserdrucker verwendet. Diese können mit einer Auflösung von 300 dpi Bild, Grafik und Schrift wiedergeben. 300 dpi (dots per inch = Pixel pro Zoll) bedeutet, daß der Scanner jedes Quadratzoll eines Bildes in 300 mal 300 kleine Flächen unterteilt.
Diese Bildschirmpunkte sind quadratisch, so daß es keine Reststücke zwischen den Pixeln gibt, wie bei einer Einteilung in Kreise.
Soll der Laserdrucker alle Schriftarten wiedergeben, dann muß das Gerät postskriptfähig sein (→ Seite 164).

Laserbelichter
Dieses Gerät ist mit einer Auflösung bis zu 2500 dpi das hochwertigste Ausgabegerät. Es kann seitenrichtig, seitenverkehrt, positiv oder negativ auf Fotopapier oder Film belichten. Dem Belichter, eine Infrarot-Laserdiode, ist ein PostScript-RIP (Raster-Image-Prozessor) vorgeschaltet. Die Laserdiode wird durch die Signale des RIP gesteuert. Auf dem RIP sind auch die verschiedenen Schriftarten gespeichert.

Software

Programme
Programme sind strukturierte Anweisungen an den Computer. Das wichtigste Programm ist das Betriebsprogramm,

es verbindet die unterschiedlichen Komponentengruppen. Typische Aufgaben sind das Speichern auf Disketten, Kopieren auf Dateien, Löschen von Speicherinhalten, Anlegen von Verzeichnissen für die Dateiverwaltung usw.

Programmbeispiel
Die reine Computersprache setzt sich aus nur zwei Funktionen, 0 = Strom aus und 1 = Strom fließt, in aneinandergereihter Folge zusammen (0101001110011 usw.). Um das Eingabeverfahren zu vereinfachen, haben Programmierer die Interpreter-Sprachen geschaffen. Solche Sprachen sind zum Beispiel Basic und PostScript. Der Ausgabebefehl in Basic heißt PRINT (Eintippen der Buchstabenfolge PRINT), eine Sprunganweisung heißt GOTO. Will man zum Beispiel einen Computer aufsteigend zählen lassen, sieht das Programm so aus:

1, 2, 3 ist die Zeilen-Numerierung.
Jede Zeile wird mit der Eingabetaste RETURN beendet,
A = A + 1
A = variabler Platzhalter für eine Zahl, die im Beispiel immer um 1 vermehrt wird.
PRINT A: Drucke die jeweilige Zahl A am Bildschirm aus.
GOTO 1: Springe zurück zur Zeile 1 und zähle 1 dazu und das mit jedem Durchlauf, solange nicht gestoppt wird.

```
1 A=A+1
2 PRINT A
3 GOTO 1
Ok
RUN
 1
 2
 3
 4
 5
 6
 7
 8
 9
 10
```

Läßt man dieses einfache Programm mit dem Befehl RUN laufen, dann sieht man am Bildschirm eine sehr schnell aufwärts zählende Ziffernfolge. Durch die Stop-Taste kann das Programm beendet werden.
Diese scheinbar einfachen Befehle wie PRINT, GOTO und RUN werden vom Basic-Interpreter einzeln in die Computersprache (0110001101 usw.) übersetzt. Für spezielle Anwendungen gibt es auch dafür geeignete Sprachen, zum Beispiel Cobol für kaufmännische Anwendungen.

PostScript

Ähnlich wie Basic ist auch die Seitenbeschreibungssprache PostScript eine Interpreter-Sprache mit der Betonung auf Grafik. In einer exakten Reihenfolge werden Linien, Bögen, Kreise und Punkte mit genauer Koordinatenposition beschrieben. Eine Buchstabenfigur, zum Beispiel das „B“ aus einer Antiquaschrift besteht aus Linien und Bögen. Ein

Bogen wird aus vielen Programmierzeilen, die Anweisungen für die genaue Position beinhalten, zusammengesetzt. Da Bögen sowohl bei Schriften und auch Grafiken vorkommen, werden solche Anweisungen als sogenannte Prozeduren zusammengefaßt. Dasselbe geschieht mit Punkten, Linien usw. Dadurch ist es möglich, Buchstaben mit mehreren Prozeduren zu beschreiben, welche dann in Form von Schrift auf einem Laserbelichter oder Laserdrucker ausgegeben werden können. Das gleiche Programm läßt auch Grafiken und gerasterte Flächen unter der Voraussetzung entstehen, daß die Ausgabegeräte postskriptfähig sind.

Desktop Publishing

Unter dem Begriff „Desktop Publishing" versteht man die Zusammenfassung von Text, Bild und Grafik in einem Dokument. Auf einem Laserbelichter wird ein fertiger Film ausgegeben, der nach der Entwicklung und Fixierung als fertige Kopiervorlage für den Offsetdruck oder nach Umkopierung als Filmvorlage für Buchdruck-Klischees (Nyloprint) dient.

Die Programme dazu müssen folgende Voraussetzungen erfüllen:

1. Textverarbeitungsprogramm: Dieses dient zur Texterfassung, welche später in das Layoutprogramm importiert wird.
2. Grafikprogramm: In diesem Programm entstehen die Grafiken. Vorgegebene Kreise und Rechtecke erleichtern den Arbeitsvorgang. Auch das Ergebnis dieser Arbeit muß in das Layoutprogramm einfließen können.
3. Scannerprogramm mit Zusatzsoftware: Dieses Programm läßt gerasterte Bilder und zugleich deren Bildkorrekturen entstehen. Sie müssen später in das Layoutprogramm importiert werden können.

Im Layoutprogramm wird 1. Text, 2. Grafik und 3. Bild zu einer einheitlichen Druckvorlage zusammengefügt. Dieser Vorgang wird anhand des Desktop-Programmes Ventura Publisher beschrieben (lauffähig auf PCs mit Industriestandard, z. B. IBM-kompatible Maschinen). Zweitwichtigstes Desktop-Programm ist der Aldus Page Maker (lauffähig auf Apple-Computer, es gibt auch IBM-kompatible Versionen). Gemeinsames Merkmal dieser Programme ist das Wysiwyg (What you see is what you get)-Programm. Große Schriftgrade werden nur verkleinert bis maximal 30 Punkt auf dem Bildschirm dargestellt und erst im Laserprinter in gewünschter Originalgröße bis 900 Pkt. ausgegeben.

Vorgehensweise:

1. Laden eines Textverarbeitungsprogrammes, zum Beispiel WORD STAR. Mit diesem Textprogramm werden Autoren-Texte endlos geschrieben. Für einen Absatz wird die Return-Taste (Enter- oder Zeilenendetaste) gedrückt. Das bewirkt, daß hier später mit dem Layoutprogramm geänderte Formatbedingungen eingegeben werden können. Zum Beispiel eine Zwischenüberschrift setzen, den Schriftgrad vergrößern oder halbfett bestimmen oder aber den Vorschub (Durchschuß) vergrößern. Unter „Format" versteht man in der Computer-Fachsprache nicht das Papierformat, sondern die Zuordnungspunkte.
   Der fertig gesetzte Text wird auf Festplatte oder Diskette gespeichert und ein Dateiname festgelegt (z. B. BUCH.TXT). An der Erweiterung des Dateinamens nach dem Punkt erkennt man die Textdatei.
2. Herstellen einer Grafik mit einem Grafikprogramm. Je nach Qualität und Fähigkeit eines solchen Programms kann man vorgegebene geometrische Figuren kombinieren, aber auch Freihandzeichnungen anlegen. Die meisten Grafikprogramme verfügen zusätzlich über Schriften, die in die Grafik integriert werden können. Auch diese Programmdatei erkennt das Layoutprogramm später an der Dateinamen-Endung (z. B. BUCH.PCX).
3. Gerasterte Bilder werden in einem Scanner mit der dazu gehörenden Software erzeugt. Man kann auch mit einem scann-fähigen Grafikprogramm arbeiten, wobei für Bilder die Rasterweite festgelegt oder die Option für eine Strichzeichnung bestimmt wird. Ein notwendiger Zusatz für die gute Bildqualität ist das Retuschier-Programm. Dieses enthält eine Gradationskurve, die mittels einfachem Mausklick in fast alle Hell-Dunkelstufen verändert werden kann. Darüber hinaus können Spezialeffekte ähnlich Runzelkorn, Solarisation (→ Seite 274) oder Umrißzeichnungen erzielt werden. Löschen oder Hinzufügen einzelner Rasterpunkte ergeben Korrekturen. Für diese Manipulation wird der jeweilige Bildausschnitt durch eine Zoom-Funktion vergrößert. Alle Funktionen sind aber nur für Schwarz-Weiß-Vorlagen anwendbar. Für die Erkennung durch das Layoutprogramm legt man wieder eine Dateinamen-Endung fest, zum Beispiel BUCH.TIF oder BUCH-IMG.
4. Erstellen einer kompletten Seite oder Seitenfolge (bis maximal 9999). In der Folge werden die zuvor beschriebenen Arbeitsprozesse 1., 2. und 3. zusammengefügt. Dazu ladet

man das Layoutprogramm, im beschriebenen Fall Ventura-Publisher. Zuerst wird ein Grundlayout erstellt. Man bestimmt das Seitenformat DIN A4 hoch oder quer oder ein Sonderformat und definiert die Ränder und Spalten. Nun wird das Grundlayout unter einem Dateinamen, am besten mit Bezug auf die gerade auszuführende Arbeit (z. B. BUCH.STY = engl. Style) abgespeichert.
Der nächste Schritt eröffnet eine Kapiteldatei. Dieser Arbeitsprozeß fügt Text-, Bild- und Grafikdateien zusammen. Dabei werden sämtliche Formate, worunter man wieder die Zuordnungspunkte wie Schriftgrad, Schriftart, Linien usw. versteht, eingespeichert. Als Dateinamen wird man auch hier einen Namen wählen, der mit der Arbeit zusammenhängt (z. B. BUCH.CHP = engl. Chapter). Danach wird jede einzelne Seite abgespeichert.

Bildschirmbeispiel im Ventura Publisher:
Auswählbare Menüpunkte

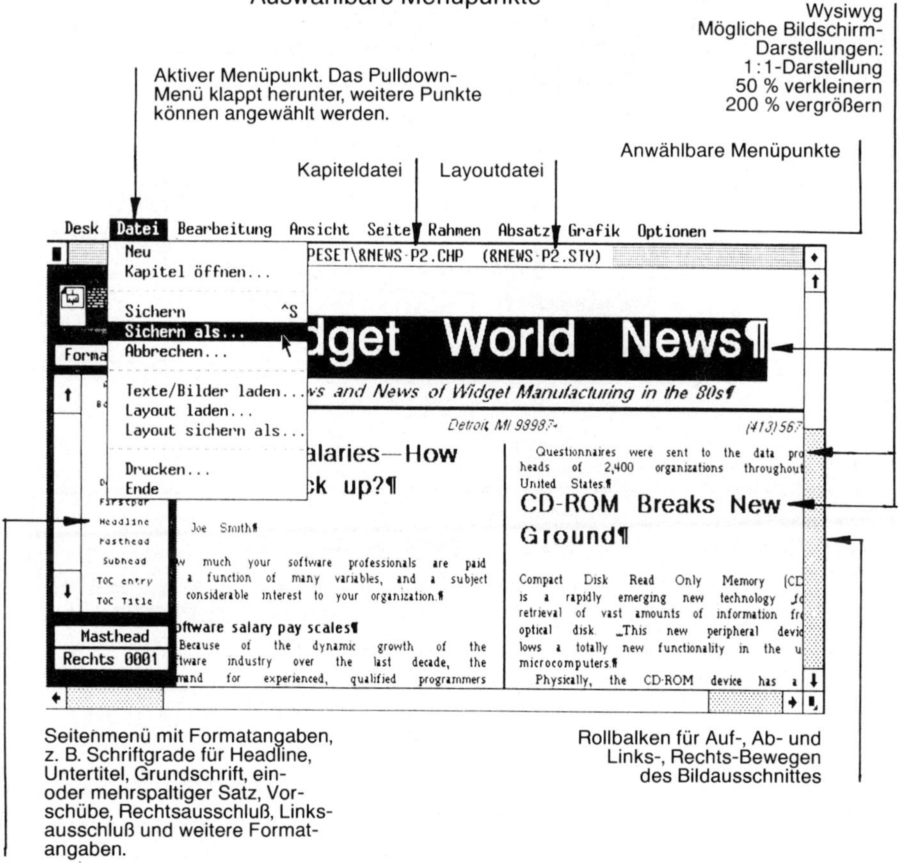

Will man jetzt eine fertige Seite nach dem bereits festgelegten Layout produzieren, muß zuerst der Menüpunkt „Datei" angewählt werden. Das Pulldown-Menü klappt herunter, die Untermenüs, z. B. „Texte/Bilder laden", erscheinen in Form eines Fensters als neuer Auswahlkatalog am Bildschirm. Dieser gibt darüber Auskunft, in welcher Form der Text erstellt und an welcher Stelle der Computer-Festplatte sich der Text befindet. In unserem Beispiel ist das Textformat Wordstar. Dieser Zuordnungspunkt wird wiederum angewählt. Ein Mausklick löst das OK aus oder der Text wird durch Betätigung der Return-Taste in das Layout-Programm Ventura Publisher geladen. Der Dateiname erscheint im Seitenmenü. In der gleichen Vorgangsweise werden auch Bild- und Grafikdateien geladen.

Seitenmenü
Hier erscheint der Name der Bilddatei. Ein Mausklick erzeugt das Bild am Schirm.

Auf diesem Seitenmenü können auch weitere Dateien stehen, die der Reihe nach geladen werden.

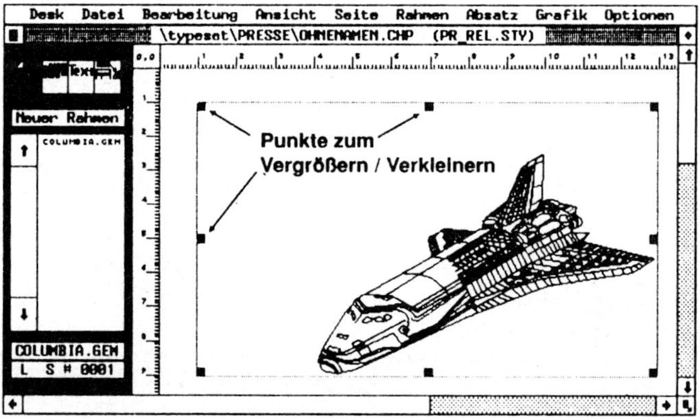

Auswahlkatalog in Form eines Fensters mit den Untermenüs

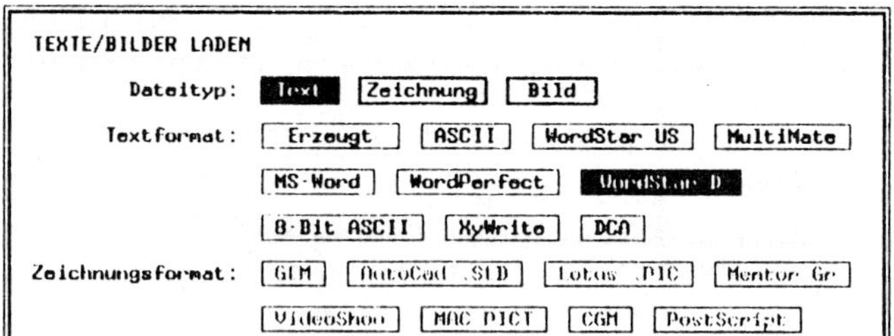

Nach dem Ladevorgang kann mit der eigentlichen Gestaltung begonnen werden. Zuerst wird der Text eingelesen, dann werden an den Stellen Rahmen eingefügt, wo Bilder und Grafiken plaziert werden sollen. Wenn die Rahmen aktiviert sind, kann man die Bilder und Grafiken in die Rahmen einlesen.
Wer die Funktion des Programmes genau kennt, kann nun in wenigen Minuten eine fertige Seite erstellen. Durch Anwählen der dazu vorgesehenen Menüpunkte mit der Maus können die Schriften größer oder kleiner gestaltet oder Text und Bilder umgruppiert werden. In wenigen Sekunden ist der Bildschirm neu aufgebaut und man kann das Ergebnis kontrollieren.
So wird Seite für Seite mit vollautomatischer Paginierung in einem Arbeitsgang umbrochen und gleichzeitig Inhaltsverzeichnisse, Fußnoten oder Kolumnentitel angelegt. Sollen nachträglich Textkorrekturen oder Illustrationen eingefügt werden, vermehrt sich automatisch die Seitenanzahl. Flächenunterlegung mit Raster in mehreren Graustufen, eckige oder gerundete Rahmen können in beliebiger Strichstärke erzeugt werden. Wenn die Seiten druckreif sind, werden sie abgespeichert und zum Ausdruck auf einem Laserdrucker oder Laserbelichter geschickt.

Grafik

Signet, Firmenzeichen

Eine interessante und zugleich schwierige Aufgabe ist der Entwurf eines Marken- oder Firmensignets. Die Erzeugnisse der Industrie werden durch das Signet zu einem Markenartikel erhoben.
Als sichtbares Kommunikationsmittel ist es nicht ausschließlich für die gedruckte Form auf Papier konzipiert. Man muß sich auch mit seiner Eignung für Metall- oder Kunststoffguß, eventuell auch eingebrannt oder eingeätzt und mit der Möglichkeit einer Verwendung als Leuchtschrift auseinandersetzen.
Die Marke soll einprägsam und klar sein. Diese Forderung wird erfüllt, wenn man weitgehend versucht, den Schriftzug oder die gezeichnete Darstellung einer einfachen geometrischen Form dem Kreis, dem Quadrat oder einem gleichseitigen Dreieck einzuschreiben. Das Signet soll Symbolcharakter haben, das heißt, der Betrachter muß seine Bedeutung auch ohne Schriftzug erkennen oder zumindest ahnen können. Das Symbolzeichen wird durch den Namenszug die „Logotype" unterstützt, der in das Ganze mit einbezogen, aber auch unabhängig davon un-

ter, über, oder auch neben dem Zeichen plaziert sein kann. Der Vorteil dieser Varianten zeigt sich, wenn die Artikelbezeichnung zusammen mit dem Firmennamen wechselnd zum Zeichen gesetzt erscheint. In diesem Fall kann das Größenverhältnis von Schrift zu Symbolzeichen oder auch umgekehrt beliebig verändert, oder aber in einem größerem Abstand getrennt erscheinen. Das Zeichen soll bei starker Verkleinerung noch gut erkennbar sein. Zu feine Linien dürfen nicht ausbrechen, oder zu kleine negative Flächen im Druck zuschmieren.

Gute Erkennbarkeit auch in der Unschärfe — so wie es in der Fotografie außerhalb des Schärfebereichs wiedergegeben wird — und die Erkennbarkeit bei teilweise abgedeckten Bildteilen sind weitere positive Kriterien bei der Beurteilung.

Das Zeichen zielt nicht auf eine zwingende Momentanwirkung ab, es soll Beständigkeit haben und somit zeitlos sein.

Eine unverkennbare Assoziation zum Produkt oder zu der Dienstleistung zeichnet das gut gestaltete Signet aus. Ein Verlagssignet wird andere Funktionen als eine Industriemarke erfüllen.

Beispiele für Signet-Formen
1 Aus dem Quadrat abgeleitete Formen
2 Aus dem gleichseitigen Dreieck abgeleitete Formen
3 Aus dem Kreis enstandene Formen
4 Kombinierte Formen
5 Linienformen
6 Monogramme (dp, OT, OL, WW, FT)

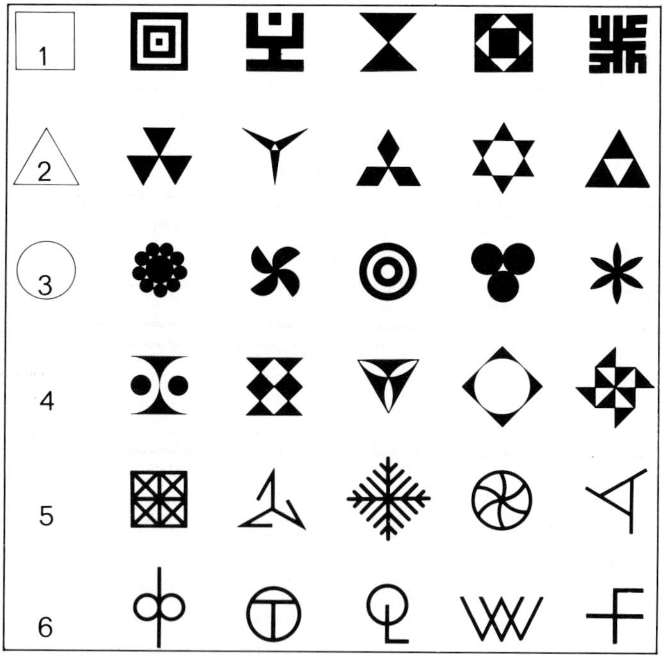

Beispiele aus der Praxis für Signets, Monogramme und Logotypen

1 Hofmann Schleuderbeton

2 Manager von Morgen (Internationaler Kongreß)

3 Beral Cap (Flaschendrehverschlüsse)

4 Elektrizitätswerke

5 Paperboard (Handel mit Papier und Pappe)

6 Papierfabrik Laakirchen

7 Industriewissenschaftliches Institut

8 Celpatrade (Zellstoffhandel)

9 HB-Plastic

10 LB-electronics

11 International Marketing and Management Services

12 Strakosch Zucker

13 Homogen (Spanplatten)

14 Neusiedler Aktiengesellschaft (Papierfabrik)

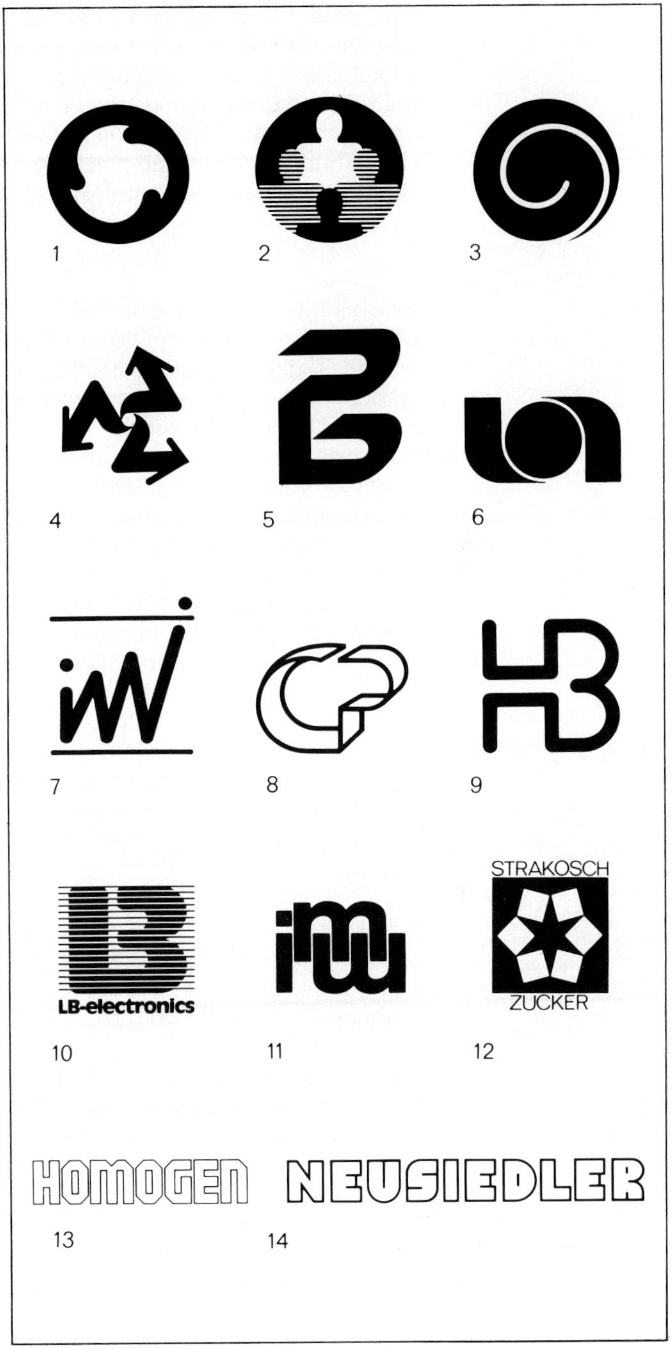

Ein gutes Firmenzeichen muß zumindest ein Jahrzehnt überdauern können, ohne das geringste an Aussagekraft einzubüßen. Solche Bedingungen werden nur in einem gründlichen Entwicklungsprozeß erfüllt, der durch die Forderung, nur das Wesentliche darzustellen, ein gutes Endresultat bringen sollte, an das man sich nicht erst „gewöhnen" muß, das vielmehr von Anfang an überzeugt.

Monogram, Logotype

Eine einfachere Form des Zeichens ist das Monogramm, bestehend aus einer Initiale, meist den Anfangsbuchstaben des Eigentümernamens oder eines Artikels, die in entsprechender Form zu einem wirksamen Zeichen zusammengesetzt werden können. Auch der ausgeschriebene Namenszug, die Logotype oder die Artikelmarke kann durch eine eigenwillige Schrift, die als solche unverkennbar als Gesamtbild erscheint, gelöst werden. Bei derartigen Schriftlösungen sollte die angewandte Schriftform keine direkte Parallele zu ähnlichen Zeichen oder üblichen Schrifttypen haben. Das gut geformte Zeichen ist ein Wertzeichen, es fördert den Verkaufserfolg einer Firma oder aller unter diesem Zeichen entstandenen Produkte.

Schallplattenhülle

Eine vielseitige und zugleich dankbare Aufgabe ist die Gestaltung einer Schallplattenhülle.
Die Möglichkeiten der Ausführung sind nahezu unbeschränkt.

Schallplatte Durchmesser	Format Hülle
17,5 cm	18,0 × 18,0 cm
30,0 cm	31,0 × 31,0 cm

Die Schallplatte wird zunächst durch eine Staubhülle aus Kunststoffolie oder Papier geschützt und als Ganzes von der eigentlichen Schallplattenhülle, einer Tasche aus widerstandfähigem Karton umschlossen. Ein geeigneter Karton wie zum Beispiel Chromokarton wird bedruckt und zu einer Tasche gefaltet und geklebt, manchmal auch seitlich genäht. Zum besseren Schutz kann man die Hülle noch drucklackieren oder cellophanieren. Es eignen sich auch dünnere Papiersorten, die bedruckt und auf einen geeigneten Karton kaschiert werden, oder der Buchbinder bezieht damit die fertige Kassette aus Pappe.

Vorderseite und Rückseite
einer Schallplattenhülle

CD-Platten in der Form einer verkleinerten Schallplattenhülle werden zusätzlich von einer transparenten Kunststoffkassette umschlossen.
Die Schallplattenhülle trägt auf der Vorderseite eine ein- oder mehrfarbige Illustration, den Titel des Werkes, den Namen des Komponisten, die musikalische Besetzung und eine Angabe der Schallplattenfirma oder deren Firmensignet in sinngemäßer typografischer Anordnung. Die Interpreten und die Folge der gespielten Stücke kann man zusammen mit einem kurzen Text über den Inhalt des Werkes auch auf die Rückseite nehmen. Bei Schlager-, Popmusik oder Jazzplatten wird der Interpret (die Band oder der Bandleader) ausgezeichnet. Die Titel der Stücke werden an zweiter Stelle angeführt. Auch eine rein typografische Lösung von Vorder- und Rückseite der Schallplattenhülle ist denkbar. Bei der formalen Aufteilung von Bild und Schrift gelten die Richtlinien wie bei der Gestaltung eines Plakates, eines Firmeninserates oder ähnlichem.
Der Chromokarton läßt sich auch gut prägen. So können Bildteile oder Schriften blind geprägt oder zusätzlich zum Druck geprägt werden.
Um das Auffinden in einer Schallplattensammlung zu erleichtern, ist es sinnvoll, den Titel nochmals auf dem Rücken in kleinem Schriftgrad zu wiederholen.

Verpackung

Die Warenverpackung umschließt und schützt das Produkt und dient darüber hinaus auch als eigener Werbeträger. Gegenüber den bisher gewohnten, flächigen Gestaltungsaufgaben hat man es bei der Packung mit einem Körper zu tun, der mit dieser Eigenart spezielle Forderungen zu erfüllen hat. Die Artikelbezeichnung und der Firmenname oder der Text müssen in der Position lesbar sein, in der die Packung im Verkaufsregal liegt oder steht. Oft ist es Voraussetzung, daß die Packung den Artikel mit kleinstmöglichem Raumverlust einschließt und so stapelbar ist, daß sich die verschiedenen Größenordnungen in Art eines Baukastens zu einer Ganzheit zusammenschließen und so in einer größeren Transportverpackung unterbringen lassen.

Dieses Stapelprinzip wird erreicht, wenn man die Größenordnungen der Packungen so bestimmt, daß immer zwei oder mehrere derselben, neben- oder auch übereinandergestellt in dieser Formation das Volumen der nächst größeren Verpackung genau ausfüllen. Zu der rein grafisch-gestalterischen Tätigkeit kommt eine plastisch-formale

Aufgabe, die in den verschiedenen Arten der Falt- und Steckschachteln, der gehefteten oder geklappten Kartons, der Tuben- und Beutelverpackungen sowie der gepreßten Kunststoffhüllen ein interessantes Betätigungsfeld findet. Bei der Bearbeitung eines solchen speziellen Auftrages berücksichtigt man auch die Aroma- und Wasserdichte, Reißfestigkeit, Hitzebeständigkeit, Alkalifestigkeit der Druckfarbe, Lichtechtheit usw., um aus der Summe der Bedingungen die geeignete Form zu entwickeln.

Material und Druckausführung sollen stets so beschaffen sein, daß die Packung, auf das Doppelte der mutmaßlich einwirkenden Beanspruchung gerechnet, einen äußerlich unveränderten Zustand bewahrt. Für Schachteln ist das einseitig gestrichene Chromopapier oder der Chromokarton gut geeignet, der nach dem Druck durch Lackieren oder Cellophanieren noch gefestigt wird. Das Aufgabengebiet der Packung ist reichhaltig und vielseitig. Der Entwerfer muß sich mit der Materie eingehend auseinandersetzen und die äußere Gestalt der Packung durch zahlreiche Untersuchungen heranreifen lassen.

Für die Bearbeitung von Verpackungsaufträgen sollte man sich schon rechtzeitig ein geeignetes Materialarchiv anlegen, mit dessen Hilfe die geeignete Formlösung gefunden werden kann. Das Äußere der Packung muß so gestaltet sein, daß an Hand der Bildelemente auf den Inhalt zu schließen ist.
Eine Zigarettenpackung wird unbedingt einen anderen Charakter haben müssen, als beispielsweise die Hülle für einen kosmetischen Artikel. Beide können gleiche Größe und gleiche Form haben, müssen sich aber grundsätzlich durch ihre grafische Gestaltung unterscheiden. Die Möglichkeit der Nutzbarmachung der Typografie sollte man reichlich auswerten. Schon durch das rein typografische Bild kann das Wesentliche des Warencharakters getroffen werden. Auch einfache ornamentale Elemente bilden eine Vielfalt von gestalterischen Möglichkeiten, die im Wechsel von Farben unter Einbeziehung der Schrift zu guten Lösungen führen. In der Nährmittelindustrie bevorzugt man vielfach naturalistische Abbildungen der eingeschlossenen Ware auf der Verpackung. Bei trockenen Nahrungsmitteln ist oft ein Zellglasfenster angebracht, um schon von außen die originale Ware erkennen zu können. Es ist unrichtig anzunehmen, daß eine Packung nur dann wirksam ist, wenn die Abbildung aus einer Vielfalt von Schmuck-, Bild- und Schriftelementen zusammengesetzt

erscheint. Vielmehr wird der Kaufanreiz des Artikels durch einfache und überlegt gewählte Darstellung auf der Packung gegenüber den mit unübersichtlichem Beiwerk ausgestatteten Hüllen wesentlich gesteigert.

Kunststoff- und Aluminiumfolienverpackung, Dosenverpackung

Verderbliche Nahrungsmittel, z. B. Gemüse, Kompott und aufgeschnittene Wurst oder Käse werden in Kunststoff-Klarsichtpackungen oder in einem Aluminium-Kunststoff-Verbund, die mit Spezialfarben ausgezeichnet bedruckt werden können, luftdicht eingeschlossen. Mit dem Firmennamen und evtl. einer typografisch gegliederten Form einer kurzen Gebrauchs- oder Kochanleitung bedruckt, informiert diese Verpackung den Konsumenten in bester Weise über den Inhalt.

Anders verhält es sich bei Dosen, die entweder mit einer Banderole beklebt oder auch direkt mit Emailledruckfarben bedruckt werden können. Zur Lösung einer solchen Aufgabe gebraucht man die fotografischen Mittel zur bildhaften Darstellung des Inhalts. Zeichnerische Wiedergabe nach Naturvorbildern fallen unwirklich aus und geben eine verzerrte Vorstellung von dem Inhalt.

Wellpappe — Emballagen

Hochwertige Wellpappe Emballagen fertigt man aus der weißen Microwelle, die in größeren Auflagen im Offset-Druckverfahren direkt oder in einem gesonderten Arbeitsgang auf Papier gedruckt und durch Kaschierung zu einer Microwellpappe weiterverarbeitet wird. Gute Ergebnisse erzielt man auch mit Siebdruck für kleine und Flexodruck für mittlere bis große Auflagen. Der Flexodruck arbeitet vom Gummi- oder Kunststoffklischee mit wassergelösten matt auftrocknenden Farben.

Großemballagen aus grobgewellter brauner oder weiß marmorierter Wellpappe werden im Flexodruck ein- oder mehrfarbig bedruckt.

Durch die starke Wellung bedingt, zeigt die Wellpappe unterschiedliche Stärken, was oft zu Passerungenauigkeiten im Druck führt.

Deshalb sollte man den Entwurf so einrichten, daß Farbpassergenauigkeit nicht vorausgesetzt wird. Auch zu dünne Linien und feine Details sind zu vermeiden.

Genaue Paßformen für Wellpappe-Emballagen werden auf einer Flachstanze erzeugt, Großemballagen aus starker Wellpappe werden im „Slotter“ einer Stanzvorrichtung auf einer Rundwalze geschlitzt, gerillt und ausgestanzt.

Vorsatzpapiere und Einwickelpapiere im Streudruck

Vorsatzpapiere werden, wie schon der Name sagt, einem Buch vorgesetzt. Der Buchbinder klebt sie zwischen Einbanddeckel und der ersten Seite des Buchblocks ein. Diese Art der Buchausstattung ist aber heute kaum mehr im Gebrauch. Man findet sie nurmehr vereinzelt in Kinderbüchern mit illustrierten Motiven aus dem Inhalt oder in Reiseschilderungen als Landkarte.

Heute nutzt die Verpackungsindustrie den Vorteil eines im Streudruck gemusterten Einwickelpapiers oder eines in gleicher Art bedruckten Kartons. Es kommt häufig vor, daß man für einen Artikel, bei dem die zu verpackenden Mengen variieren, verschieden große Verpackungsformate benötigt.

Man bedruckt größere Papiere oder Kartonformate mit einem Streumuster. Firmensignet oder Lotoype, Wortbilder oder auf den Inhalt bezogene Zeichnungen in Rapport gesetzt, sind dafür gleich gut geeignet (→ Seite 193). Aus dem bedruckten Karton werden die Schachtelgrößen nach der Gebrauchsform ausgestanzt, mit Klammern geheftet oder geklebt. Die Artikelbezeichnung, den Firmennamen und andere Vermerke klebt man als bedrucktes Schild auf.

Etiketten, Banderolen und Aufkleber

In der Getränkeindustrie versieht man die Flaschen mit einer Aufschrift des Füllgutes. Der Inhalt wird verschiedenartig gekennzeichnet und zusammen mit dem Namen, der Herkunft oder dem Firmennamen in Form eines Aufklebers, dem „Etikett“, auf der Flasche angebracht.

Sekt-, Wermut- und Weinbrandflaschen sind neben dem Rumpfetikett, das bei allen Flaschen am Rumpf ange-

Etikett für die Kennzeichnung eines Lackverdünners

Entwürfe für ein Weinetikett

bracht wird, mit mehreren Zusatzetiketten versehen. Durch diese „Aufmachung“ erreicht man eine Wertsteigerung des Inhalts. Das Problem der geeigneten Etikettierung hängt jeweils von der Wirtschaftlichkeit der Etikettenherstellung und von der Möglichkeit ab, diese Etiketten mit den üblichen Etikettiermaschinen verarbeiten zu können. Solche Flaschenausstattungsanlagen sind auf bestimmte Arbeitsgänge, z. B. die Flaschenstaniolierung und Etikettierung eingerichtet.

Bierflasche mit Einbrandschrift.
Die Flaschen wurden 1958 mit der schweizerischen Verpackungsprämie ausgezeichnet.
(Salmenbräu, Rheinfelden AG, Schweiz)

Legt man ein bestimmtes Format oder eine Form des Etikettes fest, sollte man sich möglichst auf gegebene Größen vorhandener Stanzeisentypen einschränken. Diese stanzen die Umrisse der Etiketten aus den gestapelten Druckbögen aus. Einfache Figuren zieht man komplizierten vor, da sie eher dem Arbeitsvorgang der Etikettiermaschine entsprechen.
Das Etikettierformat soll nicht zu groß, vor allem nicht zu breit ausfallen. Bei richtiger Etikettierung ist die gesamte Beschriftung in direkter Aufsicht lesbar.
Eine wirtschaftliche Art der Kennzeichnung des Flascheninhalts ist das „Einbrandetikett", vor allem für Leihflaschen, auch Rücklaufflaschen genannt, geeignet. Das Etikett ist gegen Säure, Lauge, Verwitterung und mechanische Beanspruchung weitgehend widerstandsfähig und muß auch bei oftmaligem Rücklauf der Flaschen zur Füllung nicht erneuert werden. Sie wird auf die fertige Flasche im Siebdruckverfahren mit Glasemaille aufgetragen und eingebrannt.
Die Einbrandetikettierung kann so gestaltet werden, daß das Füllgut durch das Etikett sichtbar bleibt.

Sleeves

Sleeves sind Schrumpfetiketten, die auf der Innenseite eines transparenten Kunststoffschlauches angebracht sind. Die Kunststoffolie ist so präpariert, daß sie im Flexodruck oder Tiefdruck ein- oder mehrfarbig bedruckt werden kann. Ein Folienabschnitt in geeigneter Größe wird über die Flasche, das Schraubdeckelglas oder die Kunststoffemballage gestülpt und in einem Ofen bei etwa 70° C zum Schrumpfen gebracht. Das Etikett legt sich faltenfrei an. Dabei schrumpft es auch über die Flaschenverschlüsse und garantiert damit den Originalitätsverschluß der Ware.

Grafische Gestaltungstechnik

Ausführung grafischer Entwurfsarbeiten für den Druck

Die Herstellung grafischer Entwürfe für die Druckausführung setzt eine gewissenhafte Arbeitsweise voraus. Eine einwandfreie Schwarzweiß- oder Farbvorlage mit genauen Maßangaben und vermerkten Sonderwünschen ist für das Gelingen der Reproduktion wichtig.
Ein Grundübel bei derartigen Entwürfen ist die Maßungenauigkeit, die erheblich verschlimmert wird, wenn der Entwurf keinem winkelgenauen Rechteck entspricht. Bei der Reproduktion kann dieser Fehler nur durch größeren Beschnitt behoben werden, der natürlich in den meisten Fällen eine unliebsame Veränderung der Vorlage herbeiführt. Da bei gekrümmten oder gewellten und durch Abblättern der Farbe verdorbenen Entwurfsarbeiten auch viele andere Mißerfolge durch ursachgemäßes Arbeiten entstehen, soll auf einige Einzelheiten, die bei der Ausführung von Entwurfsarbeiten zu beachten sind, näher eingegangen werden.

Vorbereitung der Materialien

Als Arbeitsunterlage ist für alle Entwurfsarbeiten ein handliches Reißbrett oder eine winkelgerade Sperrholzplatte geeignet. Für großformatige Arbeiten, z. B. für Plakate, bewährt sich ein großes Zeichenbrett, das man auf zwei Böcken erhöht. Die Platte kann in diesem Zustand als Arbeitstisch verwendet, aber auch beliebig abgenommen und auf eine Staffelei gestellt werden, beispielsweise um die Wirkung des Plakates während der Arbeit aus einiger Entfernung kontrollieren zu könnnen.
Für kleinere Entwürfe ist ein festes Zeichenpapier oder ein Zeichenkarton geeignet. In stärkerer Ausführung kommt der Zeichenkarton auch für den Plakatentwurf in Frage. Speziell dafür sind Plakatkartons in verschiedenen Farben im Handel erhältlich, die man mit einigen Reißbrettstiften auf der Unterlage befestigt. Diese Kartons haben den Vorteil, daß sie sich auch bei Bemalung mit Wasserfarben verhältnismäßig wenig wellen.

Aufziehen eines Zeichenkartons

Um auch bei der Feuchtbearbeitung von Papieren und Kartons, das heißt bei Verwendung von wassergelösten Tempera-, Plakat- und Aquarellfarben eine vollkommene glatte Vorlage zu erhalten, sollte man schon vor Beginn der Entwurfsarbeit die Wellung des Materials verhindern. Dies wird am besten durch „feucht aufspannen“ erreicht. Man schneidet das Format mit entsprechender Zugabe aus der Bahn oder verwendet einen Rohformatbogen der DIN-Größenordnung. Man messe nicht zu knapp und beachte vor allem die Laufrichtung des Papiers (→ Seite 355). Das Papier erfährt gegen die Faserlaufrichtung die größte Dehnung durch das Feuchten und die wiederum entsprechend stärkste Schrumpfung beim Trocknen. Deshalb darf es an dieser Seite nicht zu knapp bemessen werden.

Der passend geschnittene Zeichenkarton, der jedoch auf allen Seiten 1—2 cm größer sein sollte als das endgültige Format der Arbeit, wird mit einem Schwamm auf der Rückseite gleichmäßig gefeuchtet und rundum mit einem gut haftenden, reißfesten Feuchtklebestreifen befestigt. Auch sollte man bei größeren Formaten die Ränder mit einigen Reißbrettstiften verstärken, da durch oftmalige Befeuchtung bei Anwendung von Wasserfarben eine so starke Spannung des Bogens entsteht, daß der Klebestreifen platzt.
Wenn man das aufgespannte Blatt nach Beendigung der Arbeit wieder abtrennt, löst man erst vorsichtig den Klebstreifen. Direkte Schnitte in das gespannte Blatt können zu unliebsamen Einrissen führen.

Wie bereits erwähnt, müssen die im Handel erhältlichen Plakatkartons nicht aufgezogen werden. Jedoch entsteht auch bei diesen Kartons eine leichte Wellung des Materials, die sich bei Verwendung von feuchten Farben nie ganz vermeiden läßt. Um dem etwas vorzubeugen, ist es gut, derartige Kartons an den Rändern im Abstand von jeweils 10 cm mit eingedrückten Reißbreittstiften zu befestigen.

Anreißen der Formatgröße

Bei gewissenhaft aufgezogenen Zeichenkartons entsteht nach dem Trocknen eine glatt gespannte Fläche ohne Faltenbildung. Nun ist nicht mehr zu befürchten, daß während der Bearbeitung durch Dehnen oder Zusammenziehen des Papiers unliebsame Formatänderungen entstehen können. Mit einer angelegten Reißbrettschiene reißt man das Format an, wobei man die Führungsleiste der Schiene mit der linken Hand gut an die Außenkante des Brettes drückt, hierauf zur Mitte der Schiene nachfährt und wieder andrückt. So verhindert man, daß sich die Reißbrettschiene verkantet und ungenaue Formate entstehen. Die jeweils auf die horizontale, erstgezogene Linie im rechten Winkel zu fällende Zweitseite wird nicht durch Umlegen der Reißschiene, sondern mit Hilfe eines Zeichendreieckes gezogen. Diese Vorsichtsmaßnahme ist deshalb angebracht, weil bei Holzbrettern die Feuchtigkeitseinwirkung beim Papieraufziehen allzu oft zu Verschiebungen der Außenkanten zueinander führt.

Vorzeichnen auf Transparentpapier

Im folgenden Arbeitsgang wird die Skizze auf das Format übertragen. Man tut gut daran, den aufgespannten Bogen mit einem Transparentpapier zu überdecken, auf dem die Skizze vorgezeichnet wird. Man heftet dieses mit einigen Reißbreitstiften oder Selbstklebestreifen an. Die durchscheinenden Eckpunkte der Formatgröße werden in der Art von „Paßkreuzen" auf dem Transparentpapier nachgezogen. Dieser Transparentpapier-Überleger ist dann sinnvoll, wenn Einzelheiten der Zeichnung noch nicht „klar" sind und durch mehrmaliges Überdecken und Überzeichnen korrigiert werden müssen. Auch bei maßstäblichen Verkleinerungen oder Vergrößerungen einer Skizze auf das auszuführende Format sollte man sich diesen Transparentzwischenträger vor der endgültigen Zeichnung zunutze machen.

Das Übertragen einer Skizze

Die verschiedenen maßstäblichen Vergrößerungs- oder Verkleinerungsmethoden einer Zeichnung sind folgende:

1. Quadratnetzeinteilung:
Eine manuelle Methode des Übertragens einer Skizze ohne Zuhilfenahme eines speziellen Gerätes entsteht durch Quadratnetzeinteilung. Die Vorlage wird in einzelne Quadratfelder zerlegt, dies ermöglicht durch Auszählen der Felder eine leichte Orientierung.
Man überzieht den Transparentüberleger der Vorlage mit einem gleichmäßigen Netz dünner Bleistiftlinien.

Beispiel:
Durch Dreiteilung der Schmalseite und entsprechende Vierteilung der Breitseite eines DIN-Formates der A-Reihe, wird die Skizze in annähernd quadratische Felder eingeteilt. Dies wird auf dem maßstäblich zu vergrößernden Format wiederholt. Nun kann die Zeichnung übertragen werden. Sollten die Quadrate nicht genügend Orientierungsmöglichkeiten zulassen, überzieht man das Blatt mit einem engeren Liniennetz.

Quadratnetzeinteilung
Das Rastermodul wird proportional auf den Entwurfsbogen übertragen.

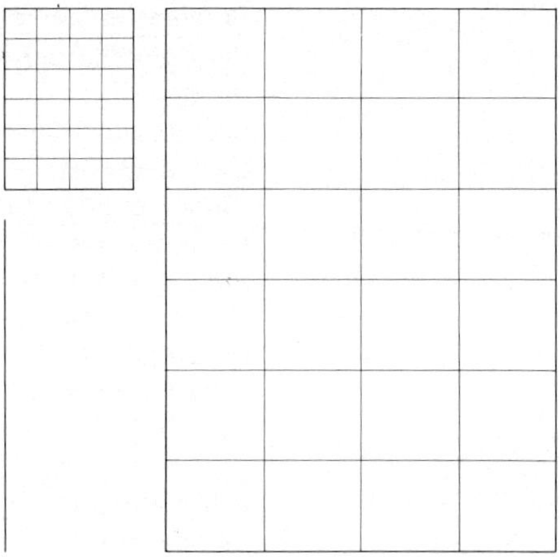

Pantograph (Storchschnabel)

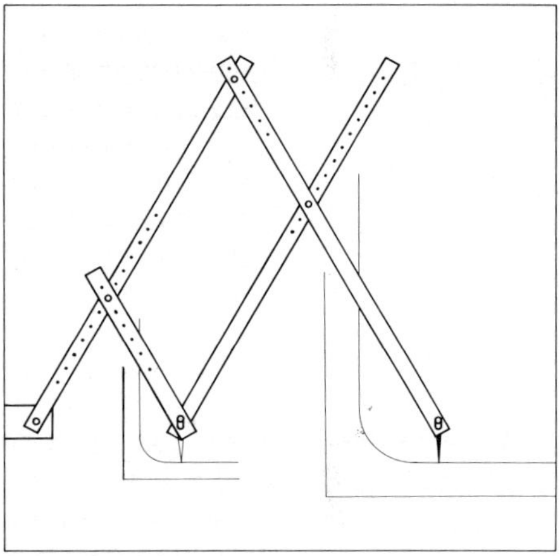

2. Das Vergrößern und Verkleinern mit dem Pantograph: Bequemer und auch genauer wird die Zeichnung mit einem Pantograph, oder auch Storchschnabel genannt, übertragen. Mit diesem Gerät kann man Zeichnungen bis ins 10fache maßstäblich vergrößern oder umgekehrt, verkleinern. Das Gerät besteht aus vier gegeneinander verstellbaren Schenkeln. Diese sind an verschiedenen Bohrungen beweglich zueinander verbunden. Durch eine angebrachte Maßeinteilung kann man den geeigneten Vergrößerungs- oder Verkleinerungsmaßstab ermitteln.
Der Pantograph wir in der linken unteren Ecke des Zeichenbrettes mit einer Tischklammer befestigt. Durch Nachfahren der gezeichneten Linien mit dem Stift auf der Skizze, der an einem der Schenkel angebracht ist, wird die

Bewegung auf den zweiten Zeichenstift übertragen, der die Zeichnung proportional vergrößert oder verkleinert abbildet.

3. Das Projizieren mit dem Episkop:
Das Episkop ist ein Bildwerfer für Aufsichtsbilder. Undurchsichtige Vorlagen kann man horizontal oder auch vertikal direkt auf das zu vergrößernde Format projizieren, auf dem man es nachzeichnet oder direkt mit Pinsel und Farbe ausmalt. Diese Art der maßstäblichen Direktvergrößerung ist wohl die einfachste. Sie bedeutet eine gewaltige Zeitersparnis gegenüber der Quadratnetzvergrößerung.

Durchpausen

Nachdem die Zeichnung auf dem Transparentdeckblatt endgültig ist, wird sie auf den Zeichenbogen übertragen. Man reibt mit einem weichen Bleistift die Rückseite des Transparentpapiers gleichmäßig mit Graphit ein. Bei großen Flächen ist es einfacher, mit einem Messer oder auf einem Sandpapierreibebrettchen etwas Graphitstaub abzuschaben und diesen mit einem Wattebausch gleichmäßig zu verreiben. Praktischer ist die Anwendung von „Graphitpapier". Es besteht aus einem dünnen Papierträger mit einer Schicht Graphitpulver. Legt man dieses Graphitpapier zwischen das Transparentpapier und den Zeichenkarton und zieht die Zeichnung mit einem harten Bleistift oder einem Kugelschreiber nach, so wird diese auf den Untergrund übertragen.

Klebetechnik mit Farbpapier, Folie, Rasterpapier und Rasterfolie

Klebearbeit aus farbigen Druckpapieren

Für flächige Entwürfe mit konstruktiven Bildelementen ist die Farbpapierklebetechnik geeignet. Man besorgt sich farbig gestrichene Papiere, farbige Druckpapiere von der Offsetdruckerei oder im Handel erhältliche Farbpapiere (Pantone Naturfarbpapiere, Kunstdruckfarbpapiere, Pantone Farbverlaufspapiere).
Einige Druckfarbenhersteller haben für Grafiker und Werbegestalter Musterbücher ihrer Farbnuancen herausgebracht. Als komplette Sammlung aller Farbtöne, meist auf DIN A3-Bögen gedruckt, ist diese Unterlage für Entwurfsarbeiten sehr brauchbar. Man hat damit alle Möglichkeit, dem Auftraggeber einen sozusagen „gedruckten" Entwurf vorzulegen oder zumindest bei der Reinzeichnung die gewünschten Farbnummern anzugeben.
Als Klebemittel verwendet man Montagekleber, ein Kleber auf Lösungsmittelbasis (Rubber Cement, Fixogum). Die vorgezeichneten Flächenfiguren werden nach ihren Um-

rissen seitenverkehrt auf die Rückseite der Farbpapiere übertragen. Man schneidet die Formen mit geringer Zugabe von 3—5 mm mit einer Schere oder einem Schablonenmesser aus dem Farbbogen aus. Mit Montagekleber bestreicht man nun beide Teile, das heißt sowohl die angezeichnete Stelle auf der Entwurfsunterlage als auch die aufzuklebende Farbpapierfläche und läßt sie antrocknen. Sind nach ca. 2—3 Minuten keine glänzenden Kleberstellen mehr sichtbar, können die Flächen aufgeklebt werden. Die jeweils im Entwurf zusammenstoßenden Teile werden an der gezeichneten Stelle aufgelegt und leicht angedrückt. Die Farbkanten der Papiere überlappen sich dabei an den Berührungsstellen. Der Montagekleber wirkt als Kontaktkleber, er fixiert das Papier im Moment des Berührens beider mit Klebstoff behafteter Teile.
Beim Aufkleben größerer Flächen kann sich durch geringe Verschiebung oder ungleichmäßiges Auflegen leicht eine Quetschfalte bilden, die nicht mehr zu entfernen ist. Das läßt sich aber vermeiden, wenn vor dem Aufkleben ein Bogen Transparentpapier auf die angetrocknete Klebefläche der Entwurfsunterlage gelegt wird. Zieht man den Bogen ein Stück zurück, bleibt nur ein schmaler Streifen Klebefläche frei. Man legt das Farbpapier mit der Klebefläche darauf, paßt es an den durch das Transparentpapier sichtbaren Markierungen ein und heftet es an der schmalen Klebekante leicht an. Den Transparentbogen zieht man Stück für Stück zurück und drückt gleichzeitig die freiwerdenden Stellen an. Nur so ist ein faltenloses Kleben größerer Flächen möglich.
An den überlappten Randstellen der Farbpapiere werden die Kanten der Zeichnung mit einem Schablonenmesser

Kleben mit Montagekleber
Die aufzuklebende Fläche wird mit einem Bogen Transparentpapier unterlegt.

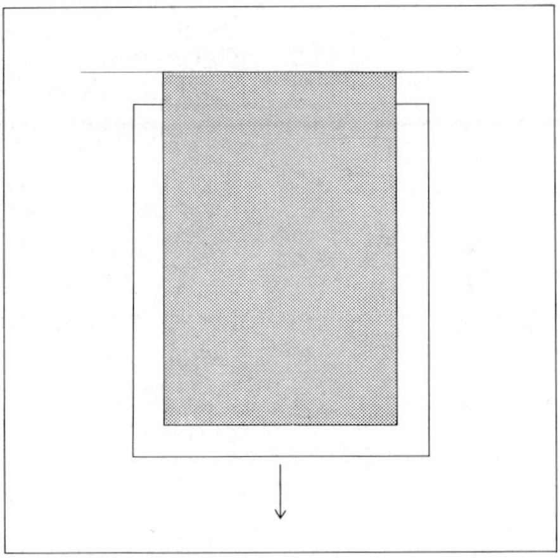

Passen der Schnittkanten
1 Überlappen der aufgeklebten Farbflächen
2 Schnitt mit dem Schablonenmesser,
3 Anreiben der geklebten Flächen

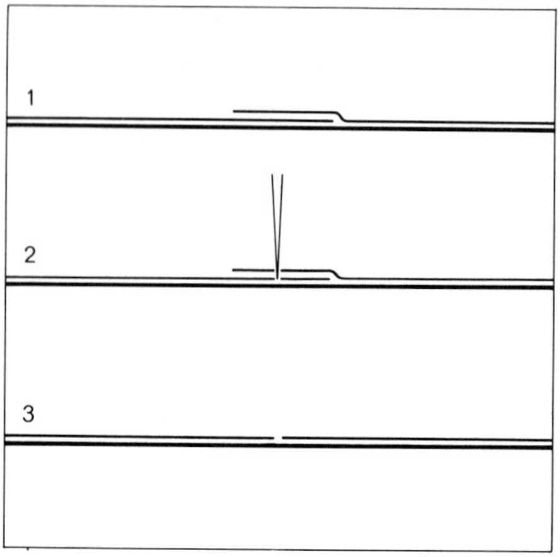

nachgeschnitten, ohne dabei das Unterlagspapier zu verletzen. Die schmalen übrigbleibenden Papierstreifen werden abgezogen und die Fläche nochmals gut angerieben. Die Farbpapierflächen passen wie eine „Intarsieneinlegearbeit" durch eine saubere glatte Schnittkante genau zusammen.
Zum Schneiden von Geraden eignet sich ein Lineal, für Kreisflächen ein Schneidezirkel, für Bogen ein Kurvenlineal. Falsch aufgeklebte Papierflächen können wieder abgezogen werden. Bei widerspenstigen Klebstellen hilft etwas Benzin, das man mit einem Pinsel zwischen beide Papiere träufelt. Derartige mit Montagekleber ausgeführte Entwürfe können aber nicht gerollt werden, es würden sich Blasen und Falten bilden.
Bei der Montagekleber-Verbindung verzieht sich in keiner Weise das Papier. Dafür ist es auch nicht notwendig, den Zeichenbogen zuvor aufzuspannen. Die angetrockneten Kleberreste kann man mit den Fingern oder einem trockenen Lappen mühelos abreiben.
Für großformatige Klebearbeiten verwendet man Sprühkleber, ein wasserfreier Montagekleber in der Sprühdose. Mit den gleichen Eigenschaften wie Montagekleber ist auch ein beidseitiger Klebefilm im Handel.

Selbstklebende Farbfolien und Rasterfolien

Für kleinere Entwurfsarbeiten sind selbstklebende, transparente und zum Teil auch deckende Farbfolien sowie aufgerasterte Farbfolien in Pantone-Farbtönen und metallische Farbfolien im Handel erhältlich. Die Selbstklebefolien sind durch eine besonders präparierte Gegenfolie geschützt. Um die Folie zu verarbeiten, entfernt man den

Schutzbogen, legt sie auf die Fläche, die man bekleben will, auf, streicht sie unter leichtem Druck mit dem Fingernagel fest und schneidet mit einem Schablonenmesser die gewünschte Fläche aus. Mit einem Falzbein wird die Folie nun endgültig angerieben. Den nicht verwendeten Teil der Folie legt man wieder auf den Schutzbogen und verhindert damit das Verschmutzen der Klebeschicht.

Es sind auch Anreiberaster (Instantex-Strukturraster) und Farbfolien (Dry-Color) zum Anreiben im Handel erhältlich. Die Rasterpunkte und Farbflächen haften durch Adhäsivwirkung, sie werden mit einem stumpfen, glatten Gegenstand oder einen speziellen Übertragungslöffel durch Anreiben von der Folie auf die Entwurfsarbeit übertragen.

Farbverlauf

Interessante Wirkung erzielt man mit einem flächigen Farbverlauf. Gestaltet man mit dieser Absicht beispielsweise ein Inserat, das einen flächigen Schwarzweiß- oder Farbverlauf zeigt, so kann man negative Schriften in der dunklen Farbfläche anbringen und positive Schriften über den hellen Ton setzen.
Einen Farbverlauf erzeugt man mit der Farbsprühdose — speziell für den grafischen Bedarf im Handel erhältlich — oder mit dem Luftpinsel (→ Seite 343).
Es sind auch Verlaufraster auf Papier, Selbstklebefolie und als Anreibebogen schwarzweiß und in Pantone-Farbtönen im Handel. Vielfältige Effektraster mit Verlauf liefert auch das Typosatzstudio.

Farbbestimmung mit dem Pantone Matching System

Das „Pantone Matching System" ist ein Farbkommunikationssystem. Aus 8 Regenbogenfarben als Grundlage sind 568 Mischungen untereinander, deren Aufhellung mit Weiß und Vergrauung mit Schwarz enthalten.. Alle Farbtöne sind numeriert. Sie ermöglichen die Farbauswahl, Farbfestlegung und Farbkontrolle. Die Farbwirkung wird im Druck sowohl auf Naturpapier als auch auf Kunstdruckpapier demonstriert. Der Fächer zeigt auch Bronze- Farbtöne, die Normfarben aus dem Vierfarbprozeß und Leuchtfarbtöne.
Jede Farbnuance ist für den Drucker mit einer Legende versehen, aus der das Mischungsverhältnis der Druckfarben ersichtlich ist.
Die genaue Farbdefinition, die das Pantone Matching System im Zusammenspiel von Entwurf und Druck ermöglicht, ist eine wertvolle Hilfe für den Grafik-Designer. Für die Entwurfsarbeit sind Pantone Natur- und Kunstdruck-

farbpapiere, Farbverlaufpapiere, selbstklebende transparente Farbfolien und Pantone Farb-Marker im Handel. Auch das Color-Key-Verfahren bedient sich der Farbdefinition im Pantone Matching System (→ Seite 333).

Flächige Entwurfsarbeiten mit Temperafarben

Bei Anwendung von Temperafarben oder Kaseintemperafarben für den Plakatentwurf ist verschiedenes zu beachten. Speziell für die Entwurfsausführung von Arbeiten mit großen Farbflächen sind die Farben gleichmäßig angemischt vorzubereiten. Man bemesse die Farbmenge nicht zu knapp. Farben, die während des Vermalens zur Neige gehen, sind schwierig nachzustellen. Sie sollen gut durchgemischt sein, um ein Schlierenbilden nicht aufgelöster Farbteilchen beim Aufstreichen zu vermeiden. Mit Deckweiß vermischte Farbtöne sind besser streichfähig als solche ohne Deckweiß. Sie ermöglichen einen gleichmäßigen Farbauftrag. Um linealgerade Flächenbegrenzungen zu erhalten, kann man zweierlei Methoden anwenden:

1. Bei großformatigen Arbeiten, z. B. einem Plakat, empfiehlt es sich, die Konturen mit Selbstklebeband bis zu der gezeichneten Begrenzungslinie abzudecken und diese gut anzureiben. Die Farbe kann nun ohne besondere Rücksichtnahme auf die Konturen mit breitem Pinsel flächig aufgetragen werden. Nach dem Antrocknen der Farbe zieht man das Klebeband wieder ab.
   Diese Methode ist nur auf gut geleimten Zeichenkarton anwendbar. Eine mindere Qualität wird vom Selbstklebeband aufgerissen, wenn man es wieder abzieht.
2. Bei gut streichfähigen Farbtönen, die man auch mit kleinem Pinsel gleichmäßig vermalen kann, werden die Flächenbegrenzungen mit der Reißfeder in der betreffenden Farbe vorgezogen und anschließend die Innenfläche ausgefüllt. Sollte die Temperafarbe nicht aus der Feder fließen, kann man sie mit etwas Wasser verdünnen.

Farbflächentrennung

Flächige farbige Entwurfsarbeiten, die zur Druckausführung gelangen, werden als gerasterter Vierfarbensatz oder was häufiger vorkommt, in mehrfarbiger Strichätzung ausgeführt. Für den Vierfarbsatz werden die Grundfarben durch entsprechende Farbtrennung im Scanner erzeugt (→ Seite 34). Dieselbe Methode bei Aufnahmen für die Strichätzung angewandt, bringt nicht in jedem Fall das gewünschte Resultat. Volle Farbflächen ohne Raster, sogenannte „echte“ Farbflächen, sind schwer zu trennen. Es setzt nun eine zusätzliche zeichnerische Tätigkeit von sei-

ten der Reproduktionsanstalt ein. Es sei dahingestellt, ob dieser „Eingriff“ auch immer zur vollsten Zufriedenheit des Grafikers ausfällt. Solche unliebsame Überraschungen kann man aber verhindern, wenn man zusätzlich zur farbigen Entwurfsarbeit entsprechende Teilzeichnungen der Reproduktionsanstalt vorlegt.
Man geht dabei folgendermaßen vor: Die farbige Entwurfsarbeit wird an passender Stelle, zum Beispiel über der Mitte der beiden Schmalseiten oben und unten mit einem Paßkreuz versehen, und mit einer Zellglasfolie bedeckt. Am besten eignet sich eine Folie mit mattierter Oberfläche (Direktbeschriftungsfilm Hostaphan K8 von „Kalle“). Auf diese Folie zeichnet oder malt man nun mit schwarzer gut haftender Folienfarbe („Negropak“-Abdeck- und Zeichenfarbe von Klimsch) zunächst die Konturen für die entsprechend anzufertigende Farbteilplatte durch und füllt anschließend die Flächen aus. Die Paßkreuze werden auf der Folie durchgezeichnet. Die Flächenteilzeichnungen können in diesem Fall ohne Reproduktion direkt kopiert werden. Für Entwürfe, die man im Siebdruckverfahren vervielfältigt, wird diese Methode häufig angewandt (→ Seite 64). Alle Farben werden in beschriebener Weise als schwarz gedeckte Fläche auf einen jeweils neuen Folienüberleger in gleicher Manier wie auf der Entwurfsarbeit übertragen. Linealgerade Konturen zieht man mit der Reißfeder an einem Lineal, Kreise mit einem Zirkel, Bögen und Kurven an einem Kurvenlineal nach. Entwurfsarbeiten in freier Manier, zum Beispiel Pinselzeichungen, werden, sofern es sich um flächige Entwurfsarbeiten handelt, die im Druck flächig erscheinen sollen, in gleicher Technik nachgeahmt. Die Teilzeichnungen behandelt der Reproduktionsfotograf wie Farbteilauszüge, sie werden nacheinander bei gleicher Einstellung aufgenommen und mit Nummern in der Reihenfolge für den Druck gekennzeichnet. Der Drucker beginnt mit der hellsten Farbe, zum Beispiel einem Gelb, druckt darauf die nächst dunklere Farbe, zum Beispiel Rot und endet mit dem Schwarz. Dabei deckt die jeweils dunklere Farbe die vorausgedruckte, und führt zu subtraktiven Farbmischungen. Der Zusammendruck von Gelb mit einem mittleren Blau bringt zum Beispiel ein Grün. Es kann mitunter vorkommen, daß sich im Zusammendruck der Teilplatten durch geringstes Verschieben oder Dehnen des Papieres Passerdifferenzen zeigen. Bei flächigen Entwurfsarbeiten mit linealgeraden Konturen fällt es unangenehm auf, wenn der weiße Papiergrund als schmale Linie an den Farbrändern „durchblitzt“. Dies läßt sich aber vermeiden, wenn man die Teilzeichnungen

schon entsprechend darauf abstimmt. Man nehme als Beispiel an, eine gelbe Kreisfläche stünde als solche in einem roten Feld, das diese gleichsam in geschlossener Fläche umrahmt. Es gibt nun die Möglichkeit, entweder die gelbe Kreisfläche gering größer zu zeichnen oder die negative Kreisfläche im roten Feld mit entsprechend kürzerem Durchmesser darzustellen. In beiden Fällen wird die dunklere Farbe die erstgedruckte hellere Farbe an den Rändern gering überdecken. Man nennt diesen Vorgang „überfüllen". Dadurch werden Passerdifferenzen im Zusammendruck vermieden. In jedem Fall darf diese Zugabe nie mehr als 0,3 mm im Druck ausmachen. Stärkerer Überfang würde ebenso wie ein weißer Rand als dunkler Streifen störend auffallen.

Ein sehr brauchbares Hilfsmittel für Tontrennungen von Strichzeichnungen ist das Color-Key-Verfahren (→ Seite 333). Von der Linienzeichnung, die man in Tusche ausgeführt hat, wird durch fotografische Reproduktion ein Film hergestellt, den man auf Color-Key-Folie orange oder schwarz umkopiert. Auf dieser Positivkopie deckt man nun die Flächen der entsprechend gewünschten Farbe bis zur Linie aus. Durch wechselndes Umkopieren erhält man passergenau die Farbtrennungsplatten. Das Miteinbeziehen der Strichstärke der Linienzeichnung, die nicht mehr als 0,3 mm betragen sollte, ergibt den gewünschten Überfang.

Farbflächentrennung übernimmt auch ein gut eingerichtetes Typosatzstudio oder eine Reproduktionsanstalt im Auftrag. Dazu ist es lediglich notwendig, die Umrisse der gewünschten Farbflächen auf Transparentpapierüberlegern einzuzeichnen, die Stellen zu schraffieren und den gewünschten Farbton dazu zu vermerken.

Digitales Farbkopieren

Für die Herstellung grafischer Entwurfsarbeiten sind die vielfältigen Erzeugnisse eines Laser Farbkopierers ein ideales Gestaltungsmittel. Es gibt Kopieranstalten, die für das Laser Farbkopieren eingerichtet sind und im Auftrag arbeiten.

Ähnlich dem Schwarz-Kopiergerät, der mit schwarzem Toner arbeitet, enthält der Farbkopierer auch die Farben Cyan, Magenta und Gelb. Das digitale Bildverarbeitungssystem ermöglicht originalgetreue klare und scharfe vollfarbige Kopien von Farboriginalen, das heißt Zeichnungen, Texten und Fotos mit einer Auflösung von 400 dpi und in 64 Halbtonstufen für jede Farbe.

Durch Zerlegung vollfarbiger Bilder in digitale Signale können vielfältige Ausgabeformen, das heißt verschiedenfarbige neue Originale entstehen. In jedem Fall erhält man ein farbiges Bild bis zur Größe DIN A3 auf 90 g Kopierpapier, das man in die Entwurfsarbeit einklebt oder formatfüllend direkt verwendet.

Beispiele aus der Funktionsvielfalt des Laser Farbkopierers:

1. Farbige Grafiken, Farbfotos oder mehrfarbig geklebte Layouts mit Schrift können stufenlos auf 50 % heruntergezoomt, also bis auf die Hälfte verkleinert oder stufenlos bis 400 % vergrößert werden — und das in 1 % Schritten. Bisher war dem Kopieren auch vom Papierformat her Grenzen gesetzt. Man konnte nur bis DIN A3 vergrößern. In Geräten der neuen Generation wird das Original in so viele Bereiche wie vom Vergrößerungsmaßstab her nötig, aufgeteilt. Die Bereiche werden dann getrennt auf einzelne Blätter kopiert, die man zusammensetzt.
2. Vergrößern von Kleinbild-Farbdiapositiven oder Kleinbild-Farbnegativen.
   Über einen speziell dafür eingerichteten Projektor wird ein Kleinbild-Farbdiapositiv oder ein Kleinbild-Farbnegativ positiv oder negativ in einem Zug bis DIN A3 vergrößert.
3. Gestaltetes Zoomen
   Ein Farbbild kann verzerrt wiedergegeben, das heißt kondensiert oder expandiert werden. Wie in einem Spiegelkabinett entstehen gestreckte oder verbreiterte Bilder. Durch Schiefstellen des Originals zu dem Vorlagenglas können Grafiken, Bilder oder Schriften schräg verzerrt werden.
4. Effekte mit Farbe
   In der Betriebsart „Farbkreation" werden Schriftteile einer Vorlage farbig umgewandelt, ganze Bereiche eingefärbt, farbig unterlegt oder einfarbige Vorlagen vollfarbig positiv oder negativ umgewandelt.
   Teilbereiche einer mehrfarbig angelegten Vorlage können umgefärbt werden, das heißt man sucht eine Ersatzfarbe aus.
   Dafür kann man eine der 7 Grundfarben der „Palette" des Laser Farbkopierers wählen oder aber ein spezielles Farbmuster mit den elektronischen Stift abtasten und auf die Editiereinheit des Gerätes einspeichern. Die gespeicherte Farbe erscheint dann an gewünschter Stelle auf der Kopie. Hat man als Original-Vorlage ein Schwarzweißfoto, so kann dieses in Teilbereichen mehrfarbig umgewandelt werden. Es entstehen mehrfarbig kolorierte Bilder, ähnlich

einer Solarisation (→ Seite 274) oder Isohelie (→ Seite 307).

5. Kolorieren
Ein Schwarzweißfoto kann in beliebiger Farbintensität mit einer der 3 Grundfarben Cyan, Magenta oder Gelb oder einer Mischung aus den Grundfarben umgefärbt werden.
6. Variationen mit Farbintensität
Neben originalgetreuer Wiedergabe eines Farbfotos sind auch Veränderungen einer Gesamtstimmung des Motivs kein Problem. Die Intensität der vier einzelnen Farben Cyan, Magenta, Gelb und Schwarz kann verändert werden.
7. Direktkopie von flachen Gegenständen
Halsketten, Krawatten, Tücher, Stoff- oder Teppichmuster werden originalgetreu oder in „Farbumwandlung" kopiert.
8. Schärfenregulierung
Die Schärfe im Laser Farbkopiergerät kann stufenlos geregelt werden, das heißt, man kann Details einer Vorlage, zum Beispiel einer Landkarte, scharfgezeichnet herausvergrößern oder aber Farbbilder mit Weichzeichner-Effekt erzeugen.
9. Kleinauflagen
Geklebte Layouts, bestehend aus Text, farbigen Grafiken und Farbbildern kann man in einer kleinen Auflage im Laser Farbkopiergerät vervielfältigen.

Schablonieren

Eine grafische Methode, vor allem für kleine Entwurfsarbeiten wie Vorsatzpapiere und gemusterte Flächen geeignet, ist die Schabloniertechnik. Die Flächen, die auf dem Entwurf in Farbe erscheinen sollen, werden aus einem mittelstarken Karton, z. B. Zeichenkarton, mit einem Schablonenmesser negativ ausgeschnitten. Es entsteht für jede Farbfläche eine spezielle Schablone, die man eventuell noch mit Schellack gegen die Feuchtigkeitseinwirkung der Temperafarbe imprägniert.
Für den Farbauftrag verwendet man spezielle „Schablonierpinsel", das sind stumpfe Borstenpinsel. Die Temperafarbe wird in der Konsistenz wie sie aus der Tube kommt verwendet. Gemischt werden die Farben mit einer Spachtel auf einer Glasplatte als Unterlage. Einen Teil der gemischten Farbe streicht man nun mit der Spachtel zu einer Fläche aus und stupft den Pinsel senkrecht auf. Die Schablone wird dann auf die gewünschte Stelle der Zeichnung gelegt und die Farbe mit dem Schablonierpinsel „aufgetupft", wobei man an den Konturen die stupfende Bewegung des Pinsels von außen nach innen zur Farbfläche führt und nicht umgekehrt, da sonst Farbe unter die Schablone dringt; dabei würde die Kontur verlaufen. Sollte die

Farbe während der Arbeit auf der Glasplatte zu rasch eintrocknen, kann man sie mit einem Tropfen Zuckerwasser länger geschmeidig halten.
Auch Künstlerölfarben sind zum Schablonieren geeignet. Die Farben werden unverdünnt aus der Tube verwendet. Will man den Trockenprozeß der Ölfarben etwas beschleunigen, mengt man einen Tropfen Trockenstoff (Sikkativ) bei.

Der Rapport

Symbole, Vignetten und kleine Zeichnungen kann man in gleichmäßigen Rhythmus, dem sogenannten „Rapport" zu einem Muster zusammensetzen. Ein Rapport entsteht, wenn man die Einzelbildelemente in gleichmäßigen Abständen neben- oder untereinander oder auch beidseitig diagonal auf die Entwurfsunterlage setzt, ohne daß Trennungslinien oder Begrenzungen sichtbar werden. Um das Gleichmaß eines Rapports zu kontrollieren, wird im Fall einer gezeichneten Vorlage eine Pause oder eine Fotokopie derselben in eine quadratische oder rechteckige Form eingeschrieben und kreuzförmig geteilt, so daß 4 gleiche Teile entstehen, die man diagonal (x-förmig) austauscht. Hat man zuvor die 4 äußeren Eckpunkte der Zeichnung mit Paßkreuzen gekennzeichnet, treffen diese nach dem Vertausch der Bildteile genau in der Mitte zu einem Punkt zusammen. Die Teile fixiert man mit Klebeband auf einer Unterlage, damit sie nicht verrutschen. Da, wo es notwendig erscheint, kann man nun verschiedene Linien ergänzen oder Fehler korrigieren. Wieder in die alte Lage gebracht, muß das nunmehr neben- und untereinandergestellte Bildelement, das man auf einer Unterlage mit

Rapport
1 Kreuzförmige Teilung der Vorlage
2 Teile x-förmig ausgetauscht

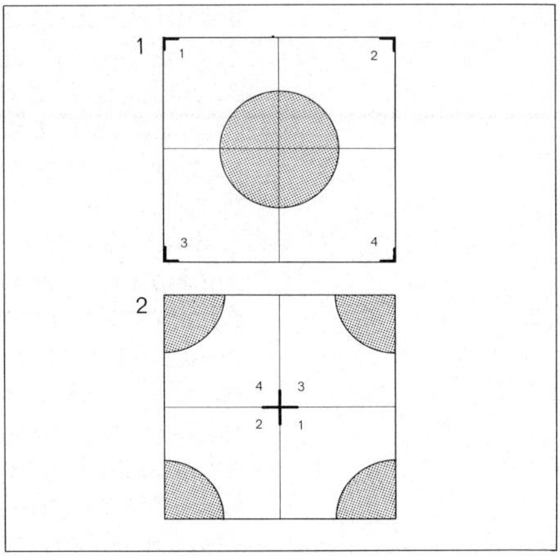

Rasternetzeinteilung Stück für Stück zusammengesetzt, einen gleichmäßigen Rapport bilden. Jedes Feld der Rasternetzeinteilung mißt die genaue Quadrat- oder Rechteckfläche, die das einzelne Bildelement einnimmt. Die vier eingezeichneten Paßkreuze treffen jeweils auf die Schnittpunkte der Rasternetzlinien.
Die Größe der quadratischen oder rechteckigen Fläche, auf die die Bildelemente verteilt werden, ist beim „Endlosdruck", also beim Druck von der Papierrolle, von der Walzenbreite und dem Walzenumfang der Spezialdruckmaschine abhängig. Diese beiden Maße müssen vorher bei der Druckerei erfragt werden. Beim Druck von der Rolle ist darauf zu achten, daß die einzelnen Bildelemente so neben- und übereinander stehen, daß sie mit der Abwicklung der Walze synchron laufen.

Verwendung von Tempera- und Kaseintemperafarben

Temperafarbtöne kann man in verschiedene Entwurfstechniken anwenden. Für die freie künstlerische Ausführung eines Entwurfs sind Tempera- sowie Kaseintemperafarben hervorragend geeignet.

1. Temperafarben können mehrmals, aber nicht beliebig oft übermalt werden. Bei oftmalig wiederholten Deckanstrichen setzt man der Farbe etwas Kunstharzdispersionsbinder oder Kaseinleim zu (→ Seite 376 f.).
Manchmal kommt es vor, daß eine zu überdeckende Farbe stark durchschlägt. Dies ist ein Zeichen, daß die Farbe „ausblutet". Dies passiert bei geschönten Temperafarben, das sind solche mit einem Farbstoffzusatz. Zur Abhilfe wäscht man die Farbe mit einem feuchten Schwamm ab oder setzt dem deckenden Anstrich etwas Kaseinlösung oder Acrylharzbinder zu; dies führt zu einer wasserunlöslichen Bindung der Farbe. Sie kann nun gut übermalt werden, ohne daß sich die darunterliegende Farbschicht löst. Auch hierbei darf man die deckende Farbschicht nicht zu oft auftragen. Es besteht sonst die Gefahr, daß die Farben nach Beendigung der Arbeit schichtweise wieder abblättern.

1.1 Anwendung von Temperafarben für den Mehrfarbendruck mit Normdruckfarben:
Speziell für das Anfertigen von Vorlagen für den Vierfarbendruck sind die genormten Grundfarben Gelb, Purpurrot und Cyanblau und die durch flächigen Übereinanderdruck entstehenden Mischfarbtöne erster Ordnung in farbrichtigen Temperatönen erhältlich.

2. Kaseintemperafarben und dispersionsgebundene Temperafarben (Acrylharzdispersion) führen bedingt durch ihre

pastose Konsistenz leicht zu einem plastischen Farbauftrag. Durch rasches Trocknen entstehen Risse; bei Kaseintemperafarben besteht die Gefahr des Abblätterns, daher ist ein zu dicker Farbauftrag möglichst zu vermeiden. Man verdünnt die Farbe auf geeignete Streichfähigkeit. Dispersionsgebundene Temperafarben können pastos aufgetragen werden. Auch oftmalige Übermalungen blättern nicht ab. Ihre Maleigenschaften sind denen der Künstlerölfarben sehr ähnlich. Acrylfarben trocknen irreversibel auf, sie sind lichtecht und vergilben nicht. Kaseintemperafarben sind auch in einigen fluoreszierenden Farbtönen im Handel erhältlich. Diese Farben können mit den Normalfarben nicht vermischt werden; sie würden ihre Leuchtkraft verlieren.

3. Schlußfirnissen und Schlußlackieren
Temperafarbtöne und Kaseintemperafarben trocknen samtartig matt auf. Dispersionsgebundene Temperafarben trocknen seidenmatt auf. Wünscht man eine glänzende Oberfläche der Farben, kann man sie mit Schlußfirnis oder einem schnelltrocknenden Nitrozelluloselack, den man mit Lappen oder Pinsel aufträgt, glänzend machen. Vorsicht! Schlußfirnisse und Schlußlacke verändern leicht die Farbtöne. Man untersuche die Wirkung zuvor auf einem Probeanstrich. Sehr praktisch erweist sich auch gebrauchsfertiger „Klarlack“ in der Sprühdose. Fluoreszenzfarben können nicht gefirnißt oder lackiert werden; dabei würde sie ihre Leuchtkraft verlieren.

Absprengtechnik

Bei der Verwendung von Zeichentusche für Entwurfsarbeiten beachte man, daß weder Tempera auf Tusche, noch Tusche auf Temperaanstrichen haftet. Beide Male blättert die Farbe kurz nach dem Trocknen wieder ab. Auf dieser Eigenschaft beruht die Absprengtechnik, eine Methode, eine negative Zeichnung, z. B. Weiß auf Schwarz, zu erhalten. Will man eine Zeichnung in dieser Art herstellen, zeichnet man mit Temperaweiß, das man zuvor mit einer Spur Grau vermengt, damit die Striche besser sichtbar werden, auf gut geleimtes, nicht saugendes Zeichenpapier. Nach dem Trocknen der Temperafarbe wird die Zeichnung mit schwarzer Tusche oder Kaseinfarbe überstrichen. Gut eignet sich dafür ein breiter Haarpinsel. Der Anstrich soll rasch und in einem Zug erfolgen, um zu vermeiden, daß sich das Temperaweiß wieder löst und verfließt. Nachdem der Deckanstrich angetrocknet ist, das heißt keine feuchten Glanzstellen mehr sichtbar sind, wird unter fließendem Wasser ausgewaschen. Dabei löst sich das Temperaweiß

Absprengtechnik
Einige Tropfen verdünntes Deckweiß wurden durch einen Luftstrahl auseinandergetrieben, nach dem Antrocknen mit schwarzer Tusche überstrichen und unter einem Wasserstrahl abgesprengt.

und „sprengt“ den Tusch- oder Kaseinfarbauftrag ab. An Stellen, wo der Wasserstrahl nicht ausreicht, die Zeichnung freizulegen, wird mit einem weichen Pinsel nachgeholfen. Die Zeichnung erhält eine dem Holzschnitt ähnliche, eine wenig ausgebrochene Wirkung. Es entsteht eine reinweiße Zeichnung auf schwarzem Grund. Derselbe Vorgang kann mit verschiedenen Deckanstrichen, wobei stets eine neue Detailzeichnung auf Kaseinfarbgrund entsteht, zu einer mehrfarbigen Zeichnung erweitert werden. Beim Auswaschen sprengt das Deckweiß der ersten Zeichnung, drei bis vier weitere Deckanstriche, vorausgesetzt, daß diese nicht zu dick aufgetragen wurden.
Denselben Effekt kann man auch mit Montage-Kleber, den man zuvor mit etwas Benzol verdünnt hat, erreichen. Allerdings ist damit das Zeichnen etwas mühsam. Der Klebstoff trocknet rasch an, er fließt nicht kontinuierlich aus dem Pinsel. Praktisch ist diese Technik deshalb, weil man einen Deckanstrich mit jeder beliebigen Sorte Wasserfarbe machen kann. Besonders geeignet sind Aquarellfarbtöne, die über die angetrocknete Pinselzeichnung gestrichen werden. Zum Schluß reibt man den Kleber mit einem sauberen Lappen ab.

Wachskreidemalerei, Batikmalerei

Mit Ölkreiden oder den etwas weicheren Wachsmalstiften kann man reizvolle Zeichnungen in verschiedener Technik herstellen. Man kann mit den Stiften zeichnen, aber auch nahezu gleichmäßige Farbflächen anlegen. Will man die einzelne Töne vermischen, trägt man die hellere Farbe auf die dunklere auf. Deckende Wirkung erreicht man, wenn die dunklere Farbe auf den helleren Ton aufgetragen wird.

Beispielsweise deckt Blau das Gelb, jedoch verändert sich Gelb, auf Blau aufgetragen, zu einem Grün. Verschiedene in deckenden Farbschichten übermalte Töne kann man in Sgraffitoart wieder ausschaben. Man verwendet eine in einem Halter geführte Schneidefeder, für feinere Striche eine Nadel.

Will man Wachsmalstifte mit dem Pinsel flächig malen, werden die Farbstifte in Terpentin gelöst. Auch kann man Teile der Zeichnung nachträglich mit Terpentin übermalen. Man nennt diese Technik „lavieren".

Die wasserabstoßende Wirkung der fettigen Farbstifte weiß man auch in besonderer Art auszunutzen. Eine Wachskreidezeichnung wird mit Aquarellfarbe übermalt, wobei die Farbe nur an den nicht mit Wachskreide überzogenen Stellen haftet. Ähnliche Wirkung wird mit erwärmten flüssigen Wachs erreicht. Es entstehen mehrfarbige Zeichnungen in der Art der Batikmalerei, einer aus Java stammenden Wachsmalerei, mit der Stoffe bearbeitet werden. Mit einem Pinsel kann man das in einem Metallgefäß auf einer Heizplatte erwärmte, flüssige Wachs gut vermalen. Als Wachssorte ist farbloses Kerzenwachs oder Stearin gut geeignet. Zum Schluß wird das Wachs mit einer Decklage saugender Zeitungen und einem heißen Bügeleisen wieder entfernt. Die mit flüssigem Wachs gezeichneten Linien oder Flächen bleiben negativ auf farbigem Grund stehen.

Diese Technik kann man auch zu einer mehrfarbigen Zeichnung auswerten. Ist die erste Farbdecke angetrocknet, wird die zweite Detailzeichnung, bereits auf farbigem Grund, mit Wachs gezeichnet. Man beginnt mit einer hellen Farbe. Durch subtraktive Farbmischung entsteht eine, in allen Farben zueinander verwandte Tonleiter, die mit einem dunklen Ton endet.

Pantone Farbmarker

Pantone Farbmarker sind Filzschreiber auf Lösungsmittelbasis. Sie zeichnen sich durch einen großen Farbvorrat und gleichmäßigen Strich aus. Die Farbe trocknet sofort. Farbmarker gibt es in Breitstrich- und Feinstrichstiften. Feinstrichlinien können problemlos über solche mit Breitstrich angelegten Flächen gezeichnet werden, ohne daß die Farben ineinander verlaufen. Das bearbeitete Papier wird nicht gefeuchtet, es bleibt verzugsfrei.

Schabetechnik, Schabekarton

Eine interessante Technik, eine negative Schwarzweiß-Zeichnung herzustellen, ist die Anwendung des Schabe-

kartons. Ein spezieller, im Handel erhältlicher Karton, der aus gewalzten weißen und schwarzen Kreideschichten besteht, wird mit einer Nadel, einer Messerspitze oder ähnlichem Werkzeug in der Art von „Radierungen" bearbeitet. Dabei wird die Deckschicht unter den Strichen entfernt. Das Weiß der unterlegten Kreideschicht tritt in Erscheinung. Denselben Karton gibt es auch mit weißer Oberfläche. Man kann also auch eine schwarze Zeichnung auf weißem Grund anfertigen. Streicht man einen mit Kreidegrund gewalzten Karton, z. B. einen Plakatkarton mit schwarzer Tusche ein, können auch auf diesem mit einer Nadel oder einem Messer weiße Linien eingeritzt und Flächen ausgeschabt werden. Vor einigen Jahren wurde das „photoscrape"-Verfahren entwickelt, mit dem der Schabekarton lichtempfindlich gemacht werden kann. Raster-Negative können direkt auf den vorbehandelten Karton kopiert werden. Die Halbtonvorlage wird vorher in eine Strichumsetzung zerlegt. Die Vielfalt der Möglichkeiten beruht auf der uneingeschränkten Mischbarkeit aller Raster- und Strichkombinationen.
Man kann nun mit einem Schabemesser Detailüberarbeitungen machen. Das „photoscrape"-Verfahren ist für Zeitungsinsertionen auf minderwertigen Papierqualitäten bestens geeignet. Die Bildqualität ist unvergleichlich besser als eine konventionelle, grobgerasterte Autotypie.

Freie Entwurfstechniken

Die Anwendung aller bekannten Materialien zum Zeichnen und zum Malen, z. B. Farbstifte, Aquarellstifte, Zeichentusche usw. setzt eine Materialechtheit voraus. In allen Techniken, die zur Ausführung einer Entwurfsunterlage herangezogen werden, können diese Materialien geeignete Verwendung finden. Auch entsteht bei Anwendung von Tusche mit einem Pinsel vermalt eine andere Wirkung der Zeichnung als bei Gebrauch einer Rohrfeder, und wiederum eine andere, wenn man dieselbe Zeichnung mit einer spitzen Zeichenfeder ausführt. Man sollte stets die Eigenart des Materials und des Malgerätes herausfinden und als Ausdrucksmittel nutzen.

Nichthaftende Farben

Bei der Verwendung nichthaftender Farben, z. B. Zeichenkohle, Rötel, Kreide und vor allem Pastellkreide, mit denen man zeichnen, aber auch Flächen mit Kreidewischern anlegen kann, ist ein nachträgliches Fixieren der Zeichnung notwendig. Kreidewischer sind aus faserigen Papier gewickelte Stifte.

Am schwierigsten ist es, eine Pastellarbeit zu fixieren. Es besteht immer die Gefahr, daß die leuchtenden Farben einfallen und die anfängliche Farbenfrische der Zeichnung verlorengeht. Durch das Aufsprühen von Fixativ backen die locker haftenden Farbteilchen zusammen und verändern dadurch den Farbton.
Beim Aufsprühen von Fixativ, das mit einer Fixativspritze, einem winkelförmig gebogenen Röhrchen, oder mit einem „Fixographen" und Druckluft erfolgt, soll der Kreideauftrag nicht auf einmal stark genäßt werden. Die Farbe würde „ersaufen". Eine gute Fixierung ist durch mehrmaliges Aufsprühen mit kurzen Antrocknungspausen zu erreichen (→ Seite 383).

Kleisterpapiere

Zur Herstellung von Kleisterpapieren benötigt man breite und schmale Pinsel, Wasserfarben, Temperafarben oder Aquarellfarben, eine Glasplatte als Unterlage und Kleister (Stärkekleister oder Zellulosekleister).
Als Grund eignet sich ein festes zähes Papier, z. B. Ingrespapier, das man auf die Glasplatte legt und mit einem Schwamm anfeuchtet.
Der Kleister wird in einer gleichmäßigen Schicht auf das Papier gebracht. Die Farben trägt man mit einem Pinsel auf. Mit Metallkämmen, wie sie die Maler verwenden, oder einem Pinselstiel wird die Farbe auf dem Papier zu verschiedenen Mustern ausgezogen. Die fertigen Papiere legt man zum Trocknen aus. Diese Technik kann in verschiedenartigen Varianten genutzt werden. Mischt man die Farbe in einem Gefäß direkt mit dem Kleister, entstehen wieder Papiere von anderer Wirkung.

Ölpapiere, Marmorierpapiere

Zur Herstellung von Marmorierpapieren benötigt man eine rechteckige Wanne, z. B. eine Fotoschale oder eine Kunststoffwanne in der Größe der herzustellenden Papiere, sowie einige Borstenpinsel und Künstlerölfarben. Man füllt die Schale mit Wasser und verflüssigt die verschiedenen Ölfarben mit Terpentin. Die auf das Wasser gespritzten Farben treiben auf der Oberfläche aus. Sie bilden verschiedene Farbflächen und unterschiedliche Strukturen. Das Papier legt man nun mit einer Schmalseite angefangen auf und zieht es nach einigen Sekunden wieder von der Oberfläche ab. Die Farbformationen wurden auf das Papier übertragen.

Will man verhindern, daß die Farbe auf der Oberfläche stark treibt, mengt man dem Wasser eine Schüssel Kleister bei. Dadurch wird der Grund fester.
Will man hingegen die Farben bestimmter, das heißt kontrollierbar auf den Grund setzen, besorgt man sich einen speziellen „Marmoriergrund", der im Handel unter der Bezeichnung „Isländisch Moos" erhältlich ist. Dieser Grund wird nach folgendem Rezept angesetzt:

1 Teil Isländisches Moos
50 Teile kochendes Wasser
10 Teile kaltes Wasser

Das Isländische Moos läßt man in kochendem Wasser 2—3 mal aufwallen, nimmt das Gefäß vom Feuer und gießt das kalte Wasser hinzu. Den Grund läßt man hierauf erkalten und seiht ihn durch ein Leinentuch in die Wanne. Den im Handel erhältlichen speziellen Marmorierfarben muß etwas Ochsengalle beigemengt werden, damit sie auf dem Grund treiben. Es erweist sich auch als vorteilhaft, das Papier zur besseren Haftung der Farbe mit einer schwachen Alaunlösung anzufeuchten. Die Farben können auf dem Grund beliebig mit Pinsel, Kamm oder Stäbchen zu Formen ausgezogen und verteilt werden.

Ölpapier mit schwarzer Farbe

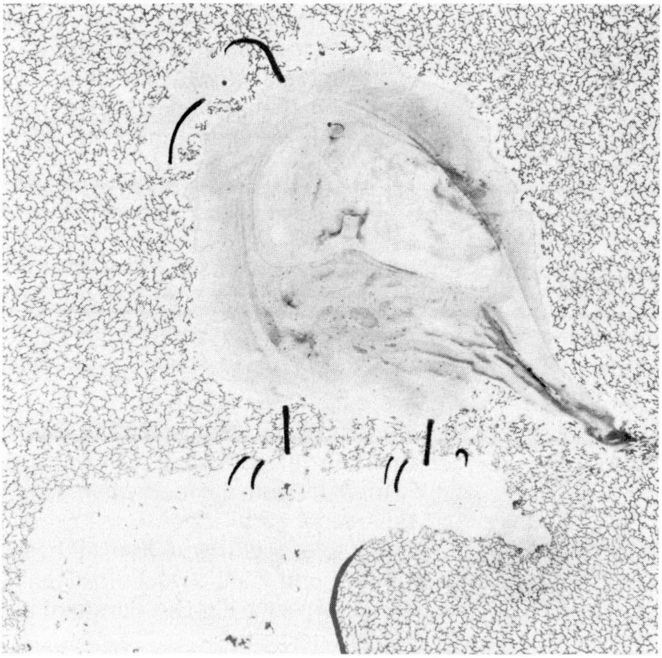

Der Abzug geschieht in gleicher Weise wie bei den Ölpapieren. Auf dem Isländischen Moos kann auch mit Ölfarben marmoriert werden. Die fertigen Papiere werden zum Trocknen ausgelegt.

Monotypien

Monotypien, wörtlich Einzeldrucke, sind in ihrer Anwendung für Entwurfsarbeiten gut brauchbar. Monotypien werden mit Ölfarben hergestellt. Sie geben eine stark strukturierte Wirkung der Pinselstriche wieder.
Auf eine großformatige Glasplatte zeichnet und malt man mit Ölfarben das Motiv seitenverkehrt auf. Um die für Monotypien typische Eigenart noch zu unterstützen, verwendet man zum Malen harte Borstenpinsel. Die Farbe darf nicht zu dick aufgetragen werden, vor allem dürfen keine Farbanhäufungen in Form stark erhabener Stellen stehen bleiben. Diese würden beim Abdruck breit gequetscht; dies bewirkt fleckenartige Stellen auf dem Papier.
Eine zu zähe Ölfarbe verdünnt man mit etwas Standöl oder einem mageren Essenzfirnis. Es können beliebig viele Farbtöne auf einmal auf die Glasplatte nebeneinandergestellt werden. Für den Druck verwendet man ein saugfähiges Papier. Der Bogen wird nun auf die fertige Zeich-

Monotypie
Das Motiv wurde seitenverkehrt mit einem Borstenpinsel auf die Glasplatte gemalt und mit dem Papierbogen abgehoben.

nung aufgelegt und mehrmals kräftig mit einer Handwalze überrollt, bis man den Eindruck hat, daß die Farbe von dem Papier aufgesogen wurde. Man zieht den Bogen vorsichtig ab. Die Zeichnung ist auf das Papier übertragen.

Auf diese Weise können auch Pflanzen oder grobe Gewebe negativ gedruckt werden. Das zu druckende Material wird auf die Platte gelegt, mit Farbe überwalzt und wieder abgehoben. Im Druck erscheint das Material negativ. Positivdrucke entstehen, wie bereits erwähnt, wenn man das Gewebe oder die Pflanzen gesondert mit Farbe einwalzt und auf die Glasplatte gleichmäßig andrückt. Die Pflanze hebt man wieder ab, legt einen Papierbogen auf die Glasplatte und stellt einen Abzug her.

Übertragen von Schrift in die Entwurfsarbeit

Die Beschriftung einer grafischen Arbeit, sei es ein Plakat, eine Anzeige, ein illustriertes Werbeblatt oder eine druckreife Entwurfsunterlage, erfolgt als Schlußakt jedes Entwurfes. Die Beschriftung muß aber schon zu Beginn der Arbeit mit Stand, Größe und Art der Schrift festgelegt sein. Die Schriften kauft man in einem Typosatzstudio ein. Diese bieten umfangreiche Schriftmustervorlagen im Fotosatz für Titel und Werksatz an. Die Schriften werden auf transparenten Filmmaterial oder Papier negativ oder positiv erzeugt. Für Präsentationen, Packungsmuster oder Schautafeln wird die technisch einwandfreie Schwarzweiß-Vorlage nicht genügen, erst die Farbe macht den grafischen Entwurf lebendig.
Jede Schrift auf Filmmaterial kann im Color Key-Verfahren in eine farbige Schrift umgewandelt werden. Das Verfahren bietet eine umfangreiche Palette von Pantone-Farbtönen an (→ Seite 333).

Transferschriften, Anreibeschriften

Eine praktische Methode ist das Beschriften mit Transferschriftenfolien, deren Arbeitsweise auf Adhäsivwirkung beruht. Die Buchstaben stehen in alphabetischer Reihenfolge geordnet auf einem transparenten Träger. Zum Gebrauch legt man die Folie mit dem auf die Entwurfsarbeit zu übertragenden Buchstaben an der vorgezeichneten Linie im Entwurf auf und reibt mit einem stumpfen, glatten Gegenstand, z. B. einem Füllhalterende oder mit einem speziellen Übertragungsstift über das Bild des Buchstabens. Der Buchstabe löst sich von dem Bogen und haftet fest auf dem Papier.

Letraset-Transferschriftenfolie

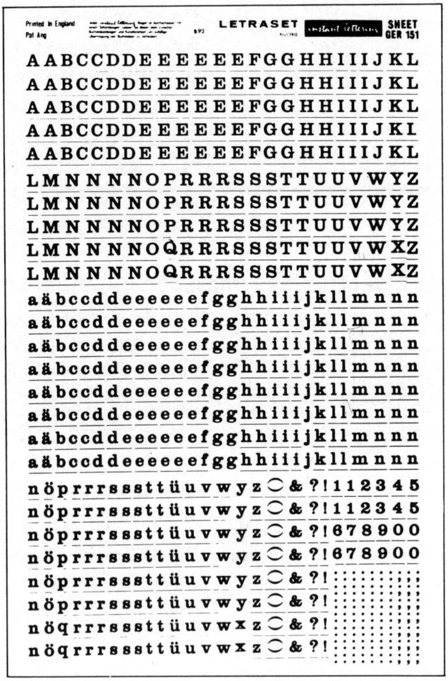

Eine in dieser Art „gesetzte“ Schriftzeile ist reproduktionsreif. Diese Folien bringen in verschiedenen Sorten und Größen eine umfangreiche Auswahl in Alphabeten, Zahlen und Symbolzeichen. Diese sind schwarz und weiß erhältlich. Häufig verwendete Schriftsorten gibt es auch in den Farben Gelb, Grün, Rot, Blau, Grau, Silber und Gold. Es sind auch Anreibeschriften mit grafischen Symbolen und Dekorbildern, Illustrationen, Architektursymbolen und technischen Symbolen erhältlich. Rasterfolien, Textfolien um Texte zu simulieren und Farbfolien zum Anreiben vervollständigen das Programm. Markenbezeichnungen für solche Transfer-Schriftfolien sind „Letraset instant lettering“, „transotype“-Anreibebögen, „Decadry“-Folien, „Letter-Press“ und „edding transfer R 41“.

Wort-Positioniersystem für Anreibeschriften (Letraset)

Mittelachsensatz, rechtsbündiger Satz, Text auf Fotos, auf farbige Papiere, in begrenzte Flächen und auf Gegenstände kann man sicher und paßgenau als fertige Zeile übertragen.

Auf einem Spezial-Papierstreifen wird das Wort oder die Zeile aus Einzelbuchstaben zusammengesetzt. Anschlie-

ßend wird das Papier mit dem Text nach unten auf eine ganz schwach selbstklebende Positionierfolie gelegt und die Rückseite des Papiers gefeuchtet. Das Papier wird vorsichtig abgehoben. Die Schrift hat sich seitenverkehrt auf die Folie übertragen.
Nun kann man die Positionierfolie auf das Beschriftungsobjekt legen und den Text wie üblich mit dem Übertragungsstift abreiben.

Farbige Anreibeschriften in Pantone Farbtönen

Mit Farbfolien „Letrafilm Matt" und Letrafilm Solvent Lösungsmittel lassen sich leicht farbige Texte herstellen. Wörter oder Zeilen werden aus Anreibeschrift auf dem Letrafilm-Bogen in beliebigem Pantone Farbton zusammengesetzt und fest nachgeglättet. Das Letrafilm Solvent-Spray löst die Farbschicht der Folie an, jedoch nicht unter den aufgeriebenen Buchstaben. Die angelöste Farbe wird mit einem Wattebausch vollständig entfernt und die Anreibebuchstaben können mit Selbstklebeband abgezogen werden. Darunter erscheint der vorher gesetzte Text in der jeweiligen Letrafilm-Farbe.

Rub-on

Häufig gebrauchte Logotypen oder Signets kann man sich bei der Herstellerfirma von Transferschriften auch in einer größeren Menge speziell anfertigen lassen. Einzelexemplare solcher Rub-ons, ein- oder mehrfarbig, stellt auch ein Typosatzstudio her. Die Rub-ons haften auch auf Kunststoffolie, Metall, lackierten Flächen und Glas. Sie sind deshalb für die Präsentation von Verpackungsentwürfen vorzüglich geeignet.
Die Voraussetzung für die Herstellung solcher Rub-ons ist eine reproduktionsreife Zeichnung in vergrößertem Maßstab, im Fall mehrfarbiger Rub-ons mit schwarz ausgedeckten Überlegern auf transparenter Astralonfolie. Eingezeichnete Paßkreuze sichern das genaue Zusammenpassen der Bildteile. Die Farbwünsche spricht man mit dem Typosatzstudio ab.

Technische Zeichnungen

Oft werden Gestalter mit dem Problem einer technischen Darstellung konfrontiert. Die Abbildung soll in Form einer technischen Zeichnung ein Produkt oder nur ein Detail desselben erläutern helfen. Die folgenden Seiten enthalten eine Kurzfassung der technischen Zeichenregeln. Die Zusammenstellung ist keineswegs vollständig, erläutert jedoch in einem kurzen Überblick die wichtigsten Darstel-

lungsmethoden. Ihre Kenntnis führt gegebenenfalls zu einer technisch richtigen sowie allgemein verständlichen „grafischen Zeichnung“.
Bei der Ausführung technischer Zeichnungen ist eine peinlich saubere und genaue Arbeitsweise Grundbedingung. Dies setzt neben gutem Willen für die Arbeit auch einwandfreie Werkzeuge und die Kenntnis ihrer Anwendung voraus.

Werkzeuge

1. Unterlage
   Als Träger für den Zeichenbogen verwendet man ein Reißbrett. Dies soll astfrei, plan und an einer der Kanten zuverlässig gerade sein, damit man die Reißschiene sicher anlegen kann.
2. Reißschiene
   Reißschienen bestehen aus Holz oder laminiertem Kunststoff. Sie sollen so lang sein, daß sie an der linken Reißbrettkante angelegt, über das ganze Brett reichen. Die Reißschiene dient zum Ziehen waagerechter Linien. Mit der linken Hand drückt man den Schienenkopf an die Anlegekante des Reißbrettes, faßt hierauf nach rechts auf der Zunge nach und hält die Schiene in dieser Lage fest. Bleistift und Ziehfeder gleiten an der oberen Kante der Zunge entlang. Bei Verschieben der Schiene kann man waagrechte, zueinander parallele Linien ziehen.

1 Reißschiene mit festem Kopf
2 Reißschiene mit verstellbarem Kopf
3 Rechtwinkeldreieck 45/45/90°
4 Spitzwinkeldreieck 30/60/90°

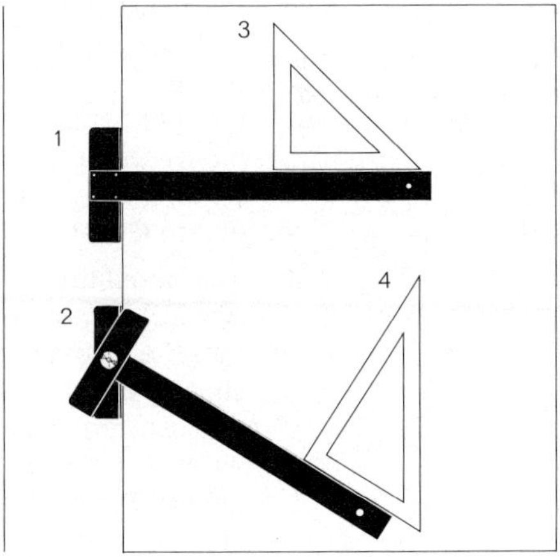

3. Zeichendreiecke
   Zeichendreiecke bestehen aus Holz, Metall oder Kunststoff. Letztere sind den Holzdreiecken vorzuziehen, sie sind dauerhafter und bleiben maßhaltig.

Man unterscheidet zwei Arten von Zeichendreiecken; ein 45/45/90 Grad und ein 30/60/90 Grad Dreieck. Jedes dieser Dreiecke ist in verschiedenen Größen erhältlich.

Das Zeichendreieck benützt man zum Zeichnen senkrechter Linien. Zu diesem Zweck steht dieses auf der angelegten Reißschiene. Mit der linken Hand werden sowohl Schiene als auch Zeichendreieck zugleich festgehalten und an der linken Dreieckkante die Linie von unten nach oben gezogen.

4. Lineale und Stabmaße

   Auch Lineale oder Stabmaße kennt man aus verschiedenen Materialien gefertigt. Sie bestehen aus einem schmalen, an der Kante abgeflachten Stab, mit beidseitig eingravierter Maßeinteilung. Die Teilstriche sind zur besseren Sichtbarmachung mit schwarzer Farbe ausgefüllt. Andere Stabmaße haben nur einseitige Maßeinteilung und sind auf der Zweitseite als Tuschrinne ausgebildet. Diese hat den Zweck, das Unterfließen von Tusche beim Stricheziehen unter das Lineal zu vermeiden. Ein Verhältnismaßstab hat eine im Querschnitt dreieckige Form. Er zeigt eine metrische Skala und weitere 5 Meßskalen für maßstäbliche Veränderung der Proportionen.

5. Zeichentische und Zeichenmaschinen

   Zeichentische sind großformatige Reißbretter, die auf verschiedenartig konstruierten, verstellbaren Ständern befestigt sind. Diese Bretter haben eine montierte Reißschiene mit Parallelführung, die an der rechten und linken Außenseite an Drahtseilen geführt ist. Dadurch bleibt die Schiene parallel.

   Es gibt auch Zeichentische, die mit Zeichenmaschinen ausgerüstet sind. Diese vereinigen die Funktionen der Reißschiene, des Dreiecks und des Winkelmessers in einem Gerät.

6. Zeichenstifte

   Als Zeichenstifte verwendet man in sechskantigem Holz gefaßte Bleiminen. Solche Bleistifte sind in verschiedenen Härtegraden erhältlich. Man unterscheidet besonders weiche Sorten zum Anlegen gleichmäßiger Tonflächen auf einer Zeichnung und harte Sorten zum Vorzeichnen von Linien. Die härtesten Grade ermöglichen das Ziehen feinster Linien.

   Für den Gebrauch wird das Holz ungefähr 20 mm entfernt, bis die Mine freiliegt. Das Anspitzen der Bleimine erfolgt auf einem Stück Sandpapier oder einer Feile, dafür sind auch eigens geschaffene Reibebrettchen oder Minenspitzer erhältlich.

Härtestufen:

Weiche Sorten	Mittlere Sorten	Harte Sorten
7 B	HB	H
6 B	F	2 H
5 B		3 H
4 B		4 H
3 B		5 H
2 B		6 H
B		7 H
		8 H
		9 H

Einfacher zu handhaben sind die Füllbleistifte. Diese bestehen aus einem bleistiftähnlichen Halter, der die Minen festklemmt. Diese wird von Zeit zu Zeit nachgelassen und kann durch eine Mine mit anderm Härtegrad ausgetauscht werden. Verbrauchte Minen können leicht durch neue ersetzt werden.

Das Anspitzen der Mine erfolgt ebenfalls mit einem Sandpapierreibebrettchen oder einem Minenspitzer.

7. Reißzeug

Ein Reißzeug besteht aus einer Sammlung mehrerer Werkzeuge, die in einem flachen Behälter eingeordnet sind. Das Reißzeug dient mit seinen verschiedenartigen Zirkeln zum Maßübertragen und Kreisezeichnen, die dazugehörige Reißfeder zum Ausziehen der Zeichnung in Tusche.

Das Reißzeug enthält einen Einsatzzirkel mit auswechselbarem Bleieinsatz und Ziehfedereinsatz, dazu eine Verlängerungsstange für größere Kreise, einen Stechzirkel und einen Nullenzirkel mit Blei- und Ziehfedereinsatz. Dazu gehören 1 bis 2 Ziehfedern, ein kleiner Schraubenzieher und ein Behälter für Minen.

Reißzeuge

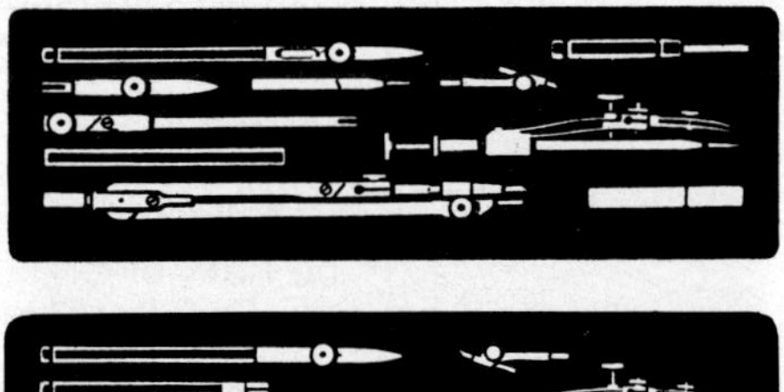

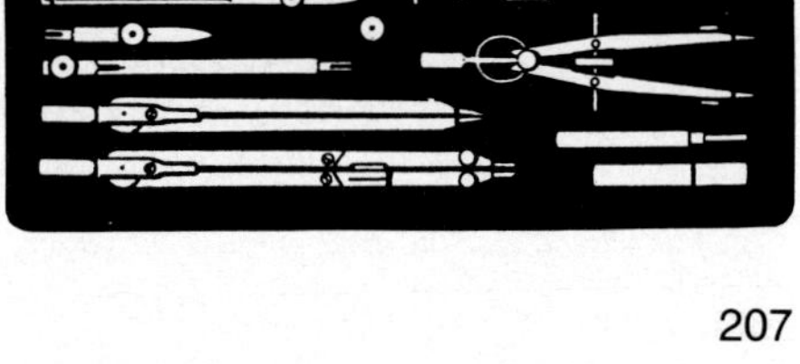

8. Tuschenfüllhalter

Praktisch sind Tuschefüllhalter. Mit einer besonderen Vorrichtung können Tuschefüllhalter auch im Zirkel eingesetzt werden.

9. Kurvenlineale

Zum Zeichnen von Krümmungen verwendet man ein Kurvenlineal. Diese sind in mannigfachen Ausführungen und Größen erhältlich. Für gewöhnlich reichen 2—3 Lineale verschiedener Größe aus. Die Krümmungen werden aus Teilkurven am Lineal zusammengesetzt.

Für manche Zwecke eignet sich auch ein biegsames Kurvenlineal. Dieses besteht aus Gummi und ist mit einer Weichmetalleinlage versteift. Es wird nach der Form der Kurve gebogen und mit Klebeband leicht angeheftet. Nach Gebrauch kann das Lineal wieder gerade gebogen werden.

Kurvenlineal
(Burmester-Kurven)

10. Schriftschablonen

Schriften und Maßzahlen können von Hand mit einfachen Schreib- oder Zeichenfedern, die in einem Federhalter befestigt sind, angebracht werden. Praktischer sind Schriftschablonen, die man an der angelegten Reißschiene oder einem Lineal entlangführt und mit einer Tuscheröhrchenfeder der Tuschefüllhalter in den Schlitzen nachzieht. Schriftschablonen sind mit schräger und gerader Normschrift in mehreren Größen erhältlich. Neben den Schriftschablonen kennt man auch noch Notenschablonen, Schaltzeichenschablonen, Architektenschablonen, Ellipsenschablonen, Verkehrszeichenschablonen und andere.

Schriftschablone
Die Buchstaben sind als Öffnungen in der Schablone ausgestanzt. Sie werden mit einer Röhrchenfeder nachgezogen.

11. Befestigungsmittel
Der Zeichenbogen wird mit Reißbrettstiften oder Klebeband (Kreppband) auf der Unterlage befestigt. Man verwendet Reißbrettstifte mit flachem, gewölbten Kopf, damit Reißschiene und Zeichendreieck an den eingedrückten Reißnägeln bei der Arbeit nicht hängen bleiben. Das Zeichenblatt wird an den vier Eckpunkten angeheftet. Ist hingegen das Zeichenbrett mit einer Zeichenunterlage aus Kunststoff bespannt, heftet man den Zeichenbogen mit Klebeband an. Dadurch wird die Unterlage nicht beschädigt.

12. Radiermittel
Zum Entfernen von Bleistiftstrichen verwendet man Radiergummis. Mit weichem Bleistift gezogene Striche lassen sich mit weichem Gummi ausradieren, hingegen können Striche von hartem Bleistift nur mit Scharfgummi entfernt werden. Scharfgummi enthält feinen Sand. Tuschestriche entfernt man durch Schaben mit einer Rasierklinge oder einem Radiermesser, besser mit einem Glashaarpinsel. Die zu radierende Papierstelle wird mit zwei Fingern der linken Hand angespannt und in der Längsrichtung des Striches radiert. Das Radiermesser oder die Rasierklinge wird senkrecht auf das Blatt gestellt und mit leichtem Druck mehrmals über den Tuschestrich gezogen. Glashaarpinsel dürfen nur 1—2 mm aus der Hülse ragen. Mit einem weichen Radiergummi reibt man die Stelle nach. Aufgerauhte Papierstellen glättet man mit dem Daumennagel oder einem Falzbein. Sollte der Tuschestrich auf der Radierstelle auslaufen, schwärzt man die Stelle durch einen weichen Bleistift mit Graphit an. Erst jetzt zieht man den Tuschestrich und radiert anschließend die Stelle mit

einem weichen Radiergummi oder Plastikradierer wieder sauber.

13. Radierschablone
    Zum Ausradieren kleiner Stellen, z. B. Nullenkreise oder Einzelbuchstaben der Beschriftung, verwendet man eine Radierschablone. Diese besteht aus dünnem Stahlblech, aus dem verschiedene Figuren ausgestanzt wurden. Mit der passenden Öffnung auf die Radierstelle aufgelegt, werden die gezeichneten Teilstücke in der Umgebung geschützt. Glasradierer oder Scharfgummi gleiten mühelos über die flachen Ränder und entfernen den Tusche- oder Bleistiftstrich.

Radierschablone
Mit der Radierschablone können kleine Detailfehler auf der Zeichnung ausgebessert werden.

Zeichenmaterial

1. Zeichenpapiere und Zeichenkarton
   Zeichenpapiere kommen in Rollen und als Rohformatbogen in den bekannten DIN-Formatgrößen in den Handel. Für Bleistiftzeichnungen verwendet man rauhe, für Zeichnungen in Tusche glatte Papiere.
   Saubere Zeichnungen gelingen nur auf guten Papiersorten. Hochwertige Zeichenpapiere bestehen aus Zellstoff mit Hadernzusatz. Sie sind beidseitig tierisch oberflächenverleimt; dies sichert eine einwandfreie Zeichenfläche. Für Zeichnungen, bei denen auf hohe Maßhaltigkeit Wert gelegt wird, sind kaschierte Zeichenkartons erhältlich.
   Von guten Zeichenpapieren verlangt man, daß die Tuschestriche nicht auslaufen und auch an den radierten Stellen einwandfrei nachgezogen werden können.
2. Lichtdurchlässige Papiere
   Zur Vervielfältigung von transparenten Tuschezeichnungen, Entwürfen und ähnlichem, ist das „Lichtpausverfahren“ geeignet. Das Lichtpausverfahren ist ein Direktkopierverfahren mit anschließender Trockenentwicklung. Zeichnungen, die durch das Lichtpausverfahren vervielfältigt werden, müssen für diesen Zweck auf lichtdurchlässigem Transparentpapier angefertigt werden.

Für besonders maßgenaue Zeichnungen verwendet man Zeichenfolie aus Kunststoff; Cronaflex-Polyester-Film von „Dupont“ oder Hostaphan-K8-Direktbeschriftungsfilm von „Kalle“.

Darstellung eines Werkstückes oder eines Gegenstandes als technische Zeichnung

1. Maßstäbe

Das Werkstück oder der Gegenstand kann in gezeichneter Form in seinen Abmessungen dem Original gleich sein. In diesem Fall wird die Zeichnung im Maßstab 1 : 1 angefertigt. Dementsprechend werden zu große Gegenstände kleiner gezeichnet und zu kleine Gegenstände zur besseren Sichtbarmachung und Erleichterung bei der Bemaßung vergrößert dargestellt. Die Maßstäbe sind genormt, das heißt, sie können nicht willkürlich festgelegt werden.

Als Maßstäbe gelten:

Vergrößerungen	Verkleinerungen	Normalmaßstab
2 : 1	1 : 2,5	1 : 1
5 : 1	1 : 5	
10 : 1	1 : 10	
20 : 1	1 : 20	
	1 : 25	
	1 : 50	
	1 : 75	
	1 : 100	
	1 : 125	
	1 : 500	

Der Maßstab 1 : 5 beispielsweise bedeutet, daß 1 mm in der Zeichnung 5 mm am Werkstück entspricht. Bei technischen Zeichnungen wird der Maßstab in das Schriftfeld eingetragen, sofern diese Angaben für alle Teile der Zeichnung gilt. Ist hingegen dem allgemeinen angenommenen Maßstab auf ein und demselben Blatt noch ein zweiter Maßstab verwendet worden, z. B. bei Detailzeichnungen, so ist dies bei dem entsprechenden Teil und im Schriftfeld zu vermerken.

2. Linien

Für die Ausführung rein technischer Zeichnungen in Tusche unterscheidet man Vollinien, Strichlinien, Strichpunktlinien und Freihandlinien.

2.1 Vollinien

Vollinien werden für alle sichtbaren Kanten und Umrisse eines Gegenstandes verwendet. Als Dicke dieser Linien setzt man je nach Größe der Zeichnung eine Strichstärke von 0,3 —1,2 mm fest. Die einmal angenommene Strichstärke gilt für die gesamte Zeichnung auf dem Blatt.

2.2 Vollinie dünn

Alle auf der Zeichnung auftretenden Maßlinien und Maßhilfslinien werden als dünne Vollinie gezeichnet. Die Strichstärke dieser Linien wird mit einem Drittel der in gleicher Zeichnung enthaltenen Umrißlinien festgelegt. Schnittflächen werden auf der Zeichnung mit Schraffierung gekennzeichnet. Die Strichstärke der Schraffierungslinien entspricht der für die Maßlinien gewählten Strichstärke. Ein auf der Aufsichtszeichnung eines Werkstückes eingetragener Querschnitt eines Details wird, falls dieser quadratische Form hat, durch eingetragene Diagonallinien gekennzeichnet. Die Strichstärke dieser Diagonalen entspricht gleichfalls der Stärke der Maßlinien oder Maßhilfslinien.

2.3 Strichlinien

Strichlinien (dick) dienen zur Angabe von verdeckten, das heißt in der Draufsicht nicht in Erscheinung tretenden Linien. Diese sind gering schwächer als die Gegenstandslinien. Die Einzelstriche der Strichlinien zeichnet man mit einer Länge von 5—10 mm, die Abstände 1—2 mm.

Strichlinien (dünn) werden auch für Sinnbilder angewandt, z. B. zur Kennzeichnung von Kernlinien eines Schraubengewindes. Diese Strichlinien zeichnet man mit dünner Linie in der Stärke der Maßlinien entsprechend ein.

2.4 Strichpunktlinien

Achsen von Rotationskörpern und die Mittellinien symmetrischer Teile, sowie die Senkrechte und Waagerechte im Kreis, kennzeichnet man durch dünne Strichpunktlinien,

Linien
(Beispiel: Liniengruppe 0,5 mm)
1 Vollinie dick
2 Vollinie dünn
3 Strichlinie
4 Strichpunktlinie dick
5 Strichpunktlinie dünn
6 Freihandvollinie

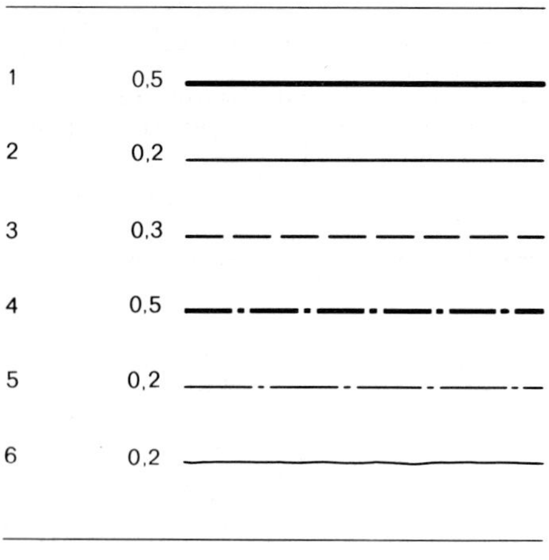

die wiederum der Maßlinienstrichstärke entsprechen. Strichpunktlinien werden immer etwas länger gekennzeichnet, als der Gegenstand mißt.
Strichpunktlinien im Kreis zeichnet man auch in Form eines Sinnbildes an Stelle von durchgezeichneten Zahnrädern. Die dritte Anwendungsart von Strichlinien ist die Kennzeichnung von Schnittebenen an der Stelle, wo der Schnitt durchgeführt ist. Strichpunktlinien sind immer dünne Linien. Die Striche sind 5—10 mm lang, die Abstände 1—2 mm. Schneiden sich zwei Strichpunktlinien, so muß der Schnittpunkt aus zwei sich schneidenden Strichen bestehen.

2.5 Freihandlinien dünn

Die Anwendung von Freihandlinien beschränkt sich auf Darstellungen von Bruchkanten bei Metallen, Holz oder Steinen. Auch der Bruch zusammengehöriger Werkstücke, die in vollem Ausmaß nicht auf das Blatt gezeichnet werden können, wird mit einer Freihandlinie, der sogenannten scheinbaren Bruchlinie dargestellt (Stangen, Rohre usw.). Freihandlinien werden in Maßlinienstärke gekennzeichnet. Auch die Darstellung von Hirnholz und Langholz in einer Zeichnung wird mit dünnen Freihandlinien eingetragen.

3. Schnittflächen

Zur Kennzeichnung von Schnitten wird eine Schraffur eingetragen. Jedes Teilstück des im Schnitt dargestellten Gegenstandes muß in gleicher Richtung schraffiert werden. Schraffurlinien haben die Dicke von Maßlinien. Sie werden im 45-Grad-Winkel eingezeichnet. Die Abstände der Schraffurlinien sind auf ein und demselben Gegenstand einheitlich. Setzt sich das Werkstück oder der Gegenstand aus zwei Teilstücken zusammen, wird das zwei-

Schraffuren
1 Ungeschnitten dargestelltes Werkstück
2 Schnittdarstellung

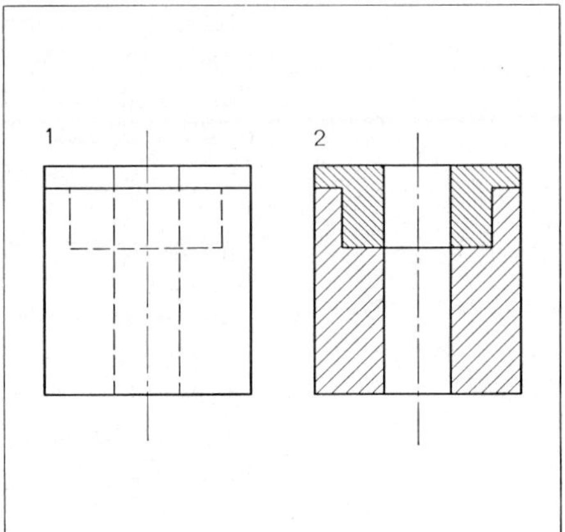

te Teilstück in entgegengesetztem Richtungswinkel und ein drittes Teilstück im Winkel von 60 Grad schraffiert. Jedes Stück soll gut sichtbar von den anderen unterschieden werden. Treffen mehr als drei Teilstücke im Schnitt zusammen, werden die Flächen durch Verändern der Schraffurweiten unterschieden. Maßangaben sind in schraffierten Flächen zu vermeiden. An Stellen, wo dies dennoch erforderlich ist, dürfen die Maßzahlen nicht überschraffiert werden.

Bemaßung

Die Abmessungen eines Werkstückes werden in der Zeichnung eingetragen. Diese Abmessungen gehen aus der sogenannten „Bemaßung" hervor. Die Bemaßungselemente setzen sich aus der Maßzahl, den Maßlinien mit dem Maßpfeil und der Maßhilfslinie zusammen. Maßlinien und Maßhilfslinien sind dünne Vollinien. Die Maßlinien tragen schlanke ausgefüllte Pfeile an ihren Enden, die auch durch einen Punkt ersetzt werden können. Man zeichnet die Maßlinien mindestens 6 mm entfernt von der zu bemaßenden Teilstrecke parallel zu dieser ein.
Maßhilfslinien werden verwendet, wenn aus Gründen der Übersichtlichkeit die Maßlinien nicht zwischen den Körperkanten liegen können. Maßlinien und Maßhilfslinien sind stets so anzubringen, daß sie nicht von anderen Linien geschnitten werden können.
Die Maßhilfslinie endet nicht bei dem Maßpfeil, sie wird noch einen Millimeter darüber hinausgezogen.
Maßzahlen werden in Millimetern eingetragen, wobei eine Angabe der Maßeinheit nicht erfolgt. Teile eines Millimeters sind als Dezimalwert anzugeben (z. B. 10,3 12,5 usw.). Bei Anbringung von Maßketten dürfen die eingetragenen Maßeinheiten immer nur einen Teil kennzeichnen. Das Gesamtmaß des Gegenstandes darf auch bei der Anwendung von Maßketten nicht fehlen. Bei Außen- und Innenmaßen werden die Maße getrennt und nicht in derselben Maßkette angegeben.

Maßhilfslinien stehen im Winkel von 90 Grad auf den Eckpunkten der zu bemessenden Strecke. Ausnahmsweise können Maßhilfslinien auch im Winkel von 45 Grad zum abgemessenen Teil eingezeichnet werden, wenn sie nicht anders Platz finden.
Sind kurze Strecken zu bemessen, so dürfen die Pfeile von außen an die Maßhilfslinien gestellt werden. Ist auch für die Zahl kein Platz vorhanden, dann wird diese über den Pfeil hinaus geschrieben.

Bemaßung
einer Zeichnung
(Ansicht, Seitenansicht, Aufsicht)

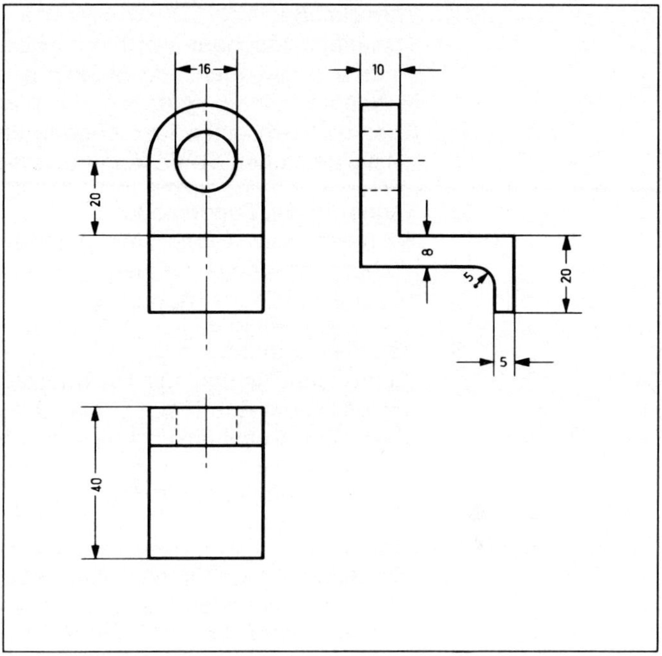

Bruchdarstellungen

Bruchlinien bei einem langen Werkstück mit quadratischem, rechteckigem, prismatischem oder pyramidischem Querschnitt werden mit dünner Freihandlinie gezogen. Bruchlinien an runden Querschnitten sind Freihandlinien in Schleifenform. Die Maßzahl ist bei verkürzt dargestelltem Werkstück mit Bruchlinien zu unterstreichen.

Quadratzeichen — für quadratische Flächen, die in der Ansicht als Linien erscheinen.

Durchmesserzeichen — für runde Flächen, die in der Ansicht als Linie erscheinen.

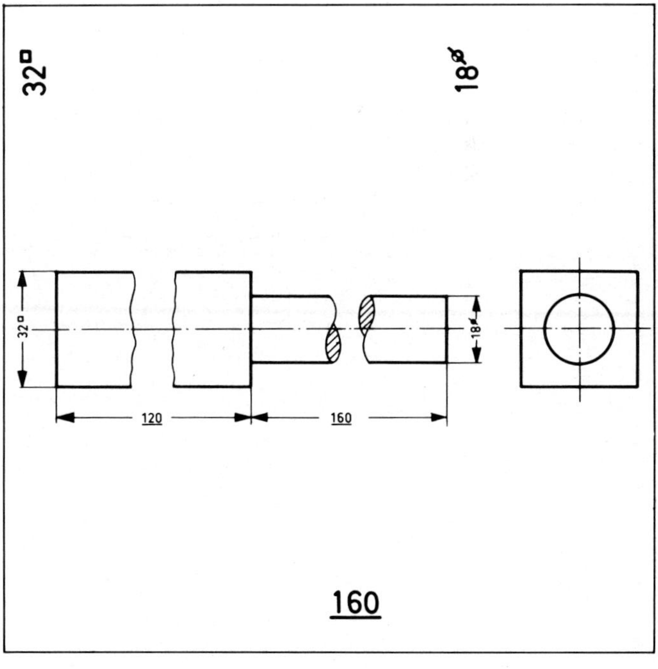

1. Winkelmaße
   Winkelabmessungen werden in Graden, Minuten und Sekunden angegeben. Die Maßeinheiten werden über der Maßzahl erhöht eingetragen. Für Winkel werden die Maßlinien in Form eines Kreisbogens eingetragen. Die Maßhilfslinien stehen als Verlängerung der Winkelschenkel.

2. Sehnenmaße, Bogenmaße
   Sehnenlängen werden mit geraden Maßlinien bemaßt. Maßlinien für Bogen werden vom Zirkeleinsatzpunkt parallel zur Bogenlänge geschlagen.

3. Halbmessermaße
   Rundungen werden mit Halbmessermaßen eingetragen. Dieses Halbmessermaß trägt einen kleinen Pfeil am Kreisbogen. Der Mittelpunkt als Einsatzpunkt für den Zirkel wird mit einem kleinen Kreis gekennzeichnet. Bei ganzen Kreisen gibt man den Durchmesser, nicht den Radius an.

4. Maßzahl
   Die Maßzahl steht meist in der Mitte der an dieser Stelle unterbrochenen Maßlinie. Man rückt die Maßzahl nur dann zur Seite, wenn sie an dieser Stelle auf eine andere Linie zu stehen käme. Eine Mittellinie muß im Fall, daß sie die

1 Winkelmaß
2 Sehnenmaße
3 Bogenmaße

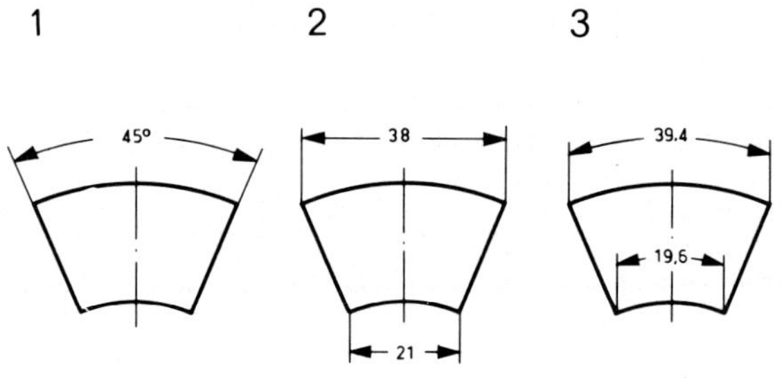

eingetragene Zahl der Bemaßung durchdringen würde, an der Stelle unterbrochen werden. Die Maßzahl wird in senkrechter oder schräger Normschrift eingetragen. Die Richtung der schrägen Normenschrift beträgt 75 Grad zur Maßlinie. Beim Eintragen der Maßzahlen ist darauf zu achten, daß die Zahlen nur bei normaler Ansicht, also von unten oder von rechts her abgelesen werden können.
Die Schrifthöhe der Zahlen hängt von der Größe der Zeichnung ab. Sie schwankt zwischen 2 und 4 Millimetern. Innerhalb einer Zeichnung müssen alle Maßzahlen gleich groß geschrieben werden. Die Maßzahlen bezeichnen die Fertigmaße des Werkstückes. Als Maßeinheit werden Millimeter angenommen; sie muß auf der ganzen Zeichnung beibehalten werden. Eine andere Maßeinheit muß im Schriftfeld vermerkt sein.
Gibt die Maßzahl die Länge eines Durchmessers an, dann ist das Durchmesserzeichen rechts oben, neben der Zahl hinzuzufügen. Wird der Durchmesser eines Kreises in der Zeichenebene bemaßt, kann das Durchmesserzeichen wegfallen.
Das Quadratzeichen kann man zum besseren Verständnis einer Zahl angeben, insbesondere, wenn dadurch eine Grundrißzeichnung erspart wird.
Lange Gegenstände wie z. B. Rohre, Stangen und lange Profilteile können oftmals nicht in ihrem gesamten Ausmaß gezeichnet werden. In diesem Fall zeichnet man nur die beiden Endstücke und trennt diese mit Bruchlinien, wobei man aber das volle Maß angibt und die eingetragene Maßzahl unterstreicht. Bruchlinien von runden Werkstücken werden in Schleifenform angegeben.
Bei Maßänderungen wird die Zahl von links unten nach rechts oben durchgestrichen und das richtige Maß darüber eingetragen.

Anordnungen der Ansichten

Ein Gegenstand wird nach den Regeln der senkrechten Projektion dargestellt. Als Ausgangsstellung wird die Vorderansicht, auch Grundriß genannt, gezeichnet. Die Draufsicht liegt senkrecht unter dem Grundriß, die Untersicht senkrecht darüber. Seitenansichten und Rückansichten werden waagrecht neben dem Aufriß dargestellt. Beim Zeichnen der einzelnen Ansichten erfolgt gleichsam eine Abwicklung des Gegenstandes in der Weise, daß die Draufsicht durch Kippen des Körpers nach vorn und die Seitenansichten durch Drehen des Körpers aus der Ausgangsstellung nach rechts entstehen.

Anordnen der Ansichten am
Beispiel einer Rechtecksäule
1 Vorderansicht
2 Seitenansicht
3 Draufsicht

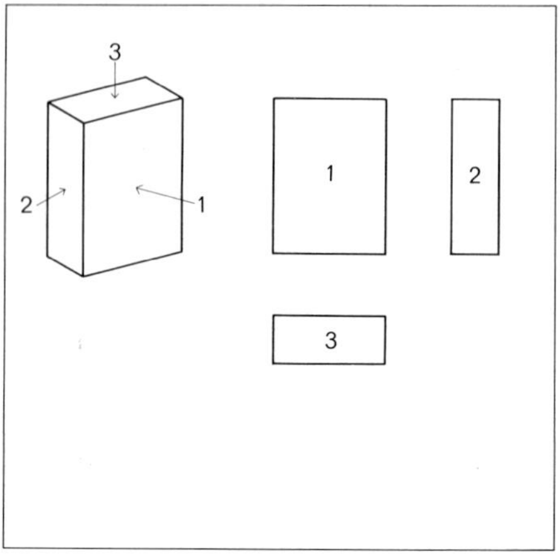

In den Aufriß gezeichnete Schnitte

Schnitte eines Werkstückes können in den Aufriß mit eingezeichnet werden. Durch eine strichpunktierte Linie wird die Stelle, an der der Schnitt erfolgt, gekennzeichnet und die Schnittfläche um diese Linie in den Aufriß gedreht. Schnittzeichnungen von symmetrischen, runden Körpern werden auch oft neben den halben Aufriß gezeichnet. Ebenso kann auch ein kleinerer Teil eines Gegenstandes als Schnitt in den Aufriß oder Grundriß mit eingefügt werden. In diesem Fall begrenzt man den Ausschnitt mit einer dünnen Bruchlinie.

Parallelperspektivische Darstellung

Perspektivische Projektionen eines Gegenstandes werden dann zur Anwendung gebracht, wenn durch eine solche Zeichnung eine bessere Übersichtlichkeit des Gegenstandes entsteht. Perspektivische Darstellungen bieten dem Ungeübten beim „Lesen" technischer Zeichnungen ein leichter verständliches Bild des Gegenstandes.
Beim Aufzeichnen eines perspektiven Bildes wählt man zuerst die Blickrichtung, von der aus der Körper betrachtet wird. Die gebräuchlichsten Blickrichtungen sind die von links oben oder von rechts oben gesehenen. Die von links oder rechts unten gesehenen perspektivischen Darstellungen kommen seltener zur Anwendung.

1. Dimetrische Projektion:
   Die Eigentümlichkeit der Parallelperspektive ist die, daß alle parallelen Kanten des Körpers auf der Darstellung als solche erhalten bleiben, sich also nicht in einem Fluchtpunkt treffen. Senkrechte Kanten des dargestellten Körpers erscheinen auch im Bild als Senkrechte.

Bei dieser parallelperspektivischen Darstellungsweise werden drei Seiten des Körpers zugleich gesehen, jedoch tritt die Hauptansicht, frühere Vorderansicht, nach wie vor als wesentlichste in Erscheinung.
Eine der in die Tiefe laufenden Kanten nimmt man, sofern es sich um eine rechtwinklige Bodenfläche handelt, mit einem Neigungswinkel von 42 Grad, die zweite mit einem Winkel von 7 Grad zur Waagrechten an.
Die im Beispiel eines Würfels dargestellten Kanten werden im Verhältnis $1 : 1 : \frac{1}{2}$ gezeichnet, das heißt, die Kanten welche mit der Waagrechten einen Winkel von 7 Grad bilden und die Senkrechten werden in natürlicher oder dem Zeichnungsmaßstab entsprechender Größe abgebildet. Hingegen verkürzen sich die Kanten, die mit der Waagrechten einen Winkel von 42 Grad bilden, um die Hälfte.

2. Isometrische Projektion:
Bei der isometrischen Projektion werden alle Kanten unverkürzt im Verhältnis 1 : 1 : 1 dargestellt; alle Abmessungen bleiben im Zeichnungsmaßstab erhalten. Die Blickrichtung geht frontal auf die Vorderkante. Am Beispiel des Würfel decken sich die Vorder- und Rückkanten.
Die in der isometrischen Projektion dargestellten Körper erscheinen in den drei Ansichten als gleichwertig. Die Kanten der Bodenflächen stehen in einem Neigungswinkel

Dimetrische Projektion am Beispiel eines Werkstückes

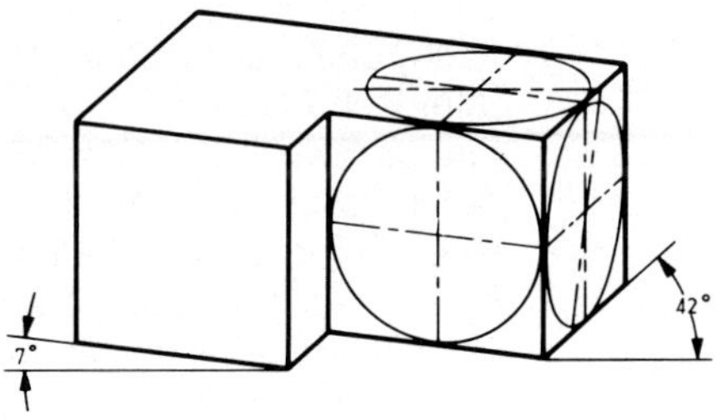

Isometrische Projektion am Beispiel eines Werkstückes

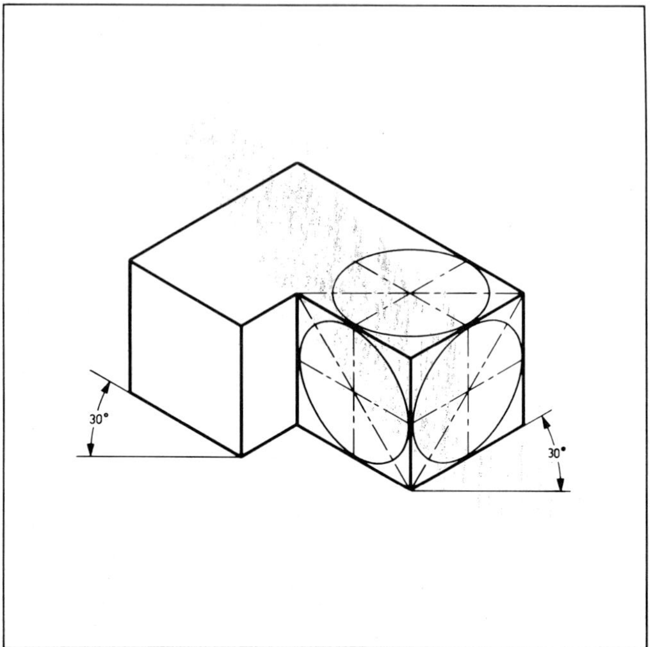

von je 30 Grad zur Waagrechten. Die senkrechten Körperkanten bleiben als solche erhalten.

Darstellungen von Schrauben

Die Ausmaße von Schrauben sind tabellenmäßig festgelegt. Sie sind aus den DIN-Normtabellen ersichtlich. Die Gewindesteigung wird in Millimetern oder Zoll gemessen. Die heute meist angewandten Gewindeschnitte werden nach dem metrischen Maßsystem gemessen und als „Metrische Gewinde“ bezeichnet. Solche Gewinde erhalten als Zeichen vor der Maßangabe des Gewindeaußendurchmesser ein „M“ (z. B.—M 12). Bei der Darstellung eines Schraubengewindes wird der Außengewindekreis in starker Vollinie ausgezogen und der Kerndurchmesser in einer dünnen Strichlinie eingezeichnet. Bei Muttergewinden ist es umgekehrt.

Oberflächenzeichen

Oberflächenzeichen kennzeichnen die Art der Schlußbehandlung eines Werkstückes. Sie sind an den Linien einzutragen, welche die zu bearbeitenden Flächen darstellen. Durch das Ungefährzeichen oder durch ein bis maximal

Darstellung einer Schraube mit Mutter (Ansicht mit Schnitt und Aufsicht)

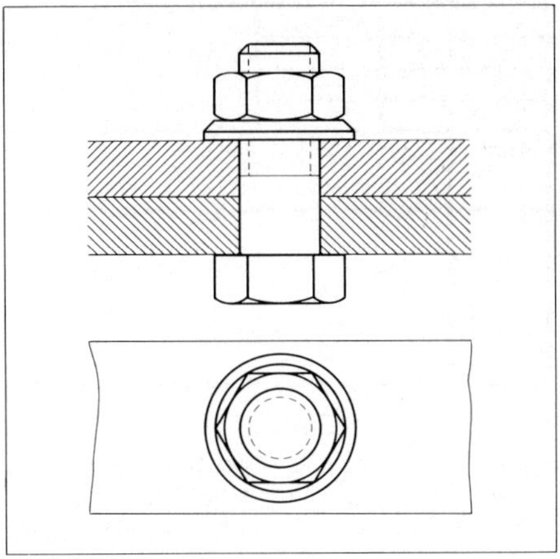

1 Nicht überarbeitete Fläche, wie sie bei spanlosen Herstellungsverfahren entsteht (Walzen, Schmieden, Ziehen, Pressen)
2 Glatte Oberfläche, die gegebenenfalls nachgeputzt oder nachgefeilt wird
3 Fläche, wie sie durch spanabnehmende Schruppbearbeitung entsteht
4 Fläche, wie sie durch spanabnehmende Schlichtbearbeitung entsteht
5 Fläche, wie sie durch spanabnehmende Feinschlichtbearbeitung entsteht
6 Feinstbearbeitete Fläche höchster Genauigkeit und Glätte

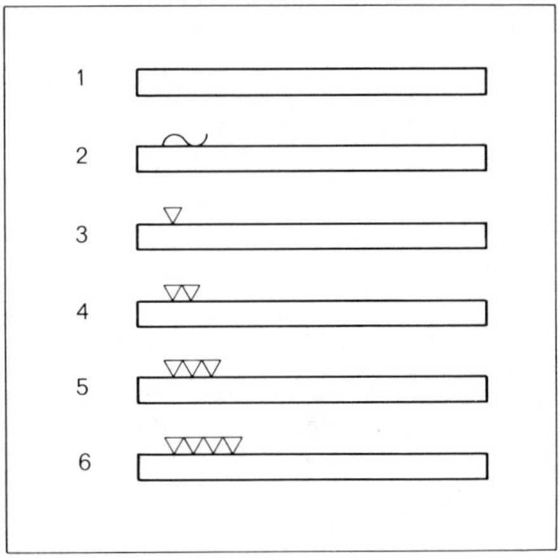

vier auf der Spitze stehende gleichseitige Dreiecke werden die Oberflächen der Werkstücke gekennzeichnet. Reichen die angeführten Zeichen nicht aus, um die Bearbeitung einer Fläche zu kennzeichnen, dann muß die Behandlungsart mit einem Wort festgelegt werden (z. B. streichen, härten, polieren, verchromen usw.).

Schriftfeld für Zeichnungen

Die fertige Werkzeichnung erhält ein Schriftfeld. Dieses steht in der rechten unteren Ecke der Zeichnung und enthält den Namen des Urhebers und Bearbeiters, das Da-

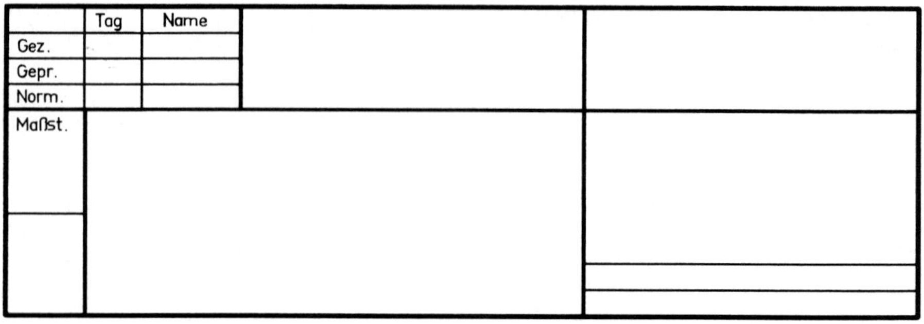

tum, den Namen der herstellenden Firma, den Zeichenmaßstab, eventuell eine Stückliste und die Anzahl der zur Zeichnung gehörigen Blattzahl verschiedener Detaildarstellungen.

Fotografie

Werbefotografie

Im vorigen Jahrhundert waren Industrie und Handel ausschließlich auf Maler und Grafiker angewiesen, wenn sie mit Abbildungen für ihre Produkte werben wollten.
Heute entstehen die Bilder beim Studio-Fotografen. Die fotografischen Mittel geben die Möglichkeit, Menschen, Tiere, die Natur und materielle Gegenstände so darzustellen, wie sie das menschliche Auge sieht. Das kann sowohl ein umfassender Panoramablick in die Landschaft, als auch die Betrachtung eines Details davon sein.
Doch erschließt die Kamera auch Dinge, die man mit bloßem Augen nicht sieht, weil sie sich aus der Umgebung nicht abheben, oder weil der Gegenstand zu klein ist, um ihn ohne Lupe oder Mikroskop betrachten zu können. Die Kamera fixiert eine Bewegung, die mit unserem Auge nur als kontinuierlicher Bewegungsablauf erfaßt werden kann. Mit kürzesten Verschlußzeiten oder mit Zuhilfenahme eines Blitzlichtes werden solche Aufnahmen gemacht.
Die fotografischen Darstellungsmethoden umfassen alle Gebiete, von der gebauten gegenständlichen Aufnahme im Atelier über die Architekturaufnahme im Freien bis zum Schnappschuß. Die Fototechnik ermöglicht auch Reproduktionen von Halbtonvorlagen, um sie etwa für einen Entwurf maßstäblich zu verändern oder einbauen zu können.
Die fotografischen Methoden der Werbefotografie und Fotografik setzen die Anschaffung der nötigen Geräte voraus, oder die Möglichkeit, in einem Fotoatelier und einer Dunkelkammer arbeiten zu können. Es werden im folgenden speziell die Anwendungsmöglichkeiten der Fotografie für die Werbung behandelt. Die Grundbegriffe des Fotografierens, das heißt die Handhabung einer Kamera und die Grundkenntnis des Negativ- und Positivprozesses müssen als bekannt vorausgesetzt werden.

Aufnahmetechnik

Gegenständliche Aufnahmen

Aufbau und Format

Das Hauptanwendungsgebiet der Fotografie liegt im Bereich der Atelieraufnahme, vorwiegend in arrangierter, gegenständlicher Art. Unter „arrangiert“ versteht man eine bewußt gestaltete Aufnahme, der eine besondere Absicht zugrunde liegt.
Es ist ratsam, vor der Aufnahme eine oder mehrere Ideenskizzen zu Papier zu bringen, um bei ihrer Durchführung keinen Zeitverlust zu haben. So lassen sich die einzelnen Aufnahmen bewußt gestalten und Überraschungen, abge-

sehen von Belichtungs- oder Entwicklungsfehlern, werden ausgeschaltet.
Der Ausschnitt des beabsichtigten Papierbildes sollte schon bei der Aufnahme berücksichtigt werden. Bildteile, die bereits im Negativ fehlen, sind nachträglich nicht mehr zu ersetzen. Deshalb ist es empfehlenswert, die Bildränder bei der Aufnahme nicht zu knapp zu bemessen, das heißt einen Gegenstand nicht zu knapp in das Sucher- oder Mattscheibenformat zu setzen. Man entfernt lieber die Kamera etwas vom Aufnahmeobjekt und vergrößert dadurch das Bildfeld. Der geeignete Ausschnitt wird erst bei dem Vergrößern auf dem Papier bestimmt.

Materialwirkung und Plastik

Bei der Aufnahme eines oder mehrerer Gegenstände soll auf dem fertigen Bild das Material, aus dem der Gegenstand geformt ist, erkennbar sein. Metallische Gegenstände dürfen nicht wie aus Gips gefertigt oder Gläser wie aus undurchsichtigem Metall geformt aussehen. Eine materialechte Darstellung ist auf die Wahl des Hintergrundes und auf die Beleuchtung zurückzuführen, die so günstig zusammentreffen müssen, daß die Plastik des Aufnahmeobjektes bestmöglichst wieder auf dem Bild erscheint.

Filmmaterial für die Schwarzweißfotografie

Man verlangt von einem Schwarzweiß-Foto, daß die abgebildeten Aufnahmeobjekte in richtigen Grautonwerten wiedergegeben werden; dies wird durch richtiges Ausleuchten und geeignete Wahl des Aufnahmematerials errreicht. Es gibt orthochromatische und panchromatische Filme. Erstere besitzen eine Empfindlichkeit für alle Farben, außer rot. Sie geben alle Farben tonwertrichtig wieder, bis auf die Farbe Rot, die keine Belichtungsspuren auf dem Film hinterläßt. Orthochromatisches Aufnahmematerial wird vorwiegend für Reproduktionen von Strich- und schwarzweißen Halbtonvorlagen verwendet. Man kann es bei gedämpften roten Licht entwickeln.
Panchromatische Filme hingegen sind auch für Rot empfindlich. Sie geben sämtliche Farben tonwertrichtig wieder und dürfen nur bei völliger Dunkelheit oder bei dunkelgrünem Licht entwickelt werden.
Schwarzweißfilme werden in verschiedenen Empfindlichkeiten hergestellt. Die Empfindlichkeit wird in DIN-Graden oder ASA angegeben.
Niedrig empfindliche Filme zeichnen extrem scharf, sie sind feinkörniger als hochempfindliche Filme. Die Emp-

findlichkeitssteigerung führt zwangsläufig zu einer Vergrößerung der Bromsilberkörner in der Filmschicht.

Farbig fotografieren

Die Technik des Farbfotografierens unterscheidet sich im wesentlichen nicht von der Schwarzweiß-Aufnahme. Jede moderne Kamera ist für das Farbfotografieren geeignet. Der übliche Schwarzweiß-Film wird in der Normalkamera durch den Farbfilm ersetzt. Der Film wird gemäß seiner Empfindlichkeit exponiert und zum Entwickeln einem Fotohändler übergeben oder einer auf der Filmpackung empfohlene Entwicklungsanstalt zugesandt.
Das „Selbstentwickeln" von Farbdiapositivfilmen lohnt nicht, da es mit erheblichem Aufwand an Zeit und Kosten und mit einem gewissen Risiko für das Gelingen verbunden ist. Der Entwicklungsprozeß eines Farbumkehrfilmes setzt sich aus ca. 15 Einzelphasen zusammen. Dabei müssen alle Bäder auf gleicher Temperatur gehalten werden. Bei den meisten Filmfabrikaten ist die Entwicklung des Filmes schon im Kaufpreis enthalten.

Filmsorten

Bei Farbfilmen unterscheidet man zunächst zwei verschiedene Sorten, die sogenannte Colornegativfilme und die Colorumkehrfilme. Erstere liefern ein farbiges Negativ; alle Farben erscheinen auf diesem Negativ komplementär zu den Originalfarben. Es werden beispielsweise eine Wiese purpurrot, hingegen rote Lippen blaugrün wiedergegeben. Von einem solchen Colornegativ kann man eine farbige Papiervergrößerung herstellen, die wieder die natürlichen Farben zeigt.
Farbumkehrfilme zeigen nach der Entwicklung die originalgetreue Farbwiedergabe des Aufnahmeobjektes als transparentes Bild, dem sogenannten Farbdia. Dieses garantiert, sofern es exakt belichtet wurde, eine farbrichtige Wiedergabe des Aufnahmeobjektes. Mit verhältnismäßig geringem Kostenaufwand erhält man ein brauchbares positives Farbbild, das als solches der Reproduktionsanstalt als Druckvorlage dient.
Colornegativfilme und Colorumkehrfilme werden in verschiedenen Empfindlichkeiten hergestellt. Die Empfindlichkeit wird in DIN-Graden oder ASA gemessen.

Eigenschaften der Farbfilme

Bei farbigem Fotografieren sind einige Dinge zu beachten, um Fehler zu vermeiden.

Zunächst werden Farbfilme in die sogenannten Tageslichtfilme und Kunstlichtfilme unterschieden. Tageslichtfilme sind nur bei Tag oder bei Verwendung eines Elektronenblitzgerätes oder blaugefärbten Kolbenblitzen verwendbar. Kunstlichtfilme sind wegen des verminderten Blauanteils des Kunstlichtes und des überwiegenden Gelbanteils desselben nur in Verbindung mit den auf der Filmpackung empfohlenen Lampen zu verarbeiten. Würde man einen Tageslichtfilm zu Kunstlichtaufnahmen verwenden, entstünde ein Farbbild mit starkem Gelbrotstich.
Dies kann in Sonderfällen wünschenswert sein, wenn man diese Farbverzerrung bewußt herbeiführen will.
Auch das Tageslicht verzerrt je nach Zeit und Witterung gering die Farben. Der Blauanteil des Tageslichtes ist mittags am stärksten; er kann das Farbbild so beeinflussen, daß es bei starkem Sonnenlicht in der Gesamtheit blaustichig wird. Deshalb sollte man es sich zur Regel machen, möglichst nicht in der Mittagspause zu fotografieren.
Das menschliche Auge unterliegt der Farbadaptation. Dies besagt, daß es sich sehr leicht auf die vorhersagende Beleuchtungsfarbe umstellt und alles in dem gewohnten Farbton sieht, das heißt, ein bestimmter, stark farbiger Gegenstand verändert sich für unser Auge nicht. Er bleibt an sonnigen wie an regnerischen Tagen, auch bei Kunstlicht oder an der See scheinbar unverändert. Der Farbfilm jedoch registriert all diese Beleuchtungsunterschiede.

Es gibt Möglichkeiten, diese Beleuchtungsunterschiede durch entsprechende Farbkonversionsfilter zu korrigieren. Die Filter werden vor das Aufnahmeobjekt gesetzt, wodurch die vorhandene „Farbtemperatur" des Tageslichtes entsprechend ausgeglichen wird; die Farbtemperatur wird in „Kelvin-Graden" gemessen (→ Seite 233). Die meisten Farbumkehrfilme sind auf eine durchschnittliche Tageslichttemperatur von 5500° K — 5600° K, die Kunstlichtfilme auf 3100° K — 3200° K abgestimmt.
Zeigt der Farbtemperaturmesser die auf der Filmpackung angeführten Kelvin-Grade an, dann ist die vorherrschende Beleuchtung dazu geeignet, eine farbstichfreie Aufnahme zu exponieren. Im anderen Fall ermöglicht der Farbtemperaturmesser eine direkte Filterbestimmung. Die Verwendung von speziellen Farbkonversionsfiltern ist nur dann erforderlich, wenn eine absolut originalgetreue Farbwiedergabe des Aufnahmeobjektes erwünscht ist. Eine solche Aufnahme hält bei günstigen Bedingungen sogar einem direkten Vergleich von Original zur Aufnahme stand. Für den Normalfall sind die heutigen Farbdiapositivfilme auf

einen durchschnittlichen Mittelwert der Beleuchtungstemperatur abgestimmt und als solche geeignet, auch ohne Filter gute Farbdias zu liefern.
Typenbezeichnung für Colornegativmaterial:
Type S (Short exposure) = Tageslichtfilm
Type L (Long exposure) = Kunstlichtfilm
Typenbezeichnung für Colorumkehrfilmmaterial:
Daylight/Flash = Tageslicht/Blitz
Tungsten = Kunstlicht

Objektivbrennweiten

Jedes Objektiv entwirft ein kreisförmiges Bild. In seinem Bereich muß das Negativformat mit seinen Begrenzungen liegen, damit das Bildfeld gleichmäßig ausgeleuchtet wird. Wenn die Brennweite der Negativdiagonale entspricht, wird ein solches Objektiv als Universal- oder Normalobjektiv bezeichnet.

1. Normalobjektive geben das Bild so wieder, wie wir es mit unserem Auge sehen, das heißt in gleicher Perspektive. Normalobjektive erfassen einen Bildwinkel von 45—60 Grad.

Normalobjektiv
Negativdiagonale = Brennweite

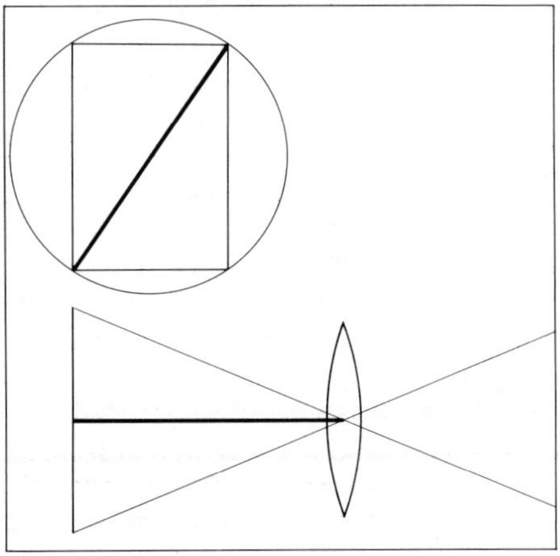

2. Neben Normalobjektiven verwendet man auch Weitwinkelobjektive. Diese haben eine kürzere Brennweite und daher einen größeren Bildwinkel (ca. 60—90 Grad).
Weitwinkelobjektive werden verwendet, wenn die örtlichen Verhältnisse es nicht gestatten, genügend weit zurückzutreten, um das ganze Bildfeld mit einzubeziehen; ein Problem, das bei der Aufnahme eines Innenraumes immer wieder auftritt. Diese Objektive verändern natürlich auch die Perspektive. Der Hintergrund wird entfernt und kleiner

1 Weitwinkelobjektiv
2 Normalobjektiv
3 Langbrennweitiges Objektiv

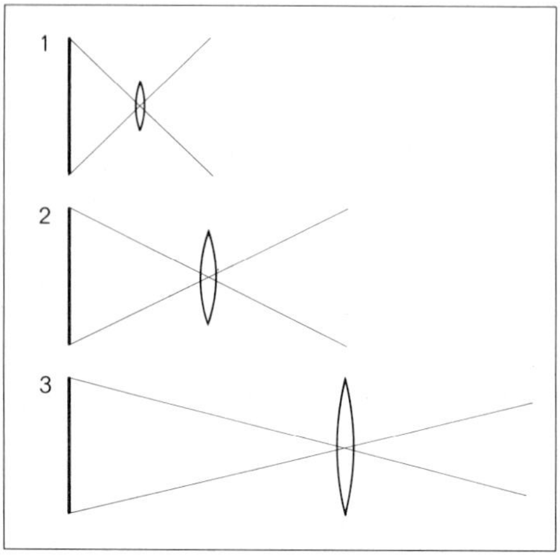

dargestellt, während der Vordergrund unverhältnismäßig vergrößert in Erscheinung tritt. Bei Innenraumaufnahmen wirkt der Raum auf dem Bild dann wesentlich geräumiger und weiter.

Diese Eigenart der Weitwinkelobjektive läßt sich bewußt ausnutzen, wenn das darzustellende Objekt beherrschend vor der Tiefe des Hintergrundes stehen soll.

3. Langbrennweitige Objektive

Wie jede abnormale Brennweite verändern auch langbrennweitige Objektive die Perspektive des Aufnahmeobjektes. Im verkleinerten Bildwinkel von etwa 30—35 Grad rückt die Nähe und die Ferne zusammen; der Abstand zueinander wird scheinbar verkürzt. Teleobjektive haben auch eine lange Brennweite, ohne deshalb einen besonders langen Auszug zu erfordern; das hängt mit ihrer besonderen Bauart zusammen.

Betonung einzelner Bildelemente

In der Werbefotografie stellt man sich mitunter die Aufgabe, einzelne Bildelemente im Gesamtaufbau besonders zu betonen. Das Einzelobjekt, auf das es ankommt, soll den Blick des Betrachters fesseln. Der Umgebung kommt nur die Ortsbestimmung der Situation zu. Sie ist nur Untermalung und muß daher zurückgedrängt erscheinen. Absichten dieser Art lassen sich durch Wahl der geeigneten Brennweite erreichen, einerseits um den Hintergrund entfernter, andererseits um ihn näher in Erscheinung treten zu lassen.

1. Glänzend oder matt

Die Betonung einzelner Bildelemente wird auch durch Hervorhebung verschiedener Oberflächen der dargestellten Objekte gegenüber dem Hintergrund erreicht. Wenn der zu betonende Gegenstand etwa eine hochglänzende Oberfläche aufweist, wählt man seine Umgebung in matten Farbtönen. Durch geeignete Beleuchtung wird der Glanz noch gesteigert. Die Methode eignet sich vor allem für glänzende Chrombestecke oder geschliffene Gläser. Als Hintergrund sind tiefmatte „Velourpapiere" oder Samtstoffe gut geeignet.

2. Pseudoplastik durch unscharfes Einstellen
Beim „Abblenden", so nennt man das Regulieren des Lichteinfalls am Objekt, verändert sich die Schärfentiefe. Auch das menschliche Auge kann jeweils nur den Vordergrund oder den Hintergrund getrennt scharf sehen. Vorder- und Hintergrund gleichzeitig scharf zu sehen, gelingt nur, wenn beide Objekte in einem bestimmten Mindestabstand vom Auge entfernt sind und wenn sie gleiche Helligkeit haben. An der Kamera kann bei offener Blende entweder auf den Vordergrund oder auf den Hintergrund scharf eingestellt werden. Hingegen nimmt die Schärfentiefe beim Abblenden zu, das heißt, bei kleinster Blende erhält man Vorder- und Hintergrund etwa gleichmäßig scharf. Der Schärfentiefebereich ist auf dem Schärfentiefering der Kamera ablesbar. Die Möglichkeit des Scharfeinstellens auf ein bestimmtes Objekt, wobei der Hintergrund unscharf bleibt, läßt sich nutzbar machen, falls die Absicht besteht, ein Bildelement von der Umgebung und vom Hintergrund loszulösen. Mit Weitwinkelobjektiven läßt sich diese Absicht nicht erreichen, da sie sich schon durch einen großen Schärfentiefebereich auszeichnen.

3. Pseudoplastik durch Bewegungsunschärfe
Bewegungsunschärfe entsteht, wenn der Bewegungsablauf schneller als der Augenblick der Belichtung ist. Das bewegte Objekt wird unscharf mit der Bewegungsrichtung in wolkigen Streifen dargestellt.
Beispielsweise soll ein Ausstellungsobjekt fotografiert werden; um dem Betrachter des Bildes den richtigen Eindruck der Größenverhältnisse dieses Objektes zu vermitteln und gleichzeitig die Atmosphäre der Ausstellung wiederzugeben, müssen Personen mit dargestellt werden. Vor allem soll das Objekt für sich als Wichtigstes wirken. Wird auf das Objekt scharf eingestellt, wobei man die Kamera zweckmäßig auf ein Stativ fixiert, um bei verlängerter Belichtungszeit nicht zu „verwackeln", und läßt man Personen hinter dem Objekt vorbeigehen, so werden sie bei verlängerter Belichtungszeit bewegungsunscharf hinter konturenscharfem Ausstellungsobjekt abgebildet. Der Ausfall der Aufnahme ist vorher nicht kontrollierbar. Deshalb ist es

BRAUN

Elektronenblitzgerät Braun Hobby F 260

Leitzahl 18, Blitzfolge 8 sec, Blitzzahl 60, NC-Akku eingebaut

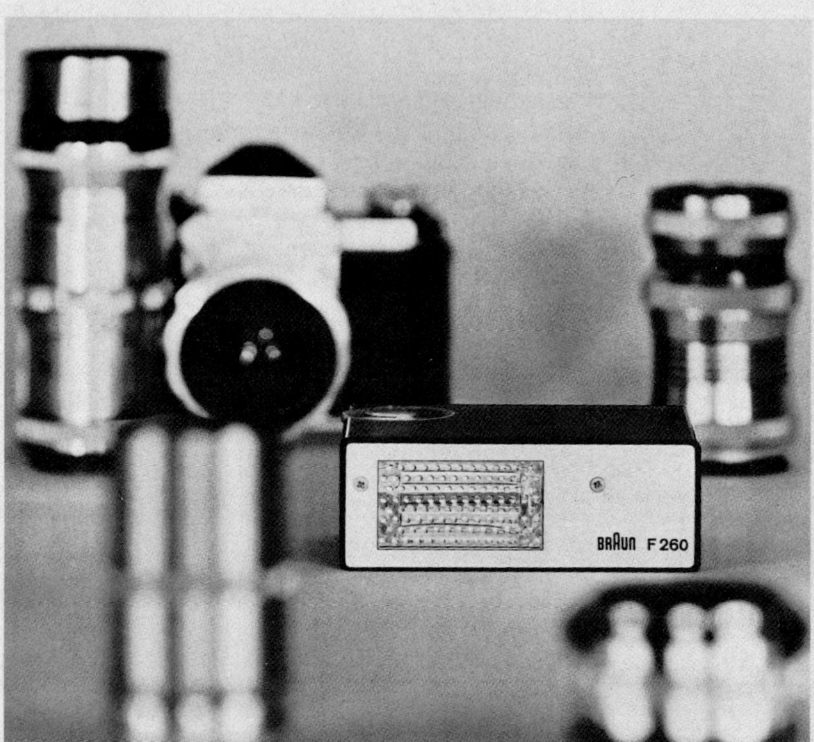

In einem einzigen kleinen Gehäuse sind die Blitzlampe und das ganze »Elektrizitätswerk«, das die notwendige Energie speichert und erzeugt, zusammengefaßt. Das Gerät ist klein und handlich, es hat keine hervortretenden Kanten und Vorsprünge. Es läßt sich leicht in der Rocktasche mitnehmen.
Mit dem umsteckbaren Fuß kann es senk- oder waagerecht, so wie es die Bedienung jeweils erfordert, in den Steckschuh der Kamera gesteckt werden. Kameras ohne Steckschuh können durch eine Kameraschiene mit dem Blitzgerät verbunden werden. Das Gehäuse besteht aus kratzfestem Novodur. Die metallene Frontplatte, in die der Reflektor eingelassen ist, verleiht dem Gerät zusammen mit der zeitlosen Linienführung ein ansprechendes Äußeres und macht es mit seiner präzisen Verarbeitung zu einem ebenbürtigen Partner moderner Kameras.
Der F 260 hat einen eingebauten NC-Akku, der mit dem mitgelieferten Netz-Ladegerät immer wieder aufgeladen werden kann. Eine Akkuladung reicht für 60 Blitzaufnahmen. Eine vollelektronische Schaltautomatik sorgt für sparsamen Akkuverbrauch und konstante Lichtstärke.
Braun Hobby F 260 ist ein volltransistorisiertes Elektronenblitzgerät, das trotz seiner Kleinheit eine erstaunliche Lichtleistung hat. Der farbkorrigierte Reflektor strahlt ein Blitzlicht wie Tageslicht aus.

Pseudoplastik durch unscharfes Einstellen: Die Schärfe wurde auf das Elektronenblitzgerät eingestellt.

empfehlenswert, mehrere Aufnahmen mit Wechseln der Zeiten, in diesem Fall innerhalb der Bereiche von $\frac{1}{4}$ bis $\frac{1}{30}$ Sekunde, zu machen. Auch der umgekehrte Fall kann eintreten, wenn das bewegte Objekt scharf und der Hintergrund unscharf abgebildet werden sollen, wie bei einem fahrenden Motorrad, einem Auto, einem Zug oder ähnlichem. Bei solchen Aufnahmen wählt man nicht die kürzeste Belichtungszeit, sondern zieht die Kamera in der Bewegungsrichtung mit, wobei das „Bewegte" stets im Suchermittelpunkt bleibt und der Auslöser während des „Mitziehens" betätigt wird.

4. Distanzieren durch Aufnahmemontage
Sollten die angeführten Möglichkeiten des Distanzierens einzelner Bildelemente einmal nicht ausreichen, um eine Bildidee sinnfällig zu verwirklichen, bleibt noch die Anwendung der Aufnahmemontage. Die Werbefotografie verlangt

Darstellung einer Bewegung
Aufnahme mit starrer Kamera und langer Belichtungszeit (1/30 Sekunde)
Das fahrende Auto wird bewegt vor scharfem Hintergrund abgebildet.

Bewegungsunschärfe durch Mitziehen der Kamera in Fahrtrichtung, Belichtungszeit 1/30 Sekunde
Das bewegte Objekt wird vor verwischtem Hintergrund scharf abgebildet.

mitunter Bildsituationen, die mit normalen Mitteln nicht geschaffen werden können. Die Situation ist entweder überhaupt nicht, oder nur unter besonderen Umständen mit erheblichem Zeit- und Regieaufwand herbeizuführen. In solchem Fall hilft nur „echter" Schwindel. Man überwindet die Schwierigkeiten durch eine gute Montage. Die verschiedenen Möglichkeiten dafür werden noch angeführt.

Beleuchtung

Das Erfolgsrezept für eine gute Sachaufnahme ist nicht nur die gebaute Staffage, sondern auch die richtige sinngemäße Beleuchtung. Im Licht wird die Form des Aufnahmeobjektes offenbar, es bringt die Bildidee zum Ausdruck. Licht und Beleuchtung können unterschiedlich sein. Man unterscheidet harte und weiche Beleuchtungen.

1. Beleuchtung im Freien
   Im Freien unterscheidet man vier Beleuchtungsrichtungen:
   Rücklicht — die Sonne steht im Rücken,
   schräges Rücklicht — die Sonnenstrahlen fallen seitlich, rechts oder links hinter der Kamera ein,
   Seitenlicht — die Sonnenstrahlen fallen seitlich ein,
   Gegenlicht — die Sonne steht hinter dem Aufnahmeobjekt. Diese Beleuchtungsrichtungen nehmen Einfluß auf die Wiedergabe des Motivs. Als „allround"-Beleuchtung kann schräges Rücklicht oder Seitenlicht gelten. Der Schatten fällt dann entweder in den Hintergrund oder tritt seitlich sichtbar in Erscheinung. Weniger günstig ist direktes Rücklicht bei tiefstehender Sonne. Der Schatten des Fotografen kommt dabei mit auf das Bild. Bei Gegenlichtaufnahmen wird nur der Schatten des Objektes fotografiert. Man muß die Belichtungszeit entsprechend verlängern. Bei Motiven mit starkem Schlagschatten gilt als Faustregel, daß immer auf die Schatten belichtet werden muß, das heißt, man ermittelt die geeignete Belichtungszeit für die Aufnahme mit einem Belichtungsmesser im Schatten des Objektes. Um Überstrahlungen zu verhindern, verwendet man Sonnenblenden, welche die schräg einfallenden Sonnenstrahlen abschirmen.
2. Beleuchtung mit Kunstlicht
   Als einfache und zugleich auch universell verwendbare Lichtquelle für Atelieraufnahmen eignen sich Fotolampen der Type B.
   Sie werden in einem Reflektor verwendet. Dieser strahlt das Licht in eine Richtung, dadurch wird auch die Lichtausbeute der Lampen größer. Es gibt auch Fotolampen mit einer eigenen Reflexionsschicht; diese sind innen verspie-

gelt. Diese Lampen können auch ohne Reflektor verwendet werden; sie geben ein gleichmäßig gestreutes Licht mit einer Farbtemperatur von 3200° K.
Für Farbaufnahmen verwendet man einen auf den erhöhten Rotanteil des Lichtes abgestimmten Kunstlicht-Farbumkehrfilm oder einen Farbnegativfilm der Type L (Long exposure), der der Farbtemperatur der Fotolampen entspricht. Die Kelvin-Grade können mit einem Farbtemperaturmesser ermittelt werden.

Fotolampen der Type S haben einen höheren Blauanteil der durch einen passenden Filter vor der Optik auf 3200° K reduziert werden muß:
Fotolampen Typ S (Quarz-Jod-Lampen, Photoflood Lampen) mit einer Farbtemperatur von 3400° K — Reduktion mit Kodak Wratten Filter Nr. 81 A.
Halogen Filmleuchten mit einer Farbtemperatur von 3850° K — Reduktion mit Kodak Wratten Filter Nr. 81 EF.

Für die Schwarzweißfotografie sind auch einfache Glühlampen geeignet, sofern sie mattiert oder als Opallampe ausgeführt sind. Lampen unter 100 Watt sollte man nicht verwenden. Sie sind als Lichtquelle zu schwach, man müßte die Aufnahmen zu lange exponieren: Bei normalen Glühlampen erübrigt sich der Reflektor nicht.
Kunstlicht ist reich an roten Strahlen, deshalb kann die Empfindlichkeit orthochromatischer Filme nicht ausreichend ausgenutzt werden. Man bevorzugt panchromatische Emulsionen.

Die Lichtintensität der Lampen nimmt mit dem Quadrat der Entfernung ab, das heißt, die Lampe beleuchtet aus 1 Meter Entfernung das Objekt 4mal so stark wie aus 2 Meter Entfernung. Beim Ermitteln der Belichtungszeit ist darauf Rücksicht zu nehmen, daß der elektrische Belichtungsmesser auf Tageslicht abgestimmt ist. Man multipliziert deshalb die bei Kunstlicht angezeigte Belichtungszeit mit einem Faktor:

Höchstempfindliche panchromatische Emulsionen
20—30 DIN 1,5
Normalempfindliche panchromatische Emulsionen
14—19 DIN 2

Die Empfindlichkeit von Kunstlicht-Farbfilmmaterial ist vom Hersteller so angegeben, daß die Werte des elektrischen Belichtungsmessers nicht verlängert werden müssen.

3. Beleuchtung mit einer Lampe
Wie im Freien kennt man 4 Beleuchtungsrichtungen, die sich mit der Kunstlichtlampe nach Wahl abwandeln lassen. Eine Einzellampe leuchtet das Objekt zwar ungenügend aus, kann aber als Effektbeleuchtung angewandt, einer ausgefallenen Bildidee nützlich sein.
Man unterscheidet:

3.1 Vorderlicht:
Die Lampe wird neben die Aufnahmekamera gestellt und das Objekt frontal angestrahlt. Diese Beleuchtung führt zwar zu flachen Bildern, strahlt jedoch das Objekt am stärksten an, das heißt, die Lichtausbeute ist bei der einzelnen Lampe am größten. Der Schatten fällt in den Hintergrund; er wird zumeist von dem Objekt verdeckt.

3.2 Scharfes Seitenlicht:
Die Lampe strahlt das Objekt seitlich an. Kamera-Objekt-Lampe bilden die Eckpunkte eines gleichschenkligen Dreiecks. Diese Beleuchtung führt zu einer starken Plastik und bewirkt harte Bilder. Der Schlagschatten fällt in Beleuchtungsrichtung auf die der Lampe gegenüberliegende Seite.

3.3 Oberlicht:
Die Lampe wird senkrecht über dem Objekt angebracht. Sie strahlt von oben nach unten. Die Stirnfläche des Objektes erhält das meiste Licht. Das Objekt steht im günstigsten Fall schattenlos auf der Bodenfläche, normalerweise ist es von einem schmalen Schattenring umgeben.

3.4 Gegenlicht:
Die Lampe steht hinter dem Objekt. Dieses wird von einem Strahlenring umgeben. Die Vorderansicht bleibt unausgeleuchtet. Der Schlagschatten kommt nach vorne auf die Kamera zu.

4. Beleuchtung mit einer Lampe und Aufhellschirm
Mit der Einzellampe gelingt es kaum, das Objekt aus einer der vier genannten Beleuchtungsrichtungen auszuleuchten. Um aber trotzdem mit nur einer Lampe das Licht etwas verteilen und auch bis einer zweiten Richtung anstrahlen zu können, verwendet man einen Aufhellschirm. Als solcher ist ein Bogen weißes Papier, noch besser eine auf Pappe kaschierte Aluminiumfolie oder ein spezieller Aufhellschirm geeignet. Der Aufhellschirm wird gegenüber der Lampe vertikal aufgestellt oder an einer improvisierten Vorrichtung befestigt und über dem Objekt von der Lampe angestrahlt. Der Schirm reflektiert die Lichtstrahlen, hellt die Schatten auf und mildert die Kontraste.

Vorderlicht

Scharfes Seitenlicht

Oberlicht

Gegenlicht

Beleuchtung mit einer Lampe
und Aufhellschirm

Beleuchtung mit zwei Lampen

5. Beleuchtung mit zwei Lampen

Verfügt man über zwei Lampen, erzielt man durch folgende Position eine günstige Beleuchtung: leicht seitliches Rücklicht, leicht seitliches Vorderlicht, eventuell zusätzlichen Aufhellschirm neben der Kamera. Will man den von der rückwärtigen Lampe nach vorne projizierten Schlagschatten mildern, benützt man das Vorderlicht als Streiflicht.

Zu diesem Zweck stellt man die Lampe so tief, daß die entsandten Lichtstrahlen parallel zur Bodenfläche das Objekt in horizontaler Richtung beleuchten.

Dabei wird der von der rückwärtigen Lampe gebildete Schlagschatten des Objektes aufgehellt. Die Schattenbildung des Vorderlichtes bleibt aus; es wird in die Unendlichkeit projiziert.

Weiche Beleuchtung

Die Beleuchtung mit einer oder zwei Lampen ist für kleinere Aufnahmeobjekte ausreichend. Für größere Gegenstände benötigt man mehrere Lampen, möglichst „Weichstrahler", um sie gleichmäßig ausleuchten zu können. Mit der steigenden Anzahl der Lampen werden auch die Schattenbilder aus den verschiedenen Beleuchtungsrichtungen vervielfacht.

Weichstrahler sind wannenförmig gebaute Beleuchtungskörper, die mit einer größeren Anzahl von Lampen bestückt sind. Die Fülle der Lampen bewirkt eine breite Streuung des Lichtes, und damit eine weiche Beleuchtung. Neuerdings sind solche Lichtwannen mit Leuchtstofflampen ausgerüstet; sie ergeben ein besonderes weiches Licht, sind jedoch für Farbaufnahmen ungeeignet, weil einzelne Komponenten des Farbenspektrums fehlen. Für Schwarz-Weiß-Aufnahmen angewandt, erzielt man mit einer solchen Lichtwanne eine vorzügliche weich modulierte Ausleuchtung.

1. Lichtzelt

Eine weiche Streulichtbeleuchtung kann man auch mit Hilfe einfacher Fotolampen im „Lichtzelt" erreichen. Ein solches Lichtzelt ist für Aufnahmen geeignet, deren Objekte durch das diffuse Licht weich moduliert und fast schattenlos ausgeleuchtet werden sollen. Es ist auch für Objekte mit hochglänzender Oberfläche, z. B. Besteckgarnituren, anwendbar, die unter normalen Bedingungen aufgenommen, die Lampenfäden und den Objektivring der Kamera in Form von Reflexlichtern auf der Oberfläche spiegeln würden. Das Lichtzelt besteht aus einem pyramidenförmigen Gerüst aus stärkerem verlöteten Draht, dessen Flä-

Pyramidenförmiges Lichtzelt

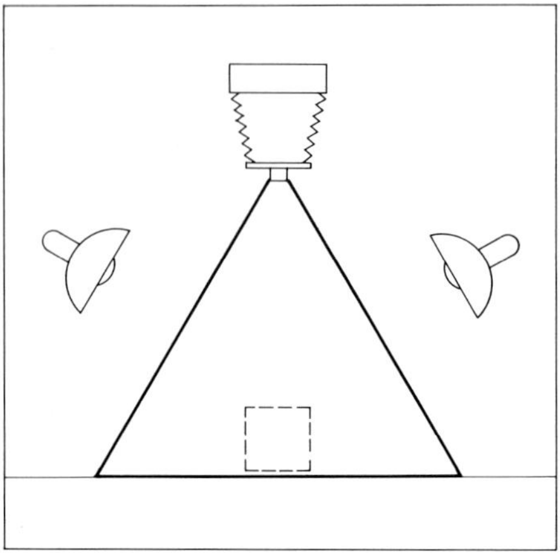

chen mit Ausnahme der Bodenfläche, mit Transparentpapier bezogen sind. In eine dieser Flächen wird ein kreisrundes Loch, passend für das Objekt der Kamera, geschnitten. Das Zelt wird nun von allen Seiten gleichmäßig mit Lampen angestrahlt. Die Bodenfläche legt man nach Wahl mit Papier oder mit hellem oder dunklem Tuch aus.
Nach Bedarf kann ein solches Lichtzelt auch andere Formen annehmen, zum Beispiel die eines Würfels, einer Rechtecksäule oder eines Zylinders.

2. Bewegtes Licht

Ein besonderes Kapitel in der Aufnahmetechnik nehmen Trinkgläser und hochglänzende metallische Gegenstände mit runden Querschnitt ein. Jede Lampe, die auf ein solches Objekt strahlt, bewirkt ein Glanzlicht in Form des Beleuchtungskörpers, das heißt, die Lampe bildet sich als Reflexlicht ab.
Man könnte solche Aufnahmen auch im Lichtzelt machen und würde die Reflexlichter dadurch beseitigen, müßte es aber in Kauf nehmen, daß durch die fehlenden Glanzlichter der Aufnahmegegenstand flach, das heißt körperlos wird. Das Typische am Glas geht verloren. Man behilft sich in solch einem Fall mit „bewegtem Licht". Das Objekt wird durch eine bis zwei Lampen mit vorgesetztem Streuschirm, einem mit Seide oder Organza bezogenen Ring aus Draht, den man vor der Lampe anbringt, in Seitenlicht und schrägem Rücklicht so beleuchtet, bis auf der Mattscheibe der Kamera keine störenden Spiegelungen mehr sichtbar sind. Die dritte Lampe, als Vorderlicht angewandt, würde nun erst ein sichtbares Reflexbild hervorrufen. Dieses Vorderlicht bewegt man jedoch während der Aufnahme, das heißt, man blendet stark ab, um eine verlängerte

Glasaufnahme ohne Reflexfilter

Belichtungszeit zu erreichen, nimmt die stativlose Lampe in die Hand und malt gleichsam durch Auf- und Abwärtsbewegen der Lampe während der Belichtung ein streifenförmiges, gleichmäßiges Glanzlicht auf das Glas oder die Silberdose.

Beseitigung von Reflexlichtern

Trotz diffuser Beleuchtung ist das Fotografieren glänzender Gegenstände dennoch oft problematisch. Es machen sich störende Reflexlichter bemerkbar, die man aber mit verschiedenen Kniffen beseitigen kann.
Glänzende Gegenstände werden mattiert, wenn man sie mit Magnesiumoxyd anräuchert, indem man einen Streifen Magnesiumband abbrennen läßt. Bei silbernen Bechern oder Schalen hilft auch das Füllen derselben mit Eiswasser, wobei sie von außen leicht beschlagen. Starke Spritzlichter kann man durch Betupfen mit Modellierkitt mattieren. Sehr praktisch erweist sich auch ein Mattierungsüberzug aus der Sprühdose (Krylon Dulling Spray).
Durch Anwendung eines sogenannten „Polarisationsfilters“ werden bei Innenaufnahmen und Aufnahmen im Freien störende Glanzlichter und Spiegelungen gemildert und teilweise ganz ausgeschaltet. Der vor das Aufnahmeobjekt gesetzte Polarisationsfilter ordnet die vorher in alle Richtungen schwingenden Lichtstrahlen parallel zueinander, wodurch die Glanzlichter ausgelöscht oder zumindest gemildert werden.

Harte Beleuchtung

Harte Beleuchtung erzielt man mit punktförmig gerichteten Scheinwerfern. Solch einen Scheinwerfer für fotografische Aufnahmezwecke nennt man „Spot-Light“. Diese Lampe beleuchtet, auf eine Fläche gestrahlt, eine kreisförmige Stelle, wobei die übrigen Partien dunkel bleiben. Das Licht kann mit diesem Gerät punktförmig gerichtet werden. Spot-Lights verwendet man für speziellere Aufnahmezwecke, vornehmlich für solche, bei denen ein Bildelement durch stärkere Beleuchtung betont werden soll, während die übrigen Bildteile schwächer ausgeleuchtet bleiben.

Beleuchtung mit Elektronenblitz

Elektronenblitze erzeugen eine harte tageslichtähnliche Beleuchtung. Ein Vorteil ist seine extrem kurze Belichtungszeit, dadurch werden bewegte Objekte unverwischt erfaßt. Ein Nachteil der Elektronenblitzbeleuchtung ist die fehlende Kontrolle der Beleuchtungsrichtung und der möglicherweise daraus entstehenden störenden Reflexe. Ein Pilotlicht, das mit der Blitzleuchte parallel montiert ist, kann da etwas abhelfen.
Eine professionelle Studioblitzanlage sollte am Generator vier Anschlüsse für Blitzleuchten haben und mit Weichstrahler- und Schirmreflektoren bestückt sein. Als Farbumkehrfilm wird Tageslichtmaterial mit einer Farbabstimmung von 5500° K — 5600° K verwendet. Als Farbnegativfilm verwendet man Emulsionen mit kurzer Belichtungszeit der Type S (Short exposure). Die Belichtungszeit wird mit einem Blitzbelichtungsmesser ermittelt. Moderne Elektronenblitzanlagen, meist in Kombination mit speziell darauf eingerichteten Kleinbildsystemkameras, sind mit einem Sensor ausgestattet, der den Ist-Wert der Blitzbelichtung an den Computer im Gerät meldet, der wiederum die Belichtung mit dem vorprogrammierten Soll-Wert vergleicht und den Blitz unterbricht, wenn beide Werte übereinstimmen.

Schattenrisse

Schattenrißaufnahmen sind vor einer weißen Wand einfach herzustellen. In einem dunklen Raum wird die Wand mit mehreren Lampen stark seitlich angestrahlt. Das im Abstand vor der Wand plazierte Objekt erhält dabei kein Licht. Es zeichnet sich als Silhouette vor der weißen Wand ab.
Schattenrißaufnahmen kann man auch hinter einer halbtransparenten Stoffwand arrangieren. Das Objekt, welches allerdings so groß sein muß, daß es körperlich die Lampe verdecken kann, wird im Gegenlicht angestrahlt.

Schattenrißaufnahme
Die Kirschen werden als Silhouetten abgebildet.

Wahl des Hintergrundes

Die Wahl des geeigneten Hintergrundes, Stoffstruktur oder ähnliche glatte Materialien, werden von der Farbe des Objektes abhängig gemacht. Bei dunklen Aufnahmeobjekten wird man einen hellen Hintergrund wählen, hingegen bei hellen Objekten einen solchen in dunkler Farbe bevorzugen, falls das Objekt stark in Erscheinung treten soll. Dies soll aber nicht heißen, so „muß" man es machen. Aufnahmen von weißem Porzellan auf weißem Hintergrund aufgenommen, kommen gut zur Geltung.

1. Aufnahmen auf weißem Grund

Im Gebrauch der fotografischen Darstellungsmittel bei Sachaufnahmen, fällt die Wahl meist auf einen weißen oder tiefschwarzen Hintergrund, das heißt, man wünscht in der fertigen Aufnahme das Objekt auf rein weißem oder kräftig schwarzem Grund zu sehen. Will man dies erreichen, muß das Aufnahmeobjekt mit seiner Bodenfläche und allen vertikalen Ansichtsflächen auf einem einheitlichen Grund stehen. Einen rein weißen Hintergrund erhält man, wenn man ihm eine gekrümmte Form gibt, dabei geht die horizontale Bodenfläche nicht über einen sichtbaren Bruch, sondern vielmehr bogenförmig in die vertikale Hintergrundfläche über. Ein großer Bogen weißen Zeichenpapiers ist für eine solche Aufnahme gut geeignet. Man rückt die horizontale Bodenfläche, z. B. einen Tisch, gegen die Wand, befestigt die obere Bogenhälfte mit Reißbrettstiften oder Klebeband und stellt das Aufnahmeobjekt auf die untere, über die Tischplatte liegende Hälfte des Bogens.

Vordergrund und Hintergrund werden mit mehreren Lampen gleichmäßig ausgeleuchtet.

Gewölbter Karton für Aufnahmen vor weißem Hintergrund (Rundhorizont)

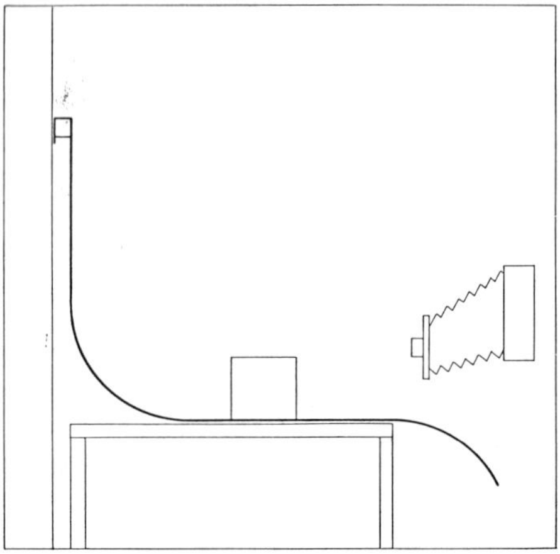

Aufnahme vor weißem Rundhorizont
Als breite Papierbahn geht die Bodenfläche ohne sichtbare Trennung in den vertikalen Hintergrund über.

1.1 Schattenlose Aufnahmen vor weißem Grund

Selbst auf blendend weißem Hintergrund benötigt man mehrere Lampen, am besten Weichstrahler, um das Objekt genügend auszuleuchten.

Dabei können die Schlagschatten durch geschickte Anordnung der Beleuchtung zwar ausreichend aufgehellt und dadurch weitgehend gemildert, aber nie restlos beseitigt werden. Für Aufnahmeobjekte, die mit der Kamera schräg von oben gesehen werden, das heißt aus einer Perspektive aufgenommen werden, die in einem nicht zu flachen Winkel zur Bodenfläche steht, ist es möglich, die Schattenbildung vollkommen zu beseitigen. Der Gegenstand wird in der Aufnahme gleichsam „freigestellt“, wie dies bei Druckretuschen auch durch Abdecken des Hintergrundes mit Deckweiß üblich ist. Um eine solche Aufnahme herzustellen, benötigt man folgenden Aufbau:

Aufnahme auf weißem Hintergrundkarton. Die zahlreichen Schlagschatten können auch mit diffuser Beleuchtung nicht beseitigt werden.

Die gleiche Aufnahme „freigestellt“ Das Objekt wurde auf einer Glasplatte über einem weißen Hintergrund erhöht.

Man stellt das Objekt auf eine gut polierte Spiegelglasplatte, die frei von Kratzern sein soll. Diese wird auf zwei Seiten mit Holzklötzen so unterlegt, daß sie parallel zur Bodenfläche (je nach Größe des Aufnahmeobjektes) 20 bis 50 cm und mehr erhöht ist. Auf die Bodenfläche unter der Glasplatte legt man weißes Papier und leuchtet die Fläche so aus, daß bei senkrechter Aufsicht der Eindruck einer geschlossenen, weißen Fläche entsteht. Beleuchtet man das Objekt seitlich von oben, so fällt der Schlagschatten durch die Glasplatte auf die weiße Bodenfläche, ist aber bei genügend schräger Beleuchtungsrichtung bereits außerhalb des sichtbaren Bildfeldes der Kamera und wird nicht mit abgebildet.
Für eine solche Aufnahme eignen sich auch Opalglasscheiben, wobei sich das Unterlegen der Scheibe mit weißem Papier erübrigt. Die Scheibe wird direkt im Gegenlicht

angestrahlt. Es entsteht eine gleichmäßige, weiße Bodenfläche und zugleich eine diffuse Beleuchtung des Gegenstandes mit Unterlicht. Eine bis zwei Lampen genügen, um das Objekt von oben zusätzlich auszuleuchten.

2. Aufnahmen vor schwarzem Grund

Aufnahmen vor schwarzem Hintergrund gelingen nur, wenn man das Objekt auf eine tiefmatte, das heißt samtartige Hintergrundfläche stellt. Gut geeignet für solche Aufnahmen sind Velourpapiere mit samtiger Oberfläche. Glänzende Unterlagen sind ungeeignet; die Lichtquelle bildet eine Glanzstelle auf dem Schwarz, die als heller Fleck auf dem Foto sichtbar wird.

Selbst mit tiefmatten Schwarzflächen ist es nicht einfach, einen gleichmäßig modulierten Hintergrund ohne Glanzstellen zu erzielen.

Der schwärzeste Hintergrund ist das Dunkel der Nacht. Was liegt also näher, als das Objekt am offenen Fenster gegen den Nachthimmel zu fotografieren. Das Objekt selbst kann ausreichend angestrahlt werden, ohne befürchten zu müssen, daß sich Reflexlichter im Hintergrund bemerkbar machen.

Verständlicherweise kann man nicht immer abwarten, bis es draußen dunkel ist. Es gibt noch eine andere Methode: Eine Kiste oder eine große Schachtel wird mit mattschwarzem Papier austapeziert oder mit matter Dispersionsfarbe innen angestrichen. Eine breite Fläche der Kiste bleibt offen. Am besten ist es, wenn man aus schwarzem Samtkarton und einigen Leisten einen halbierten Hohlzylinder bastelt, der gleichsam in der Längsrichtung geteilt wurde. Der Vorteil des gewölbten Hintergrundes, der mit je einem Halbkreis seitlich geschlossen wurde, wird durch diese Bauart ausgenutzt.

Aufnahme vor schwarzem Hintergrund
Das Bild ist vor einer
Dunkelkiste entstanden.

In diese „Dunkelkiste" stellt man nun das Objekt, und zwar so, daß die Vorderkante des Gegenstandes nur wenige Zentimeter von der offenen Frontfläche nach innen zurückgerückt wird.
Beleuchtet man das Objekt für die Aufnahme beidseitig aus schräg seitlicher Richtung, so wird es vor rein schwarzem Hintergrund abgebildet.

Der Dekorationsaufbau

Ein Werbefoto wirkt auf den Beschauer dann einprägsam, wenn ihm ein geordneter Dekorationsaufbau zugrunde liegt.
In solchen Fällen behilft man sich mit einer Quadratnetzeinteilung, die man auf eine Transparentfolie zeichnet und mit Klebeband auf der Mattscheibe befestigt. In neueren Kameras ist die Mattscheibeneinrichtung bereits mit einem solchen Raster versehen. Mit Hilfe dieses Rasternetzes schafft man sich bestimmte Orientierungspunkte, mit denen man den Aufbau leitet.
Ähnlich wie man auf einer Zeitschriftenseite oder auf einem Prospektblatt Bilder und Textspalten nach ihrer Zusammengehörigkeit in das Umbruchschema einsetzt, ordnet man die Gegenstände in linearer Beziehung zueinander.

Die fotografische Absicht

Die gebaute Aufnahme im Atelier setzt zur Durchführung ein Idee voraus. Die Aufnahme im Freien wird gleichfalls von einer bestimmten Absicht gelenkt. Das Bild nimmt eine bewußt gestaltete Form an.
Diesem Vorhaben legen sich jedoch größere Schwierigkeiten in den Weg, als dies im Innenraum der Fall ist. Während im Fotoatelier das Licht und das Objekt regulierbar sind, werden solche Aufnahmen im Freien nur mit viel Geduld bewältigt. Es passiert auch oft, daß trotz aller Mühe das gewollte Bild nicht zustande kommt. Entweder spielt das regnerische Wetter einen Streich, oder ist die jeweilige Jahreszeit für die Durchführung ungeeignet. Es kann aber vorkommen, daß eine Aufnahme mit Schneelandschaft ausgerechnet im Sommer gebraucht wird. Gewiß, man kann vieles improvisieren, aber damit nur selten die Voraussetzung erfüllen, die einer echten, nicht gestellten Aufnahme eigen ist.
In solchen Fällen hilft nur eins: „Der Griff in das Archiv." Man muß sich schon rechtzeititg ein Archiv anlegen. In einer solchen „Fotothek" sollen alle Dinge greifbar sein, die man möglicherweise einmal brauchen könnte.

Immer wieder gebraucht werden verschiedenste Strukturen, z. B. eine Ziegelmauer, ein Kopfsteinpflaster, eine Fläche mit Kieselsteinen, eine bewegte Wasseroberfläche, ein Kornfeld oder ähnliches. Diese Strukturen sind in der frontalen Ansicht oder in der Draufsicht aufgenommen als Hintergrund oder auch für Montagezwecke brauchbar. In einem geordneten Archiv aufbewahrt, ist das Negativ jederzeit zur Hand und kann beliebig vergrößert werden. Ebenso wertvoll wie Strukturaufnahmen sind Reportagefotos, z. B. von Konzerten und Theatern, von festlichen Veranstaltungen, Volksfesten, Staatsfeiertagen, besonderen, sich alljährlich wiederholenden Anlässen. Oft gebraucht werden auch Aufnahmen von Kindern oder Tieren als Porträtstudie oder als Schnappschuß während einer Handlung. Als Grafik-Designer ist man gezwungen, die Augen offen zu halten und ein nützliches Aufnahmeobjekt zu erkennen. Darum sollte man es sich zur Gewohnheit machen, stets eine Kamera mit sich zu führen.

1. Landschaft

Die Landschaftsfotografie wird erst mit einem gut gewählten Ausschnitt interessant, das Bild muß ein Zentrum aufweisen, welches bildbestimmend wirkt und den Mittelpunkt des Interesses beim Betrachten an sich zieht. Dieses Zentrum des Bildes kann auch durch einen betonten Vordergrund ersetzt werden. So wird ein Baum, ein Zweig oder ein Strauch bildbestimmend und hält das Auge fest. Landschaftsaufnahmen wirken bei sonniglieblichen Wetter am schwächsten. Die Naturstimmung erscheint auf dem Bild flach und ernüchternd, hingegen gewinnt die Landschaftsaufnahme z. B. vor einem Gewitter oder wenn ein Sturm aufkommt. Ebenso ist ein Wolkenbruch oder der hochsteigende Nebel in der Morgendämmerung als Fotomotiv interessant.

2. Architektur

Der sinnfällige Aufnahmestandpunkt ist der in Augenhöhe. Auch Bauwerke werden aus der Augenhöhe fotografiert. Aus diesem Standpunkt betrachtet, vermitteln sie den richtigen Eindruck. Die Plastik des aufzunehmenden Bauwerkes soll glaubhaft auf einer zweidimensionalen Fläche dargestellt werden. Dafür ist die geeignete Beleuchtung entscheidend. Den Aufnahmestandpunkt wählt man so, daß bei einer perspektivisch dargestellten Gebäudeflucht das Licht so einfällt, daß eine Seite voll angestrahlt wird, während die andere im rechten Winkel dazu stehende Flucht im Schatten liegt. Die geeignete Beleuchtung für Architekturaufnahmen ist ein leicht bewölkter Himmel. Bei trüben Wetter entstehen mehr oder weniger flache, nicht

Entzerren am Beispiel eines Würfels

1 Aufnahme mit schräggestellter Kamera das Bild zeigt den Würfel mit stürzenden Linien.

2 Aufnahme mit verstellter Standarte an der Kamera
Die Kanten des Würfels werden parallel abgebildet.

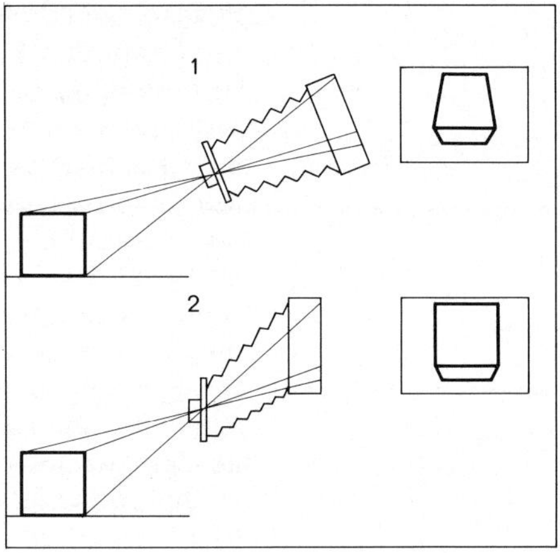

Aufnahme ohne Standartenverstellung an der Kamera

Die gleiche Aufnahme mit Standartenverstellung — die stürzenden Linien wurden aufgerichtet.

plastisch wirkende Bilder. Hat man für eine Schwarzweiß-Aufnahme den Eindruck, daß sich das Gebäude im Tonwert ungenügend vom Himmel abhebt, setzt man ein Gelb- bis Orangefilter vor das Objektiv. Hierbei erscheint die Häuserfront hell und der Himmel dunkel. Die stürzenden Linien werden vermieden, indem man eine Kamera mit „Standarte“ benützt. Klappkameras sind meist mit einer solchen Standarte ausgerüstet. Die Vorderfront der Kamera, die das Objektiv hält, ist auf Schienen in alle Richtungen beweglich. Mit dieser Einrichtung kann man das Objektiv aus der zentralen Lage gegenüber dem Film verschieben. Beim Fotografieren eines Gebäudes hält man die Kamera gezwungenermaßen stets schräg nach oben, um das gesamte Bauwerk in das Bildformat zu bekommen. Diese Kamerahaltung führt zu stürzenden Linien, das heißt, die Kanten des Gebäudes verjüngen sich nach oben.

Mit Hilfe der Standarte gelingt es, die stürzenden Linien zu „entzerren“. Die Kamera wird horizontal aufgestellt und die Standarte mit dem Objektiv nach oben verschoben. Aufnahmen, die mit Kameras ohne Standarte gemacht wurden, müssen nachträglich beim Vergrößern entzerrt werden.

Einige moderne Kleinbild-Systemkameras gibt es auch mit einem Spezialobjektiv das auf einem Schlitten geführt ist und Entzerrungen in allen Richtungen ermöglicht.

Innenraum

Aufnahmen im Innenraum werden, wie Architekturaufnahmen im Freien, so angelegt, daß eine glaubhafte Raumwirkung entsteht. Solange es nicht notwendig erscheint, im Innenraum mit Hilfe künstlicher Beleuchtung aufzuhellen, vermeidet man eine Zusatzleuchte. Das vom Fenster in den Raum strahlende Licht vermittels den natürlichsten Eindruck. Plastische Wirkung wird dadurch erzeugt, daß sich angestrahlte Wände von solchen, die im Schatten liegen, gut abheben. Nur bei schlechten Lichtverhältnissen hellt man den Raum mit zusätzlichen Hilfsleuchten aus.

Unbegrenzte Schärfentiefe

Mit einer starren Kamera ist der Schärfentiefenbereich begrenzt. Selbst bei kleinster Blende werden Vordergrund im Nahbereich und der entfernte Hintergrund nicht gleichmäßig scharf werden. Mit einer verstellbaren Studiokamera läßt sich das Problem lösen, wenn man die „Scheimpflug-Bedingung“ beachtet. Scheimpflug — ein österreichischer Landvermesser — fand heraus, daß ein Bild durchgehend

Studiokamera mit speziellen Weitwinkelbalgen. Aufnahmeebene 1—1, Objektivebene 2—2 und Filmebene 3—3 treffen sich mit ihren gedachten Verlängerungen in einem Punkt. Die Aufnahme wird durchgehend scharf.

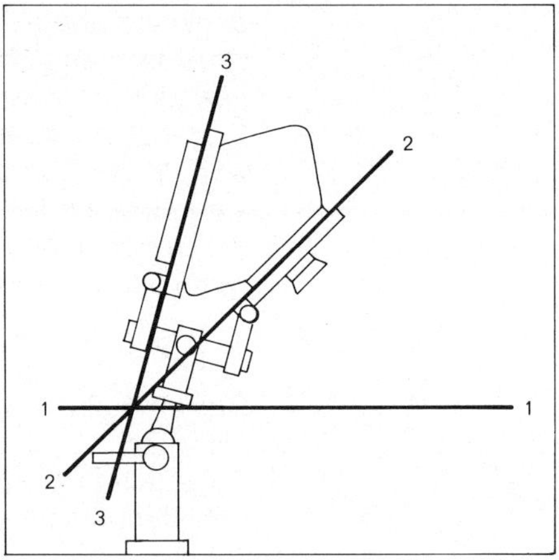

scharf wird, wenn sich Aufnahmeebene mit den gedachten Verlängerungen von Objektiv- und Filmebene in einem Punkt treffen.

Aufnahmen kleiner Gegenstände

So, wie eine Landschaftsaufnahme an Wirkung und Interesse beim Betrachten verliert, wenn ein zu weit entfernter Aufnahmestandpunkt gewählt wurde, verliert die Nahaufnahme an Wirkung, wenn die Dinge zu groß dargestellt werden, das heißt, wenn die Kamera zu nahe an das Objekt heranrückt und dadurch die Details zu groß in Erscheinung treten.
Solche Aufnahmen werden mit Hilfe eines Mikroskops hergestellt, man nennt dies Mikrofotografie. Das Objekt wird durch ein Mikroskop ersetzt. Mit dieser Einrichtung können Objekte mehr als tausendfach vergrößert werden. Die Anwendung der Mikrofotografie ist hauptsächlich für den Wissenschaftler interessant. Dagegen ist „Makrofotografie“ eine Bezeichnung für die Aufnahmetechnik, bei der ein kleiner Gegenstand in vergrößertem Maßstab abgebildet wird, z. B. für die Aufnahme von Schmuckgegenständen, Münzen, Briefmarken, Insekten etc.

Makrofotografie

Für die Makrofotografie verwendet man Klappkameras mit langem Balgenauszug und kurzbrennweitigem Objektiv. Bei starren Kamerakonstruktionen kann die „Bildweite“ (so nennt man den innen liegenden Abstand vom Objektiv zum Film) bei näherer Einstellung aus auf unendlich durch das Zwischensetzen von Verlängerungstuben verändert werden. Mit zunehmender Bildweite verkürzt sich die „Gegenstandsweite“ (so bezeichnet man die Entfernung vom Objektiv zum aufzunehmenden Gegenstand), wodurch der Abbildungsmaßstab größer wird. Daraus folgt, daß der Gegenstand dann in natürlicher Größe (1 : 1) abgebildet wird, wenn Bildweite und Gegenstandsweite gleich groß sind. Dies ist der Fall, wenn sowohl die Bildweite als auch die Gegenstandsweite die doppelte Entfernung der Brennweite haben.

Beispiel:
Objektivbrennweite .... 5 cm
Bildweite .... 10 cm
Gegenstandsweite .... 10 cm
Abbildungsmaßstab .... 1 : 1

Die Beziehung von Bildweite, Gegenstandsweite und Brennweite wird in der sogenannten „Linsenformel“ dargestellt:

$$\frac{1}{\text{Bildweite}} + \frac{1}{\text{Gegenstandsweite}} = \frac{\text{Brennweite}}{1}$$

Der Abbildungsmaßstab ist nach folgender Formel zu errechnen:

$$\text{Abbildungsmaßstab} = \frac{\text{Bildweite}}{\text{Gegenstandsweite}}$$

Die Gegenstandsweite kann nicht kürzer als die Brennweite des Objektivs sein; die Strahlen treffen nicht mehr auf die Filmebene. Das Bild würde in die Unendlichkeit projiziert werden.

1. Belichtungszeit
Bei verlängertem Auszug ändert sich der auf der Kamera eingestellte Blendenwert, das heißt, die Belichtungszeit muß verlängert werden. Bei näherer Einstellung als 1 Meter wird die tatsächliche Blende nach folgender Formel errechnet:

$$\frac{\text{Brennweite}}{\text{Bildweite}} = \frac{\text{Blende}}{x}$$

Beispiel:
Brennweite .... 5 cm
Bildweite .... 10 cm
Blende 8

$$\frac{5}{10} = \frac{8}{x} \qquad x = 16$$

Der tatsächliche Blendenwert ist bei dieser Einstellung 16, das heißt, es ist die vierfache Belichtungszeit notwendig. Nachstehende Formel errechnet den Verlängerungsfaktor der Belichtungszeit:

$$\left(\frac{\text{Bildweite}}{\text{Brennweite}}\right)^2 = \text{Faktor}$$

Beispiel:

$$\left(\frac{10}{5}\right)^2 = 4$$

Der Verlängerungsfaktor für die Belichtungszeit ist 4, das heißt, die Belichtungszeit muß vervierfacht werden.
Mit Hilfe der angeführten Formeln rechnet man sich zweckmäßig eine Tabelle aus, gültig für das Objektiv, das man für die Nahaufnahmen oder zur Reproduktion verwendet. Auf dieser Tabelle sind die Belichtungswerte bei Gebrauch ablesbar.

Beispiel:
Objektivbrennweite .... 5 cm
ermittelte Belichtungszeit .... Bl. 11/1 sec.

Bildweite cm	Belichtung bei Bl. 11	Abbildungsmaßstab
5 = ∞	1 sec.	
7,5	2,25 sec.	
10	4 sec.	1 : 1
12,5	6,25 sec.	
15	9 sec.	2 : 1
17,5	12,25 sec.	
20	16 sec.	3 : 1
22,5	20,25 sec.	
25	25 sec.	4 : 1
27,5	30,25 sec.	
30	36 sec.	5 : 1

2. Vorsatzlinsen

Für Kameras, die weder eine Verlängerung des Auszugs noch das Einsetzen von Tuben zwischen Objektiv und Gehäuse zulassen, wird die Brennweite des Aufnahmeobjektives durch vorgesetzte Verkürzungslinsen verändert, das heißt, man kann nicht mehr auf Unendlich (∞) einstellen. Verkürzungslinsen haben den Zweck, Nahaufnahmen mit vergrößertem Abbildungsmaßstab zu ermöglichen.

3. Beleuchtung

Da der Schärfentiefebereich bei Nahaufnahmen äußerst gering ist, muß man stark abblenden. Das Bildwichtigste soll im Zentrum liegen; es muß in dieser Zone auch absolut scharf abgebildet sein, nur so nimmt man die unscharfen Konturen und Randzonen der nach vorne und in den Hintergrund reichenden Formen in Kauf. Zum Beispiel sollen Nahaufnahmen von Pflanzen immer noch etwas vom Hintergrund zeigen. Es genügt, wenn der Hintergrund nur verschwommen wiedergegeben wird. Nur so erreicht man ein plastische Wirkung des Dargestellten.

Für Nahaufnahmen verwende man im allgemeinen eine härtere Beleuchtung. Je größer das Objekt abgebildet ist, desto mehr Details sollen sichtbar sein. Diese Feinheiten unterscheiden sich aber nur durch wechselnde Licht- und Schattenbildung. Eine gute Beleuchtung erzielt man mit 1—2 Glühlampen und einer zusätzlichen Punktlichtquelle (kleines Spotlight). Bei Anwendung eines Punktlichtes als einzige Lichtquelle, erzeugt man mit Hilfe eines Rasierspiegels (leichter Hohlspiegel) die geeignete Aufhellung. Ein solcher Hohlspiegel ist in seiner Wirkung für Nahaufnahmen ein guter Ersatz für eine zweite Lampe.

Elektronenblitze sind mit starker Leuchtdichte und kurzen Aufflammzeiten für Nahaufnahmen besonders geeignet. Die Verwendung eines Elektronenblitzes ermöglicht das Einstellen kleinster Blendenwerte bei kürzester Belichtungszeit. Dabei wird der Schärfentiefebereich wesentlich erweitert, auch stark bewegte Aufnahmen gelingen. Die richtige Belichtungszeit für Elektronenblitze ermittelt man aus einigen Versuchsaufnahmen.

Mit einem Elektronenblitzgerät beleuchtete Makroaufnahme eines auffallenden Milchtropfens (hochsteigende Fontäne nach dem Auftreffen des Tropfens in Milch)

Reproduktion

Die Möglichkeit der Reproduktionstechnik wird man sich auch für den eigenen Bedarf zunutze machen, wenn es gilt, Vorlagen maßstäblich zu verändern, um sie in der bestimmten Größe in einem Entwurf einzubauen oder um sich durch das neue Format den Eindruck der endgültigen Größe einer Entwurfsarbeit zu verschaffen. Es können Gemälde, Schriftstücke, Pläne, Zeichnungen und auch Drukke reproduziert werden.

Schriftsatz kann durch diese Methode beliebig im Maßstab verändert werden.

1. Reproduktionsgerät

Mit einem Dreibeinstativ und 2 Heimlampen kann man mit einigem Geschick behelfsmäßig ein Reproduktionsgerät ersetzen.

Reproduktionsgeräte bestehen aus einem Grundbrett, einer Säule und einem an der Säule vertikal verstellbaren Tragarm für die Kamera. Sie sind zusätzlich mit einer Beleuchtungseinrichtung für 4 Fotolampen bestückt, die an Querstangen mit Kreuzstücken angebracht und ebenfalls verstellbar sind.

2. Beleuchtung

Als Lichtquelle für Reproduktionsarbeiten sowohl von Schwarzweiß-, Strich- und Halbtonvorlagen, sind entweder 2 oder 4 Fotolampen (Opallampen 60 Watt) gleicher Lichtstärke zu verwenden. Die Lampen werden symmetrisch neben der Kamera möglichst im Winkel von 45 Grad so zur Bodenfläche angeordnet, daß die Lichtreflexe der Vorlage nicht gegen die Kamera, sondern jeweils in die gegenüberliegende Lampe strahlen. Trotzdem entstehen oft Spiegelungen des Objektivringes oder anderer Kameratei-

Tischsäule für vertikales Reproduzieren

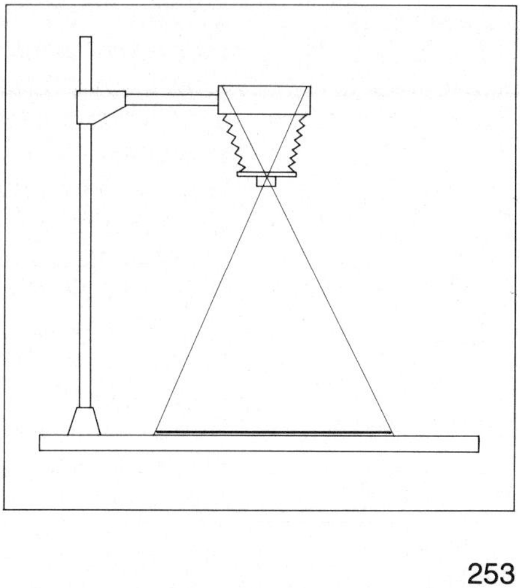

Bei richtig aufgestellten Lampen zeigt die „Bleistiftprobe" gleich dunkle Schatten in beide Richtungen.

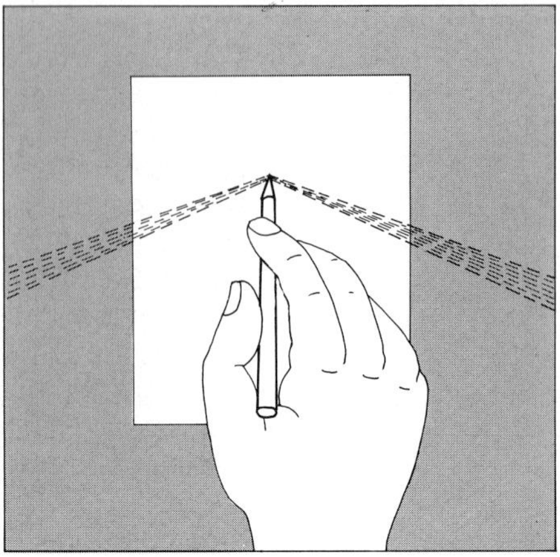

le auf dem Bild, vornehmlich bei Reproduktionen von dunklen bis schwarzen Vorlagen. In diesem Fall schneidet man in die Mitte eines genügend großen, schwarzmatten Kartons ein kreisrundes Loch mit dem äußeren Durchmesser des Objektivrings und deckt die Kamera so ab, daß nur das Objektiv frei bleibt. Sollten dennoch Spiegelungen des Metallrings am Objektiv auftreten, hilft nur das Anstreichen desselben mit schwarzer Temperafarbe. In schwierigen Fällen hilft auch ein Polarisationsfilter, um die Glanzlichter auszuschalten. Die Gleichmäßigkeit der Beleuchtung prüft man mit einem weißen Karton in der Mitte der Vorlage, auf den man einen Bleistift senkrecht aufsetzt. Wenn auf jeder Seite des Bleistiftes gleich dunkle Schatten geworfen werden, sind die Lichtquellen richtig aufgestellt. Exponiert wird nicht bei kleinster, sondern bei mittlerer Blende (Bl. 5,6—11). Die richtige Belichtungszeit ermittelt man durch Lichtmessung oder besser durch einige Vorversuche. Belichtungszeit, Negativgradation und Entwicklung sollen so aufeinander abgestimmt sein, daß bei Halbtonreproduktionen ein normales, alle Details wiedergebendes Negativ entsteht, das sich gut vergrößern läßt. Für die Verlängerung der Belichtungszeiten bei Naheinstellungen unter einem Meter gilt das gleiche wie bei der Makrofotografie.

3. Schwarzweiß-Strichreproduktionen
   Für Strichreproduktionen verwendet man Film mit hart arbeitender Emulsion. Sie werden auch möglichst hart, das heißt deckend, entwickelt. Als Fotomaterial eignen sich Dokumentarfilme oder Strichfilme. Entwickelt werden die Filme in hartarbeitenden Entwicklern, z. B. Hydrochinonentwicklern.

Halbtonreproduktion
Erstes Foto der Welt
Bilck aus dem Fenster des Landhauses
Nicephore Niepce bei Chalons-sur-Saone
Das Original war einige Jahrzehnte
verschollen, es blieb in dieser Zeit
als Reproduktion erhalten.

Einen scharf begrenzten Strich auf dem Negativ erkennt man daran, daß der Strich selbst glasklar durchsichtig auf gut geschwärztem Grund erscheint.

4. Halbtonreproduktion
   Für Halbtonreproduktionen verwendet man normal arbeitendes Filmmaterial, um die gesamte Grauskala zu erhalten. Für ein gut vergrößerungsfähiges Negativ mit bestmöglicher Schärfewiedergabe der Details verwendet man einen extrem feinkörnigen Film mit geringer Empfindlichkeit (12—14 DIN). Für gewöhnlich gehen bei Halbtonreproduktionen die weißen Spitzlichter verloren; stark merkbar ist dies bei sehr hellen Vorlagen. Für solche Reproduktionsarbeiten ist ein in den Lichtern extrem deckender Film zu verwenden, wofür sich ein sogenannter „Lichtmaskenfilm" oder LM-Film genannt, eignet. Für die Reproduktion von farbigen Vorlagen, die in schwarz-weiße Halbtöne umgesetzt werden sollen, ist panchromatisches Aufnahmematerial zu verwenden.

5. Farbreproduktionen
   Für Reproduktionen auf Farbdiafilm verwendet man niedrigempfindliches Kunstlichtmaterial, das vom Hersteller auf eine Farbtemperatur von 3100° K—3200° K abgestimmt ist. Spezielle Fotolampen der Type B liefern das passende Licht. Mitunter sind normale Glühlampen auch als Beleuchtung geeignet. Die Kelvin-Grade ermittelt man mit einem Farbtemperatur-Messer.
   Für Reproduktionen auf Farbnegativmaterial, von denen dann Papierabzüge hergestellt werden, verwendet man solches für langen Belichtungsspielraum, gekennzeichnet durch die Type L (Long exposure).

Um die Farben im Bild zu überprüfen, werden Skalen in genormten Grau- und Farbtönen mitreproduziert (Kodak gray scale und Kodak color control patches). Durch einige Testaufnahmen — eine halbe Blende über dem gemessenen Belichtungswert und eine halbe Blende unter dem gemessenen Belichtungswert — wählt man das beste Ergebnis im Vergleich mit den Originalskalen aus. Über die Erfahrungswerte macht man sich zweckmäßiger Weise Notizen (Anzahl der Lampen, Abstand vom Objekt, Blende, Zeit, dunkle Vorlage, Kontrastreich oder Kontrastarm, eventuelle Filterung usw.).

Aufnahmetricks

„Aufnahmefehler“ können bewußt gesteuert werden, man kann sie beabsichtigen. Die besten Aufnahmen entstehen nach einer mit Bleistift vorskizzierten Bildidee. Dabei kommt es vor, daß sich die „Absicht“ nur mit einem bezweckten Aufnahmetrick verwirklichen läßt.

Veränderte Perspektive

Die Anwendung einer abnormalen Optik führt zu interessanten Bildergebnissen. Die Perspektive wird durch eine lange Brennweite ähnlich dem Blick durch ein Fernrohr verändert. Die Tiefe wird scheinbar verkürzt und die Ferne herangeholt. Ungewöhnliche Perspektiven entstehen auch bei Anwendung eines extremen Weitwinkelobjektives (→ Seite 227).

Filter für die Schwarzweißfotografie

Filter beeinflussen die Wiedergabe der natürlichen Farben in ihre entsprechenden Grauwerte auf dem Negativ. Sie verlängern die Belichtungszeit, verfälschen die Farbtöne und neigen dazu, beispielsweise eine Farbe gegenüber einer anderen besonders zu betonen. Der Verlängerungsfaktor ist auf jedem käuflichen Filter angegeben. In der Schwarzweiß-Fotografie verwendet man folgende Filterfarben: Gelb, Orange, Rot, Grün und Blau. Die Eigenfarbe des Filters wird auf dem Negativ verstärkt, die Komplementärfarbe hingegen schwächer abgebildet. Die Positivkopie zeigt umgekehrt helle Flächen der Eigenfarbe und einen dunkleren Grauton an Stelle der Komplementärfarbe.

1. Gelbfilter (hell, mittel, dunkel)
   Das Gelbfilter dämpft das Blau, das heißt, es erscheint im Positiv dunkel, z. B. erhält man mit einem Gelbfilter je nach Filterstärke einen dunkleren Himmel, wenn man eine star-

ke Trennung vom Himmel und Wolken wünscht. Gelb und grün werden hingegen heller wiedergegeben.

2. Orangefilter
   Orangefilter wirken ähnlich dem dunklen Gelbfilter. Sie halten zusätzlich noch die rote Farbe etwas zurück. Gelbe Töne werden stark aufgehellt. Blau wird beinahe schwarz abgebildet.
3. Rotfilter
   Rotfilter wirken ähnlich wie Orangefilter, sie beseitigen den atmosphärischen Dunst.
4. Grünfilter
   Grünfilter dämpfen Blau und Rot und hellen Grün auf. Sie vermögen grüne Töne verschiedener Art zu trennen.
5. Blaufilter
   Blaufilter dämpfen rot und hellen blaue Farbtöne auf.

Filter für die Schwarzweiß- und Farbfotografie

1. UV-Filter
   UV-Filter absorbieren die ultravioletten Strahlen bei Aufnahmen über 2000 Meter oder an der See.
2. Neutralgrau-Filter
   Dieser Filter dämpft alle Farben und reduziert die Lichtstärke auf die Hälfte bzw. ein Viertel. Man setzt den Grau-Filter bei extrem hellen Licht auf hochempfindlichem Film vor.
3. POL-Filter
   Das Polarisationsfilter absorbiert polarisiertes Himmelslicht. Es dämpft oder löscht Spiegelungen nichtmetallischer Flächen. In der Landschaftsfotografie erreicht man eine Farbsteigerung, bei Sachaufnahmen von Gläsern, Porzellan, Bildern, Vitrinen und sonstigen Objekten hinter Glas kann man störende Spiegelungen ausschalten.

Filter für die Farbfotografie

1. Skylight-Filter
   Der Skylight-Filter verändert die Farbtemperatur bei voller UV-Wirkung. Er korrigiert den Blaustich bei hohem Sonnenstand.
2. Amber-Filter, Haze-Filter
   Für Farbaufnahmen bei bedecktem Himmel oder Dunst reduziert dieser Filter den Blaustich.
3. Blau-Filter
   Blau-Filter reduzieren den Rotstich bei Farbaufnahmen frühmorgens oder spätnachmittags.

Kreativ-Filter (System Kokin)

Mit diesem Spezialfilterprogramm sind bestimmte Bild-Effekte herstellbar, die man ohne diese Hilfsmittel nicht er-

reichen könnte. Die Fotografie entfernt sich aus der Realität. Durch bewußte „Verfälschungen" der Farbe und Maskierungen erreicht man neue kreative Bildschöpfungen.
Über einen Adapterring wird ein spezieller Filterhalter der Optik vorgesetzt. Dieser dient zur Aufnahme eines Spezialfilters oder einer Kombination von zwei Filtern.

Einige Filter und deren Verwendbarkeit:

1. Pastellfilter
   Stimmungsvolle Effekte entstehen durch Überlagerung der natürlichen Farben mit einem zarten Pastellton (Blau, Grau, Orange, Gelb usw.).
2. Sepia-Filter
   Für Farbfotos mit bewußt starker Braunverfärbung. Eine Schwarzweiß-Aufnahme durch einen Sepia-Filter reproduziert, ergibt einen interessanten „antiken" Effekt.
3. Graduated-Filter und Fog-Filter
   Diese Farbverlauffilter schwächen zu starke Lichtkontraste ab. Zu helle Bildpartien (wie Himmel, Wasser, Sand und Schnee) werden leicht abgedunkelt. Der Kontrastumfang wird reduziert.
   Mit Hilfe eines grauen Graduated können die Helligkeiten des Himmels gedämpft und die Wolken stärker betont werden. Ein blauer Graduated verstärkt die Himmelsfarbe. Ein rosa- oder tabakfarbener Graduated intensiviert die Wirkung eines Sonnenunterganges. Der Vordergrund des Bildes bleibt unverändert.
   Graduated-Filter gibt es in 14 Farben und in zwei verschiedenen Dichten (0,45 und 0,75).
   Fog oder Nebelfilter bringen ähnliche Effekte. Der Vordergrund erscheint klar, während der Hintergrund um so verschwommener wird, je größer die Entfernung ist.
4. Warmton-Filter
   Diese Filter korrigieren zu starke Blaustrahlung bei schlechtem Wetter oder im Schatten. Sie verbessern auch die Hauttöne.
5. Color-Back-Filter
   Vor allem in der Werbefotografie ergibt diese Filterkombination interessante Effekte. Man erzielt eine farbliche Verfremdung des Hintergrundes, während der Vordergrund farbrichtig wiedergegeben wird. Man erreicht dies mit zwei komplementären Farbfiltern. In den Filterhalter setzt man zum Beispiel ein Orange-Filter. Damit färbt man das ganze Bild orange ein. Vor einem Elektronenblitz setzt man ein komplemetäres Blau-Filter. Mit dem Blitzgerät wird dann eine Person oder ein Objekt im Vordergrund ausgeleuchtet, wobei das blaue Licht die orange Einfärbung neutrali-

siert. Im fertigen Bild erscheint der Hintergrund orange, der Vordergrund hingegen wird farbrichtig wiedergegeben.

6. Sternvorsatz
   Zwei- bis sechzehnstrahlige Stern-Filter zerlegen helle Leuchtpunkte im Bild in entsprechend zwei bis mehrstrahlige Sterne.
7. Diffractions-Filter
   Diese Vorsätze sind mit einer Vielzahl von Prismenschliffen versehen. Dadurch wird das Lichtspektrum wie in einem Prisma zerlegt, ohne daß dabei das Bild aufgelöst wird.
8. Multi-Image Vorsatz
   Eine totale oder partielle Bild-Vervielfältigung erreicht man durch diesen speziellen Vorsatz. Das Porträt oder die Figur erscheint mehrmals im Bild.
9. Center Spot
   Diese Filterserie besteht aus Farbfiltern und Diffusoren. Man erreicht damit eine eingefärbte oder farblose Diffusionszone um ein normal wiedergegebenes Bildzentrum.
10. Doppel-Masken
    Die Verwendung dieser Masken setzt eine spezielle Schaltung zur Doppelbelichtung an der Kamera voraus. Die Arbeitsweise dieser Masken ist eine Fotomontage während der Aufnahme. Ein Filter deckt das Bildzentrum kreisförmig ab, die zweite Maske hält das Bildzentrum frei und deckt die übrige Fläche ab.
    Durch Doppelbelichtung kann beispielsweise ein Porträt vor einem fremdartigen Hintergrund erscheinen.
11. Doppelgängerblende
    Die auf einem Stativ montierte Kamera muß zudem mit einer Schaltung zur Doppelbelichtung ausgerüstet sein. Die Blende deckt einmal die rechte, das andere mal die linke Bildhälfte ab. Entsprechend muß sich der Doppelgänger einmal in der rechten, das andere mal in der linken Bildhälfte aufhalten. Die ermittelte Belichtungszeit wird zweimal voll exponiert. Zwischen den Teilbelichtungen darf die Kamera nicht verschoben werden.
12. Effekt-Masken
    Schlüsselloch-Masken, ovale, herzförmige und andere Masken für interessante Rahmen.
13. Diffusoren
    Dieser Vorsatz bewirkt einen Weichzeichner-Effekt. Besonders für Porträtaufnahmen geeignet. Die Hautunreinheiten werden nicht wiedergegeben. Der Gesamteindruck des Bildes wirkt leichter und weicher.

Infrarotaufnahme
(Säulengang in Pompeji)

Infrarotfotografie

Die Infrarotfotografie entsteht durch einen Spezialfilter (Rubin- oder Schwarzfilter), kombiniert mit einer Spezialemulsion, dem Infrarotfilm. Die Infrarotstrahlen sind für das menschliche Auge nicht mehr sichtbar. Sie ähneln bereits den Wärmestrahlen. Die fotografische Emulsion des Infrarotfilms ist speziell für diese Strahlen sensibilisiert, das heißt lichtempfindlich gemacht. Dennoch bleibt die Empfindlichkeit für normale Farben bestehen. Macht man eine Aufnahme auf diesen Film, dann erhält man ein normales Negativ:
Mit Hilfe des speziellen Infrarotfilters werden die für unser Auge sichtbaren Strahlen zurückgehalten, das heißt, weggefiltert. Infrarotfilter sind dunkelrot bis schwarz. Nurmehr die infraroten Strahlen durchdringen diese Filter und schwärzen den Film. Die Aufnahmen ähneln einer Mondscheinstimmung, obwohl sie am hellichten Tage gemacht wurden. An nebligen und dunstigen Tagen ohne Fernsicht, entstehen mit Infrarotfilm und vorgesetztem Spezialfilter vollkommen dunstfreie sonnige Bilder.
Es sind auch Infrarot-Farbfilme im Handel, die mit einem Gelbfilter verarbeitet werden, um zu vermeiden, daß alle Farben einen Purpurstich erhalten.

Phantomfotografie

Normalerweise können nicht alle Einzelheiten eines Objektes, z. B. ein Bewegungsvorgang in 2 oder mehreren Phasen oder beispielsweise eine Hülle und ihr Inhalt gemeinsam auf einem Bild gezeigt werden.
Die Phantomfotografie ermöglicht solche Bilder. Ihre Technik ist die der Doppelbelichtung. Deshalb kann man solche

Phantomfotografie
In der ersten Phase wurde die Schreibmaschine mit geöffnetem Gehäuse bei Normalstellung des Wagens mit 2/3 der gesamten Belichtungszeit vorbelichtet.
In der zweiten Phase wurde der Gehäusedeckel aufgesetzt, der Wagen nach rechts ausgefahren und ein Briefblatt eingespannt. Die Zweitbelichtung ergänzte das restliche Drittel der ermittelten Gesamtbelichtungszeit.

Aufnahmen nur vor dunklem Hintergrund herstellen. Beispielsweise soll eine Maschine gezeigt werden, durch deren äußeres Gehäuse die mechanischen Teile im Inneren gleichsam durchschimmern. Dieses Foto setzt sich aus zwei Teilbelichtungen, einmal der Mechanik als solcher und das andere Mal der mit dem Gehäuse geschlossenen, montierten Maschine zusammen. Zunächst muß man sich entscheiden, welche der beiden Teilbelichtungen dominieren soll.

Bei gleichwertiger Teilbelichtungszeit, die sich aus $\frac{1}{2} + \frac{1}{2}$ der vollen Belichtungszeit zusammensetzt, entstehen flache, grau in grau wirkende Bilder. Belichtet man hingegen die Dominante, beispielsweise die innere Mechanik wie $\frac{2}{3}$ und das Gehäuse wie $\frac{1}{3}$, bezogen zur gesamten Belichtungszeit, so erhält man ein Bild der Mechanik, deren Gehäuse man als Kontur noch gut wahrnehmen kann. Daß das Aufnahmeobjekt und die Kamera zwischen den Teilaufnahmen nicht verschoben werden darf, versteht sich von selbst.

Mit der Phantomfotografie können auf gleiche Art auch mehrere Phasen auf einem Bild vereint werden. Für direkte Phantomfotos ist nur der schwarze Hintergrund geeignet. Wünscht man hingegen ein Phantomfoto vor weißem Hintergrund, so kann man dies unter dem Vergrößerungsapparat aus zwei Teilnegativen, die man vor weißem Hintergrund aufgenommen hat, montieren (→ Seite 304).

Stroboskopische Aufnahmen

Ein Gerät zur Sichtbarmachung einer in Einzelphasen zerlegten Bewegung bezeichnet man als Stroboskop. Ein Bewegungsablauf wird wie in der Technik des Filmens in Stu-

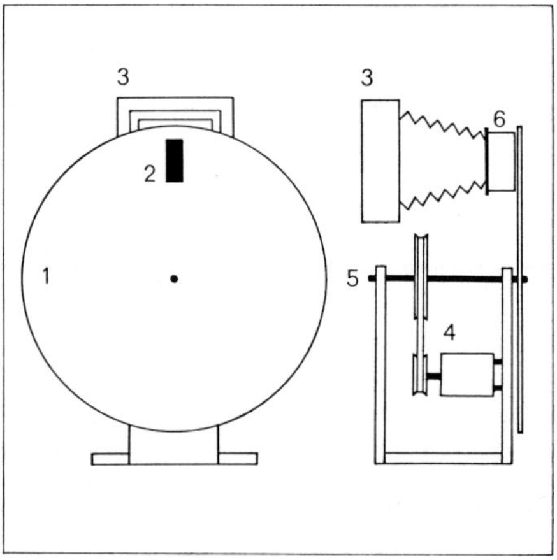

Vorrichtung für stroboskopische Aufnahmen
1 Blechscheibe
2 Rechteckschlitz
3 Kamera
4 Antrieb (Elektromotor)
5 Achse
6 Tubus

fen zerlegt. Der Unterschied zur Funktion der Filmkamera ist dabei der, daß die Einzelphasen nicht als Bildfolge auf einem Filmstreifen, sondern gemeinsam auf einem Negativ abgebildet werden. Die Anwendung stroboskopischer Aufnahmen birgt interessante Möglichkeiten für die Darstellung der Arbeitsweise eines Gerätes oder eines durch den Menschen zu bewegenden Werkzeuges oder Gebrauchsgegenstandes. Ähnlich wie in der Phantomfotografie, wo allerdings jede Situation neu gestellt werden muß, zerlegt das Stroboskop eine tatsächliche Bewegung in ihre Einzelphasen. Die Einrichtung für stroboskopische Aufnahmen besteht aus einem System von Elektronenblitzgeräten, die in regelmäßiger Folge zünden und die Szene vor schwarzem Hintergrund Phase für Phase erneut ausleuchten. Der Kameraverschluß bleibt während der Zeit geöffnet.

Leider ist eine solche stroboskopische Anlage kaum erschwinglich, allerdings kann man einen guten Ersatz schaffen. Mit etwas Geschick läßt sich ein Stroboskop mit ähnlicher Arbeitsweise selbst bauen. Eine kreisförmige Blechscheibe (1—1,5 m dickes Blech mit ca. 300 mm Durchmesser) wird auf eine Achse starr befestigt, die man auf einem Sockel möglichst in einem Kugellager drehbar lagert. Die Blechscheibe versieht man an einer Stelle am Rand mit einem rechteckigen Schlitz (von Außenkante Blechscheibe ca. 20 mm hereinmessen!). Der Schlitz soll etwas höher als der Objektivdurchmesser aber nur halb so breit sein. Das Gerät wird schwarz matt gespritzt oder gestrichen und mit einem Antrieb versehen, Handantrieb über eine Kurbel oder ein kleiner Elektromotor, dessen Bewegung man mit einem Riemen oder einem Gummiband auf die Achse des Stroboskopes übersetzt. Das Gerät postiert man so vor die Kamera, daß die Scheibe vertikal vor dem Objekt rotiert und der Schlitz bei Stillstand der Scheibe genau vor das Objekt zu stehen kommt. Mit einem kurzen Tubus, den man zwischen Objektiv und Scheibe setzt, wird verhindert, daß seitlich Lichtstrahlen einfallen. Bei Betrieb des Gerätes wirkt die Schlitzlochung in der Scheibe als Umlaufblende und gibt das Objektiv in regelmäßig kurz aufeinanderfolgenden Zeitabständen zur Belichtung frei. Eine bewegte Szene wird vor schwarzem Hintergrund hell ausgeleuchtet, und eine Probeaufnahme bei mittlerer Blende gemacht. Der Verschluß in der Kamera bleibt während der Aufnahmezeit geöffnet. Erweist sich auf der Aufnahme die Folge der Bewegungsphasen als zu langsam, kann man gegenüber der ersten Schlitzlochung auf der Scheibe eine zweite in gleicher Form aussägen. Erscheinen hingegen die Phasen in zu dichter Folge, verändert man zweckmäßig die Übersetzung durch Zwischenschalten eines größeren Antriebsrades auf der Achse.

Montage durch Hintergrundprojektion

Die Hintergrund-Front-Projektion ermöglicht es, Personen oder Gegenstände in jeder erdenklichen Umgebung zu fotografieren, ohne daß man dazu aus dem Studio zu gehen braucht. In wenigen Augenblicken erscheint im Hintergrund einer Werbeaufnahme, eines Porträts oder einer Sachaufnahme ein Strand, eine Winterlandschaft, eine Straßenszene oder die Atmosphäre eines eleganten Restaurants.

Die Methode der Projektion liefert dieselben panoramaartigen Hintergrundbilder wie sie die früheren Porträtfotografen mit ihrer Kulissenmalerei erzielten. Die Wirkung ist jedoch viel realistischer.

Die Anlage besteht aus einem Diaprojektor, einem großen Projektionsschirm mit einer besonderen nur in einer Richtung reflektierenden Oberfläche und einem teildurchlässigen Spiegel, der nur die Lichtstrahlen aus der Richtung des Projektionsschirmes und dem davor positionierten Objekt durchläßt, jedoch Lichtstrahlen, die aus einer anderen Richtung einfallen, ablenkt.

Der Projektor befindet sich unter dem Objektiv der Kamera. Das Dia wird über den im Winkel von 45° eingestellten halbdurchlässigen Spiegel auf die Leinwand projiziert. Davor steht die Person oder der Gegenstand. Die Oberfläche der Leinwand hat die Eigenschaft Licht genau in der Einfallsrichtung konzentriert zu reflektieren. Dadurch wirkt

1 Projektor
2 Kamera
3 Teildurchlässiger Spiegel
4 Objekt
5 Leinwand
6 Objektbeleuchtung

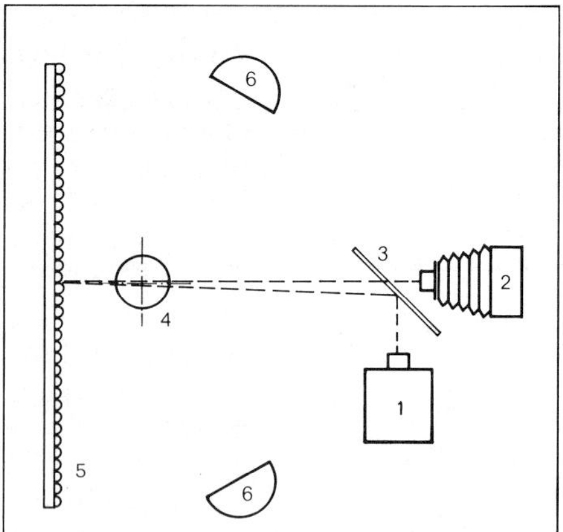

der Hintergrund sehr hell. Die Lichtstrahlen von Hintergrund und Motiv passieren den Spiegel und treffen in die dahinter befindliche Kamera.
Bei kleineren Gegenständen, die in einer anderen Umgebung aufgenommen werden sollen, wird der projizierte Hintergrund einfacher durch eine Papiervergrößerung ersetzt. Das projizierte Bild hat gegenüber der Papiervergrößerung jedoch den Vorteil, daß es wesentlich plastischer und echter wirkt. Wo im ersten Fall tatsächlich Licht fotografiert wird, erhält man anstelle der Spitzlichter nur papierweiße Stellen, die die Neigung haben, leicht grau wiedergegeben zu werden. Wenn man den Hintergrund heller anstrahlt, tritt er in der Aufnahme zurück. Dies ist vielleicht gerade im speziellen Fall erwünscht.
Für die Aufnahme wird gleichzeitig aufgehellt und das Vordergrundmotiv so angeleuchtet, daß keine Schatten auf den Hintergrund fallen, falls dieser Schatten nicht beabsichtigt ist.
Soll der Gegenstand nicht angeschnitten, sondern voll mit seiner Bodenfläche im Hintergrund stehen, dann biegt man die Hintergrundpapiervergrößerung durch und stellt den Gegenstand auf die nach vorne ragende Fläche. Damit diese Biegung die Bildteile im Vordergrund nicht verzerrt, wird bei der Herstellung des Hintergrundes in der Dunkelkammer das Fotopapier unter dem Vergrößerungsapparat während der Belichtung an der Unterseite hochgebogen. Diese absichtlich erzeugte Vordergrundverzerrung wird wieder aufgehoben, wenn man die Kamera in gerader Richtung gegen das Bild stellt. Der Vordergrund erscheint dabei wieder so, als würde er plan liegen.

Negativentwicklung von Schwarzweiß-Filmen

Für die Ausarbeitung der Aufnahmen benötigt man eine Dunkelkammer. Es genügt auch, wenn diese nur behelfsmäßig eingerichtet ist. Die Negativentwicklung wird entweder in einer Schale, in der Dose oder in einem Tank vorgenommen.
Die Schalenentwicklung eignet sich vornehmlich für Negativplatten oder Planfilme, hingegen ist die Dosenentwicklung für Rollfilme und Kleinbildfilmstreifen zu empfehlen. Das Prinzip ist bei allen Methoden das gleiche. Das belichtete Negativ wird in die Entwicklerlösung gebracht und kontinuierlich bewegt, bis es ausentwickelt ist. Dabei wird das durch die Aufnahme belichtete Bromsilber zu metallischem Silber geschwärzt. Anschließend erfolgt nach einer kurzen Zwischenwässerung das Fixieren. Dabei wird das unbelichtete Bromsilber gelöst. Schließlich wird das Fixier-

bad aus der Schicht ausgewässert und der Film zum Trocknen aufgehängt.

1. Schalenentwicklung
Bei der Schalenentwicklung beobachtet man den Aufbau des Bildes unter einer roten Dunkelkammerlampe, sofern es sich um einen orthochromatischen Film handelt. Panchromatische Emulsion verträgt während der Entwicklung nur eine kurze Kontrolle bei dunkelgrüner Lampe. Hochempfindliche Filme müssen bei völliger Dunkelheit „auf Zeit" entwickelt werden. „Auf Zeit entwickeln" heißt, daß nach einer vorgeschriebenen Entwicklungszeit, die der Packung des käuflichen Entwicklers für den entsprechenden benutzten Film zu entnehmen ist, entwickelt wird. Bei der Kontrolle erkennt man das ausentwickelte Negativ daran, daß es auf der Schichtseite bereits deutliche Schwärzung zeigt und auch auf der Rückseite schon als Kontur erkennbar ist.
2. Dosenentwicklung
Bei der Dosenentwicklung läßt sich die Entwicklung nicht beobachten. Das Einbringen des Films in die trockene Dose geschieht in der Dunkelkammer. Der Entwickler wird bereits bei Licht durch eine lichtdichte Trichteröffnung in die Dose gegossen. Für Dosenentwicklung gelten bestimmte Entwicklungszeiten, die an den Packungen der käuflichen Fertigentwickler ersichtlich sind. Nach Beendigung der Entwicklungsdauer wird der Entwickler aus der geschlossenen Dose in eine braune Flasche gefüllt, und das Wasser sowie das Fixierbad werden in der bekannten Reihenfolge eingefüllt.
3. Tankentwicklung
Die Tankentwicklung lohnt nur bei ständigem Gebrauch des Entwicklers für größere Mengen Filmmaterial. Die Tankentwickler sind chemisch so zusammengesetzt, daß sie nur alle Viertel- oder Halbjahre erneuert werden müssen. Die durch die entwickelten Filme herausgetragene Entwicklerflüssigkeit wird ab und zu mit einem „Regenerator" wieder aufgefüllt. Die Tanks fassen 5—10 Liter Entwicklerflüssigkeit. Es können sowohl Plan- als auch Roll- und Kleinbildfilme entwickelt werden. Die Filme werden auf einem Rahmen gewickelt oder auf einem Bügel hängend, in den Tank gebracht.

Entwickler für Schwarzweiß-Filmmaterial

Man unterscheidet verschiedene Entwickler; jede Sorte hat ihre besonderen Vorzüge. Im allgemeinen trennt man kontrastreich arbeitende, deckende Entwickler, die Rapidentwickler und zart arbeitende, die man Zeitentwickler nennt.

1. Rapidentwickler
Rapidentwickler verwendet man für harte Emulsionen, z. B. für Reproduktion von Strichzeichnungen. Zum Selbstansatz aller Entwickler verwende man handwarmes Wasser (etwa 30—40 Grad C). Die Reihenfolge der aufzulösenden Chemikalien muß eingehalten werden. Die Lösungen werden in einer braunen Flasche aufbewahrt. Die Flasche muß immer voll aufgefüllt sein, damit möglichst wenig Luft in der Flasche bleibt. Die mit eingeschlossene Luft würde den Entwickler rascher verderben.
Die Chemikalien werden in einer Glasmensur oder direkt in der Flasche aufgelöst. Durch kräftiges Schütteln der geschlossenen Flasche beschleunigt man den Lösungsprozeß. Ein häufig verwendeter Rapidentwickler ist der Hydrochinonentwickler. Er eignet sich besonders für die Entwicklung von Strichreproduktionen.
Angesetzter Entwickler ist nur kurze Zeit haltbar. Die auf der Packung vorgeschriebene Entwicklungszeit bezieht sich auf eine Verarbeitungstemperatur von 18 bis 20° C.
2. Ausgleichs- und Feinkornentwickler
Ausgleichsentwickler haben die Eigenschaft, verschiedenartige Belichtungen einzelner Negative auf einem gemeinsamen Filmstreifen gegeneinander auszugleichen.
Jeder Entwickler braucht eine bestimmte Zeit zur Entwicklung. Unterentwickelte Negative zeigen keine Details in den Lichtern und Schatten. Überentwickelte Negative weisen zu stark gedeckte Lichter auf. Sie sind nahezu undurchsichtig und nicht mehr kopierbar. Das ideale Negativ ist zart moduliert und noch durchsichtig. Alle Details sind abgebildet. Man ist bestrebt, möglichst feinkörnige Negative zu erhalten. Die Körnigkeit eines Films nimmt mit der Lichtempfindlichkeit zu. Die fotografische Schicht setzt sich aus Gelatine und Bromsilber zusammen. Das Bromsilber ist in feinsten Körnchen in der Gelatineschicht eingebettet. Grobe Bromsilberkörper sind bedeutend lichtempfindlicher als die feinen Körnchen. Also sind niedrigempfindliche Filme bedeutend feinkörniger als hochempfindliche. Allerdings kann die Körnigkeit der Emulsion durch geeignete Entwicklung beeinflußt werden. Man spricht dann von sogenannter Ausgleichs- und Feinkornentwicklung. Durch eine gerbende Wirkung des Entwicklers zieht sich die Schicht zusammen. Dadurch wird verhindert, daß die Entwicklerlösung rasch in die Tiefe der Emulsion vordringen kann. Der Entwicklungsprozeß bleibt auf die Schichtoberfläche beschränkt und man erhält wei-

chere Negative. Eine Begleiterscheinung dieser ausgleichenden Entwicklung ist die Feinkörnigkeit der Negative. Der Brenzkatechin-Entwickler ist ein Ausgleichsentwickler mit gerbender Wirkung.
Der Entwickler ist gegen Temperaturunterschiede nur wenig empfindlich. Normale Entwicklertemperatur beträgt 20 Grad C.

3. Echte Feinkornentwickler
Die Arbeitsweise echter Feinkornentwickler, auch Ultrafeinkornentwickler genannt, beruht auf der Kornoberflächenentwicklung. Die Wirkung dieser Entwickler liegt in einer relativ kurzen Entwicklungsdauer. Der Entwickler hat dabei keine Gelegenheit, jedes einzelne Bromsilberkorn voll durchzuentwickeln. Langes Einwirken der Entwicklerflüssigkeit hätte zur Folge, daß der Entwickler auch in die Tiefen der Schicht dringt, wodurch die Anzahl der Silberkörner vermehrt wird. Sie ballen sich bei langer Entwicklung zusammen und bilden grobe Körner. Bleibt aber die Wirkung des Entwicklers nur auf die Kornoberfläche beschränkt, dann werden nur kleine Silberpartikelchen gebildet, die keine Möglichkeit haben, sich zu großen Ballen zusammenzuschließen. Das Ergebnis ist ein feinkörniges, zart moduliertes Negativ. Die Entwicklungszeiten sind auf der Packung angegeben.

Fixieren

Nach der Entwicklung wird das Negativ aus dem Entwickler genommen und kurz abgespült, um die Hauptmenge des Entwicklers zu entfernen. Im Fixierbad wird das Negativ anfänglich noch einige Male bewegt und schließlich sich selbst überlassen. Dabei wird das nicht geschwärzte, noch lichtempfindliche Bromsilber gelöst. Durch den Fixiervorgang wird das Beständigwerden des Negativs erreicht. Das anfangs milchige Negativ wird transparent.
Das Negativ soll im Fixierbad die doppelte Zeit verbleiben, die es gebraucht hat, um klar zu werden.
Man verwendet saures Fixierbad mit einem Säurezusatz von Kalium-Metabisulfat oder Natriummetabisulfit. Die Säure hat die Eigenschaft, den Entwicklungsprozeß sofort zu stoppen und eine graue Schleierbildung zu verhindern. Fixierdauer 10—15 Minuten.

Wässern und trocknen

Das mit Fixierbad vollgesogene Negativ muß vor dem Trocknen gründlich gewässert werden. Dies geschieht am besten, indem man es in einem Gefäß unter fließendes Wasser bringt. Planfilme kann man aber auch in einer

Schale oder in einem Trog wässern, indem man das Wasser öfter auskippt und durch frisches Leitungswasser erneuert.
Filmstreifen werden auch direkt in der Dose gewässert. Man leitet den Schlauch mit dem Wasserstrahl direkt auf den Boden der Dose, damit das Wasser von unten nach oben gedrückt wird. In der Schale oder im Trog mit mehrmaligem Wasserwechsel wässert man eine Stunde, unter fließendem Wasser eine halbe Stunde. Planfilme werden im Plattenblock zum Trocknen aufgestellt, Filmstreifen mit Klammern an einer Leine aufgehängt. Kurz nach dem Aufhängen zieht an sie nochmals vorsichtig zwischen nassen Fingern durch; besser ist es, man „ledert" sie ab. Ein Fensterleder wird in sauberem Wasser gut ausgedrückt, anschließend das Wasser ausgequetscht und das Leder zu einem Ballen geformt, mit dem man die Wassertropfen beidseitig von dem Film abstreift.

Nachträgliche Negativverbesserung

Abschwächen

Negative, die infolge reichlicher Belichtung oder zu langer Entwicklungsdauer eine zu intensive Deckung zeigen, können nachträglich abgeschwächt werden. Der Abschwächer löst das metallische Silber auf. Der Grad der Abschwächung kann bei Tageslicht verfolgt und im richtigen Augenblick unterbrochen werden.
Es gibt verschiedene Abschwächer mit unterschiedlicher Wirkung.

1. Farmer'scher Abschwächer
(für Negative und Papierbilder)
Der Farmer'sche Abschwächer macht die Negative dünner und zugleich härter.

Farmer'scher Abschwächer:
Lösung A:
Wasser .... 100 ccm
Rotes Blutlaugensalz
(Ferricyankalium) .... 1 g
Lösung B:
Wasser .... 1000 ccm
Fixiernatron (ohne Säurezusatz)
(Natriumthiosulfat krist.) .... 100 g
Zum Abschwächen von Negativen mischt man vor Gebrauch:
Lösung A .... 5 ccm
Lösung B .... 100 ccm

Je mehr von Lösung A zugesetzt wird, desto schneller erfolgt die Abschwächung.
Beide Lösungen sind getrennt, in braunen Flaschen aufbewahrt, lange haltbar, gemischt aber nicht haltbar.

2. Ammoniumpersulfat-Abschwächer
(für Negative)
Ammoniumpersulfat-Abschwächer macht die Negative dünner und zugleich weicher.

Ammoniumpersulfat-Abschwächer:
Lösung A:

Wasser (destilliert)	100 ccm
1 %ige Kochsalzlösung	2 ccm
Ammoniumpersulfat (frisch)	2 g

Lösung B:

Wasser	100 ccm
Natriumbisulfit	10 g

Die abzuschwächenden Negative werden in die frisch angesetzte Lösung A gebracht, bis der gewünschte Grad der Abschwächung erreicht ist. Darauf wird das Negativ kurz abgespült und ½—1½ Minuten in Lösung B gelegt, in der der Prozeß sofort unterbrochen wird. Nach Benutzung sind die Lösungen fortzugießen. Die Negative werden anschließend noch einmal gut ausgewässert und zum Trocknen aufgehängt.

Verstärken

Negative mit zu schwacher Deckung können nachträglich noch verstärkt werden. Durch Anlagerung von weiterem Metall an das Silber des Negativs läßt sich dieses dichter machen. Demnach kann das Niederschlagen nur dort stattfinden, wo noch Silberspuren in der Schicht vorhanden sind. Leere glasige Stellen können nicht verstärkt werden. Das Verstärken gelingt nur bei Negativen, die in ihrer Gesamtheit zu dünn sind.
Die gebräuchlichsten Verstärker sind:

1. Quecksilber-(Sublimat)Verstärker (giftig!)
(verstärkt gleichmäßig)
Lösung A:

Wasser	100 ccm
Quecksilberchlorid (Sublimat)	2 g

Lösung B:

Wasser	100 ccm
Ammoniak 25 %ig	10ccm
oder Natriumsulfat	5 g

Das ausgewässerte Negativ wird in Lösung A gebracht und ständig bewegt, bis das Silberbild weiß geworden ist. Sodann wird es 10 Minuten gewässert und in Lösung B geschwärzt. Das Schwärzen ist beendet, wenn keine Spur von milchiger Trübung mehr sichtbar ist. Das Negativ wird anschließend wie üblich gewässert und zum Trocknen aufgehängt. Lösung A ist, in brauner Flasche aufbewahrt, haltbar.

2. Kupferverstärker
(verstärkt intensiv, aber kornvergrößernd und macht die Negative härter)
Lösung A:

Wasser	1000 ccm
Kaliumzitrat	100 g
Kupfersulfat krist.	10 g

Lösung C:

Wasser	100 ccm
Rotes Blutlaugensalz	10 g

Vor Gebrauch mischt man:

Lösung A:	300 ccm
Lösung B:	40 ccm
Lösung C:	35 ccm

Die Negative nehmen in der Lösung einen rötlichen Ton an, während die Verstärkung zunimmt. Ist der gewünschte Grad der Verstärkung erreicht, wird das Negativ gewässert und zum Trocknen aufgehängt. Die Lösungen sind, in brauner Flasche aufbewahrt, sehr lange haltbar. Die gemischte Lösung ist nicht haltbar.

3. Chromverstärker
(wirkt wenig kornvergrößernd, er ist vor allem für Kleinbildnegative geeignet)
Lösung A:

Wasser	100ccm
Kaliumbichromat (giftig!)	5 g

Lösung B:

Wasser	100 ccm
Salzsäure (konzentr.)	10 ccm

Der Grad der Verstärkung kann durch unterschiedliche Mischungsverhältnise der Lösungen eingestellt werden.

Schwache Verstärkung:

Wasser	180 ccm
Lösung A	30 ccm
Lösung B	60 ccm

Mittlere Verstärkung:

Wasser	180 ccm
Lösung A	30 ccm
Lösung B	30 ccm

Starke Verstärkung:

Wasser	180 ccm
Lösung A	30 ccm
Lösung B	8 ccm

In dieser Mischung wird das Negativ zunächst vollkommen gebleicht. Anschließend wird gewässert, bis die Flüssigkeit klar erscheint und bei Tageslicht in einem kräftig deckenden Entwickler, z. B. Hydrochinonentwickler wieder entwickelt. Das verstärkte Negativ wird nicht fixiert, statt dessen nach üblichem Wässern zum Trocknen aufgehängt.

Bei Verstärken wird z. B. im Kupferverstärker durch Niederschlag des Kupfers an jedes Korn auf dem Negativ die gesamte Körnigkeit vergröbert. Kleinbildnegative sollen nur im Chromverstärker behandelt werden, um die Körnigkeit nicht wesentlich zu steigern. Der Kupferverstärker eignet sich besonders zum Verstärken von zu dünn ausgefallenen Strichreproduktionen.

Tricks bei der Negativentwicklung von Schwarzweißmaterial

Negativarbeiten sollen in peinlich sauber gehaltenen Geräten nach genauer Entwicklungsvorschrift ausgeführt werden. Der bestentwickelte Filmstreifen ist für die Positivkopie gerade gut genug. Gewiß kann man viele Fehler im Nachhinein wieder korrigieren, doch ist die Kopierqualität eines normal entwickelten Filmstreifens mit einem schlechten Negativ nicht nachvollziehbar.

Das bereits körnig entwickelte Negativ wurde auf Dokumentenfilm umkopiert. Das Bild zeigt keine Halbtöne mehr.

Darüber hinaus gibt es aber Entwicklungsmethoden, die eine fehlerhafte Entwicklung gewollt herbeiführen, um diese, eine besondere Methode, als beabsichtigtes Gestaltungsmittel zu verwenden.

Kornvergröbernde Entwicklung

Oft ist es erwünscht, ein Negativ in grobkörniger Bildstruktur mit „Sandkörnerwirkung“ zu erhalten. Dazu verwendet man für die Aufnahme ein hochempfindliches Filmmaterial und verstärkt dessen Neigung zur Grobkörnigkeit, indem man den Film in Papierentwickler oder in leicht erwärmtem Negativentwickler bis auf 24 Grad C entwickelt. Mit Dokumentenentwickler erreicht man ebenfalls kornvergröberte und gleichzeitig sehr harte Negative. Auch leichte Unterbelichtung und entsprechende Verlängerung der Entwicklungsdauer auf 30 bis 40 Minuten führt zu grobkörnigen Negativen (→ Kupferverstärker Seite 271).

Diese Entwicklungsmethoden weichen selbstverständlich von den normalen Entwicklungvorschriften ab und müssen mit 2 bis 3 Probeaufnahmen in Belichtungs- und Entwicklungsdauer zuvor ausprobiert werden. Die kornvergröbernde Entwicklung wird noch durch Verwendung von Kleinbildmaterial oder durch vergrößerten Aufnahmeabstand, der zu übertriebener Vergrößerung im Positivprozeß zwingt, gesteigert. Wünscht man eine reine Schwarz-Weiß-Wirkung in der Art einer Strichzeichnung, so daß nur schwarze und weiße Flächen entstehen und die Zwischentöne durch mehr oder weniger dicht verteilte Bromkörner ersetzt werden, verfährt man wie folgt:

Das bereits körnig entwickelte Negativ wird im Vergrößerungsapparat auf blauempfindliches extrahart arbeitendes

Momentaufnahme in einem Jazzkonzert
Die leicht unterbelichtete Aufnahme wurde 30 Minuten entwickelt und anschließend mit Kupferverstärker intensiviert.

Vergrößerung von einem Negativ mit Runzelkorn

Filmmaterial vergrößert. Das Material kann bei Orangelicht, das heißt bei normaler Positivdunkelkammerbeleuchtung wie Fotopapier verarbeitet werden. Dieser Spezialfilm wird in Papierentwickler entwickelt, fixiert, gewässert und zum Trocknen aufgehängt. Um von dem entstandenen Positiv wieder ein Negativ zu erhalten, wird es im Kontaktkopierverfahren umkopiert. Die entstandenen Negative können wie eine Strichreproduktion vergrößert werden.

Runzelkorn

Wenn man zu warm entwickelt, besonders aber, wenn das Fixierbad zu warm ist, bildet sich das sogenannte Runzelkorn; die Gelatineschicht schrumpft zu mäanderförmiger Struktur zusammen. Will man das Runzelkorn absichtlich herbeiführen, wärmt man das Fixierbad auf 30—40° C an.

Pseudosolarisation

Bei Überschreitung normaler Belichtungszeiten tritt Solarisation (Bilddunkelung) ein. Fotografiert man die Sonne, so wird sie im Positiv schwarz wiedergegebeben.

Wird durch einen Zufall während des Entwicklungsprozesses das Licht eingeschaltet, also das Negativ bei hellem Licht betrachtet, entsteht die Pseudosolarisation. Dies bedeutet einen schweren Entwicklungsfehler. Das Negativ wird für den Normalfall unbrauchbar. Der absichtliche Effekt wird so herbeigeführt, daß der noch nicht ausentwickelte Film nach $^2/_3$ seiner Entwicklungsdauer kurz grellem Licht ausgesetzt wird. Daraufhin wird weiterentwickelt. Dabei schwärzen sich die unbelichteten Partien, indem Bromkalium ausgeschieden wird. An den bereits sichtbaren Konturen wird die Entwicklung verzögert, es bleiben

Pseudosolatisation nach der nebenstehenden Aufnahme

nur die Umrißlinien ähnlich einer Federstrichzeichnung stehen.
Die Kopie oder Vergrößerung zeigt schwarze Linien auf weißem Grund. Wünscht man die Zeichnung negativ, muß man von dem solarisierten Film ein Diapositiv herstellen.

Schmelzende Schicht

Groteske Bildverzerrungen, beispielsweise zum Herstellen von Foto-Karikaturen aus einer Porträtaufnahme oder ähnlichem, erreicht man, indem man die Negativschicht teilweise zum Schmelzen bringt. Voraussetzung ist, daß das Negativ weder in Brenzkatechinentwickler entwickelt, noch in einem Härtefixierbad fixiert wurde.
Das ausgewässerte Negativ wird zum Trocknen ausgehängt und der Zeitpunkt abgewartet, bis keine Tröpfchen mehr auf der Schicht oder auf der Rückseite vorhanden sind, aber die Schicht noch gleichmäßig gequollen ist. Der Film wird nun über einer elektrischen Heizplatte erwärmt.
Die Schicht beginnt nun zu schmelzen; dies läßt sich daran erkennen, daß die Oberfläche anfängt zu glänzen. Durch Schräghalten oder Drehen versucht man, die Gelatine in der gewünschten Richtung zum Fließen zu bringen. Ist die beabsichtigte Verzerrung erreicht, wird das Negativ in horizontaler Lage getrocknet. Durch mehrmaliges, nur stellenweises Wiederholen des Schmelzvorgangs kann man die Schicht beispielsweise einmal nach links und das andere Mal nach rechts ausfließen lassen und so groteske Verzerrungen erzielen.

Geschmolzene Schicht

Entwicklung von Farbnegativmaterial

Zur Entwicklung von Farbnegativfilmen sind verschiedene Chemikaliensätze am Markt.

Die Chemikalien für das Entwickeln von Farbnegativfilmen werden in einem Karton geliefert. Sie müssen für den Gebrauch zu Lösungen angesetzt werden. Die Chemikalien sind auf die entsprechenden Filmprodukte abgestimmt. (Für Agfa-Farbfilmnegative verwendet man die Agfacolor-Verarbeitungschemikalien, für Kodak-Farbnegativfilme wird meist der Kodak Process-C-41 Satz verwendet.)

Ein Entwickler-Satz enthält der Reihenfolge nach folgende Substanzen: Entwickler, Bleichbad, Fixierer und Stabilisierer. Für den Ansatz der Chemikalien ist äußerste Sauberkeit unbedingte Voraussetzung. Nach jeder Prozedur sind die gebrauchten Geräte (Meßbecher, Rührstab, Thermometer) gründlich abzuwaschen.

Die angesetzten Lösungen werden in 4 braune Flaschen abgefüllt und der Inhalt gekennzeichnet.

Die vier Flaschen mit den Lösungen stellt man in eine tiefe Schale, die zur Hälfte mit 38° C warmem Wasser gefüllt ist. Das Wasserbad hält die chemischen Lösungen auf der Temperatur, die für die exakte Entwicklung notwendig sind. Die Temperatur darf nicht mehr als $\frac{1}{6}$° C nach oben oder unten abweichen. Dazu braucht man ein sehr genau arbeitendes Thermometer.

Der Farbnegativfilm wird bei völliger Dunkelheit in die Entwicklerdose eingebracht und der zuvor temperierte Entwickler eingefüllt. Die Entwicklungszeit ist nach den Angaben des Herstellers genau einzuhalten (beim Kodak C 41-Process $3\frac{1}{4}$ Minuten). Während der Entwicklung ist die geschlossene Dose zu bewegen (Kipen oder mäßig schüt-

Entwicklersatz für Farb-Negativentwicklung (Kodak Prozeß-C41)

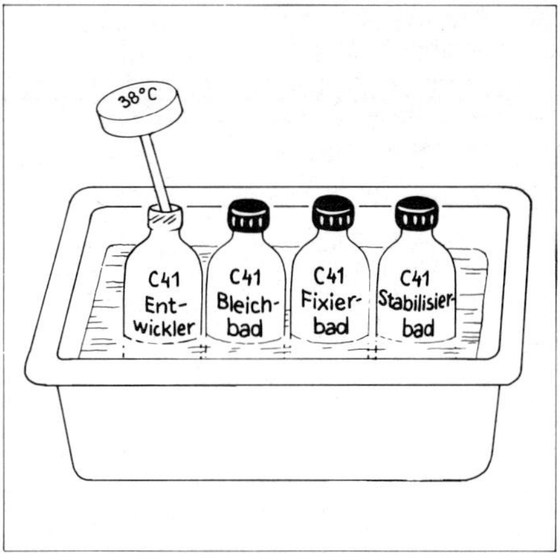

teln). Um die Temperatur gleichmäßig zu erhalten, wird die Dose nach jeder Bewegung wieder in das Wasserbad zurückgestellt.

Nach Beendigung der Entwicklung den Entwickler aus der ungeöffneten Dose in die braune Flasche zurückgießen. Bleichbad einfüllen und $6\frac{1}{3}$ Minuten abwechselnd Dose bewegen und durch Zurücksetzen in das Wasserbad für das konstante Einhalten der Temperatur sorgen. Nach dem Bleichmittel, das man in die Flasche zurückgegossen hat, erfolgt $3\frac{1}{4}$ Minuten eine Zwischenwässerung bei 38° C. Im Anschluß wird $6\frac{1}{2}$ Minuten fixiert, wieder $3\frac{1}{4}$ Minuten gewässert, mit der Stabilisierungsflüssigkeit $1\frac{1}{2}$ Minuten nachbehandelt und die Filme zum Trocknen aufgehängt. Die Streifenbildung verhindert man durch Abledern oder vorsichtiges Abwischen mit einem Viskoseschwamm.

Fotomontage im Negativprozeß

Es gibt Bildsituationen, die auf normalem Wege in der gewünschten Form nicht aufzunehmen sind. In diesem Fall hilft der Trick der Fotomontage. Die Fotomontage ist, genau genommen, ein Schwindel, aber in der Fotografie ist ein solcher Schwindel erlaubt, wenn er „echt" aussieht. Man unterscheidet zwei Möglichkeiten der Fotomontage. Einmal die Montage, die während der Aufnahme entsteht, und das andere Mal die Fotomontage im Negativprozeß.

Fotomontage vor schwarzem Hintergrund

Aufnahmemontagen vor schwarzem Hintergrund sind einfach herzustellen. Ein völlig schwarzer Hintergrund hinterläßt bei geöffnetem Verschluß der Kamera keinen Licht-

Aufnahmemontage vor schwarzem Hintergrund
In einer Nahaufnahme wurde das Glas und der Löffel exponiert und in einer Zweitbelichtung das kauernde Kind ergänzt.

eindruck auf dem Film. Erst wenn ein Gegenstand beziehungsweise eine Person vor dem schwarzen Hintergrund steht, die mit Licht angestrahlt wird, entstehen Lichteindrücke auf dem Film; z. B. kann man eine Nahaufnahme vor schwarzem Hintergrund von einer Flasche machen und in der zweiten Belichtung auf dieselbe Platte eine Person stehend oder sitzend ebenfalls vor schwarzem Hintergrund aufnehmen, nachdem man vorher auf die Mattscheibe die Umrisse der Flasche mit Wachsstift angezeichnet hat. Das Bild zeigt einen in der Flasche eingesperrten Menschen.
Wichtig für das Gelingen der Teilbelichtungen ist ein schwarzer Hintergrund, den man entweder vor einer mit Samt oder Velourpapier ausgeschlagenen Kiste oder in einer offenen Tür vor dem Nachthimmel erreicht (→ Seite 244).

Negativmontage mit Masken

Diese Montageart wird angewandt, wenn es darum geht, einen Gegenstand in eine Landschaft zu montieren. Beispielsweise soll das Modell einer Plastik in der Landschaft gezeigt werden, in dessen Umgebung das spätere Original stehen soll. Man kann weder die Plastik hinaustragen noch die Landschaft in das Atelier transportieren. Zuerst wird eine richtig ausgeleuchtet Aufnahme der Plastik vor völlig schwarzem Hintergrund gemacht. Ohne die Plastik, noch die Kamera zu verschieben, wird der schwarze Hintergrund durch einen weißen ausgetauscht und die Beleuchtung so eingerichtet, daß nur der weiße Hintergrund angestrahlt wird und sich die Plastik davor als Silhouette abhebt. Als Filmmaterial für die zweite Aufnahme verwendet man einen hart arbeitenden Dokumentenfilm, den man auch entsprechend hart entwickelt. Von diesem Silhouettennegativ stellt man durch Kontaktkopie ein Positiv her, das die Silhouette der Plastik gedeckt schwarz auf glasig durchsichtigen Grund zeigt. Dieses Positiv legt man nun zur Aufnahme der Landschaft zusammen mit dem dafür geeigneten Film in die Kassette, so daß er vor das Negativ zu liegen kommt und die Konturen der Plastik auf der Landschafsaufnahme ausspart.
Das erste im Atelier entstandene Negativ der Plastik wird Schicht auf Schicht auf die Landschaftsaufnahme mit ausgespartem Umriß der Plastik gelegt und direkt vergrößert.

Fotomontage durch örtliches Abschwächen

Mit Hilfe der Abschwächungsmontage kann man allerdings keine Bilder machen, die ein genaues Passen erfordern. Sie

Negativmontage mit Masken
Aufnahme einer Plastik vor schwarzem Hintergrund

Oben links: Negativ auf Dokumentenfilm
Der schwarze Hintergrund wurde durch einen weißen ausgetauscht.
Oben rechts: Durch Kontaktkopie entstand davon ein Diapositiv.
Unten links: Negativ der Aufnahme einer Ausstellung mit ausgesparter Fläche der Plastik

Die Negative obiger Abbildung (unten links und unten rechts) wurden übereinandergelegt und gemeinsam vergrößert.

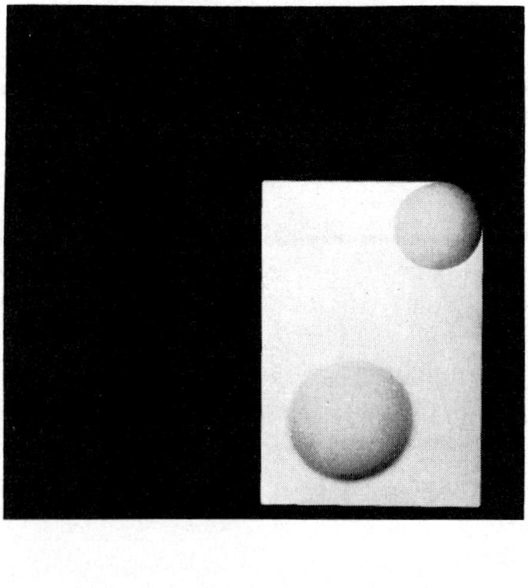

ist nur da wirksam, wo die Bildteile ineinanderfließen. Der Vorteil dieser Montageart ist der, daß man nicht erst das Negativ durch die spezielle Aufnahme schaffen muß, sondern im besonderen Fall bereits vorhandene Negative verwenden kann.

Das Negativ wird an den Stellen, wo das andere Bild erscheinen soll, mit Farmer'schem Abschwächer bis zum vollkommenen Verschwinden der Bildspuren abgeschwächt.

Mit einem Wattebausch läßt man den Abschwächer auf die abzuschwächenden Stellen des Negatives auslaufen, wobei man darauf achtet, daß er keine anderen Bildteile erreicht, die erhalten bleiben sollen.

Um kleinere Stellen und eventuelle Konturen einzuhalten, verwendet man einen Pinsel. Beim zweiten Negativ schwächt man die entgegengesetzten Bildteile ab. Die Deckung des einen Negatives ist jeweils dort, wo sie bei dem anderen fehlt. Nach dem Trocknen werden die Negativ-Filme Schicht auf Schicht gelegt und gemeinsam vergrößert. Bei dünnem Filmmaterial ist es gleichgültig, ob Schicht auf Schicht oder Glasseite zu liegen kommt, wenn man am Objektiv des Vergrößerungsapparates etwas abblendet.

Positivtechnik für Schwarzweiß-Bilder

Ein Negativ ist noch kein brauchbares Bild; es muß erst in ein positives Papierbild umgewandelt werden. Man nennt das „kopieren". Kopiert wird unter denselben Voraussetzungen wie bei der Aufnahme. Man benötigt dazu auch eine lichtempfindliche Emulsion, die allerdings nicht auf

Positivdunkelkammer

Trockentisch
1 Vergrößerungspapiere
2 Vergrößerungsgerät

Naßtisch
3 Entwicklerschale
4 Zwischenwässerung
5 Fixierbad
6 Wässerungswanne

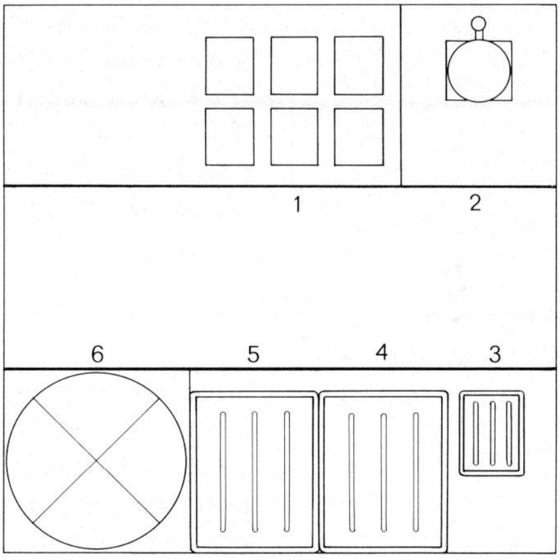

Filme oder Platten, sondern auf einem papierähnlichen Kunststoffträger gegossen wurde.
Der Arbeitsprozeß in der Positivdunkelkammer spielt sich auf zwei getrennten Arbeitstischen ab, dem sogenannten „trockenen" und dem „nassen" Tisch. Es muß hier im Gegensatz zur Negativdunkelkammer keineswegs absolut dunkel sein. Auch ein Zimmer ohne besondere Verdunkelungseinrichtung genügt als Provisorium, wenn man nachts arbeitet. Das wenige Licht, das dabei aus dem Türspalt oder durch die Straßenbeleuchtung ins Zimmer dringt, stört nicht. Auf dem trockenen Tisch steht der Kopier- oder Vergrößerungsapparat, der sorgsam vor jeder Feuchtigkeit geschützt werden soll. Der trockene Tisch steht möglichst im Dunkeln, über dem nassen Tisch strahlt die Dunkelkammerlampe — ein blaßgrünes Licht — auf die drei notwendigen Schalen.

Die Schalen enthalten von links nach rechts:
1. Papierentwickler
2. Unterbrecherbad (Wasser mit ein paar Tropfen Eisessig)
3. Saures Fixierbad

Die Schalen sollen in der gleichen Reihenfolge größer oder tiefer werden, da sich die Bilder in der Fixierschale nach und nach ansammeln. Als Schalen eignen sich solche aus Emaille, Steingut oder Kunststoff, letztere sind besonders haltbar.
Mit den Fingern soll man möglichst wenig in die Chemikalien greifen. Die Haut wird spröde und springt auf. Um sich davor zu schützen, verwendet man Entwicklerklammern. Diese dürfen aber nicht vertauscht werden. Die Klammer aus dem Entwickler darf niemals mit dem Fixierbad in Berührung kommen und umgekehrt. Am besten ist es, man verwendet zwei verschiedenartig aussehende Zangen, die man auch in der Dunkelheit gut unterscheiden kann. Zum Bewegen der Bilder in der Fixierschale eignet sich auch ein Glasstab oder eine an den Enden abgerundete Holzleiste, die man mit Lackfarbe gegen Fäulnis geschützt hat.

Kopieren
(Direktkopierverfahren)

Man unterscheidet die „Direktkopie" und die „Vergrößerung". Im ersten Fall erhält man ein Positivbild in gleicher Größe wie das Negativformat, hingegen können vom gleichen Negativ auch Vergrößerungen in beliebigem Ausmaß gemacht werden.

Kopieren
1 Spiegelglasplatte
2 Negativ mit der Schichtseite nach unten
3 Fotopapier mit der Schichtseite nach oben
4 Schwarzes Papier

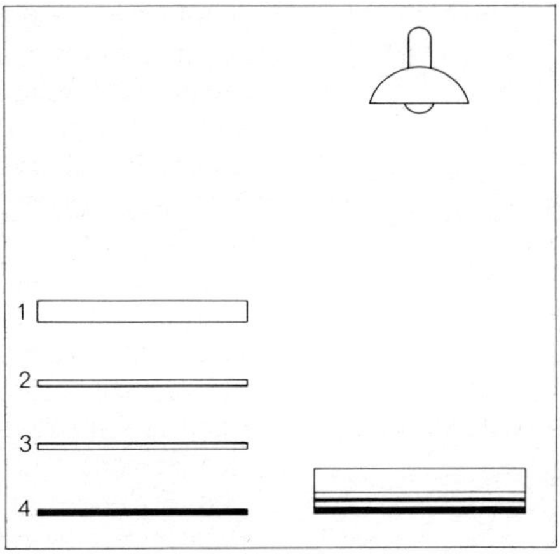

Die einfachste Art der Direktkopie ist folgende:
Das lichtempfindliche Fotopapier wird mit der Schicht nach oben möglichst eben auf einer schwarzen Unterlage aufgelegt und mit dem Negativ so bedeckt, daß dabei Schicht auf Schicht zu liegen kommt. Bei Filmen erkennt man die Schicht an der Mattseite. Das Ganze wird mit einer Spiegelglasplatte beschwert, um einen innigen Kontakt zwischen Papier und Film zu erreichen und mit einer darüber angebrachten Lampe belichtet, nachdem man zuvor die Papierpackung sorgsam geschlossen hat. Die genaue Belichtungszeit wird mit einem Probestreifen ermittelt, den man erst probeweise belichtet, bis die richtige Zeit gefunden ist. Die Zeitdauer der Belichtung kann man entweder abzählen oder anhand des Sekundenzeigers einer Armbanduhr stoppen.
Sehr brauchbar sind einfache Kopierrahmen mit einer Filzeinlage, die von der Rückseite mit Federdruck geschlossen werden. Belichten kann man auch unter dem Vergrößerungsgerät, dessen Vergrößerungskopf man so hoch gestellt hat, daß die beleuchtete Fläche größer als der Kopierrahmen ist. Belichtet wird bei kleiner Blende (Blende 11 — Blende 22).
Bequemer läßt es sich mit einem „Kopierapparat" arbeiten, der nach außen lichtdicht ist, damit kein Licht in den Raum dringt. In den meisten Kopierapparaten ist eine automatische Belichtungsuhr eingebaut, an der die genaue Belichtungszeit eingestellt werden kann.

Entwickeln

Das belichtete Papierbild wird in die Schale mit Papier-Entwickler gebracht und mit der Klammer sofort gleichmäßig in die Flüssigkeit untergetaucht, damit der Entwickler die gesamte Gelatineschicht auf einmal benetzt. Durch leichtes Schaukeln der Schale erreicht man, daß die Flüssigkeit ständig bewegt wird und alle Bildteile gleichmäßig erfaßt. Das Bild erscheint immer deutlicher, bis es schließlich nach 2 Minuten ausentwickelt ist, vorausgesetzt, daß der Entwickler eine Temperatur von 18—22 Grad aufweist. Das ausentwickelte Papierbild wird über dem Schalenrand abgestreift; die Flüssigkeit flutet dabei in die Schale zurück. Dadurch vermeidet man, daß zuviel Entwickler aus der Schale getragen wird. Anschließend taucht man das Bild im Unterbrecherbad kurz unter und bringt es mit der Schicht nach unten so in die Fixierschale, daß man das Fixierbad mit der Klammer nicht berührt. Mit der Klammer aus dem Fixierbad übernimmt man das Bild und bewegt es einige Male hin und her, damit die Flüssigkeit gleichmäßig angreifen kann.

Nach etwa 10 Sekunden wird das Bild mit der Fixierklammer umgedreht und das normale Licht im Raum eingeschaltet. Handlicher ist eine Lampe, die über dem Fixierbad angebracht ist. Zuvor muß man sich davon überzeugen, daß kein Fotopapier mehr offen im Raum liegt.

Das Bild ist richtig ausgefallen, wenn es in den tiefsten Schatten reines Schwarz und in den hellsten Lichtern reines Weiß zeigt. Zwischen diesem Schwarz und dem Weiß baut sich das Bild harmonisch in seinen Halbtönen auf.

Die Gradation

Die stufenweise Erhöhung der Grauwerte nennt man die Gradation. Nehmen wir an, das Negativ hätte eine normale Gradation, es ist nicht zu dünn aber auch nicht zu dicht anzusehen. Um von diesem Negativ eine richtige Kopie zu erhalten, verwendet man ebenfalls ein Papier mit normaler Gradation. Man unterscheidet die Fotopapiere in 6 Gradationen:

extraweich
weich
spezial
normal
hart
extrahart

Diese unterschiedlichen Härtestufen haben den Vorteil, fehlerhafte Negative, z. B. ein zu flaues Negativ, das heißt ein solches, das nur wenige Tonunterschiede zeigt und im Gesamteindruck gleichförmig grau ist, durch Wahl eines harten Papieres für die Kopie auszugleichen. Man erhält davon ein normales Papierbild. Umgekehrt kann ein zu

Vergrößerung auf weich arbeitendem Papier
Die Details im Vordergrund trennen sich ungenügend.

Vergrößerung auf normal arbeitendem Papier
Vordergrund und Hintergrund sind gleichmäßig moduliert.

Vergrößerung auf hart arbeitendem Papier
Die Deteils im Hintergrund verschwinden.

hartes, knalliges Negativ, das nur wenige Graustufen, dafür aber auch hart abgrenzende schwarze und weiße Flächen aufweist, durch Wahl einer weichen Papiergradation ausgeglichen werden.

Bei einiger Übung kann man zu jedem Negativ das passende Papier für die Kopie bestimmen. Gelingt dies in der ersten Zeit noch nicht und erweist es sich beim Kopieren, daß ein Bild beispielsweise zu hart ausgefallen ist, dann greift man zur nächstweicheren Gradation; dabei nehme man aber darauf Rücksicht, daß alle Papiere mit zunehmend weicher Gradation auch lichtempfindlicher werden. Deshalb ist die Kopierzeit entsprechend zu verkürzen.

Vergrößern

Wenn man von einem Negativ ein vergrößertes Papierbild herstellen will, benötigt man einen Vergrößerungsapparat. Dieser ähnelt in umgekehrter Weise dem Prinzip einer fotografischen Kamera. Das lichtempfindliche Papier fotografiert gleichsam das Negativ.

Das Licht dringt durch das Negativ und wird von dem Objektiv durch den abgedunkelten Raum auf eine horizontale Fläche, den Vergrößerungstisch, gestrahlt. Auf dieser Auffangfläche wird das genaue Bild entworfen, nachdem man am Objektivring scharf eingestellt hat. Je weiter man nun den Vergrößerungsapparat vertikal nach oben entfernt, desto größer wird das Bild. Mit zunehmender Vergrößerung steigert sich auch die Belichtungsdauer, da die Lichtintensität im Quadrat der Entfernung abnimmt.

Im übrigen unterscheidet sich der Vorgang des Vergrößerns kaum von dem des Direktkopierens. Das Negativ wird in dem Negativträger des Vergrößerungsapparates

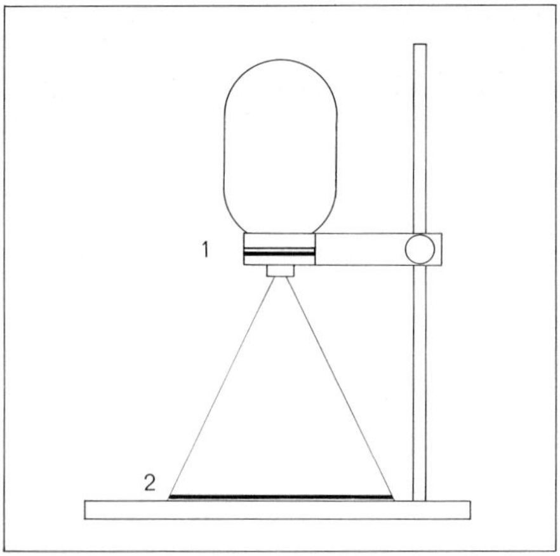

Vergrößern
1 Negativträger mit eingelegtem Negativ (Schichtseite nach unten)
2 Auf die Grundplatte des Vergrößerungsapparates gestrahltes Bild

mit der Schicht nach unten eingespannt. Die gewünschte Größe und die Bildschärfe werden an der Einstellvorrichtung des Vergrößerungsapparates reguliert. Das Grundbrett des Apparates ist meist mit einem Vergrößerungsrahmen ausgerüstet. Seine verschiebbaren Stahlbänder erlauben das Einstellen jedes beliebigen Formates und Ausschnittes aus dem auf das Grundbrett entworfenen Bild.

1. Bildverbesserung während des Vergrößerns
Im Gegensatz zur Direktkopie kann das Bild beim Vergrößern noch etwas beeinflußt werden. Oft kommt es vor, daß die Kontraste auf einem Negativ so groß sind, daß neben stark gedeckten Lichtern ganz durchsichtige detaillarme Schatten stehen. Das kann z. B. auf einer Aufnahme der Fall sein, die aus einem dunklen Torbogen heraus in eine stark sonnige Landschaft exponiert wurde. Hier hilft auch die weiche Papiergradation nicht mehr aus. Beschattet man aber mit der gewölbten Hand, die man für kurze Zeit während der Belichtung in den Strahlengang hält, die durchsichtigen Schatten, so werden diese Partien gegenüber den gedeckten Stellen ausgeglichen. Damit keine scharf abgegrenzten Konturenränder entstehen, ist es gut, die Hand während dem „abwedeln“, so nennt man diesen Vorgang, leicht auf und abwärts zu bewegen.
Im umgekehrten Fall, z. B. bei einem Negativ, das eine mit Sonne bestrahlte Hausfront zeigt und eine offene Tür in das Innere eines Raumes, welcher aber im Schatten liegt und sehr detailarm auf dem Negativ abgebildet wurde, behilft man sich mit einem kleinen rechteckigen Kartonabschnitt, den man auf einem Draht befestigt hat, um die betreffende Stelle abzuwedeln. Sind hingegen kleine zu dichte Stellen des Negativs nachzubelichten, dann schneidet man in ein Stück schwarze Pappe ein Loch und läßt nach beendeter Belichtungszeit noch etwas Licht auf die betreffende Stelle einwirken.

2. Entzerren
Bei Aufnahmen mit starren Kameras stellen sich oft Verzerrungen des Bildes ein, die sich besonders bei Architekturaufnahmen zeigen, wenn man mit einer nach oben gerichteten, nicht horizontal gehaltenen Kamera fotografiert. Diese „stürzenden Linien“ kann man mit einer starren Kamera während der Aufnahme nicht korrigieren, außer man hatte die Möglichkeit, den Aufnahmestandpunkt genügend weit vom Objektiv zu entfernen. Will man eine solche Aufnahme nachträglich beim Vergrößern entzerren, geschieht dies durch Neigen des Vergrößerungsrahmens. Die geeignete Schrägstellung wird so lange

Entzerren durch Neigen des Vergrößerungsrahmens

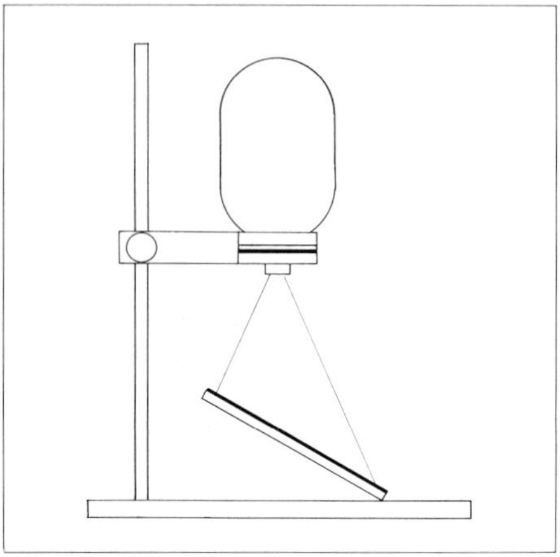

ausprobiert, bis die sich ehemals verjüngenden Linien wieder parallel zueinander laufen.
Der schräg gestellte Rahmen wird nun passend unterlegt und vor dem Abrutschen gesichert. Um eine gleichmäßige Bildschärfe zu erreichen, muß am Objektivring abgeblendet werden. Zu diesem Zweck stellt man im zweiten Bilddrittel von unten gesehen scharf ein und blendet soweit ab, bis sich die Schärfe gleichmäßig über das Bild ausdehnt.
Bei der Belichtung muß die obere, zum Objektiv nähere Seite durch Abwedeln etwas zurückgehalten werden, da sie sonst infolge der stärkeren Lichteinwirkung überbelichtet würde.

Positiventwickler

Chemikalien für Positiventwickler kann man fertig kaufen. Normalarbeitender Entwickler erzeugt einen neutralschwarzen Bildton.
Die Substanzen sind in angegebener Reihenfolge in 750 ccm Wasser aufzulösen und auf 1000 ccm aufzufüllen. Die Entwicklungszeit beträgt 2 Minuten bei ca. 20 Grad. Ein Liter Entwickler reicht ungefähr für 120 papierstarke Bilder im Format 9 × 12 cm oder für 30 Bilder im Format 18 × 24 cm. Danach ist der Entwickler erschöpft.

Zwischenwässerung

Der Unterbrecher besteht aus reinem Leitungswasser, dem man pro Liter 50 ccm Essigsäure (30 % konztr.) oder 50 g Kaliummetabisulfat beimengt.

Fixierbad

Bei der Herstellung des Fixierbads kühlt sich die Lösung sehr stark ab und wird dadurch verlangsamt. Deshalb löst man die Chemikalien zweckmäßig in angewärmten Wasser.

Wasser	1000 ccm
Fixiernatron	200 g
Kaliummetabisulfit	25 g

In einem Liter Fixierbad sollen nicht mehr als 250 Bilder 9 × 12 oder 60 Bilder im Format 18 × 24 fixiert werden.

Fertigmachen der Bilder

Die Fixierdauer der Positivbilder ist nach ca. 10 Minuten beendet. Diese Zeit soll nicht länger ausgedehnt werden. Man wässert die Positivbilder in fließendem Wasser mindestens eine halbe bis dreiviertel Stunde. Die Zeit des Wässerns kann man auch etwas abkürzen, wenn man dem Fixierbad ein Bad schwacher Sodalösung anschließt.

Sodabad:

Wasser	1000 ccm
Soda wasserfrei	10 g

Die Bilder werden dem Fixierbad entnommen, kurz abgespült und für kurze Zeit in der Sodalösung belassen, dadurch löst sich beim anschließenden Wässern das Fixiernatron leichter heraus.

Nach dem Wässern werden die Kopien getrocknet. Glänzende Papiere trocknet man in einer Hochglanzpresse. Die nassen Hochglanzabzüge werden auf eine polierte Chromplatte, der sogenannten Hochglanzfolie, mit der Schicht nach unten aufgelegt und mit einem Gummirollenquetscher aufgedrückt. Dabei müssen etwaige Luftblasen gut herausgequetscht werden, da sonst matte Stellen entstehen. Am besten ist es, mit dem Rollenquetscher von der Bildmitte beginnend das überschüssige Wasser nach außen zu treiben. Die Hochglanzfolie kommt in die geheizte Hochglanzpresse. Der Trockenprozeß ist beendet, wenn ein knisterndes Geräusch zu hören ist, das entsteht, wenn die Schicht partienweise von der Folie abplatzt. Die trockenen Bilder sind anfangs eingerollt und werden deshalb nebeneinander ausgelegt, damit sie sich durch die Luftfeuchtigkeit im Raum wieder strecken.

Die Fotopapiere einer neuen Generation bestehen aus einer Bromsilberschicht auf einem Kunststoffträger. Dazu zählen neben glänzenden Papieren auch solche mit seidenglänzender, matter und rauher Oberfläche. Sie werden mit Klammern an einer Leine aufgehängt, wo sie glatt auftrocknen. In einem speziell dafür vorgesehenen Trockenschrank trocknen die Bilder bei 70—90 °C.

Fotopapierformate und Sorten

Die Fotopapierformate wurden auf Grund praktischer Erfahrungen und der Verwendbarkeit in bezug auf das Filmformat festgelegt. Die Fotopapiere entsprechen nicht den DIN-Formaten, mit Ausnahme der Vergrößerungspapiere für die Dokumenten-Reproduktion.

Die Fotopapiere werden unterschieden:
a) nach der Farbe: extraweiß, weiß, elfenbein,
b) nach der Oberfläche: glänzend, halbmatt, matt,
c) nach der Struktur: glatt, rauh, gekörnt,
d) nach der Stärke: papierstark, kartonstark.

Diese Papiere sind in folgenden Formaten erhältlich: 6,5 × 6,5 cm, 6,5 × 9,5 cm, 7,4 × 7,4 cm, 7,4 × 10,5 cm, 9 × 9 cm, 9 × 13 cm, 10,5 × 14,8 cm, 13 × 18 cm, 18 × 24 cm, 24 × 30 cm, 30 × 40 cm, 40 × 50 cm, 50 × 60 cm und in Rollen: 64 cm × 10 m, 1 m × 10 m.

Spezialpapiere für die Schwarzweiß-Vergrößerungstechnik

1. Vergrößerungspapiere für die Dokumentation:
   Diese Papiere haben eine halbmatte Oberfläche, sie sind für die Vergrößerung von Negativen nach Strichvorlagen geeignet. Der Schichtträger ist Dokumentenpapier mit der Stärke von normalem Schreibpapier. Es ist in 2 Gradationen für die Rückvergrößerung von Strich- und von Halbtonreproduktionen erhältlich. Dokumentenpapiere sind in DIN-Formaten und Rollen lieferbar.
2. Doppelseitige Fotopapiere:
   Dieses Papier trägt auf beiden Seiten eine lichtempfindliche Schicht. Das Durchbelichten beim Vergrößern wird durch eine Schutzschicht verhindert. Doppelseitige Fotopapiere werden in DIN-Formaten geliefert.
3. Maßhaltige Fotopapiere:
   Maßhaltige Fotopapiere sind auf einem Zwischenträger, einer dünnen Aluminiumfolie kaschiert. Dadurch wird ein Dehnen während der Naßbehandlung und nachträgliches Schrumpfen bei dem Trockenvorgang weitgehend verhindert. Sie werden in DIN-Formaten und Rollen geliefert.
4. Transparentpapier:
   Transparentpapiere sind als Aufnahme- und als Vergrößerungsmaterial geeignet. Man verwendet sie zur Herstel-

lung transparenter Positive bzw. Negative von Strichvorlagen. Transparente Positive können im Lichtpausverfahren vervielfältigt werden. Sie bestehen aus einer wasserfest lackierten Transparentpapierunterlage. Transparentpapiere können auch als Ersatz für Film verwendet werden. Dabei wird aber eine leichte Papierfaserstruktur im Negativ sichtbar, die in der Kopie eine Flächenunruhe bewirkt. Sie werden in DIN-Formaten und Rollen geliefert.

5. Direktpositivpapier:
   Direkt positiv arbeitendes Spezialpapier, das nur im Kontaktverfahren belichtet werden kann. Die Kopien eignen sich gut als Zwischenpositive für das Lichtpausverfahren. Direktpositivpapiere sind in DIN-Formaten und in Rollen erhältlich.
6. Andere Spezialsorten sind das Fotoleinen, ein Gewebe mit lichtempfindlicher Schicht und Fotopapiere mit farbigem Papiergrund, auch Silber und Gold.

Verarbeitung von Farbbildern

Es hat Vorteile, seine Farbaufnahmen selbst auszuarbeiten, anstatt sie dem Farblabor zu übergeben. Man kann die Farben selbst abstimmen und dadurch den Werdegang des Bildes kreativ beeinflussen. Papierbilder können von Farbnegativen oder Diapositiven hergestellt werden.

Hier kann der Fotograf schöpferich einwirken, ein Bild heller oder dunkler halten, die Farben bewußt verändern, einzelne Bildteile durch Nachbelichten oder Zurückhalten verbessern und unerwünschte Teile der Aufnahme wegfallen lassen.

Positivtechnik für Farbbilder vom Farbnegativ

Die Herstellung von Farbbildern ähnelt dem Schwarzweiß-Prozeß mit erweiterter Manipulation.

Das Vergrößerungsgerät muß mit einer Wärmeschutzscheibe ausgerüstet werden, damit die wärmeempfindlichen Farbnegative und die für den Farbprożeß benötigten Farbfilter nicht Schaden erleiden.

Die Farbpapiere werden dem Kühlschrank entnommen, wo sie unter + 10 °C gelagert wurden.

Für den beschriebenen Ektaprint 2 Prozeß sind dies Kodak Ektacolor Plus Papiere oder Kodak Ektacolor Professional Papiere.

Bei Dunkelheit entnimmt man der Schachtel die Anzahl der Blätter, die man verarbeiten möchte und füllt sie in eine lichtdichte Schachtel um, die man deutlich mit „Unbelichtet" kennzeichnet.

Die Originalpackung bringt man wieder in den Kühlschrank zurück, nachdem man die eingedrungene Luft aus der feuchtigkeitsfesten Packung herausgepreßt und wieder sorgfältig verschlossen hat.

Ansetzen der Chemikalien

Die Lösungen können Hautreizungen verursachen, für den Ansatz sollten wasserdichte Gummihandschuhe verwendet werden.
Die Chemikalien sind als Flüssigkeitskonzentrate erhältlich. Sie werden nach Vorschrift verdünnt, in braune Flaschen abgefüllt und zur Unterscheidung gekennzeichnet. Zusätzlich zu den Chemikalien wird noch ein Stoppbad angesetzt. Dies verhindert ein zu starkes Verschleppen von Entwickler in das Bleichfixierbad, was zu Streifen- und Fleckenbildung führen kann. Dazu stellt man eine 28%ige Essigsäure als Vorratslösung her. 3 Teile Eisessig werden mit 8 Teilen Wasser verdünnt. (Säure in das Wasser gießen, nicht umgekehrt!) Für die Arbeitlösung wird zu 1 Liter Wasser 50 ml 28%ige Essigsäure hinzugegeben.

Belichten der Testkeile

Wie bei der Schwarzweiß-Vergrößerungstechnik werden zuerst Probebelichtungen angefertigt. Für das genaue Einhalten der Belichtungszeit ist ein Spannungskonstanthalter von Vorteil. Dieser gleicht eventuell auftretende Schwankungen im Stromnetz aus.
Die Proben nennt man Testkeile. Sie informieren über die Belichtungszeit und über die Wirkung des Filterpacks.
Ein Filterpack besteht aus drei Arten von Filtern:

Belichtung der Testkeile

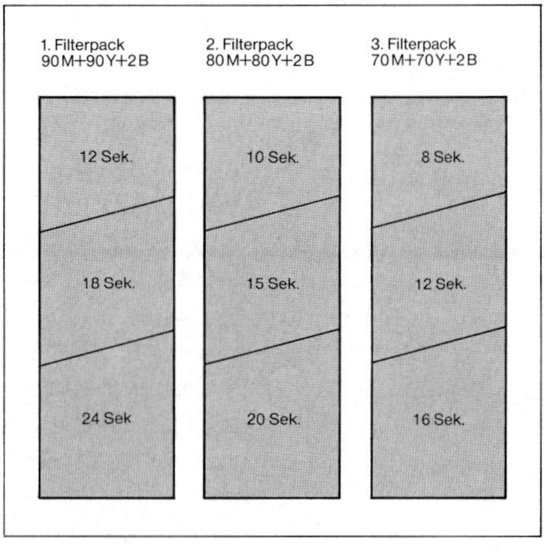

1. dem 2-B Ultraviolett-Sperrfilter. Er sorgt dafür, daß die Lampe im Vergrößerungsgerät keine Farbverfälschung durch Ausstrahlen von Ultraviolett ergibt.
2. Einer Anzahl Y-Filter (Yellow-Filter = Gelbfilter) mit steigenden Dichtezahlen (0,5 Y, 10 Y, 20 Y, 30 Y, 40 Y und
3. 50 Y),

einer Anzahl M-Filter (Magenta-Filter) mit steigenden Für die Testreihe verwendet man möglichst ein richtig belichtetes Negativ mit normaler Dichte. Die Filter werden für die Filterschublade des Vergrößerungsgerätes passend zurechtgeschnitten und der erste Filterpack für die Testreihe eingelegt (90 M + 90 Y + 2 B). Die Dichte 90 wird entsprechend aus 50 + 40 zusammengesetzt. Das 2 B-Ultraviolett-Filter wird immer benutzt.

Der erste Schritt nach dem Einstellen des Bildes ist das Belichten der ersten Testkeile. Dazu hält man einen schwarzen Karton über zwei Drittel des Papieres und belichtet den ersten Keil. Durch Verschieben des Kartons und abermaliger Belichtung entstehen die weiteren Keile. Die Proben werden mit anderen Filterkombinationen und anderen Belichtungszeiten wiederholt. Die belichteten Keile sammelt man inzwischen in einer lichtdichten Schachtel, die man mit der Aufschrift „Belichtet" kennzeichnet. Die Belichtungszeiten mit jeweiligem Filterpack notiert man mit Bleistift auf der Rückseite jedes Teststreifens.

Entwicklung

Die Entwicklung erfolgt in Schalen oder besser in einer Trommel. In der Trommel kann der Prozeß bei eingeschalteter Zimmerbeleuchtung verfolgt werden.

Zunächst werden die Chemikalien gemeinsam in einem Wasserbad temperiert. Ideale Arbeitstemperatur ist 32,8 °C ± 0,3 °C. Diese Temperatur kann jedoch nur mit einer Entwicklungstrommel im Wassermantelbad konstant gehalten werden. Außerhalb des Wassermantelbades entsteht ein Temperaturgefälle zwischen der Trommel und der Umgebung.

Im Ektaprint 2 Prozeß kann jedoch in einem Temperaturbereich zwischen 20 und 33 °C entwickelt werden. Das heißt, in diesem Bereich ist die Temperatur für den Entwickler und die anderen Lösungen frei wählbar. Dabei variiert die Entwicklungszeit entsprechend der gewählten Prozeßtemperatur (siehe Tabelle).

Da Entwickler und Bleichfixierbad nur einmal verwendet werden dürfen, füllt man die benötigte Teilmenge, im Beispiel 70 ccm in kleinere Flaschen um, die ihrerseits wie-

Tabelle 1
Entwicklungszeit/Prozeßtemperatur

Temperatur °C	Entwicklungszeit (Minuten, Sekunden)	Temperatur °C	Entwicklungszeit (Minuten, Sekunden)
32,8	3'30"	26,1	9'10"
32,2	3'45"	25,6	10'00"
31,7	4'05"	25,0	10'50"
31,1	4'25"	24,4	11'50"
30,6	4'50"	23,9	12'45"
30,0	5'10"	23,3	13'50"
29,4	5'40"	22,8	15'00"
28,9	6'10"	22,2	16'20"
28,3	6'40"	21,7	17'40"
27,8	7'15"	21,1	19,10"
27,2	7'50"	20,06	20'50"
26,7	8'30"	20,0	22'30"

Tabelle 2
Verarbeitungsstufen für die Rotationsentwicklung

Verarbeitungsstufe	Zeit (min)	Lösungsmenge in ml/Trommel für die Papierformate 20 × 25 cm	40 × 50 cm
Vorwässerung	$\frac{1}{2}$	500*	1500*
Entwickler	(s. Tabelle 1)	70	260
Stoppbad	$\frac{1}{2}$	70	260
Bleichfixierbad	1 (27—33 °C)		
	$1\frac{1}{2}$ (20—26 °C)	70	260
Wässerung	$\frac{1}{2}$	500	1500
	$\frac{1}{2}$	500	1500
	$\frac{1}{2}$	500	1500
	$\frac{1}{2}$	500	1500

* Sollte die Entwicklungstrommel das vorgeschrieben Volumen nicht fassen, das Entwicklungsrohr so voll wie möglich füllen.

der temperiert werden. Zur Ermittlung einer durchschnittlichen Entwicklungstemperatur verfährt man wie folgt:

1. Ein Blatt Ausschußpapier in die Entwicklungstrommel einbringen.
2. Temperatur des Entwicklers messen und entsprechend dem Entwicklungsablauf die Stufen 1 und 2 (Vorwässerung und Entwicklung) unter genauer Einhaltung von Zeit und Lösungsvolumen durchführen. Für diesen Test kann statt Entwickler auch Wasser verwendet werden.
3. Nach Beendigung der Stufe 2 (Entwicklung) die Lösung auffangen und die Temperatur messen. Der Mittelwert aus

Entwicklersatz für die Herstellung von Farbbildern nach Farbnegativen (Kodak Ektaprint 2 Prozeß).

Anfangs- und Endtemperatur ist die Temperatur, nach der die Entwicklungszeit bestimmt wird.

Beispiel: Ist die Anfangstemperatur des Entwicklers 32,8 °C und nach der Entwicklung 27,2 °C, so beträgt die mittlere Temperatur 30,0 °C. Damit ist die Entwicklungszeit für das gegebene Entwicklungsgerät mit 5 Minuten und 10 Sekunden bestimmt, vorausgesetzt, daß die Raumtemperatur konstant bleibt und die Lösungen stets gleich vortemperiert sind.

Verarbeitungsablauf

Bei völliger Dunkelheit wird der Schachtel mit der Aufschrift „Belichtet" ein Blatt entnommen, mit der beschichteten Seite nach innen gerollt in die Trommel eingebracht und diese verschlossen.

Die Arbeitsgänge des Entwicklungsprozesses (Beispiel für das Farbfotopapierformat 20 × 25 cm).

1. Vorwässerung

   Ca. 500 cm Wasser mit 32,8 °C wird in die senkrecht gehaltene Trommel gegossen und der wasserdichte Verschluß aufgesetzt. Die Signaluhr auf $\frac{1}{2}$ Minute einstellen. Bei waagrechter Haltung der Trommel läuft die Flüssigkeit über das Papier. Zur gleichmäßigen Verteilung wird die Trommel gerollt. Ab diesem Moment läuft die Stoppuhr. 10 Sekunden vor Ablauf der Zeit das Wasser ausgießen, die Stoppuhr läuft weiter.

2. Entwicklung

   70 ccm Entwickler eingießen. Die Zeit ist der Tabelle 1 zu entnehmen. Verschluß wieder aufsetzen und die Trommel in waagrechter Haltung ununterbrochen bewegen (30—60 Umdrehungen pro Minute). 10 Sekunden vor Ablauf der

1 Einbringen des belichteten Blattes in die Trommel
2 Vorwässern mit 500 ccm Wasser 32,8 °C
3 Bewegen der Trommel in waagerechter Haltung

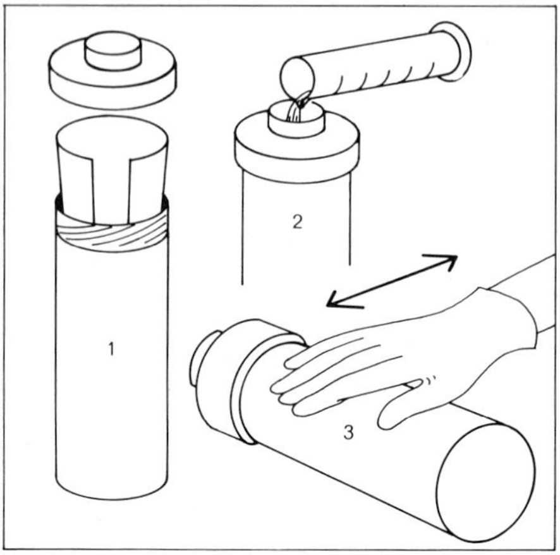

Entwicklungszeit Verschluß abnehmen und den Entwickler ausgießen. Gebrauchter Entwickler darf keinesfalls noch einmal verwendet werden. Die Ausgieß- und Abtropfzeit kann zwischen 7 und 15 Sekunden liegen. Sie hängt vom Typ der Trommel und der Lösungsmenge ab. Die durchschnittliche Abtropfzeit beträgt 10 Sekunden. Die Abtropfzeit ist ein Bestandteil der betreffenden Verarbeitungsstufe. Beim Festlegen der Zeiten ist dies zu berücksichtigen.

3. Stoppbad
   70 ccm Stoppbad einfüllen und die Trommel in waagrechter Haltung ½ Minute bewegen. 10 Sekunden vor Ablauf der Zeit das Stoppbad ausgießen.
4. Bleichfixierbad
   70 ccm Bleichfixierbad einfüllen und die Trommel in waagrechter Haltung bewegen. (Fixierdauer bei 27—33 °C 1 Minute, bei 20—26 °C 1½ Minuten). Das Bleichfixierbad gießt man 10 Sekunden vor Ablauf der Zeit aus.
5. Wässern
   500 ccm Wasser einfüllen und die Trommel in waagrechter Haltung ½ Minute bewegen. Das Wasser ausgießen und den Vorgang mindestens drei mal wiederholen. Zusätzliches Wässern erhöht die Farbstabilität. Es kann auch in der Schale gewässert werden. Das Blatt wird der Trommel entnommen und mindestens 2 Minuten unter fließendem Wasser gewässert.
6. Trocknung
   Das Positivpapierbild wird mit Klammern an zwei Ecken auf einer Leine zum Trocknen aufgehängt.
   In einem Trockenschrank sollte die Temperatur 90 °C nicht überschreiten.

Die entwickelten Testkeile geben nun Auskunft über die richtige Filterung und Belichtungszeit. Sollte sich herausstellen, daß die Probebelichtungen ganz eindeutig falsch waren, beginnt man nochmals mit geänderten Belichtungszeiten.
Es ist von Vorteil, wenn man sich die Testkeile von guten Ergebnissen aufhebt. Dazu vermerkt man auf der Rückseite zusätzlich zum Filterpack und der Belichtungszeit den Blendenwert, den man am Objektiv des Vergrößerungsgerätes gewählt hat (günstiger Mittelwert = Blende 5,6). Dazu vermerkt man das Bildformat, das aufgrund des Testkeiles eingestellt war. Die Bildformateinstellung markiert man auch an der Säule des Vergrößerungsgerätes entsprechend der Höhe des Vergrößerungskopfes.

Positivherstellung vom Farbdiapositiv

Dieser Prozeß ähnelt dem Verfahren zur Herstellung von Farbbildern nach Farbnegativen.
Die Chemikalien werden nach den Anweisungen, die der Packung beigegeben sind, angesetzt.
Im Beispiel des Kodak Ektachrome R-3000 Prozesses werden 3 Lösungen angesetzt, Erstentwickler, Farbentwickler und Bleichfixierbad. Die angesetzten Lösungen werden in fest verschlossenen hochgefüllten dunklen Kunststoff- oder Glasflaschen aufbewahrt. Wenn flexible Kunststoff-Flaschen verwendet werden, ist so viel Luft wie möglich herauszudrücken. Alle gebrauchsfertigen Lösungen sind unter dieser Voraussetzung 4 Wochen haltbar.

Entwicklersatz für die Herstellung von Farbbildern nach Farbdiapositiven (Kodak Ektachrome R3000 3-Bad-Prozeß)

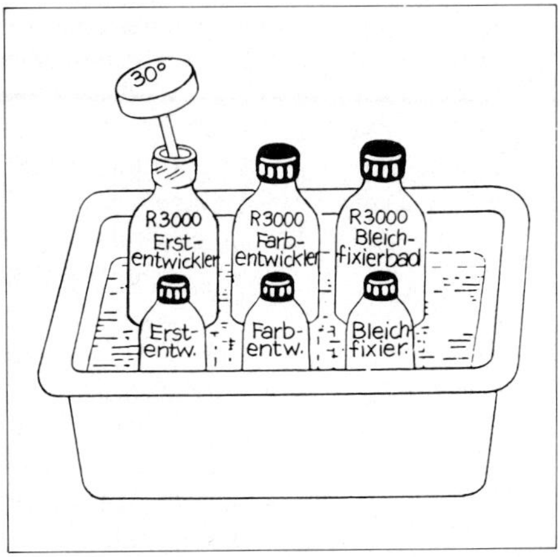

Belichten der Testkeile

Das Filterpack für die Positivherstellung vom Farbdiapositiv besteht aus:

1. dem 2-B Ultraviolett Sperrfilter,
2. einer Anzahl M-Filter (Magenta-Filter),
3. einer Anzahl C-Filter (Cyan-Filter = Blaufilter).

Das Belichten der Testkeile erfolgt wie bei der Positiventwicklung von Farbnegativen mit dem Unterschied, daß die Gelbfilterreihe durch die Cyan-Filterreihe ausgetauscht wurde.
Verarbeitet werden Kodak Ektachrome Papiere.

Verarbeitungsverlauf

Das belichtete Farbumkehrpapier wird bei völliger Dunkelheit in die Entwicklertrommel eingebracht. Dazu wird das Blatt mit der Schichtseite nach innen gerollt.

Kodak Ektachrome-Papiere können wahlweise bei drei verschiedenen Temperaturen verarbeitet werden.

	25 °C	30 °C	38 °C
Vorwässerung	1 min	30 sec.	30 sec.
Erstentwickler	4 min 30 sec.	2 min 45 sec.	1 min 15 sec.
Wässerung*	40 sec.	20 sec.	20 sec.
Wässerung*	40 sec.	20 sec.	20 sec.
Wässerung*	40 sec.	20 sec.	20 sec.
Farbentwickler	9 min 15 sec.	5 min 15 sec.	2 min 15 sec.
Wässerung*	45 sec.	20 sec.	20 sec.
Wässerung*	45 sec.	20 sec.	20 sec.
Bleichfixierbad	5 min 15 sec.	4 min	2 min
Wässerung**	3 min 15 sec.	2 min 15 sec.	2 min 15 sec.
Gesamtzeit	26 min 45 sec.	16 min 25 sec.	9 min 55 sec.

* 250 ccm Wasser in die Trommel einfüllen.
** In dieser Phase die Trommel öffnen und mit fließendem Wasser gründlich wässern.

Im Kodak Ektachrome R-3000 3-Bad-Prozeß erfolgt die Umkehrung im Farbentwickler, das Papier wird nicht zu einer Umkehrbelichtung herausgenommen. Eine Entwicklungstrommel, die für die Verarbeitung von 18 × 24 cm oder 20 × 25 cm Papier vorgesehen ist, wird grundsätzlich mit 60 ccm Lösung befüllt. Bei geringeren Lösungsmengen können Flecken auftreten. Deshalb ist es vorteilhaft, jeweils die Lösungsmenge von 60 ccm vom Erstentwickler, Farbentwickler und Bleichfixierbad in 3 kleine Flaschen abzufüllen und in einem Wasserbad auf 25 °C, 30 °C oder 38 °C vorzutemperieren. Die anfangs gewählte

Verarbeitungstemperatur ist während des gesamten Prozesses genau einzuhalten. Vorzugsweise sollte man im 30 °C-Prozeß arbeiten, weil sich dabei die Temperatur leichter konstant halten läßt.

1. Vorwässerung
   500 ccm Wasser mit 25 °C, 30 °C oder 38 °C in die Trommel füllen und in waagrechter Rollbewegung Trommel und Papier auf die Verarbeitungstemperatur bringen. 10 Sekunden vor Ablauf der Zeit (siehe Tabelle) das Wasser entleeren. Die Stoppuhr läuft weiter.
2. Erstentwickler
   60 ccm Erstentwickler in die Trommel einfüllen, die Trommel rollend bewegen und 10 Sekunden vor Ablauf der Zeit (siehe Tabelle) den Erstentwickler ausgießen. Gebrauchter Entwickler darf keinesfalls wieder verwendet werden.
3. Zwischenwässerung
   250 ccm Wasser in der gewählten Arbeitstemperatur (Abweichung max. ± 2 °C) in die Trommel einbringen, die Trommel rollend bewegen und nach Ablauf der Zeit (siehe Tabelle) das Wasser ausgießen. Dieser Vorgang ist noch zweimal zu wiederholen.
4. Farbentwickler
   60 ccm vortemperierten Farbentwickler in die Trommel einbringen, danach in waagrechter Haltung bewegen und den Entwickler 10 Sekunden vor Ablauf der Zeit ausgießen.
5. Zwischenwässerung
   Es folgen zwei Wässerungen analog Punkt 3.
6. Bleichfixierbad
   60 ccm vortemperiertes Bleichfixierbad in der Tommel rollend bewegen und 10 Sekunden vor Ablauf der Zeit ausgießen.
7. Schlußwässerung
   Die Trommel öffnen und unter fließenden Wasser gründlich wässern. Man kann das Papierbild auch aus der Trommel nehmen und in der Schale wässern.
8. Trocknen
   Die Bilder zum Trocknen mit Klammern auf einer Leine aufhängen. In einem Trockenschrank sollte die Temperatur 70 °C nicht überschreiten.

Fotomontage durch Vergrößern

In vielen Fällen erweist sich ein geschicktes Vereinen verschiedener Bildelemente als gesuchtes Ausdrucksmittel einer Bildidee, die sich in dieser Zusammenstellung in einem Arbeitsgang nicht verwirklichen ließe. Die Vielfalt verschiedener Kombinationsmethoden führt oft zu dem gewünschten Ziel. Anhand mehrerer Beispiele sollen Methoden der Montage erläutert werden.

1. Künstliche Mondscheinbilder
Wohl könnte man ein Landschaftsmotiv zusammen mit dem Mond aufnehmen, jedoch würde dieser während der relativ langen Belichtungszeit weiterwandern und sich in Form eines dicken Striches auf dem Negativ abbilden. Außerdem wird die Mondscheibe, durch die Aufnahmeoptik bedingt, viel kleiner, als sie in unserer Vorstellung existiert. Schon diese beiden Beweggründe berechtigen die Fotomontage. Unabhängig von dem speziellen Verwendungszweck stellt man in einer klaren Mondnacht eine Aufnahme der Mondscheibe her. (Bei normalempfindlichem Film exponiert man bei Blende 5,6 eine halbe

Normale Aufnahme bei Tageslicht

Die gleiche Aufnahme mit einkopiertem Mond

Sekunde.) Die Position des Mondes im Sucher legt man zweckdienlich an einer Stelle fest, in der die Mondscheibe beim späteren Zusammenkopieren mit dem Landschaftsbild erscheinen soll. Das Filmnegativ ist universell verwendbar, zumal es sich im gegebenen Fall auch seitenverkehrt im Bildformat verwenden läßt.
Vorteilhaft ist es, die Mondaufnahme mit einem gering langbrennweiten Objektiv, noch besser in einem jeweils nächstgrößeren Negativformat herzustellen. Dadurch läßt sich das kleinere Negativ innerhalb des größeren verschieben, wodurch der Mond an die geeignete Stelle gerückt werden kann. Gleichzeitig erhält man dadurch ein größeres Bild des Mondes. Von der Landschaft, in die man den Mond einkopieren will, stellt man eine Aufnahme bei angehender Dämmerung her. Auch gewöhnliche Tageslichtaufnahmen können, wenn das Negativ genügend zart ist und für den Normalfall als leicht unterbelichtet anzusehen wäre, durch längere Belichtung beim Vergrößern in ein Mondscheinbild umkopiert werden. Nötigenfalls kann man das Negativ leicht abschwächen. Zur Montage wird das Landschaftsnegativ mit dem Mondnegativ Schicht auf Schicht gelegt und gemeinsam wie ein einziges Negativ vergrößert.
Mit Hilfe der beschriebenen Infrarotfotografie erhält man auch bei starkem Sonnenschein Bilder, die sich von Mondscheinaufnahmen nicht unterscheiden (→ Seite 260). Solche Aufnahmen werden durch das Einkopieren des Mondes noch glaubhafter. Allerdings muß man dabei die Richtung der Schatten auf dem Bild beachten und den Mond an eine geeignete Stelle setzen, von der aus er diese Schatten erzeugen könnte.

2. Künstlicher Schneefall

Es kommt vor, daß von einem bestimmten Wintermotiv eine Aufnahme bei starkem Schneefall gebraucht wird. Unter ungünstigen Umständen kann es sinnvoll werden, den geeigneten Moment dafür abzuwarten, besonders wenn die Termine eilen. Bei starkem Schneefall setzt man die Kamera auch ungern der Nässe aus, es ist besser, man ersetzt den Effekt durch Fotomontage.
Solch eine Montage läßt sich durchaus mit realen Mitteln herstellen. Vor einem detaillosen, dunklen Hintergrund, den man bei Schneefall im Freien aufstellt, macht man einige Aufnahmen mit verhältnismäßig langer Belichtungszeit, um die Bewegungsunschärfe der fallenden Flocken zu erhalten. Die Kamera steht dabei vor Schneefall geschützt. Die Negative sollen klar, das heißt durch-

sichtig sein. Auch die Schneeflocken dürfen eine nicht zu starke Deckung zeigen. Mehrere solcher Negative werden zusammen mit einer winterlichen Aufnahme vergrößert.
Wünscht man hingegen den Eindruck von langsam fallenden Flocken bei Windstille, dann wartet man einen nächtlichen Schneefall ab und blitzt mit einem Elektronenblitzgerät einige Male aufs Geratewohl vom Fenster aus ins Freie, wobei man verschiedene Entfernungseinstellungen ausprobiert.
Wenn es einmal nicht schneit, kann man mit folgender Methode den Eindruck fallender Flocken bei Wind herstellen: Ein Stück schwarzer Samt oder Velourpapier wird mit einigen Reißzwecken auf ein Brett gespannt und gleichmäßig mit Kristallzucker oder mittelfeinen Kochsalz bestreut. In einem verdunkelten Raum werden die Kristal-

Winteraufnahme

Die gleiche Aufnahme mit einkopiertem Schneefall

le in scharf seitlicher Richtung mit nur einer Heimlampe, besser noch mit einem Spotlight, angestrahlt, wobei sie hell aufleuchten. In der Aufsicht wird davon eine leicht unterbelichtete Zeitaufnahme auf möglichst hartarbeitendes Negativmaterial exponiert. Während der Belichtung wird das Brett langsam seitlich weggezogen. So entstehen unregelmäßige, strichartige, leicht unscharfe Formen auf dem Negativ, das mit dem Negativ der winterlichen Aufnahme Schicht auf Schicht gemeinsam vergrößert wird. Sollte das Schneeflockennegativ zu starke Deckung zeigen, muß es abgeschwächt werden, da sonst die Schwärzungen der Reproduktion, die mit der Deckung des zweiten Negativs zusammentreffen, noch dichter werden.

3. Künstlicher Regen
Man möchte in eine Aufnahme einen dünnen Strichregen einkopieren. Die Entstehungsweise ist ähnlich wie beim künstlichen Schneefall. Man benötigt dazu ein etwas größeres Stück Samt oder Velourpapier, auf das man die Salz- oder Zuckerkristalle aufstreut, aber wesentlich feiner als für die Herstellung eines Schneeflockennagativs verteilt. Während der Belichtungszeit wird das Brett ganz durchgezogen, so daß jene dem Regen ähnlichen Striche entstehen. Damit die Striche geradlinig werden, schiebt man das Brett an einer auf dem Boden oder dem Grundbrett des Reproduktionsgerätes befestigten Leiste wie an einem Lineal entlang. Das Negativ muß zart ausfallen, damit der Regen beim Zusammenkopieren glaubhaft erscheint. Daß man das Regennegativ nur zusammen mit einer im Regen oder knapp nach einem Regen entstandenen Aufnahme vergrößern kann, braucht wohl kaum erwähnt zu werden.
Einen besonders starken Eindruck von Regenwetter ergibt es, wenn man eine Aufnahme so zeigt, als wäre sie durch regennasse Fensterscheibe entstanden. Hierzu wird eine Glasplatte mit Wasserdampf beschlagen. Man stellt die Platte vertikal in einiger Entfernung vor die Tülle eines dampfenden Teekessels. Den Hintergrund bildet ein grauer bis schwarzer Karton, den man in kurzem Abstand hinter der Glasplatte plaziert. Eine Lampe strahlt die Szene frontal oder leicht seitlich an. Bei genügender Sättigung sammeln sich die Dampftröpfchen und beginnen zu fließen. Im gleichen Moment werden sie aufgenommen. Das Objektiv der Kamera muß während der Prozedur mit einem Deckel geschützt bleiben, den man knapp vor der Aufnahme entfernt. Das entstandene Negativ zeigt einen schwachen Grauton im Hintergrund, der in diesem Fall

geradezu erwünscht ist; die graue Atmosphäre eines Regentages wird dadurch richtig interpretiert. Verwendet man für die Vergrößerung eine etwas härtere Papiergradation, erreicht man trotzdem eine gute Auflösung der Details.

Fotomontage in zwei und mehreren Arbeitsgängen

Die bisher beschriebenen Montagearbeiten konnten in einem Arbeitsgang durchgeführt werden. Das Original und das einzumontierende Negativ wurden Schicht auf Schicht in Kontakt gebracht und gemeinsam vergrößert. In einem Arbeitsgang kann man aber nur solche Negative kopieren, bei denen das einzukopierende Detail auf transparenter ungedeckter Negativfläche steht. Hingegen müssen Negative, bei denen das Motiv mehr oder weniger ungedeckt auf gedeckter Fläche steht, in zwei Arbeitsgängen, bestehend aus 2 Teilbelichtungen, kopiert werden. Handelt es sich um 2 Teilnegative, so wird erst das eine Negativ vorbelichtet, gegen das zweite ausgewechselt und nochmals auf das gleiche Papier belichtet.

1. Phantomfoto (vor weißem Hintergrund)
Auf Seite 260 wurde die Phantomfotografie als Technik der Doppelbelichtung beschrieben. In diesem Fall entstand durch zweifache Belichtung des Negativs ein Phantomfoto vor schwarzem Hintergrund. Ein solches kann aber auch im Positivprozeß unter ähnlichen Bedingungen vor weißem Hintergrund hergestellt werden. Nehmen wir dasselbe Beispiel wie im erstbeschriebenen Fall an. Eine Maschine soll so dargestellt werden, daß die mechanischen Teile gleichsam durch die Hülle oder das Gehäuse durchscheinen.
Vor weißem Hintergrund werden zwei getrennte Aufnahmen mit normalem Gradationsumfang hergestellt. Die erste Aufnahme zeigt die geschlossene Maschine, die zweite Aufnahme dieselbe Maschine mit abgenommenem Gehäuse, wobei in der Zwischenzeit weder die Kamera noch der Standpunkt der Maschine verändert wurde. Beide Negative zeigen die gleiche Maschine in den zwei Varianten auf gedeckter Fläche.
Angenommen beide Negative haben gleiche Deckung, was ziemlich wahrscheinlich ist, zumal sie unter gleichen Bedingungen hintereinander entstanden sind, dann wird von einem Negativ eine Test-Vergrößerung angefertigt, in der Tonmodulation wie man die fertige Montage wünscht. Die ermittelte Belichtungszeit beim Vergrößern und die Dauer der Entwicklung werden notiert. Danach muß man

sich entscheiden, welche der beiden Teilbelichtungen dominieren soll. Fällt die Wahl zugunsten des Negativs aus, welches die mit dem Gehäuse geschlossene Maschine zeigt, dann kommt diesem $^2/_3$ der gesamten Belichtungszeit, dem anderen $^1/_3$ davon zu.
Das erste Negativ wird in Stand und Größe im Vergrößerungsapparat eingestellt und auf neutralem Papier im Format des Bromsilberpapieres eine Situationsskizze angefertigt, auf der mit Bleistift die Umrisse der Maschine nachgezeichnet werden. Im Anschluß daran wird die erste Vergrößerung gemacht, nachdem man die Skizze gegen das Bromsilberpapier ausgetauscht hat, welches man sorgsam einlegt. Es soll an den Kanten des Vergrößerungsrahmens gut anliegen, damit es später wieder an die gleiche Stelle zu stehen kommt. Arbeitet man ohne Vergrößerungsrahmen, so behilft man sich mit einigen Stoßnadeln, die man entlang einer Schmal- und einer Längsseite des Papiers in das Grundbrett drückt, um eine Anlage zu erhalten.
Um unliebsame Wiederholungen zu ersparen, belichtet man hintereinander 2—3 Bilder, die lichtsicher in eine Schachtel zurückgelegt werden, nachdem man auf der Rückseite mit Bleistift die Oberkante gekennzeichnet hat. Das erste Negativ wird gegen das zweite ausgetauscht und auf der wieder eingelegten Situationsskizze so eingerichtet, daß beide Teilbelichtungen in der fertigen Montage zusammenpassen. Dies wird mit Hilfe der Umrißlinien der Skizze leicht ermöglicht.
Die vorbelichteten Blätter werden der Schachtel entnommen und nacheinander mit der Markierung nach oben sorgsam eingelegt. Die Blätter erhalten nun ihre zweite Belichtung und können anschließend entwickelt werden.

2. Fotomontage mit ungleichen Negativen
Ähnlich wie bei der Entstehung eine Phantomfotografie können Montagen auch mit ungleichen Negativen hergestellt werden. Dabei ist es auch möglich, Negative mit verschiedener Gradation zu verwenden. Auch können unterschiedliche Negativformate oder Ausschnitte aus einem anderen Negativ ohne Schwierigkeit kombiniert werden, indem man den Vergrößerungsmaßstab während der Montage verändert. Oft geht es darum, die Motive von zwei verschiedenen Negativen, beide vor weißem Hintergrund aufgenommen, in einer Vergrößerung zu vereinen. Von der Vergrößerung des ersten Negatives fertigt man eine Situationsskizze auf ein eingelegtes Stück Zeichenpapier im Vergrößerungsrahmen an; anschließend wech-

selt man es gegen ein Blatt Bromsilberpapier aus, belichtet dieses und legt es beiseite. Anhand der wieder eingelegten Situationsskizze wird der Stand des zweiten Negatives ermittelt, wobei Überschneidungen zu vermeiden sind. Die Situationsskizze wird abermals gegen das bereits belichtete Bromsilberpapier ausgetauscht, ein zweites Mal belichtet und anschließend entwickelt.

Tricks in der Positivdunkelkammer

Durch verschiedene Tricks in der Anwendung der Vergrößerungstechnik führt die Fotografie zu Darstellungsmethoden, die im besonderen angewandt, eine Werbeidee unterstreichen helfen. Man soll solche Techniken jedoch nie zum Selbstzweck werden lassen!

Fotorelief

Eine manchmal recht sinnreiche Methode, ein Foto in einer flachreliefartigen Wirkung darzustellen, zeigt sich in der Negativ-Positiv-Kombination.

Man benötigt dazu ein zart moduliertes Negativ, von dem ein ebenso zartes Diapositiv im Kontaktverfahren hergestellt wird. Legt man das Positiv mit dem Negativ genau passend aufeinander, erzeugen sie eine gleichmäßige graue Fläche. Licht- und Schattenpartien heben sich gegenseitig auf, vorausgesetzt, daß sowohl das Negativ als auch das Diapositiv keine undurchsichtigen, stark gedeckten Stellen zeigen.

Durch geringes Verschieben der beiden Filme aus ihrer Lage werden die Bildflächen gegeneinander verrückt und es zeigen sich durchsichtige und gedeckte Konturen, ähnlich einem Relief mit dessen Licht- und Schattenkanten.

Fotorelief
(Gesichtsmaske eines Pharaos)

Durch weiteres Auseinanderschieben beider Filme wird diese Wirkung noch verstärkt, bis sie mit einem Mal verloren geht, wenn man es übertreibt. Man ermittelt die günstigste Lage des Positivs zum Negativ und fixiert in dieser Stellung beide mit Klebeband an den Rändern, worauf sie gemeinsam vergrößert werden. Das Papierbild zeigt ein Foto mit reliefartiger Wirkung.

Tontrennungsverfahren

In der Technik des Tontrennungsverfahrens, auch Isohelie genannt, wird eine Fotografie in ihre Tonwerte zerlegt. Der fotografische Charakter verschwindet und läßt eine plakatartige Wirkung des Motivs entstehen. Beispielsweise kann man ein normales Foto so zerlegen, daß es nach dem Zusammenkopieren der Teilauszüge nunmehr drei hartabgrenzende Tonstufen aufweist, nämlich weiß, hellgrau und schwarz.

Zunächst werden die erforderlichen Teilauszüge gemacht. Diese können auf dem Weg des direkten Umkopierens hergestellt werden, indem man eine Positivkontaktkopie auf extrahartes Filmmaterial (Dokumentenfilm oder fototechnischen Film) anfertigt und von diesem Diapositiv durch abermaliges direktes Umkopieren wieder ein Negativ erhält. Die Tontrennungsnegative können auch auf dem Weg der Reproduktion nach einer Papiervergrößerung hergestellt und in gleicher Art umkopiert werden. Man stellt ein Lichtnegativ, ein Hellgraunegativ und ein Dunkelgraunegativ her. Die Belichtungszeiten dieser drei Teilnegative verhalten sich im allgemeinen wie 1 : 2 : 4. Die Negative müssen gut ausentwickelt werden, damit sie die notwendige Deckung aufweisen. Das Lichtnegativ entwikkelt man mindestens 2 Minuten, die beiden anderen 3—4 Minuten in Rapidentwickler oder in extrahart arbeitendem Papierentwickler.

Die Teilnegative müssen folgendes Aussehen haben:

1. Lichternegativ:
   Auf glasklarer Fläche sind nur die gedeckten Spitzlichter zu sehen.
2. Hellgraunegativ:
   Auf glasklarer Fläche zeigt dieses alle Mitteltöne inklusive der Lichter als gedeckte Gesamtfläche.
3. Dunkelgraunegativ:
   Dieses Negativ zeigt alle dunkelgrauen Bildanteile und alle Mitteltöne inklusive der Lichter wiederum als gedeckte Gesamtfläche und läßt nur jene Stellen ungedeckt, die in der Kopie schwarz erscheinen sollen.

Porträtaufnahme vor schwarzem Hintergrund

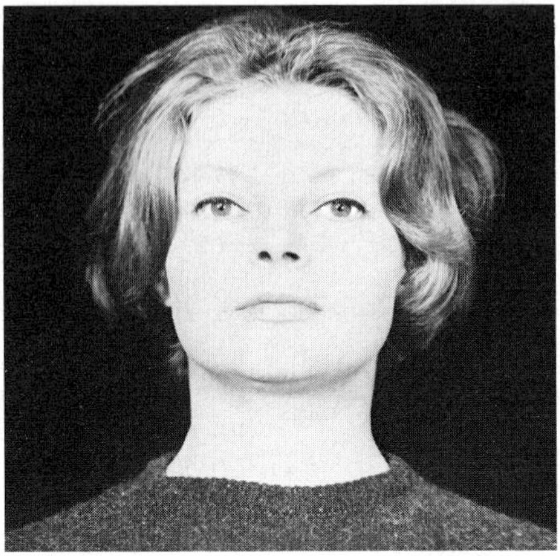

Teilnegativ am Beispiel einer Isohelie mit zwei Tonstufen (Lichternegativ und Mittelgraunegativ)
Oben links: Lichternegativ
Oben rechts: Mittelgraunegativ
Unten links: Das Lichternegativ wird vorkopiert.
Unten rechts: Das Mittelgraunegativ überdeckt die Lichter und zeichnet in das vorbelichtete Grau seine eigene Fläche.

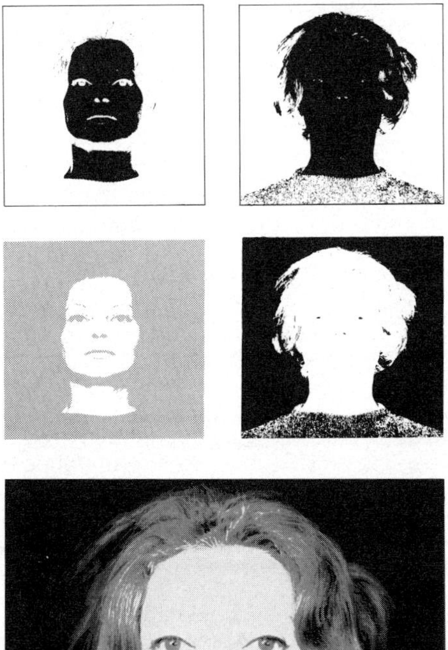

Die oben gezeigte Aufnahme wurde zu nebenstehender Isohelie umgewandelt.

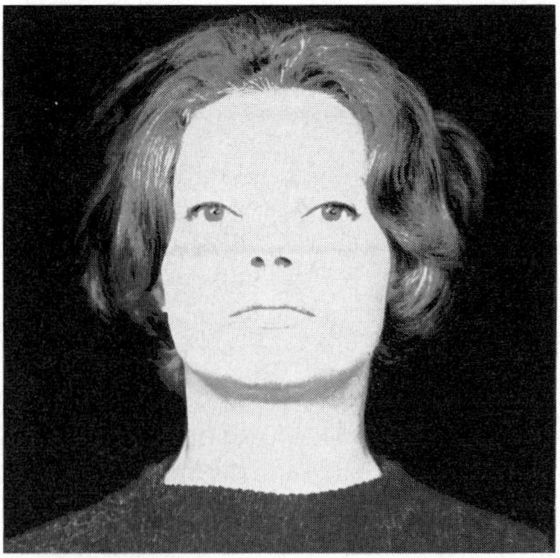

Die drei Negative müssen extrem hart ausfallen. Zeigt es sich nach dem Entwickeln, daß auf dem Negativ noch Bildspuren an Stellen zu sehen sind, die eigentlich glasig durchsichtig sein sollten, dann muß das Negativ in Farmer'schem Abschwächer nachbehandelt werden. Eventuell kopiert man das Negativ ein zweites Mal um. Man verwendet wieder ein extrahartes Filmmaterial, wobei man nach Herstellung eines Diapositivs durch abermaliges Umkopieren ein für diesen Zweck brauchbares Negativ erhält.

Um das endgültige Bild zu erhalten, werden die 3 Teilnegative übereinanderkopiert. Die Negative vergrößert man nacheinander auf Bromsilberpapier. Mit Probestreifen stimmt man die Belichtungszeiten der Teilnegative ab. Das Lichternegativ soll auf der ganzen Fläche einen hellgrauen gleichmäßigen Ton erzeugen, nur die Lichter bleiben weiß. Das Hellgraunegativ überdeckt die Spitzlichter und zeichnet in den vorbelichteten hellen Bildton seine eigene Fläche mit einer scharfen Begrenzungslinie ab.

Das Dunkelgraunegativ überdeckt schließlich sowohl die Spitzlichter als auch beide vorkopierten Farbtöne und seine eigene Fläche.
Es können also nurmehr jene Stellen belichtet werden, die in der fertigen Vergrößerung schwarz erscheinen sollen.
Das Tontrennungsverfahren eignet sich besonders für Arbeiten, die in dieser Form ohne Raster auch im Siebdruckverfahren vervielfältigt werden können.
Farbige Tontrennungen können im Color-Key-Verfahren hergestellt werden (→ Seite 333). Die Ausgangshalbtonvorlage auf Film wird im Kontakt auf Color-Key-Orange umkopiert, das Ergebnis ist eine Strichumsetzung. Wie im fotografischen Schwarzweiß-Prozeß kann man auch im Color-Key-Verfahren durch Verändern der Belichtungszeit unterschiedliche Ergebnisse erzielen. Je länger die Belichtungszeit, desto mehr bleibt von Color-Key-Orange stehen. Diese Color-Key-Negative kopiert man nun auf Color-Key-Folien in verschiedene Farben um und montiert diese übereinander.

Freigestellte Fotografien

Es gibt verschiedene Methoden des „Freistellens". Am einfachsten ist es natürlich, das Motiv vor einem weißen, schwarzen oder grauen Hintergrund schon so aufzunehmen, daß es „freisteht".

Läßt sich jedoch eine Aufnahme nicht mehr wiederholen, oder handelt es sich beispielsweise um ein Motiv, das im Freien oder vor einem unruhigen Hintergrund aufgenommen wurde, den man durch einen gleichmäßig weißen, schwarzen oder grauen ersetzen möchte, dann kann das Motiv auch nachträglich freigestellt werden. Damit man die Wirkung des freigestellten Objektes auch richtig beurteilen kann, übermalt man auf dem Papierbild den Hintergrund mit Pinsel und Deckfarbe. Mit Temperfarbe zieht man vorsichtig die Konturen des freizustellenden Objektes nach und streicht die übrige Fläche zu. Noch besser ist es, wenn man die Farbe mit einem Luftpinsel gleichmäßig aufträgt, nachdem man das Objekt mit einer ausgeschnittenen Schablone geschützt hat. Bei Fotos, deren Hintergrund durch Ausfräsen im Klischee oder Abdecken im Rasterfilm entfernt wird, genügt es, diesen mit Deckweiß und Pinsel abzudecken; auch für schwarzen Hintergrund ist diese Methode genügend. Hingegen kann ein grauer Hintergrund oder ein weißer, bei dem im Druck noch ein lichter Bildton in Form spitzer Punkte erscheinen soll, nur mit Hilfe eines Luftpinsels angelegt werden, sofern man überhaupt mit Deckfarbe arbeiten will. Es wäre auch denkbar, das Foto auszuschneiden und auf ein weißes, schwarzes oder graues Papier zu kleben. Diese Methode ist aber nur dann zu gebrauchen, wenn es sich um technische Gegenstände mit scharf abgegrenzten Konturen handelt.
Die „fotografische“ Methode liegt im Abdecken des Negativs.

Weißer Hintergrund

Will man auf dem Papierbild einen rein weißen Hintergrund erzeugen, wird das Negativ abgedeckt, das heißt, alle Stellen, die nicht mitkopieren sollen, werden mit lichtundurchlässiger Abdeckfarbe übermalt. Da diese Farbe ebenfalls nur einen gleichmäßigen Auftrag mit hart abgrenzenden Konturen, ähnlich der ausgeschnittenen Wirkung erzeugt, muß zunächst entlang der Begrenzungslinie ein weicher Übergang geschaffen werden. Auf der Schichtseite des Negativs malt man die Kontur mit Neu-Coccin, einer roten Eiweißlasurfarbe, nach. Diese Farbe hat eine lasierende Wirkung; sie verdichtet sich erst durch öfteres Übermalen. Die Begrenzung soll man nicht peinlich genau einhalten, d. h., man kann ruhig einmal darüber hinausfahren, um einen gleichmäßigen Übergang zu erhalten. An Stellen, wo der Übergang besonders weich verlaufen soll, verwäscht man mit einem größeren, in sauberes Wasser getauchten Pinsel die Kontur. Dabei achte man darauf, daß keine Farbtröpfchen stehen bleiben.

Nachdem sich der abgedeckte Konturenstreifen hinreichend verdichtet hat, wird das Negativ zum Trocknen aufgehängt. Schließlich wird der restliche Hintergrund auf der Negativrückseite mit rotbrauner Negativdeckfarbe übermalt. Danach können auf der Schichtseite noch Korrekturen mit Neu-Coccin durchgeführt werden.

Schwarzer Hintergrund

Ein schwarzer Hintergrund wird auch durch das Abdecken in beschriebener Weise erzeugt, nachdem man das Negativ in ein Diapositiv umgewandelt hat, dieses abdeckt und wieder zurückkopiert.
Eine andere Methode ist die des partiellen Abschwächens. Farmer'scher Abschwächer wird in eine Schale gegossen und eine zweite Schale mit Wasser bereitgestellt (→ Seite 269). Wünscht man verlaufende Konturen, wird das Negativ naß gemacht und so auf eine Glasplatte „geklatscht", daß die Schichtseite nach oben zu liegen kommt. Die Glasplatte stellt man schräg mit der abzuschwächenden Negativstelle nach unten gekehrt in die Abschwächerschale. Nun läßt man einen Wattebausch mit Abschwächer vollsaugen und in dünnem Strahl entlang der Kontur auffließen. Die vom Abschwächer betroffenen Stellen werden heller und verschwinden schließlich ganz. Durch öfteres kurzes Abspülen in der Wasserschale kann die Wirkung der Abschwächung kontrolliert werden. Diese Methode des Abschwächens erzeugt verlaufende Konturen; sie ist nur da brauchbar, wo große Stellen, beispielsweise eine ganze Negativhälfte, entfernt werden sollen.
Wünscht man eine scharfe Kontur, dann muß das Abschwächen auf dem trockenen Negativ erfolgen, wobei die Kontur mit einem spitzen Pinsel und Abschwächer nachgezogen wird. Auf diese Weise schwächt man einen Konturstreifen heraus, der restliche Hintergrund wird anschließend mit dem Wattebausch entfernt.
Will man einen Teil aus der Negativmitte herausschwächen, so schützt man die Stellen, die erhalten bleiben sollen, durch Übermalen des trockenen Negativs mit Asphaltlack oder Abziehlack. Nachdem der Lack getrocknet ist, legt man das Negativ in den Abschwächer und beläßt es darin so lange, bis die Bildspuren verschwunden sind. Ist das Negativ getrocknet, entfernt man den Asphaltlack mit einem in Benzol oder Trichloräthylen getränkten Wattebausch.

In jedem Fall müssen die Negative nach dem Abschwächen gut gewässert werden. Beim Nachziehen der Kontur mit dem Pinsel muß man sehr vorsichtig sein, daß der Abschwächer nicht falsche Bildstellen erreicht, wodurch das Negativ verdorben wäre. Sollte dies einmal passieren, dann kann man den Abschwächprozeß durch rasches Untertauchen in saurem Fixierbad sofort unterbrechen, worauf es allerdings wieder gut ausgewässert werden muß, bevor man die Abschwächung fortsetzt.

Grauer Hintergrund

Will man ein mit grauem Hintergrund kopierbares Negativ erhalten, werden die freizustellenden Bildteile mit Abdeckfarbe übermalt. Nachdem diese getrocknet sind, wird ein Diapositiv davon hergestellt. Voraussetzung ist, daß weder auf dem Negativ noch auf dem Diapositiv vollkommen gedeckte undurchsichtige Bildstellen vorhanden sind. Beide müssen weiche Gradation aufweisen, das heißt zart moduliert sein.

Die Abdeckfarbe des Negativs wird wieder entfernt und nach dem Trocknen gemeinsam mit dem Diapositiv Schicht auf Schicht in Deckung der Konturen gebracht. Beide ergänzen sich nun zu einem gleichmäßigen Grau, da das Positiv folgerichtig den komplementären Hintergrund des Negativs aufweist, und nur die zuvor abgedeckten Bildanteile unverändert negativ bestehen bleiben. Schicht auf Schicht werden die Filme in der richtigen Lage mit Klebestreifen an den Rändern fixiert und gemeinsam vergrößert.

Umwandlung eines Fotos in aufgerasterte Manier

Will man ein Foto so umgestalten, daß die Darstellung in große, sichtbare Rasterpunkte zerlegt wird, dann beauftragt man eine Reproduktionsanstalt, von der Vorlage eine möglichst kleinformatige, negative Rasteraufnahme auf Film herzustellen. Als Rastergröße ist eine 35er bis 54er Raster ausreichend. Von diesem Rasternegativ kann man in der eigenen Dunkelkammer jede beliebige positive Vergrößerung herstellen. Die vergrößerten Rasterpunkte zerlegen das Bild in die der Autotypie eingentümlichen Technik, nämlich in spitze und breite Punkte.

Gegebenenfalls kann man solche Raster auch selbst einkopieren. Man erreicht damit allerdings keine „echte“ Aufrasterung, wie das in der erstbeschriebenen Methode der Fall ist; es entsteht vielmehr eine regelmäßige Rasterstruktur mit gleicher Punktgröße in verschiedenen Graustufen, die man durch mehrmaliges Umkopieren in reine

Das Foto wurde durch den starken Raster in ein Strichklischee umgewandelt.

Schwarzweiß-Manier umwandeln kann. Im Handel sind Transparentrasterfolien mit unterschiedlichen Dessins erhältlich. Neben Quadrat-, Punkt- und Linienraster gibt es auch solche mit einer unregelmäßigen gekörnten Struktur. Solch eine Rasterfolie wird beim Kopieren zwischen Papier und Negativ gelegt. Der Raster kann entweder auf das Vergrößerungspapier gelegt oder gemeinsam mit dem Negativ vergrößert werden.
Wünscht man, daß die Struktur des Rasters haarscharf mitkopieren soll, dann muß es in direkten Kontakt mit dem Papier gebracht werden. Am besten ist es, man legt Papier und Folie gemeinsam in den Kopierrahmen oder man beschwert beides mit einer sauber geputzten Spiegelglasplatte. Geeignete Strukturraster können auch selbst hergestellt werden. Man fotografiert zu diesem Zweck verschiedene Strukturen, z. B. grobe Sackleinwand, feinen Gartenkies, einen Teller mit Reis, gemasertes Holz, eine Rauhputzmauer usw. Dieses Strukturnegativ wird mit dem normalen Negativ in Kontakt gebracht und gemeinsam vergrößert. Natürlich gegebene Materialien wie Verbandmull, Netzstoffe, dünnes Seidenpapier usw. können auch in direktem Kontakt mit dem Papier oder dem Negativ gebracht, gemeinsam vergrößert werden.
Einen lebendigen Kornraster erzielt man mit einem Spritzgerät. Mit einem fein zerstäubenden Luftpinsel wird schwarz deckende Temperafarbe auf Karton gespritzt (→ Seite 343). Man fährt so lange fort, bis ein Deckungsgrad von etwa 30—50 % erreicht ist. Das Papierweiß muß immer noch deutlich zwischen den Farbpünktchen sichtbar bleiben. Von dieser Kornrasterfläche läßt man in einer Reproduktionsanstalt sowohl ein Negativ als auch ein Positiv auf

Film anfertigen. Dieser Raster ist brauchbarer als die handelsüblichen Kornraster, die meist zu grob sind.
Grob- oder Kornrasterumwandlungen kann man sich auch in einem Typosatzstudio anfertigen lassen. Eine effektvolle Technik ist das Heliogramm, eine Zerlegung der Tonfläche in runzelkornähnliche Pünktchen. Die Runzelkornrasterung wird auf Halbtonbasis autotypisch hergestellt und hart umkopiert. Grobrasteriges Heliogramm eignet sich für den Druck von Tageszeitungen, feinrastriges für den Offsetdruck. Das Ergebnis ist eine brillant druckende Abbildung mit feinster Detailgenauigkeit (→ Seite 274).
Das Lithogramm ist eine Linien- und Flächenkonturierung, die mit einer normalen Rasterung kombiniert wird.
Die Voraussetzung für die Herstellung eines Lithogrammes oder Heliogrammes ist eine Reprokamera mit ihren technischen Einrichtungen.
Im Fachhandel sind auch Spezialrasterfolien (Polychrome Kontaktraster) erhältlich, die eine echte Autotypie-Aufrasterung, das heißt eine Bildzerlegung in spitze und breite Punkte ermöglichen. Polychrome Kontaktraster gibt es positiv und negativ arbeitend in verschiedene Rastergrößen (→ Seite 29). Der Polychrome-Raster wird zwischen Halbtonfilm und den zu belichtenden extrahart arbeitenden Dokumentenfilm (z. B. QA-Lithfilm von 3M) gelegt und in innigen Kontakt mit diesem gebracht — am besten geschieht dies in einer Vakuum-Ansaugvorrichtung. Zur Belichtung empfiehlt sich die punktförmige Lichtquelle, diffuses Licht ist ungeeignet.
Arbeitssparend und rasch kann man solche Aufrasterungen im Color-Key-Verfahren herstellen (→ Seite 333). Die Arbeitsweise ähnelt den beschriebenen Methoden. Ein Halbtonnegativ — in die passende Relation gebracht — wird über eine zwischengelegte Rasterfolie mit beliebigem Dessin in die gewünschte Rasterstruktur zerlegt. Auch Polychrome-Kontaktraster eignen sich für dieses Verfahren. Durch die extrem hart arbeitende Eigenschaft des Color-Key-Verfahrens ist das Ergebnis wohl eine echte Bildzerlegung in spitze und breite Punkte, allerdings gehen Teile der ursprünglichen Grauabstufungen verloren. Es entsteht gleichsam eine gerasterte Hartkopie, die allerdings als grafische Verfremdung sehr brauchbar ist. Die Aufrasterungen können schwarz, weiß deckend und farbig hergestellt werden.

Das fotografische Übersetzen in eine Strichzeichnung

Oft führt die einfachste Art der grafischen Darstellung, die Strichzeichnung, zu der geeigneten Lösung eines drucktechnischen Problems. Für Strichzeichnungen gibt es keine Qualitätsunterschiede im Druck. Auf wertvollem Kunstdruckpapier wie auf billigem Zeitungspapier erzielt man gleich gute Ergebnisse. Jedes Aufnahmeobjekt kann auf fotografischem Wege schon in einem Arbeitsgang in eine Strichzeichnung umgewandelt werden. Das handwerkliche Überarbeiten durch Übermalen eines Fotos in seine reine Schwarzweißwirkung wird dadurch erspart. Man verwendet für die Aufnahme einen Dokumentenfilm oder fototechnischen Film, den man in einem Rapid- oder Papierentwickler extrahiert entwickelt. Es entstehen kornlose, flächige Negative mit scharf begrenzten Konturen. Gelingt dies nicht in einem Arbeitsgang, dann kann man das Negativ durch abermaliges Umkopieren auf extrahartem Film noch härter machen.

Die Aufnahme wurde im Gegenlicht gemacht.
Das Bild zeigt nur noch wenige Dunkelgraunuancen, die beim Umkopieren auf Dokumentenfilm ausgeschaltet wurden.

Aufnahme auf niedrig empfindlichen Dokumentenfilm

Diese fototechnischen Filme und Dokumentenfilme haben meist eine Empfindlichkeitsausnutzung von 7—10 DIN. Diese Methode ist besonders für technische Aufnahmen, beispielsweise von Maschinenteilen, Geräten, Gebrauchsgegenständen und ähnlichem geeignet. Man wählt für die Aufnahme einen weißen, bzw. schwarzen Hintergrund. Sollen innerhalb der Fläche die Details erscheinen, dann muß das Objekt auf seine reine Licht- und Schattenwirkung angestrahlt werden. Man verwendet eine harte punktförmige strahlende Lichtquelle, einen Scheinwerfer oder ein Spotlight.
Für die gleiche Darstellungsform von Portraits oder Figuren und von Landschaftsaufnahmen ist die Methode einer kornvergröbernden Entwicklung der Negative unter den auf Seite 273 geschilderten Bedingungen oder das Tonlinienverfahren vorzuziehen.

Tonlinienverfahren

Das Tonlinienverfahren ist eine Methode, die aus einer normalen Halbtonaufnahme ein Bild entstehen läßt, das einer Tuschezeichnung ähnelt, ohne aber den fotografischen Charakter des Originals zu verlieren. Im Gegensatz zu üblichen Verfahren, die durch Direktaufnahme auf Dokumentenfilm oder durch mehrmaliges Umkopieren einer körnigen Halbtonaufnahme eine mehr oder weniger flächig gedeckte Strichvorlage entstehen lassen, bleiben beim Tonlinienverfahren alle Details des Originals in Form von Linien erhalten. Der Prozeß des Tonlinienverfahrens beruht auf unscharfer Maskierung, dessen Anwendung im folgenden erläutert wird.
Als Vorlage eignet sich jedes gute Filmnegativ; vorausgesetzt, daß es eine brillante Gradation aufweist und scharfe Details zeigt. Man bevorzugt größere Filmformate (6 × 6 cm, 6 × 9 cm, 4 × 5 inch. usw.). Von einem Kleinbildnegativ stellt man ein vergrößertes Diapositiv her und kopiert davon wieder das Negativ.
Auf niedrig empfindlichem Halbtonfilm wird die Positivmaske hergestellt. In einem Kopierrahmen wird unter einem Vergrößerungsgerät belichtet. Dazu legt man das Negativ zusammen mit einem unbelichteten Film Schicht auf Schicht in den Kopierrahmen ein. Dabei liegt das Negativ oben der Lichtquelle zugewandt.
Normalerweise liegt die Belichtungszeit zwischen 5 und 15 Sekunden bei Blende 11 — Blende 22. Mit einem Filmabschnitt werden erst einige Probebelichtungen gemacht. Man variiert beispielsweise folgende Belichtungszeiten: 2, 4, 8 und 16 Sekunden. Die Filmabschnitte werden in nor-

Normale Aufnahme von einem radschlagenden Pfau

Die gleiche Aufnahme durch das Tonlinienverfahren zu einer Strichzeichnung umgewandelt.

mal konzentrierten Ausgleichsentwickler 5 Minuten bei 20 °C entwickelt.
Die entstandene Positivmaske soll die gleiche Dichte und Gradation des Negativs zeigen. Legt man Negativ und Positivmaske deckungsgleich übereinander, entsteht eine gleichmäßig schwarz gedeckte Fläche. Licht- und Schattenpartien heben sich gegenseitig auf. Weist die Deckung der Probebelichtung ungleiche Intensität auf, stellt man eine andere Positivmaske her und verändert entsprechend Belichtungszeit und Entwicklungsdauer. Die Negative werden weicher bei verkürzter und härter bei verlängerter Entwicklung.
Beträgt die Deckung der Positivmaske nur 80 %—90 % der Negativvorlage, so läßt die Kombination beider ebenfalls Strichvorlagen entstehen, bei denen allerdings noch ein geringer Prozentsatz des Grautonwertes erhalten bleibt.

Rotationskopie

Negativvorlage und Positivmaske werden nun Glasseite auf Glasseite gelegt und solange gegeneinander verschoben, bis die Konturen bei senkrechter Aufsicht deckungsgleich übereinander liegen. Am einfachsten ist es, man öffnet den Kopierrahmen und befestigt innen am Glas die Positivmaske an ihren Rändern mit Selbstklebeband. Über einen Leuchtkasten oder gegen eine Lichtquelle gerichtet, kann das Originalnegativ passungsgleich justiert und mit Klebeband an den Rändern fixiert werden.
In senkrechter Aufsicht muß die Montage eine gleichmäßig gedeckte schwarze Fläche zeigen. Die Schichtseiten beider Filme kommen dabei nach außen zu liegen. In den

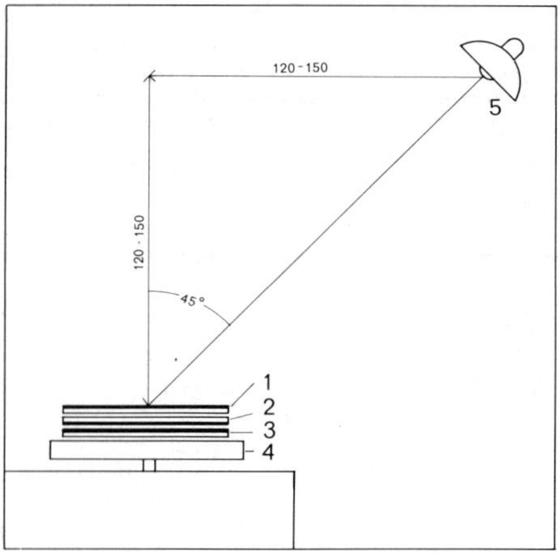

Rotationskopie
1 Positivmaske (Schichtseite nach oben)
3 Negativmaske (Schichtseite nach unten)
3 Dokumentenfilm (Schichtseite nach oben)
4 Rotierender Plattenteller
5 Opallampe oder schräggestellter Vergrößerungsapparat

Kopierrahmen wird nun ein Blatt extrahart arbeitendes Filmmaterial (Dokumentenfilm) mit der Schichtseite nach oben eingelegt, mit der Negativ-Positivmontage bedeckt und der Rahmen geschlossen. Belichtet wird unter 100 Watt Opallampe mit rotierendem Kopierrahmen. Die Lichtquelle orientiert man in einem Winkel von 45 Grad zum Kopierrahmen. Die günstigste Entfernung der Lampe beträgt sowohl in der Höhe als auch seitlich 1,20 bis 1,50 Meter. Besitzt man ein schwenkbares Vergrößerungsgerät, dann stellt man dieses auf 45 Grad ein und entfernt es entsprechend vom Kopierrahmen.

Auf dem Teller eines Plattenspielers setzt man den Kopierrahmen zentrisch in die Mitte auf. Während der Teller rotiert, wird ca. 20—30 Sekunden belichtet und anschließend in hart arbeitendem Rapidentwickler 2—3 Minuten entwickelt.

Das von allen Seiten schräg einfallende Licht dringt durch die nur von der Seite zugänglichen Öffnungen der Filmschicht und läßt eine Kopie entstehen, auf der das Bild nur noch aus Linien besteht. Durch abermaliges Umkopieren im Kontaktverfahren erhält man ein Negativ, von dem beliebige Vergrößerungen hergestellt werden können. Sollte die Kopie an Stellen unscharfe Linien zeigen, liegt es daran, daß die Filme nicht richtig in Kontakt gebracht wurden. Ein passendes Stück dünner Schaumstoff oder Filz wird vor dem Schließen des Kopierrahmens eingelegt. Dadurch wird der Federdruck der Schließvorrichtung verstärkt. Die Strichstärke der Linien kann man verbreitern, indem man zwischen Originalnegativ und Positivmaske ein Blatt transparente glasklare Folie legt.

Seite einiger Zeit gibt es im Fachhandel den sogenannten Konturenfilm, damit läßt sich die Zeichnung eines Halbtonfilms in Konturen mit annähernd gleichem Ergebnis auflösen. Diese Arbeitsweise ist einfacher und zeitsparend (Konturenfilm High Contrast HC von 3M).

High-key-Bilder

Die Technik des High-key ist nicht als besonderes Verfahren zu werten, vielmehr die Ausnutzung eines schon bei der Aufnahme bezweckten Effektes, wo man nurmehr die Vergrößerung auf die erwünschte Wirkung behandelt. High-key-Bilder zeigen keine schwarzen Flächen und keine Schatten. Ein mehr oder weniger weißes Motiv vor weißem Hintergrund in diffuser, schattenloser Beleuchtung aufgenommen, läßt ein nahezu weißes Bild mit hellsten Tonabstufungen in den Lichtern entstehen. Es wäre falsch, solche Bilder in der gesamten Graustufenskala vergrößern

High-key-Aufnahme

zu wollen. Will man den High-key-Effekt durch die Entwicklung noch unterstützen, darf man weder das normal belichtete Bild durch vorzeitige Unterbrechung der Entwicklung noch durch zu kurze Belichtung und anschließend gequälte Entwicklung verderben. In beiden Fällen würde man entweder einen schmutzigen Bildton erhalten oder aber das ganze Bild würde zu hart ausfallen oder grau anlaufen. Für die Kopie oder die Vergrößerung eines High-key-Bildes verwendet man eine weiche Papiergradation. Der Vergrößerungsprozeß ist so zu steuern, daß der Tonumfang des Bildes vom reinsten Weiß bis zum hellen Grau in Erscheinung tritt, um dann unvermittelt aufzuhören. Man belichtet doppelt so lange als nötig wäre und entwickelt nicht in dem normalen Entwickler, in dem der Probestreifen entwickelt wurde, sondern in einem 5—10fach verdünnten Entwickler, wobei die Entwicklungszeit selbstverständlich verlängert werden muß.

Low-key-Bilder

Während die Eigenart der High-key-Bilder in dem geringen hellen Tonumfang liegt, wirken Low-key-Bilder durch die Betonung der Schwärzen. Zum Kopieren eines Low-key-Bildes wird ein relativ hartes Papier verwendet; dadurch entsteht ein sattes Schwarz im Hintergrund. Man belichtet reichlich, wenn auch nicht übermäßig lang und entwickelt restlos aus.

Falls die Schwärzen noch nicht genügend Details aufweisen, schließt man der Entwicklung ein warmes Nachbad an. Das ausentwickelte Papierbild wird vor dem Zwischenwässern für kurze Zeit in eine Schale mit warmem Wasser (30—40 °C) gelegt, wodurch die Entwicklungsbereitschaft

Low-key-Aufnahme
(Der Pianist Oscar Peterson)

etwas aktiviert wird. Dieser Prozeß darf nicht zu lange ausgedehnt werden, da das warme Nachbad die Gelbschleierbildung begünstigt. Eine noch stärkere Nachentwicklung erreicht man, wenn man in dem warmen Wasser 5—10 Prozent Soda löst.

Bildverzerrung

Will man groteske Bildverzerrungen absichtlich herbeiführen, dann wendet man die auf Seite 276 beschriebene Methode an. Allerdings kann man dabei das Negativ mit der geschmolzenen Schicht nicht mehr in den Erstzustand zurückbilden, es ist für die Normalkopie unbrauchbar geworden. Durch Verändern der Lage des Bromsilberpapieres während des Vergrößerns erzielt man gleichfalls verschiedenartige Bildverzerrungen. Den Vergrößerungsrahmen

Bildverzerrung durch stark schräggestellten Rahmen während dem Vergößern

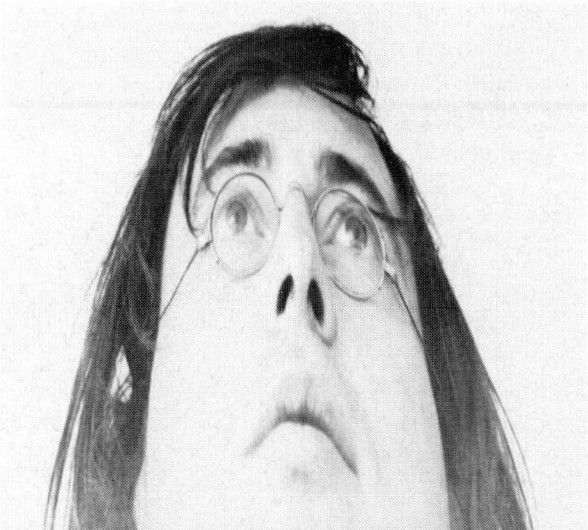

kann man entweder in seiner Gesamtheit schief stellen oder das Bromsilberpapier nur stellenweise durchbiegen. Mit verschiedenen, selbst erdachten Hilfsmitteln zwingt man das Papier entweder in eine nach außen gekrümmte Lage oder in einen nach innen gebogenen Zustand. Auch eine wellige Form des Papieres kann erreicht werden. In jedem Fall muß man beim Belichten stark abblenden, um eine gleichmäßige Schärfe zu erreichen.

Großbildformat

Für Plakate und ähnliche Arbeiten, die mit fotografischen Gestaltungsmitteln ausgeführt werden, benötigt man oft Formate, für die das größte Bogenformat für Bromsilberpapiere (50 × 60 cm) nicht mehr ausreicht. Größere Papierformate müssen von der Rolle geschnitten werden.

1. Das Vergrößern
Großbilder kann man herstellen, wenn man die Distanz des Vergrößerungsapparates erweitert. Das Gerät wird auf dem Tisch so umgedreht, daß die Säule nach vorne zu stehen kommt. Nachdem man das Grundbrett mit einem Gewicht beschwert hat, wird die Lichthaube mit ihrem starr verbundenen Negativträger und Objektiv 180 Grad um die Achse der vertikalen Trägersäule nach vorne gedreht, so daß das negative Bild auf dem Fußboden entworfen wird. Die Vergrößerungsdistanz wurde dabei um die Höhe des Labortisches erweitert.
Das Grundbrett ersetzt man nun durch eine einfache Sperrholzplatte, die man auf den Boden legt. Auf ihr kann das Bromsilberpapier mit Reißbrettstiften angeheftet werden. Es gibt auch Vergrößerungsapparate, die eine hori-

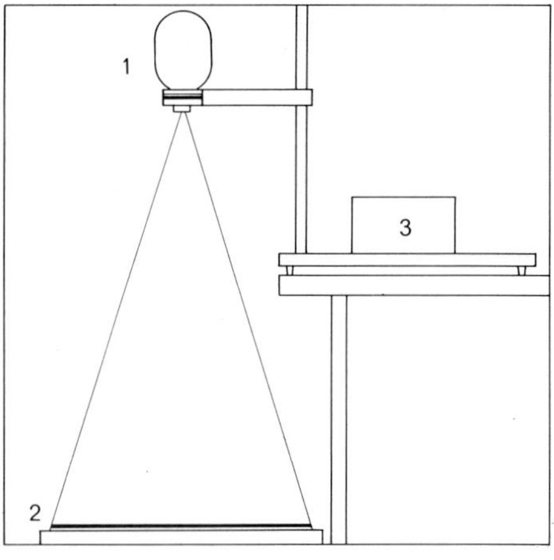

Großbildvergrößerung
1 Lichthaube mit Negativträger, um 180° verdreht
2 Sperrholzplatte
3 Gewicht

zontale Projektion des Negativbildes ermöglichen. Das an die Wand gestrahlte Bild wird bei diesen Apparaten durch Vor- und Zurückbewegungen des auf Rollen fahrbaren Vergrößerungsgerätes in Format und Ausschnitt eingestellt.

2. Vergrößerungsmaßstab
Die Lichtintensität nimmt im Quadrat der Entfernung ab, das heißt, die Belichtungsdauer steigert sich mit zunehmendem Vergrößerungsmaßstab. Dies wirkt sich besonders stark bei Kleinbildnegativen aus, wobei die Belichtungsdauer einige Minuten betragen kann. Deshalb ist es vorteilhaft, ein Zwischennegativ anzufertigen, indem man das Kleinbildnegativ auf das größtmögliche Negativformat überträgt, das eine Vergrößerung in dem zur Verfügung stehenden Apparat zuläßt. Der in Frage kommende Bildausschnitt sollte dabei gleich mit berücksichtigt werden. Man vergrößert das Kleinbildnegativ auf „Direktduplikatfilm", der eine schnelle, tonwertrichtige Herstellung eines Negativ-Duplikates ermöglicht. Dieser Film muß nicht mehr umkopiert werden. Bei normaler Entwicklung entsteht unmittelbar von der Negativvorlage wieder ein Negativ.
Dieses Spezialfilmmaterial ermöglicht auch im Kontaktverfahren angewandt, ein direktes Duplizieren eines Negativs oder Schwarz-Weiß-Diapositivs. Der Duplikatfilm wird wie Bromsilberpapier in Positiventwickler entwickelt, fixiert, gewässert und zum Trocknen aufgehängt.

3. Entwickeln
Zum Entwickeln benötigt man eine Schale, die das Einbringen des auf die Schmalseite gerollten Bromsilberbo-

Entwicklen einer gerollten Bromsilberpapierbahn

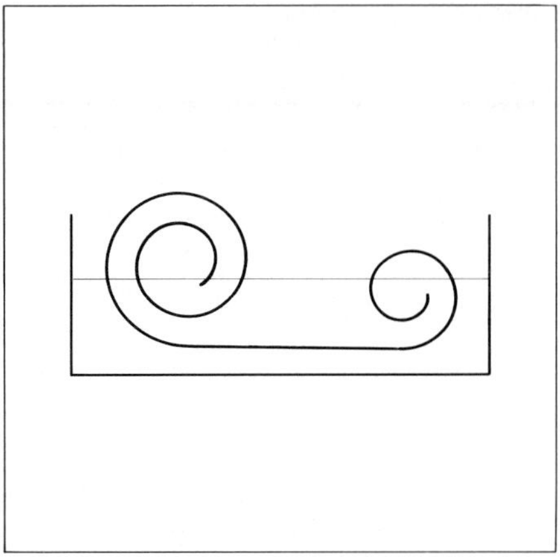

gens zuläßt. Eventuell kann die Schale auch in der Diagonale ausgenützt werden. Durch abwechselndes Auf- und wieder Abwickeln der Papierrolle in der Flüssigkeit erreicht man, daß der Entwickler alle Seiten des Bogens benetzt. Man verfährt dabei so, daß man den Bogen mit der Schichtseite nach innen rollt und mit dem aufgewickelten Ende zur Person gekehrt, in die Flüssigkeit bringt. Mit beiden Händen faßt man nun in die Entwicklerflüssigkeit und wickelt mit dem Ende beginnend das Papier zu einer neuen Rolle, die diesmal das Gegenende außen zeigt. Hierauf nimmt man die Rolle aus der Schale und dreht sie so um, daß das neue Ende wieder nach vorne zu liegen kommt, worauf man den gleichen Vorgang wiederholt.
Beim folgenden Zwischenwässern verfährt man auf gleiche Weise.
Auch im Fixierbad bewegt man das Papierbild ca. 1—2 Minuten durch abwechselndes Auf- und wieder Abwickeln. Ziehharmonikaartig zusammengelegt, jedoch ohne zu knicken, läßt man es anschließend noch weitere 8 Minuten im Fixierbad liegen.
Besitzt man keine ausreichende große Fotoschale, so behilft man sich folgendermaßen: In der Größe des zu verarbeitenden Fotoformates fertigt man mit etwas Zugabe einen Holzrahmen aus ca. 5 cm breiten Leisten an, wobei die Leistenbreite die Tiefe des Rahmens ergibt. Der Rahmen wird auf einen genügend großen Tisch aufgelegt und eine starke Plastikfolie darübergebreitet.
Mit einigen Reißbrettstifen oder kurzen Abschnitten Klebeband wird die Folie an den Rändern so befestigt, daß sie mit der Innenfläche auf dem Tisch aufliegt und an den Rändern hochsteigt. Der belichtete Papierbogen wird in

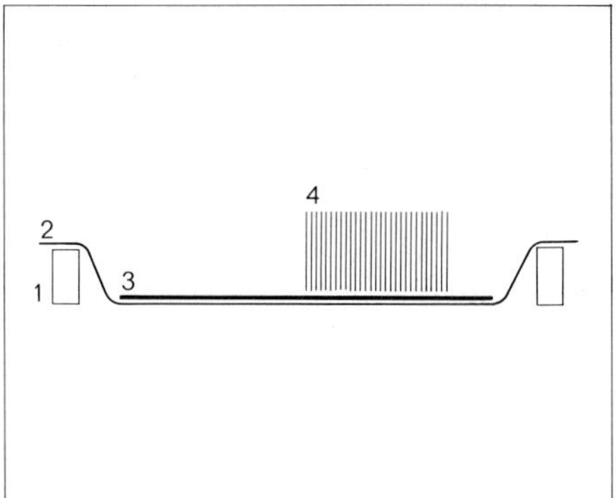

Entwickeln von Großbildern
1 Holzrahmen
2 Plastiktuch
3 Foto
4 Schwamm

die entstandene Schale gelegt und mit einem mit Entwickler vollgesogenen Schwamm an allen Stellen gleichmäßig benetzt. Zwischenwässern und Fixieren erfolgen ebenso mit einem Schwamm, wobei der Entwicklerschwamm von dem Fixierschwamm durch eine besondere Kennzeichnung zu unterscheiden ist. Für diese Arbeitsweise benötigt man im Gegensatz zur ersten Methode verhältnismäßig wenig Entwickler und Fixierbad. Letzteres muß allerdings mindestens 3—4 Minuten auf die ganze Fläche einwirken können.

Die vollgesogenen Schwämme werden in kleinere Schalen abgelegt. Nach dem Fixieren muß das Plastiktuch wieder gut abgewaschen werden, ehe man von neuem beginnt. Wenn die zur Verfügung stehende Wässerungswanne nicht ausreicht, wässert man in einer Badewanne oder in einem Waschtrog.

Die modernen Fotopapiere bestehen aus einer Bromsilberschicht auf einem Kunststoffträger. Sie werden mit Klammern auf eine Leine gehängt, wo sie glatt auftrocknen.

Fotogramm

Mit Hilfe eines Vergrößerungsgerätes und lichtempfindlichem Vergrößerungspapier können fotografische Selbstdrucke hergestellt werden, die man als „Fotogramme" bezeichnet.

Legt man einen Körper auf ein lichtempfindliches Bromsilberpapier und belichtet unter dem Lichtkegel eines Vergrößerungsapparates, dann bilden sich die Schatten des Körpers negativ weiß ab. Die übrige Papierfläche wird durch die Belichtung und anschließende Entwicklung geschwärzt. Diese einfache Methode, Fotos ohne Aufnahme herzustellen, ist vielseitig anwendbar. Mit Witz und einiger Einfallskraft läßt sich dieses Direktkopierverfahren in verschiedene neue Möglichkeiten abwandeln, die in der Kombination mit anderen Techniken variabel sind. Es spielt dabei die Beschaffenheit des zu kopierenden Materials, vorausgesetzt, daß dieses nicht zu groß ist, keine Rolle, denn auch unebene plastische Gegenstände erzeugen einen absoluten scharfen Schlagschatten, wenn man am Objektivring genügend abblendet.

Hier sollen einige Beispiele angeführt werden:

1. Ein undurchsichtiger Gegenstand, eine Platte oder ähnliches, wird auf das lichtempfindliche Bromsilberpapier gelegt und unter abgeblendetem Lichtkegel belichtet. Das

Bild zeigt die aufgelegten Gegenstände negativ auf schwarzer Fläche.

2. Ein Gegenstand wird auf das Bromsilberpapier gelegt und während der Belichtung verschoben, das heißt, man schaltet das Licht kurz ein und wieder aus, verschiebt den Gegenstand, schaltet wieder ein usw. Auf diese Weise entstehen Fotogramme, die differenzierte Grauwerte zeigen.
3. Durchsichtige oder halbtransparente Materialien, zum Beispiel Trinkgläser und Flaschen oder dünnere Gewebe, lassen Fotogramme entstehen, in denen die Grauwerte noch erhalten bleiben.
4. Die verschiedenen Techniken können auch auf Filmmaterial angewandt und anschließend auf Bromsilberpapier umkopiert oder direkt vergrößert werden. Auf diese Weise erhält man Fotogramme, die vorwiegend Weiß im Hintergrund zeigen.
5. Flache Materalien, zum Beispiel transparente Gewebe, Blätter, Rasterfolien, eventuell auch Salzkristalle, dünne Fruchtscheiben und ähnliches, kann man zusammen mit einer Glasplatte in den Negativträger einlegen und direkt vergrößern.
6. Gegenstände können auch in den nicht abgeblendeten Strahlengang des Vergrößerungsapparates gehalten werden, damit sie sich unscharf abbilden.
7. In schwarzen Karton wird ein einfaches Formelement, z. B. ein Kreis, ein Dreieck oder ein Quadrat geschnitten, auf das Bromsilberpapier gelegt und unter dem Lichtkegel verschiedenartig verschoben; das Licht trifft nur durch die ausgeschnittene Stelle der Schablone das Bromsilberpapier. Die übrigen Flächen schützt der Karton vor Belichtung. Man bewegt einmal langsam, das andere Mal rascher und beläßt den Karton zwischendurch in ruhiger Stellung für kurze Zeit auf einem Fleck. Es entstehen verschiedenartige Muster, die teils verlaufend, teils in der Form bestimmt verschiedene Graunuancen zeigen.
8. Ein mit schwarzer Tusche auf Papier gezeichnetes Formelement wird auf extrahartes Filmmaterial reproduziert. Die Reproduktion wird wie ein normales Negativ auf Bromsilberpapier vergrößert, jedoch mit dem Unterschied, daß man während der Belichtung den Apparat in vertikaler Richtung auf- und abwärts bewegt. Aus den Konturen der gezeichneten Form entsteht eine sich erweiternde und an andere Stelle wieder sich verringernde zusammenhängende Bahn, ähnlich dem optischen Eindruck eines Kometenschweifs.

Farbige Fotogramme entstehen durch gleiche Manipulation auf Farbfotopapier, das man im Color-Labor ausarbei-

Schleierkraut wurde auf das lichtempfindliche Bromsilberpapier gelegt und unter abgeblendetem Lichtkegel belichtet.

Likörgläser wurden unter abgeblendetem Lichtkegel auf das Bromsilberpapier belichtet.

Eine Truthahnfeder wurde auf das Filmmaterial gelegt und unter dem Strahlengang des Vergrößerungsgerätes belichtet.
Das Filmfotogramm wurde auf das Papier vergrößert.

Ein Stück Nylonstrumpf mit einer Laufmasche wurde in den Negativträger des Vergrößerungsgerätes eingelegt und direkt vergrößert.

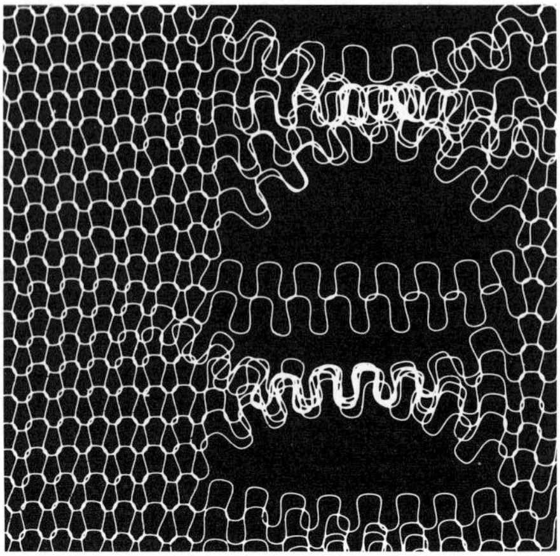

Schwarze Pappe mit einem kreisrunden Loch ergab das nebenstehende Bild. Die Pappe wurde unter dem Strahlengang des Vergrößerungsgerätes auf dem Bromsilberpapier verschoben.

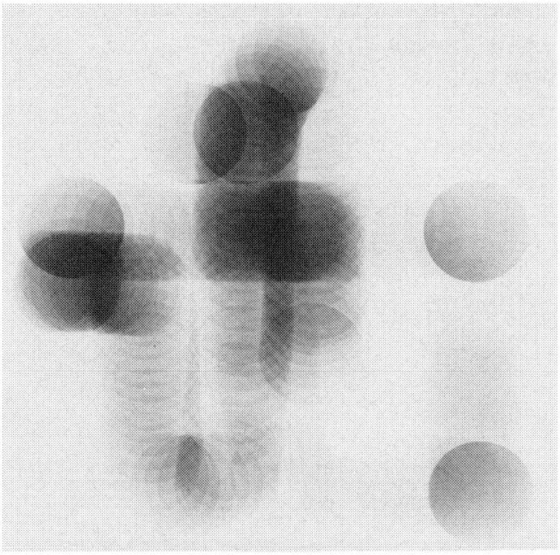

Eine auf Dokumentenfilm reproduzierte schwarze Kreisfläche wurde in den Negativträger des Vergrößerungsgerätes eingesetzt. Während der Belichtung auf das Bromsilberpapier mußte der Apparat auf- und abwärts bewegt und gleichzeitig der Vergrößerungsrahmen verschoben werden.

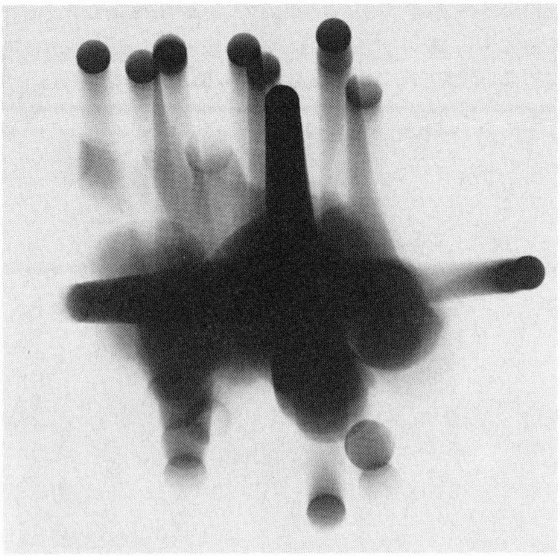

tet. Durch Zwischenschalten von farbigen Filtern entstehen vielfältige Variationen.
Einfacher und weniger dem Zufall überlassen ist die Arbeitsweise mit Color-Key. Dazu legt man den Gegenstand direkt auf die Color-Key-Folie, die man zuvor mit matt schwarzem Papier unterlegt hat und belichtet mit einer UV-Lampe (Osram Ultra-Vitalux 300 Watt). Auch hierbei ist zu beachten, daß die Color-Key-Schicht der Lampe abgewandt ist, das heißt auf das matt schwarze Papier zu liegen kommt.
Das Ergebnis, ein Schattenriß des Gegenstandes beispielsweise in der Color-Key-Farbe Orange kann in jede beliebige andere Farbnuance umkopiert werden. Farbige Fotogramme kann man auch auf dem Umweg über das fotografische Negativ herstellen. Voraussetzung ist ein extrahartes Strichnegativ auf Dokumentenfilm. Fotogramme mit Grauwerten können mit zwischengeschaltetem Kopierraster in Farbe übersetzt werden (→ Seite 312). Die angeführten Möglichkeiten sind nur Anhaltspunkte, nicht aber Rezepte. Gute Fotogramme können nur entstehen, wenn man Freude am Experimentieren zeigt. Mit etwas Geduld und vor allem mit einer der Arbeit zugrunde liegenden Idee entstehen brauchbare Fotogramme.

Schriftmontage in ein Foto

Mit Pinsel und Deckfarbe kann man mit einigem Geschick saubere Schriften auf fotografische Papierabzüge anfertigen. Sollte aber eine druckfertige Vorlage notwendig werden oder aber eine oftmalige Wiederholung der gleichen Beschriftung auf mehrere Papierabzügen erscheinen, dann ist die Methode des Einkopierens zu empfehlen.

1. Schwarze Schrift

Die Schrift soll sich auf dem Foto positiv, das heißt schwarz, abzeichnen. Dafür wird ein neutraler Papierabzug in gewünschtem Format angefertigt. Die Schrift läßt man in passender Schrifttype und Schriftgrad absetzen. Die gedruckte Schriftzeile schneidet man aus und klebt sie an passender Stelle auf einen zuvor über das Foto gehefteten Transparentpapieraufleger an. Die Eckpunkte der äußeren Begrenzung werden sowohl auf dem Foto als auf der Klebemontage mit Kreuzchen markiert und eine Reproduktion der Klebemontage angefertigt, wobei man das Transparentpapier zur besseren Sichtbarmachung mit weißem Karton unterlegt.
Sollten auf der Reproduktion noch offene Stellen oder kleine Pünktchen, die von den Schnitträndern der Schriftzeile

Beispiele mit negativ und positiv einkopierter Schrift

herrühren, sichtbar sein, dann werden diese mit rotbrauner Negativabdeckfarbe auf der Schichtseite gedeckt. Im folgenden Vergrößerungsprozeß wird die bereits vorhandene Papiervergrößerung so in den Vergrößerungsrahmen eingelegt, daß die gezeichneten Eckmarkierungen genau in die Ecken der auf das Format eingestellten Maskenbänder zu liegen kommen.

Das Originalnegativ wird in den Halter eingesetzt und dekkungsgleich auf die vorhandene Papiervergrößerung im Rahmen projiziert. Anschließend wird diese gegen ein lichtempfindliches Bromsilberpapier ausgetauscht. Nun kann man nacheinander so viele Papiere belichten, wie man beschriftete Vergrößerungen wünscht. Die vorbelichteten Papiere werden in eine lichtdichte Schachtel eingeschlossen und beiseite gelegt, nachdem man die Stellung des Papiers im Rahmen auf der Rückseite markiert hat.

Das Negativ tauscht man nun durch die Reproduktion der Schriftmontage aus, wobei das projizierte Bild wieder in die Eckpunkte der Maskenbänder „eingepaßt" wird. Die vorbelichteten Bromsilberpapiere werden aus der Schachtel genommen, nacheinander in den Rahmen eingelegt und ein zweites Mal belichtet.

Die entwickelte Vergrößerung zeigt das Bild mit einkopierter schwarzer Schrift.

2. Negative Schrift

Das Einkopieren negativer Schriften erfordert einen zusätzlichen Arbeitsgang, hat aber den Vorteil, daß man beide Negative gleichzeitig vergrößern kann. Zunächst wird wieder eine neutrale Papiervergrößerung, diesmal unter Ausnutzung des gesamten Negativformates, angefertigt.

Eine passende Schriftzeile wird ausgeschnitten, auf einen über den Papierabzug gehefteten Transparentpapierauflegen an geeigneter Stelle aufgeklebt, und die auf der Papiervergrößerung vom Negativformat herrührenden Eckpunkte werden auf das Transparentpapier in Form kleiner Kreuze übertragen. Diese Kennzeichnung der Negativformateckpunkte geschieht ungeachtet des später erwünschten Bildausschnittes.

Zunächst wird wieder eine Reproduktion der geklebten Schriftmontage auf gleiches Negativformat angefertigt, wobei man darauf achtet, daß die aufgezeichneten Markierungen der Klebemontage möglichst in die Eckpunkte der Suchermattscheibe zu stehen kommen. Das entstandene Schriftnegativ wird, soweit es notwendig erscheint, mit Abdeckfarbe ausgebessert und im Kontaktverfahren ein Diapositiv davon hergestellt. Das Originalnegativ vergrößert man nun Schicht auf Schicht gemeinsam mit dem Diapositiv der Schrift. Die Eckmarkierungen werden dabei auf Deckung gebracht; erst jetzt können der gewünschte Ausschnitt eingestellt und mehrere Papiervergrößerungen nacheinander angefertigt werden.

3. Gerasterte Schrift
Sowohl eine positive als auch eine negative Schrift kann in gerasterter Form einkopiert werden. Im ersten Fall wird das Schriftnegativ mit einem Stück selbstklebender Rasterfolie überklebt; wünscht man hingegen eine negativ aufgerasterte Schrift, so wird ebenfalls das Schriftnegativ vor dem Umkopieren zu einem Diapositiv mit einer solchen Rasterfolie überklebt.

Schriftmontage in ein Farbdia

Die zu montierende Schrift, gezeichnet oder gedruckt, wird als schmaler Streifen aus dem Papier geschnitten. Das Farbdia wird im Negativträger eines Vergrößerungsapparates eingespannt und auf einen Bogen weißes Papier gestrahlt. Darauf richtet man die Schriftzeile an passender Stelle ein. Durch Verstellen des Vergrößerungsabstandes kann die Bildgröße im Verhältnis zur Schrift passend reguliert werden. Hat man den richtigen Stand gefunden, wird die Zeile auf dem Bogen aufgeklebt und die 4 Eckpunkte der Diaprojektion auf dem Papier markiert.

Von der Schrift wird nun eine Reproduktion auf extrahart arbeitendem Filmmaterial angefertigt. Bei der Verwendung von Planfilmen in 4 × 5 inch, 9 × 12 oder 13 × 18 cm-Kameras stellt man die Aufnahme so ein, daß die auf der Mattscheibe der Kamera ersichtliche Verkleinerung der Schriftmontage mit deren angezeichneten Eckpunkten dem Maß der Originalbegrenzung des Diapositivs entspricht.

Das so erhaltene Negativ wird im Kontaktkopierverfahren auf fototechnischen Film umkopiert, mit den auf der Kopie ersichtlichen Eckpunkten genau auf das Farbdia eingepaßt und mit diesem zusammen unter Glas montiert. Dieses Diapositiv kann durch Farbreproduktion vervielfältigt und im Druck gemeinsam mit der montierten Schrift erscheinen. Allerdings hat diese Methode nur den Sinn, schon auf dem Farbdia eine richtige Vorstellung von der Bild- plus Schriftwirkung zu erhalten.

Will man eine farbige Schrift in ein farbiges Foto einkopieren und als solche im Druck erscheinen lassen, wird diese zunächst als Schwarzschrift, wie bereits beschrieben, unter dem Vergrößerungsapparat auf die Projektion des

Farbdias eingerichtet. Nachdem die passende Bildgröße zur Schrift gefunden wurde, werden mit einem Bleistift die Umrisse der abgebildeten Objekte, z. B. die Figuren oder die Landschaftsumrisse, auf dem Papier nachgezeichnet und die Randbegrenzungen des Bildes durch Linien angegeben. Die Schrift klebt man wieder an passender Stelle ein. Zusammen mit dieser Zeichnung übergibt man das Farbdia der Reproduktionsanstalt, wobei man nicht versäumen darf, ein Muster der gewünschten Farbe für die Schrift mitzugeben, um die richtige Farbwiedergabe im Druck zu sichern.
In einem gesonderten Arbeitsgang wird in der Reproduktionsanstalt die Schrift an der gewünschten Stelle auf den entsprechenden Farbteilplatten vorkopiert und nach einer Neubeschichtung das Rasterbild der Farbteilnegative durch nochmalige Belichtung ergänzt.
Will man schon vorab einen Eindruck von der Bild- plus Schriftwirkung erhalten, kann man im Color-Key-Verfahren jede beliebige Farbumwandlung der Schrift herstellen (→ Color-Key). Der transparente Color-Key-Film wird über das Farbdiapositiv montiert und gemeinsam mit diesem in der Durchsicht betrachtet. Allerdings ist dies nur bei Sujets möglich, wo der Untergrund an der Stelle die transparent farbige Color-Key-Schrift nicht stört. Sollten die beschriebenen Methoden für eine Präsentation nicht ausreichen, läßt man in einem Fachlabor für Farbfotografie von dem Farbdiapositiv über ein Internegativ eine Farbvergrößerung in der passenden Relation anfertigen. Über dieses Bild montiert man dann die Schrift — schwarz als Filmpositiv, farbig oder weiß deckend als Andruck auf Druckfilm. Das Color-Key-Verfahrn leistet auch hier wertvolle Dienste. In diesem Verfahren kann man sowohl schwarze als auch weiß deckende sowie farbig transparente und deckende Schriften als Überleger herstellen.

Format bestimmen bei Farbdiapositiven (Standkopie)

Um bei Farbdias das genaue Bildformat für die Reproduktionsfotografie bestimmen zu können, ist es ratsam, eine Schwarzweiß-Papiervergrößerung vom Farbdia anzufertigen. Das entstandene Papierbild zeigt zwar das Motiv negativ, jedoch ist dies für das Bestimmen des Bildformates unwesentlich. Wie bereits auf Seite 156 beschrieben, zeichnet man den Ausschnitt an.

Color-Key

Das Color-Key-Verfahren ist eine Entwicklung der 3M (Minnesota Minning & Manufacturing Company m.b.H.).

Das Verfahren beruht auf Farbfolien mit UV-lichtempfindlicher Schicht. Die nur 0,05 mm starke Polyesterträgerfolie ist absolut maßhaltig und reißfest. Color-Key gibt es positiv und negativ arbeitend. Bei negativ arbeitendem Material härtet das UV-Licht die Schicht, bei positiv arbeitendem Material wird sie vom UV-Licht zerstört. Mit dem Entwickler für Color-Key negativ werden dann die unbelichteten und mit dem Entwickler für Color-Key positiv die belichteten Schichtteile ausgewaschen.

Color-Key gibt es in transparenten und deckenden Farbtönen sowie in Schwarz und deckend Weiß.

Die einfachste Belichtungseinrichtung ist eine Osram-Vialux-Lampe 300 Watt in eine normale Arbeitslampe eingeschraubt, zwei geschliffene Glasscheiben und mattschwarzes Papier. Ein spezielles Gerät für den Color-Key-Prozeß, den Layoutmaster, erzeugt die 3 M. Das Gerät ist mit UV-Röhren, einer Vakuumpumpe und einer Belichtungsuhr bestückt.

Die Belichtung der Color-Key-Folien hat eine Besonderheit: Entgegen der fotografischen Grundregel muß die zu belichtende Color-Key-Schicht immer der Lichtquelle abgewandt sein. Der Aufbau sieht dann so aus:

1. Mattschwarzes Papier
2. Die zu belichtende Color-Key-Folie mit der Schichtseite nach unten auf das mattschwarze Papier. Die Schichtseite erkennt man an der Mattierung oder an der Kerbung — ist die Kerbung rechts oben, ist die Schichtseite dem Beschauer zugewandt.
3. Die zu kopierende Vorlage mit der Schichtseite nach unten auf das zu belichtende Color-Key.
4. Glasplatte
5. UV-Lichtquelle in einem Abstand von ca. 50 cm vom Kopiergut. (Die Belichtungszeit mit der Osram-Vitalux-Lampe beträgt ca. 3 Minuten.)

Im 3M-Layoutmaster dreht sich die Reihenfolge um:

1. Die zu kopierende Vorlage mit der Schichtseite nach oben auf die Glasplatte des Gerätes.
2. Die zu belichtende Color-Key-Folie mit der Schichtseite nach oben darauf gelegt.
3. Gerät schließen! Das mattschwarze Papier ersetzt der Layoutmaster durch einen schwarzen Filz im Deckel. Vakuumpumpe betätigen, bis der Zeiger der Kontrolluhr im grünen Feld steht und belichten.

Die Belichtungszeit für transparentes Color-Key beträgt in diesem Gerät ca. 50 sec. In jedem Fall ist die Belichtungszeit auszutesten. Die 3 M liefert dazu einen Graukeil. Bei normaler Belichtungszeit bleibt die Hälfte des Graukeiles als Vollton auf Color-Key stehen. Die nachfolgende Tabelle zeigt die Variationen der ermittelten Belichtungszeit für Color-Key transparent, wenn andere Color-Key-Folien verarbeitet werden sollen.

	Belichtungsfaktor
Color-Key negativ transparent	1,00
Color-Key positiv transparent	1,00
Color-Key negativ deckend	0,50
Weiß negativ deckend	0,30
Schwarz negativ deckend	1,00

Entwickelt wird die belichtete Folie auf einer sauberen Glasplatte. Etwas Color-Key-Entwickler aufgießen und mit einem Wattebausch, Kleenex oder Webril-Pads sanft verteilen. Nach 10 Sekunden löst sich die unbelichtete Schicht. Mit einem Wattebausch reibt man die Folie sauber und poliert blank.

Umkehrungen macht man auf Color-Key Orange. Orange absorbiert die UV-Strahlen völlig, es eignet sich deshalb für die Umkehrung eines Positives in ein Negativ und umgekehrt. Color-Key Orange kann wie jedes andere Negativ weiterverarbeitet werden.

Im Color-Key-Verfahren kann alles verarbeitet werden, was auf Folie gezeichnet oder gedruckt ist oder auf fotografisches Filmmaterial gebracht wurde (Schriften, Zeichnungen, gerasterte Halbtonvorlagen usw.). Von ungerasterten Halbtonvorlagen entstehen im Color-Key-Verfahren Strichumsetzungen. Diese Methode eignet sich für die Herstellung farbiger Tontrennungen (→ Seite 307). Papiervorlagen lassen sich direkt auf Color-Key kopieren, wenn sie nicht stärker als 100 g/m^2 und einseitig bezeichnet oder bedruckt sind. Zu stark deckendes Papier kann mit Klarpausspray transparenter gemacht werden. Zeichnungen auf Transparentpapier lassen sich gut verarbeiten.

Positivtechniken außerhalb der Dunkelkammer

Zu den Positivtechniken außerhalb der Dunkelkammer zählt jede Nachbehandlung des Papierbildes von dem Zeitpunkt an, wo es das Fixierbad verläßt. Dem können sich verschiedene Färbemethoden anschließen, bis es schließlich nach der Retusche als „fertig“ anzusehen ist.

Bei Betrachtung der Bilder in Tageslichtbeleuchtung kann es passieren, daß ein Bild, das in der Dunkelkammer als „richtig" anzusehen war, mißlungen scheint. Solche Bilder brauchen nicht weggeworfen zu werden, man kann sie noch nachträglich verbessern.

1. Grauschleier
Bei leichter Überbelichtung oder zu reichlicher Entwicklung entsteht auf dem Bild ein leichter Grauschleier, der besonders in den Spitzlichtern und bei Hintergründen, die weiß erscheinen sollen, sichtbar wird. Dieser Grauschleier wird mit Farmer'schem Abschwächer entfernt. Die nachträgliche Bildverbesserung wirkt sich oft besser aus, als dies mit normaler richtiger Belichtung erreicht worden wäre. Das reichlich gewässerte oder bereits getrocknete Papierbild wird in eine Lösung Farmer'schen Abschwächers gebracht, der nach dem Rezept von Seite 269 angesetzt und noch mit 5 Teilen Wasser verdünnt wurde. Die Abschwächung erfolgt ziemlich rasch, wobei die Lichter zusehends heller werden. Man unterbricht frühzeitig, da der Abschwächer bei dem darauf folgenden Wässern von ca. 20 Minuten noch etwas nachwirkt. Der Farmer'sche Abschwächer wirkt am deutlichsten in den weniger gedeckten und am geringsten in den dunklen Bildstellen, wodurch die Spitzlichter in ihren Helligkeitsunterschieden noch besser erscheinen.

2. Gelbschleier
Durch zu warme oder forcierte Entwicklung entsteht mitunter Gelbschleier. Dieser kann nachträglich in einem Klärbad entfernt werden.

Klärbad:

Wasser	1000 ccm
Thiocarbamid (Sulfocarbamid) ...	20 g
Zitronensäure (kristallisiert)	10 g

In dieser Lösung werden die Bilder ca. 10 Minuten gebadet. Ist der Gelbschleier verschwunden, wird nochmals 15 bis 20 Minuten gewässert. Die Lösung des Klärbades ist, in Flaschen aufbewahrt, lange haltbar.

3. Weißtöner
Um das Weiß des Papiergrundes einer Vergrößerung zu verbessern, werden die Papierbilder nach dem Wässern in einem handelsüblichen, sogenannten Weißtöner, gebadet.

Dieser besteht aus einer blaufluoreszierenden Substanz, z. B. Aesculin, die von ultravioletten Strahlen zu blauer Fluoreszenz angeregt wird. Die Wirkung des Weißtöners ist nur bei Tageslicht zu sehen. Es sind auch Bromsilberpapiere im Handel, die den Weißtöner schon in der Schicht enthalten. Diese Papiere sind mit der Bezeichnung „Type W" gekennzeichnet.

Färben von Schwarzweißbildern

Normale Schwarz-Weiß-Vergrößerungen kann man auf einfache Weise anfärben. Der Papiergrund des Schwarz-Weiß-Bildes erhält eine Farbe, ähnlich der Wirkung, die entsteht, wenn man über ein Schwarz-Weiß-Foto eine durchsichtige Farbfolie legt.

Dieses „Entfärben" des Papiergrundes ist leicht durchführbar und lohnt schon deshalb, weil man jede gewünschte Farbe erreicht. Für Arbeiten, die in der Druckausführung einen farbigen Unterdruck erhalten und mit der Schwarzplatte der Zeichnung im zweiten Durchgang bedruckt werden, ist die Methode des Anfärbens der Fotografie im Entwurf besonders geeignet, zumal man mit dieser Methode reine leuchtende Farben erzielt.

Zum Färben verwendet man Eiweißlasurfarben, die eine lasierende Wirkung haben; sie bestehen aus in Wasser gelösten Anilinfarbstoffen und werden als solche in kleinen Fläschchen gehandelt. Zum Färben von Papierbildern benötigt man jedoch eine größere Menge Farbe, deshalb lohnt es sich, den Farbstoff in Pulverform zu besorgen und in Wasser selbst aufzulösen. Gut geeignet sind auch die handelsüblichen, wasserlöslichen Holzbeizfarben, die in vielen Farbtönen erhältlich sind. Der Farbstoff wird in Leitungswasser gelöst und in eine Schale gegossen. Vorbedingung für eine gleichmäßige Färbung ist, daß das Bild restlos ausgewässert ist. Bereits getrocknete Bilder werden vor dem Färben noch einmal kurz gewässert. Im Anschluß badet man das Bild so lange in der Farbstofflösung, bis der gewünschte Farbton erreicht ist. Das Bild wird dem Farbbad entnommen, kurz gewässert und zum Trocknen aufgehängt. Wünscht man einen Mischton, dann erreicht man diesen entweder durch Vermengen der Farbanteile des Bades oder durch Überwechseln nach kurzem Abspülen in das Bad der entsprechenden zweiten Farbkomponente.

Das Schlußwässern darf nicht zu lange ausgedehnt werden, da sonst die Farbe teilweise wieder ausgewaschen wird.

Kolorieren

Schwarz-Weiß-Bilder können mit Eiweißlasurfarbe auch koloriert werden. Neben der konventionellen, etwas zweifelhaften Methode des Vortäuschens einer farbigen Fotografie kann man mit Hilfe der Koloriertechnik auf Schwarz-Weiß-Bildern auch einzelne Flächen farbig anlegen oder aber das ganze Bild farbig umgestalten, wobei man die Farbtöne mit Vorbedacht wählt, so daß das Resultat mit der „Nachahmung" einer Farbenfotografie nichts mehr gemeinsam hat.

Zum Zweck des Kolorierens klatscht man das nasse Bild mit der Papierseite auf eine Glasplatte, streift es mit einem feuchten Viskoseschwamm glatt oder überrollt es mit einer Gummiwalze. In kleinen Behältern werden die Farben, die für das Kolorieren beträchtlich verdünnt werden, bereitgestellt.

Zum Kolorieren verwendet man verhältnismäßig große Pinsel, mit denen die Farbe zügig aufgemalt wird. Je öfter man die Fläche mit derselben Farbe überzieht, desto intensiver wird der Farbton. Es ist besser, die Fläche mit einer stark verdünnten Farbe öfter zu übermalen, als ein einziges Mal mit einer hochkonzentrierten Farblösung, was leicht zu Fleckenbildungen führt, die nicht mehr auszubessern sind. Bei größeren Flächen, vor allem, wenn es sich um Plakate handelt, überarbeitet man diese statt mit dem Pinsel mit einem farbgetränkten Wattebausch. Es erweist sich als praktisch, die Farbe nicht vor dem Malen zu mischen, sondern durch Überstreichen des bereits angelegten Farbtons mit der zweiten Farbkomponente eine subtraktive Farbmischung zu erzielen. Die aufgetragene Farbe darf niemals tropfenförmig auf der Schicht stehen bleiben und so antrocknen; dies würde zu dunklen, unschönen Flecken führen. Vielmehr wird die überschüssige Farbe mit einem saugenden Tuch abgetupft.

Chemisch Kolorieren

Die bisher geschilderten Kolorier-Verfahren lassen einen farbigen Papiergrund entstehen; er bildet sich durch einfaches Übermalen oder Einfärben. Die schwarzen Bildanteile bleiben schwarz, während das zuvor weiße Papier eine Farbe annimmt. Bei chemischen Kolorieren hingegen wird die Silberschwärzung aus dem Papierbild entfernt und an denselben Stellen durch reine Farbe ersetzt, wobei der Papiergrund weiß erhalten bleibt.

Das chemische Kolorieren erfordert viel Erfahrung, bis man sich mit der Methode einigermaßen vertraut gemacht hat. Der eigentliche Farbausfall kann nämlich erst nach einer verhältnismäßig langen Wässerungszeit beurteilt werden. Das gute Gelingen einer chemisch kolorierten Fotografie setzt eine brillante Vergrößerung des Schwarzweißbildes voraus, das alle Details zeigt und gut durchentwickelt, reichlich ausfixiert sowie genügend gewässert sein muß. Die gewässerten Schwarzweißbilder gelangen in folgendes Bleichbad:

Kupfersulfatlösung (19 %ig)	90 ccm
Kaliumzitratlösung (10 %ig)	135 ccm
Eisessig	6 ccm
Rhodanammonium (10 %ig)	45 ccm

Die Rhodanammoniumlösung darf erst zugefügt werden, nachdem die ersten drei Lösungen innigst vermischt wurden. Das Bleichbad ist kurz vor Gebrauch anzusetzen. Nach Gebrauch ist die Lösung wegzugießen.
Die ausgebleichten Vergrößerungen werden nach dem Verschwinden der letzten Bildspuren 10 Minuten gewässert und können anschließend sofort eingefärbt werden. Das Einfärben geschieht wie bei der Methode mit den Eiweißlasurfarben, entweder in einer Schale oder in nassem Zustand auf einer Glasplatte, wenn man „kolorieren" will. Es werden spezielle Beizfarbstoffe verwendet und zwar:

für Gelb:	Thioflavin
für Rot:	Pyronin
für Blau:	Thioninblau

Mit diesen drei Farben können alle Töne durch Übereinanderfärben oder Malen gemischt werden. Folgende Farben können noch zusätzlich verwendet werden: Safranin T (rot), Methylenblau la D und Methylviolett.
Die Farben werden in Pulverform gehandelt und sind in destilliertem Wasser aufzulösen. Das Lösungsverhältnis entspricht 1 Gramm Farbe in einem Liter Wasser. Der Lösung werden 12 ccm Eisessig beigefügt.
Will man das Bild mehrfarbig kolorieren, dann ist die Reihenfolge des Farbauftrages unbedingt einzuhalten, und zwar blau-rot-gelb. Dies hat seinen Grund darin, daß bei dem anzuschließenden Wässern des Abzuges, das 2 bis 3 Stunden andauert, das Blau am meisten, hingegen das Gelb am wenigsten dazu neigt, seine Bindung wieder aufzugeben. In umgekehrter Reihenfolge aufgetragen, hätte dies ein Verblassen der Farbe bei der lang andauernden

Wässerung zu Folge. Beim Kolorieren werden zunächst alle Flächen, die blau, grün und violett erscheinen sollen, mit Thioninblau, ohne dabei die Konturen genauestens einzuhalten, übermalt. Mit der zweiten Farbe, dem Pyronin, färbt man alle Flächen, die rot und orange, sowie die bereits blau angefärbten Stellen, die später violett kommen sollen. Mit der dritten Farbe, dem Thioflavin für Gelb, übermalt man alle gelben Flächen sowie die blauen Flächen, die grün und alle roten Stellen, die orangefarben werden sollen. Die einzelnen Flächen werden so oft übermalt, bis die Partien genügend Farbe angenommen haben.
Um die jeweilige Farbnuance richtig zu bestimmen, die dazu notwendig ist, mit dem nächstfolgenden Farbauftrag den gewünschten Farbton zu bilden, gehört etwas Übung dazu, die man sich mit 1—2 Vorversuchen aneignet, zumal bei dem Vorgang des Anfärbens nicht nur das ausgebleichte Silberbild, sondern auch die Gelatineschicht, die weiß bleiben soll, Farbe annimmt. Erst bei dem folgenden 2—3stündigen Wässern werden die Farben aus der Gelatineschicht herausgewaschen und nur die Stellen, die ehemals silberhaltig waren, werden entsprechend dem früheren Grauwert farbig. Das Wässern muß nach 3 Stunden abgebrochen werden, da sonst die Farben verblassen. Nach 24stündigem Wässern wäre das Bild wieder vollkommen farblos.
Kleinere Formate, bis maximal DIN A3 können einfacher im Laser Farbkopierer in jede beliebige Farbe umgewandelt werden (→ Seite 190).

Negativretusche

Fehlerhafte sowie mangelhaft kopierende Negative können nachträglich verbessert werden. Es gibt verschiedene Möglichkeiten, die mit der Nachbehandlung des Negativs durch Abschwächen oder Verstärken auf Seite 269 f. bereits beschrieben wurden. Diese beiden Methoden sind wohl meist gebräuchlich, um ein anfangs nicht kopierfähiges Negativ brauchbar zu machen. Dazu kommt das Abstimmen mit Lasurfarbe, dem Neu-Coccin, das Ausflecken und die Trockenabschwächung.

1. Retusche mit Lasurfarbe
Mit Lasurfarbe kann das Negativ an Stellen dichter gemacht werden, wo es beim Vergrößern zu dunkel und zu detailarm kopiert. Die Schicht wird an diesen Stellen mit Neu-Coccin, einem roten Farbstoff, übermalt. Es ist ratsam, 2 Lösungen anzusetzen. Eine stark verdünnte, die zur Probe auf Papier gestrichen, nur einen schwach rötli-

chen Farbton hinterläßt, und eine zweite Lösung, die bereits konzentrierter die Wirkung roter Tinte erreicht. Zuerst wird die dünnere Lösung mit einem Pinsel zügig aufgetragen, wobei der Pinsel weder zu trocken noch zu naß sein darf. Es sollen keine Tröpfchen auf der Schicht stehen bleiben; auch vermeide man zu langes Verweilen an einer Stelle, wodurch sich die Schicht an dieser Stelle intensiv färbt. Dies kann zur Fleckenbildung führen. Will man einen gleichmäßigen Farbverlauf erreichen, wird einmal über die Kontur hinausgemalt, das andere Mal nicht so nahe an sie herangegangen. Nachdem die Fläche gleichmäßig mit der dünnen Farbe vollgesogen ist, übermalt man mit konzentrierter Lösung. Die Schirmwirkung der roten Farbe ist sehr stark; man darf sich also durch sie nicht täuschen lassen. Nach dem Trocknen macht man eine Probebelichtung. Erweist sich die Färbung als zu stark, dann kann sie durch Auswässern gemildert oder wieder entfernt werden.
Verwendet man zum Abstimmen graue Eiweißlasurfarbe, so hat man zwar den Vorteil, daß die Wirkung während der Arbeit kontrolliert werden kann, hingegen kann die graue Farbe nicht mehr restlos ausgewässert werden, sollte einmal ein Fehler passiert sein. Graue Eiweißlasurfarbe wird besser da verwendet, wo kleinere Details verstärkt werden sollen. Auch hier beginnt man zunächst mit einer stark verdünnten Lösung, der eine etwas konzentriertere folgt.

2. Ausflecken auf dem Negativ

Trotz aller Vorkehrungen passiert es, daß sich bei der Aufnahme Staubteilchen auf dem Film festsetzen. Dies geschieht häufig bei Einlegen von Planfilmen in die Kassetten. Die Staubteile hinterlassen durchsichtige Pünktchen auf dem Negativ. Diese kann man durch Betupfen mit grauer Eiweißlasurfarbe entfernen.
Man betupft das Pünktchen solange mit einem spitzen Pinsel und Farbe, bis es allmählich die gleiche Deckung der Umgebung erreicht und schließlich verschwunden ist. Sollte das ausgefleckte Pünktchen dabei etwas zu dunkel ausfallen, so schadet dies nicht, da man die heller kopierende Stelle leicht auf der Kopie wieder ausflecken kann. Hingegen müßte eine zu dunkel kopierende Stelle mit dem Schabemesser auf der Kopie entfernt werden, wobei man die Schicht verletzen würde.

3. Partielles Abschwächen

Auf gleiche Art wie man zu dunkel kopierende Stellen durch Übermalen mit Eiweißlasurfarbe aufhellen kann, werden zu hell kopierende Stellen mit Farmer'schen Abschwächer abgeschwächt, wodurch sie dunkler kopieren (→ Seite 269).

Positivretusche

Fehler und Flecken werden auf dem Positiv durch „Retusche" beseitigt. Dazu zählt man das Ausflecken mit Eiweißlasurfarbe, das Schaben mit dem Retuschiermesser und die Spritzretusche.

1. Ausflecken
Das Ausflecken des Papierbildes ist meist unerläßlich. Weiße Punkte, die von Staubteilchen herrühren, müssen entfernt werden. Man betupft sie mit Eiweißlasurfarbe. Dabei beachte man folgende Handgriffe:
Zunächst beschafft man sich einen rechteckigen Abschnitt einer Glasplatte oder ein Stück weißen Kunststoffbelag. Auf diese Platte werden einige Tropfen schwarze oder graue Eiweißlasurfarbe gebracht und mit dem Finger zu einem runden Fleck ausgerieben. Besitzt man eine Porzellanpalette, so verteilt man rechts und links neben dem Schwarz noch einige Tropfen Indigo und Dunkelocker, um jeden gewünschten Bildton nachmischen zu können. Die Farben läßt man auf der Palette eintrocknen.
Ein spitzer Pinsel wird in Wasser getaucht und am Rand des Gefäßes so abgestreift, daß er nurmehr wenig Wasser enthält. Von der Palette nimmt man etwas Farbe ab, streift den Pinsel nochmals flach über das Papier und dreht ihn dabei etwas. Dadurch gibt er immer mehr Farbe und Feuchtigkeit ab. Erscheint die Farbe dünn genug, beginnt man an den dunkelsten Bildstellen mit dem Ausflecken. Durch mehrmaliges Auftupfen wird der richtige Ton erreicht, das Pünktchen verschwindet. Während des Ausfleckens nimmt die Farbe im Pinsel mehr und mehr ab, bis der Pinsel schließlich keine Farbe mehr abgeben will. Man nimmt frische Farbe auf und beginnt wieder in den dunklen Bildstellen.
Will man Pünktchen in hellsten Bildstellen mit einem leichten Anflug von Grau ausflecken, spült man den Pinsel in Wasser kurz aus, nimmt aber diesmal keine Farbe auf, sondern streift lediglich den Pinsel über dem Papier aus und beginnt damit, die Stelle auszuflecken. Der Pinsel enthält noch von vorher einen geringen Farbrest, der genügt, um die Stelle zu decken.

2. Schaben mit dem Messer
Schwarze Pünktchen werden mit einem Messer entfernt. Bei glänzender Papieroberfläche ist diese Retusche aller-

dings bei schräger Betrachtung sichtbar. Dieses Übel nimmt man jedoch lieber in Kauf als einen schwarzen Fleck.
Für das Schaben benötigt man ein frisch geschärftes Retuschiermesser, mit dem man den Fleck vorsichtig wegschabt, bis die Schwärzung auf den Grauton der Umgebung zurückgegangen ist. Das Schaben zeigt die besten Erfolge, wenn man die dunkle Stelle mit feinen, parallel nebeneinander geführten Strichelchen, die man mit einer zweiten Strichlage kreuzförmig überarbeitet, entfernt. Auf keinen Fall darf man versuchen, das Schaben durch vermehrten Druck beschleunigen zu wollen. Dabei wird die Schicht zerrissen und der Papiergrund sichtbar. Dies passiert auch mit einem stumpfen Messer.
Farbfotos dürfen nicht mit dem Messer geschabt werden. Dabei würden die einzelnen Farbschichten in Erscheinung treten.

Spritzretusche (Luftpinselretusche)

Die Spritzretusche wird überall da angewandt, wo rein fotografische Methoden versagen, und weder durch eine Neuaufnahme noch durch Labortricks das Bild so verändert werden kann, wie es für die Druckvorlage erwünscht ist. In der Spritzretusche wird das Bild vollkommen überarbeitet. Man kann den Vordergrund verstärken und den Hintergrund etwas zurückdrängen oder vollkommen überspritzen, so daß das Objekt gleichsam freigestellt wird. Die Spritzretusche gleicht sich dem fotografischen Charakter des Bildes an, jedoch ist sie auf dem Original ausgeführt durch matten Farbauftrag sichtbar. Erst die Reproduktion gibt wieder den Eindruck einer „echten“ Fotografie.

1. Spritzapparat

Spritzretuschen werden mit einem Spritzapparat ausgeführt, der die Farbe durch Druckluft zerstäubt. Der Spritzapparat besteht aus einem Luftpinsel mit einem Farbbehälter der mit Farblösung gefüllt wird. Der Luftpinsel ist mit einem Schlauch an einen Drucklufterzeuger, zum Beispiel einer Preßluftflasche oder einem Kompressor, angeschlossen, der 1,5 bis 2 Atmosphären Überdruck erzeugt. Wenn man den Abzugshebel an dem Luftpinsel betätigt, wird das Nadelventil, das die Düse bis dahin verschloß, geöffnet, die ausströmende Luft reißt die Farbe mit sich und zerstäubt sie zu einem feinen Nebel.
Je weiter man das Nadelventil öffnet, desto mehr Farbe tritt aus. Der Druck ist zu vermindern, wenn kleine Flächen aus der Nähe gespritzt werden sollen und zu vermehren,

Spritzpistole
1 Nadelventil
2 Abzugshebel
3 Farbbehälter
4 Schlauchanschluß

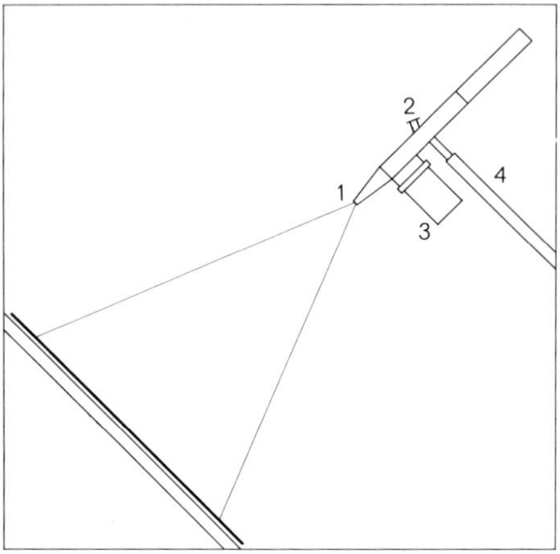

wenn größere Flächen aus etwas weiterer Entfernung angelegt werden.
Zum Spritzen dürfen nur „Spritzretuschefarben", als Spritzweiß deckend oder lasierend nur Aeroweiß verwendet werden. Diese bestehen aus einem besonders fein gemahlenen Pigment, das die Düse des Luftpinsels nicht verstopft. Die Farbe tritt dabei tropfenförmig aus, fällt auf das Bild und verdirbt die ganze Arbeit. Deshalb beachte man folgende Arbeitsregeln:
Die Farbe stets in einem sauberen Gefäß frisch anrühren. Eingetrocknete Farbreste entfernen. Der Versuch, sie wieder verwendungsfähig zu machen, scheitert meist daran, daß sie sich nicht mehr restlos auflösen. Die Farbe sollte man in einem Gefäß anrühren, das mit einem passenden Deckel während der Arbeit geschlossen werden kann, damit kein Staub einfällt und möglichst mit einem „Tropfröhrchen" in den Apparat bringen. Die Farbtöne, die während der Arbeit gebraucht werden, sind in öliger Konsistenz anzumischen. Vor Beginn der Spritzarbeit probiert man die Farbe auf einem Stück Papier aus. Dabei sollte man beachten, daß die aufgespritzte Farbe in nassem Zustand stets dunkler wirkt als nach dem Auftrocknen. Gleichzeitig prüft man die richtige Entfernung, die einen gleichmäßigen Farbauftrag gewährleistet. Unter den gleichen Bedingungen geht man über das Bild und spritzt gleichmäßig darüber weg; die Spritzarbeit ist ab und zu zu unterbrechen, um den Fortgang der Farbdichte zu kontrollieren. Dabei gibt man der Farbe Zeit, wieder anzutrocknen. Auf keinen Fall darf man den Felher machen, das Spritzen so lange fortzusetzen, bis der Farbauftrag aufgrund vermehrter

Feuchtigkeit glänzende Flecken zeigt, die schließlich zu einer Pfütze auslaufen.

2. Spritzmaske
Mit der Methode des direkten Spritzens entstehen verlaufende Begrenzungslinien. Will man aber eine scharf begrenzte Kontur erhalten, werden Spritzmasken gebraucht. Spritzmasken können aus verschiedenen Materialien angefertigt werden. Gut geeignet sind dünne Cellulose-Acetatfolien, die der Retuscheur auch Brechfolie nennt. Durchsichtige Folien sind besser geeignet als gedeckte Materialien. Sie werden auf das Bild aufgelegt, wo man sie bequem mit einem spitzen Schablonenmesser, besser noch mit einer Graviernadel nachziehen kann. Ist die Nadel genügend scharf, dann kann man die Maske entlang der geritzten Kontur leicht ausbrechen. Die Verwendung von Bromsilberpapier als Schablone ist dann vorteilhaft, wenn man neben dem zu retuschierenden Original auf kartonstarkem Bromsilberpapier noch eine zweite Vergrößerung auf gleicher Papiersorte derselben Größe gemacht hat und diese zum Zerschneiden für die Spritzmaskenteile verwendet. Die Masken werden aus der Zweitvergrößerung mit einem Schablonenmesser auf einer Lederpappe oder einer Schneidunterlage aus Spezialgummimaterial (Cutting Mat-Schneideplatte) entlang den Konturen ausgeschnitten.
Die Schablone legt man genau passend auf die abzudeckende Fläche und beschwert sie mit Gewichten. Dazu sind typografische Metallstege oder Münzen gut geeignet, weil diese flach sind und Gewicht an Gewicht gelegt, die gesamte Maske gleichmäßig beschweren. Das Beschweren verhindert, daß die Schablone von dem Luftstrahl des Luftpinsels weggeblasen wird; auch könnte durch leichtes Anheben der Maske Farbe darunter kriechen. Bequemer noch ist eine Fixierung der Maske mit Montage-Kleber. Der Schablonenteil wird mit dem Klebstoff bestrichen und naß aufgelegt. Nachdem die richtige Stellung erreicht ist, wird er an einer Seite festgehalten und der überschüssige Montage-Kleber mit einem Lineal zwischen Folie und Untergrund herausgequetscht. Nach dem Antrocknen können die Klebstoffreste mit einem Lappen leicht wieder abgerieben werden. Hat man die Spritzarbeiten beendet, wird die Folie wieder abgezogen. Der Vorteil dieser Methode ist der einer vorübergehenden Verankerung zwischen Papiergrund und Folie, die ebenso leicht wie sie aufgeklebt wurde, wieder gelöst werden kann. Es sind auch spezielle selbstklebende Filme im Handel. Der Masking-Film

für Retuschierzwecke ist ein transparenter, dünner leichtklebender und wieder leicht abzulösender Film zum Schneiden von Spritzmasken. Mit dem Masking-Film können auch bereits überarbeitete gespritzte Flächen nochmals maskiert werden. Praktisch sind auch die handelsüblichen Abziehlacke. Sie werden auf die Hochglanzvergrößerung aufgemalt und trocknen nach wenigen Minuten. Hat man die Retuschierarbeit beendet, wird ein Stück Selbstklebeband aufgedrückt und gleich wieder abgezogen. Dabei löst sich die Lackschicht als dünne Haut mit ab. Die Anwendung von Abziehlack ist besonders für kleinere abzudeckende Bildteile geeignet (z. B. Zweige und Äste). Bei Spritzarbeiten mit Schablonen macht man meist den Fehler, zuviel Farbe aufzutragen. Oft erzielt man schon mit einem scheinbar unmerklichen Farbanflug das gewünschte Ergebnis. Bevor man die Schablone wieder abhebt, sei es zur Kontrolle oder bereits endgültig, muß die Farbe restlos angetrocknet sein.
Bei dem Mischen des Farbtons achte man darauf, daß dieser nicht nur im Tonwert, sondern auch in der Farbnuancierung dem Grau der Fotografie entspricht. Farbstichige Unähnlichkeiten der Spritzretusche führen durch die unterschiedliche Sensibilisierung des Aufnahmematerials in der Reprografie leicht zu fehlerhaftem Ergebnis.
Wird es bei einer Spritzarbeit notwendig, mehrere Schablonenteile zu benutzen, dann beginnt man mit dem jeweils dunkelsten Bildton; möglichst auch mit der kleinst anzulegenden Fläche. Nachdem der erste Farbauftrag angetrocknet ist, wird der Schablonenausschnitt vergrößert, der wieder andere Teile aufdeckt. Der neue Farbauftrag verdunkelt den vorausgegangenen, der dritte Farbauftrag den zweiten und noch intensiver den ersten usw. Die Spritzretusche erfordert einige Erfahrung, die man sich bei praktischen Übungen schnell aneignet. Ist die Arbeit einmal danebengegangen, ist dadurch das Bild noch nicht verdorben, da man den Farbauftrag durch Wässern wieder entfernen kann. Sollten während der Arbeit kleinere Fehler passieren, z. B. daß Farbe unter die Maske kriecht, dann kann man diese entlang der Kontur vorsichtig mit einem halbfeuchten Pinsel wieder entfernen. Man zieht die Farbe ab, wäscht den Pinsel aus und wiederholt den Vorgang. Auch größere Flächen kann man wieder auswaschen. Man nimmt den Pinsel voll Wasser und befeuchtet die Stelle. Die gelöste Farbe wird mit einem sauberen Löschblatt oder mit Verbandwatte, die man um das Pinselstielende wickelt und leicht anfeuchtet, aufgesogen. Nach einigen Wiederholungen desselben Vorgangs wird der Bildgrund

Linienziehen mit dem Pinsel entlang einem auf die Kante gestellten Stabmaß

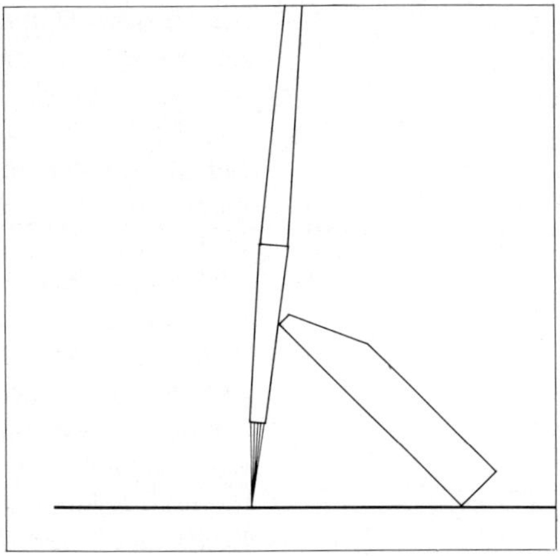

immer sauberer, bis schließlich die letzte Farbspur verschwunden ist.
Sobald die eigentliche Spritzarbeit beendet ist, erhält das Bild mit feinem Pinsel und Farbe den „letzten Schliff". Wo notwendig werden die Konturen nachgezogen und die Stellen ausgebessert, die an der Schablone ungenau geschnitten waren.
Um auch mit Pinsel an einem Lineal gerade Linien ziehen zu können, ist folgendes Hilfsmittel zu empfehlen:
Ein Stabmaß oder ein gewöhnliches, nicht zu breites Holzlineal wird schräg auf seine Kante gestellt und mit den Fingern der linken Hand unterstützt, während der Daumen das Lineal an der Unterkante andrückt. Mit dem Pinsel nimmt man Farbe auf und preßt diesen zwischen Daumen und Zeigefinger am Schaft gehalten gegen das Lineal. Mit dem Mittelfinger stützt man die Abwärtsbewegung ab und stellt dadurch gleichsam die Strichstärke ein. Unter gleichmäßigem Druck führt man den Pinsel am Lineal entlang nach rechts. Mit einiger Übung entstehen haarscharfe linealgerade Striche.

3. Verlängern des Hintergrundes
Nur zu oft kommt es vor, daß bei einer notwendig werdenden Verkleinerung oder Vergrößerung eines Fotos und dem dabei erwünschten Ausschnitt das Bild in einer Richtung zu kurz ist. Um das Bild verwendungsfähig zu machen, muß es verlängert werden. Wenn dies durch Ansetzen des Hintergrundtons ermöglicht wird, ist das Nachspritzen desselben eine mehr oder weniger einfache Angelegenheit. Hat das Bild noch „Fleisch", das heißt, noch genügend weißen Papierrand, dann wird der Hintergrund

auf diesem Papierrand durch Überspritzen mit dem gleichen Farbton verlängert. Dieser Rand fehlt jedoch meist; es bleibt nur die Möglichkeit, den Hintergrund auf einem „Aufleger“ aus klarer Cellulose-Acetatfolie zu ergänzen.
Mit Montage-Kleber klebt man das Foto auf eine etwas größere Unterlage, einen Karton oder ähnliches und befestigt darüber eine glasklare Cellulose-Acetatfolie mit Klebeband. Die Folie muß das gesamte Foto bedecken und an der anzusetzenden Stelle entsprechend darüber hinausreichen.
Auf die Folie kann man unter gleichen Bedingungen wie auf dem Originalfoto mit Deckfarbe spritzen. Die Konturen wäscht man feucht nach und überarbeitet, wo es notwendig sein sollte, mit Pinsel und Farbe.
Sollte die Folie die Farbe nicht annehmen, das erkennt man daran, daß sie perlt, so reinigt man die Folie vor Beginn der Spritzarbeit mit Ochsengalle, die man mit einem weichen Tuch oder Watte aufträgt.

Schnittmontage

Die Methode der Schnittmontage unterscheidet sich von der Vergrößerungsmontage dadurch, daß sie die Einhaltung scharf bestimmter Konturen ermöglicht. Die Schnittmontage ist eine reine Klebearbeit, wobei ausgeschnittene Bildteile in ein anderes eingeklebt werden. Die Montagearbeit muß sehr sorgsam gehandhabt werden und vor allem unsichtbar sein. Die beiden Bilder, die später zusammengeklebt werden, müssen die gleiche Schwärzung haben, auf gleichem Papier vergrößert und papierstark sein. Kartonstarke Bilder eignen sich nicht für die Schnittmontage, weil die Schnittränder zu stark sichtbar werden. Ferner sollen die ausgeschnittenen Bildteile gleiche Beleuchtungsrichtung aufweisen und im Größenverhältnis stimmen.

1. Das Schneiden
Für das Gelingen einer Schnittmontage mit glaubhafter Realität ist eine gut schneidende Schere oder ein scharfes Schablonenmesser die erste Voraussetzung.
Bevorzugt man zum Schneiden eine Schere, dann werden die geraden Konturen mit einer scharfen Papierschere und die Rundungen mit einer Nagelschere ausgeschnitten.
Allgemein ist das Schneiden mit einem Schablonenmesser dem Schnitt mit der Schere vorzuziehen. Ein solches Messer soll ein möglichst dünne Klinge und eine haarscharfe Schneide haben. Gut geeignet ist ein chirurgisches Skalpell oder ein dünnes Retuschiermesser.

Vor allem ermöglicht das Messer ein sauberes Heraustrennen sich verjüngender Bildeinschnitte und das Ausschneiden kleiner Teile aus der Mitte des Bildes.
Als Schneideunterlage eignet sich eine Lederpappe, noch besser eine Cutting-Matt Schneideplatte, das ist eine Schneideunterlage aus Spezialgummi-Material, dessen Oberfläche sofort nach jedem Schnitt wieder schließt. Die günstigste Schnittkante entsteht durch Schräghalten des Messers während des Schnitts, so daß das Bild „unterschnitten" wird, wobei die Abschrägung unter die Bildkante zu liegen kommt. Beim Aufkleben legt sich die im Schrägschnitt ausgeführte Kante in Form einer leichten Abrundung auf den Untergrund an; dadurch kann sich bei der Reproduktion des Bildes kein Schatten an den Bildrändern bilden.
Das gute Gelingen der Schnittmontage hängt einzig und allein davon ab, wieweit man die störende Schnittkante der einzuklebenden Bildteile mildern kann.
Schon beim Zusammentragen der einzelnen Bildteile ersinnt man die günstigste Schnittlinie. Teile, die den Vordergrund bilden, müssen auch wirklich im Bildvordergrund bleiben. Das Bild wird in Form einer Staffelung gegen den Hintergrund aufgebaut.
Beispielsweise sollen Autos in die frontale Aufnahme einer Straße montiert werden. Den Vordergrund bilden ein bis zwei Alleebäume und ein Telegraphenmast. Es ist nun naheliegend, die Stämme des Baumes und den Mast entlang der Kontur beidseitig mit dem Messer zu schlitzen und die Autos gleichsam dazwischen durchzuziehen. So entsteht der tatsächliche Eindruck des Alleebaumes und des Mastes im Vordergrund, während die Autos in den Hintergrund gerückt sind. Auch diese Einschnitte entlang der Kontur sollten in Schrägschnitt ausgeführt werden. Das Unterschneiden des Papiers ist jedoch nicht ganz einfach und erfordert einiges Geschick, zumal man an Rundungen und Ecken allzuleicht ausrutscht. Kommt man mit dem Schrägschnitt nicht zurecht, ist es besser, einen geraden Schnitt mit Schere oder Messer auszuführen und die Ränder nachträglich mit Schleifpapier zu bearbeiten. Das ausgeschnittene Bildteil legt man zu diesem Zweck mit der Bildseite nach unten auf eine glatte Unterlage und schleift die Kanten mit einem feinen Schleifpapier von innen nach außen flach, bis die Kanten hauchdünn geworden sind.
Auch störende Ecken an Rundungen und Kreisbögen, die vom Absetzen der Schere oder des Messers herrühren, werden mit Schleifpapier geglättet. An Schnitträndern und

Bildteilen, die besonders stark durchbrochen und verästelt sind, ist das Abschleifen schwierig. Deshalb greift man zu einer anderen Methode der Unsichtbarmachung der Schnittränder, nämlich zum Nachfärben. Mit einem Pinsel nimmt man Retuschierfarbe auf und malt den Schnittrand des Bildteiles mit der Pinselbreitseite nach. Der Grad der Schwärzung wird der Umgebung angepaßt.

2. Das Kleben
Zum Aufkleben verwendet man Montage-Kleber. Sowohl das ausgeschnittene Bildteil als auch die Stelle, auf die es geklebt werden soll, bestreicht man mit Klebstoff und läßt beide Teile kurz antrocknen, bis der Glanz verschwunden ist. Anschließend wird das Teil aufgelegt. Es klebt in dem Moment der Berührung mit der Gegenschicht. Man bedeckt die fertige Montagearbeit mit einem sauberen Papier und massiert die Ränder mit dem Daumennagel, besser noch mit einem Falzbein gut an. Der überschüssige Klebstoff kann durch Reiben mit dem Finger wieder restlos entfernt werden. Das Aufkleben mit Kleister ist wesentlich schwieriger auszuführen. Das Foto wellt sich, und es besteht die Gefahr, daß der an den Rändern herausquellende Kleister die Arbeit verdirbt. Wer trotzdem mit Kleister arbeiten will, tut gut daran, einen chemisch indifferenten, das heißt neutralen Stärkekleister oder Dextrinklebstoff zu verwenden. Geringe Säuremengen anderer Kleister würden mit der Zeit das Bromsilber verfärben.

3. Reproduktion der Klebemontage
Die Montage ist noch nicht als fertiges Bild anzusehen. Auf den ersten Blick würde man erkennen, daß es sich um eine geklebte Arbeit handelt. Im Fall, daß die Vorlage für die Reproduktion vorgesehen ist, wird diese direkt von der Klebearbeit angefertigt. Um für den eigenen Gebrauch ein Negativ zu erhalten, von dem mehrere Abzüge hergestellt werden können, reproduziert man die Klebemontage. Dabei ist nicht nur eine möglichst gleichmäßige, sondern auch schattenlose Beleuchtung notwendig. Die Klebemontage muß in gleichmäßiger Helligkeit über der ganzen Fläche angestrahlt werden, unter gleichzeitiger Vermeidung jeglicher Schattenbildung an den Schnitträndern. Diese Voraussetzung wird durch Verwendung von 4 Lampen erfüllt, die man günstig so einstellt, daß sie die Fläche schräg von oben in Diagonalrichtung über die Eckpunkte anstrahlen. Gut geeignet ist auch ein Beleuchtungsrahmen, bestehend aus 4 Soffitten- oder Leuchtstofflampen, die man in einen quadratischen Holzrahmen mit L-förmi-

Arabische Marktszene

Die Gruppe im Vordergrund wurde aus einer anderen Aufnahme ausgeschnitten und in die Marktszene eingeklebt.

gem Querschnitt und einer Schenkellänge von je 8—12 cm, den man innen matt weiß und außen schwarz streicht, anbringt. Die Lampen werden so montiert, daß sie einen Lichtkranz bilden und somit die schattenlose Beleuchtung sichern. Für die Reproduktion wird der Rahmen so vor das zu reproduzierende Bild gestellt, daß die weiße Seite gegen das Bild gerichtet ist, während die Kamera von der schwarzen Seite durch den offenen Rahmen hindurchsieht.
Im übrigen gelten die Regeln der Reproduktionstechnik für Halbtonvorlagen. Es wird bei mittlerer Blende aufgenommen. Empfehlenswert ist die Verwendung von Lichtmaskenfilm (LM-Film), um die Spitzlichter zu bewahren. Sollten auf der Vergrößerung trotz aller Mühe noch Schnittränder sichtbar sein, können diese nachträglich zusammen mit der Ausfleckarbeit entfernt werden.

Material

Die Eigenschaften der Materialien, mit denen man bei grafischen Entwürfen, in der Drucksachenplanung und schließlich beim Druck selbst ständig zu hat, sollte man kennen. Man kann sich ihre Funktion zunutze machen, wenn man es versteht, die für den speziellen Fall in Frage kommenden Materialien in ihrer Eignung zu differenzieren. Das Trägermaterial Papier ist die Grundlage aller grafischen Arbeiten; auch die Beschaffenheit der zur Anwendung gebrachten Farben, Farbbindemittel, Grundiermittel usw. entscheidet den Ausfall der Entwurfsarbeit und damit das Gelingen der Drucksache.

Papier

Für die Wirkung einer Drucksache ist die Wahl der Papiersorte mit entscheidend. Eine sorgsam ausgeführte Druckarbeit kommt erst durch das geeignete Trägermaterial zum Ausdruck. Sie erfährt durch die „gute Papiersorte" eine Wertsteigerung. Schon das bloße Ansehen des Papiers muß eine Freude, das Anfassen beim Umblättern ein ästhetischer Genuß sein. Eine gute Papierqualität sollte man auch nicht „zudrucken", vielmehr das Papier als solches in Aussparungen, Endkolumnen usw. als Fläche wirken lassen.

Papierherstellung

Man unterscheidet zwischen Hadernpapieren, holzfreien Papieren und holzschliffhaltigen Papieren. Hadernpapiere enthalten nur Textilfasern (Leinen, Baumwolle und Hanf). Sie werden als beste Papiersorte für wertvolle Dokumente und für hochwertige Zeichenpapiere hergestellt. Als holzfreie Papiere bezeichnet man solche, die ausschließlich aus gebleichtem oder auch ungebleichtem Zellstoff mit höchstens 5 % Holzschliffzusatz hergestellt sind. Zellstoff ist durch Sulfit bzw. Natronlauge chemisch aufgeschlossenes Holz.

Holzhaltige Papiere haben mehr als 5 % Holzschliffgehalt. Zeitungspapier besteht zum Beispiel aus 85—90 % Holzschliffzusatz. Durch Schleifen oder Schälen wird das Holz mechanisch zerkleinert. Diese Papiere sind brüchig und können nur für groben Zeitungsdruck und für billige Packpapiere oder ähnliches verwendet werden. Deshalb wird in der Papierherstellung zwischen gewöhnlichem Druckpapier mit 75 % Holzschliffgehalt und 25 % Zellstoff, mittelfeinem Druckpapier mit 70 % Holzschliffgehalt und 30 % Zellstoff und feinholzhaltigem Papier mit 60 % Holzschliffgehalt und 40 % Zellstoff unterschieden. In einer Mahl-

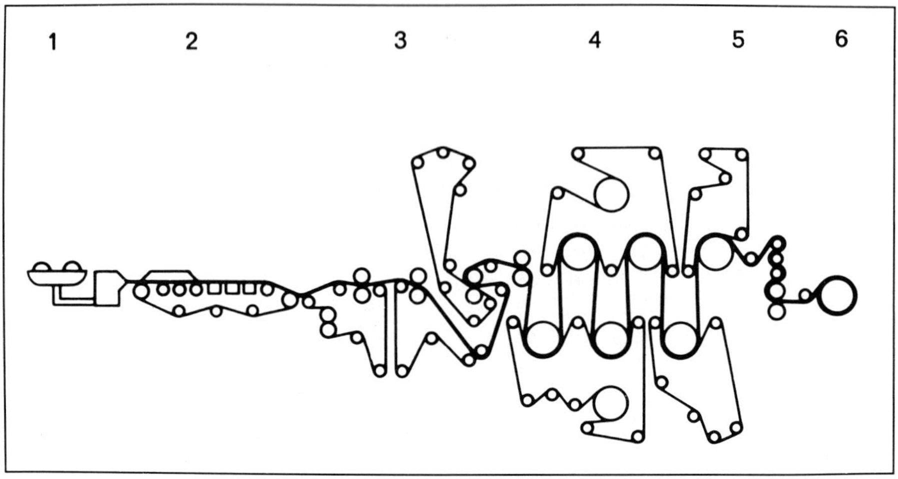

Papiermaschine
1 Knotenfänger
2 Siebpartie
3 Pressenpartie
4 Trockenpartie
5 Schlußgruppe (Trockenfilz, Trockenglättwerk)
6 Rollapparat

bütte, Holländer genannt, werden je nach Papierart Zellstoff, Holzschliff oder auch Altpapier zwischen Messerwalzen fein vermahlen und mit Leim, Alaun und Füllstoffen vermengt. Der entstandene Papierbrei, das „Ganzzeug“, fließt über den Sandfang, eine Rinne mit am Boden quer gestellten Leisten, in den Knotenfang (der die Faserzusammenballungen und größere Holzsplitter zurückhält) und schließlich auf das endlose Metallsieb der Papiermaschine. Je nach Menge des Zulaufs an Papierbrei und der Geschwindigkeit des vorwärtseilenden Siebebandes, kann auf der Maschine die Dicke des Papiers eingestellt werden. Durch Schüttelbewegung des Siebes verfilzen sich die Fasern und richten sich in der Laufrichtung der Siebbahn aus. Dabei tropft ein Großteil des überschüssigen Wassers ab. Der noch feuchte Papierfilz wird zwischen geheizten Walzen weiter entwässert, zwischen Trockenzylindern gepreßt und verläßt mit der Bezeichnung „maschinenglattes Papier“ die Fabrik. In einem „Satinierkalander“ kann die Papierbahn noch weiter geglättet werden. Sie wird als „satiniertes Papier“ bezeichnet.

Mahlungen

Durch verschiedenartiges Mahlen im Holländer wird die Art des Papiers nach dem späteren Verwendungszweck beeinflußt. Man unterscheidet die Papiere nach 4 verschiedenen Mahlvorgängen:

rösch lang (Löschpapier, Filtrierpapiere),
rösch kurz (Federleicht- und Druckpapiere),
schmierig lang (Pergamin-, Transparent- und Banknotenpapiere),
schmierig kurz (Schreibpapiere).

Diese unterschiedlichen Mahlungen werden durch das Verstellen der Mahlwalzen und Variieren der Mahldauer erreicht. Durch kurzes scharfes Mahlen entsteht die „rösche" Mahlung. Geringer Mahldruck und lange Mahldauer wirkt dagegen nicht zerschneidend, sondern gleichsam zerquetschend, wobei die Fasern in einzelne Fibrillen zerteilt werden. Diese „schmierige" Mahlung hat eine starke Verfilzung der Fasern zur Folge und ergibt die reißfesten Transparent- und Pergaminpapiere.

Laufrichtung der Papiere

Eine wichtige Rolle spielt die Bestimmung der Laufrichtung für den Drucker und Buchbinder bei der Verarbeitung des Papiers. Die Papierfasern richten sich bei der Papierherstellung auf dem Sieb parallel zur Laufrichtung des Siebes aus. Nur ein kleiner Teil der Fasern legt sich quer zu der Verfilzung. Die Papiermaschine erzeugt ein endloses Papierband, das zunächst in Rollen die Fabrik verläßt. Wird hingegen die Papierbahn in Rohbogenformate zerschnitten, dann ist die Formatgröße auf dem Einschlagpapier angegeben.

Bei Rohbogenformaten ist zwischen solchen mit der Bezeichnung „Schmalbahn" und solchen mit der Bezeichnung „Breitbahn" zu unterscheiden. Im ersteren Fall werden die Formate so aus der Bahn geschnitten, daß die Schmalseite des Formates der Rollenbreite entspricht,

1 Breitbahn
2 Schmalbahn

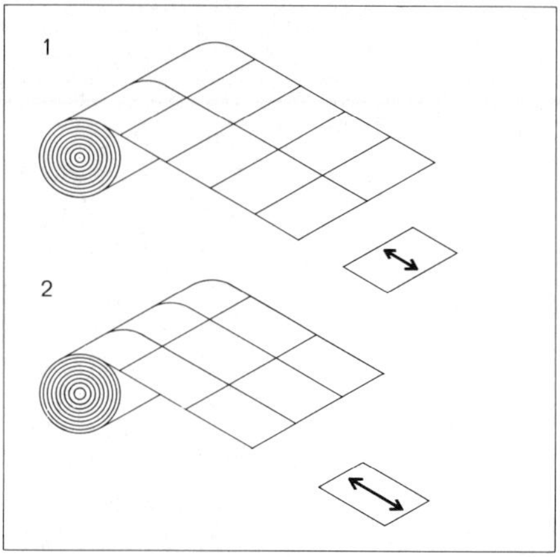

während Breitbahnformate im 90°-Winkel zur Fortschrittsrichtung der Papierbahn aus der Rolle geschnitten werden. Diese Unterscheidung ist vor allem für die Weiterverwendung zum Druck wichtig. Bei Rohbogenformaten mit der Bezeichnung „Schmalbahn" läuft die Faserrichtung parallel, bei solchen mit der Bezeichnung „Breitbahn" im 90°-Winkel zur jeweiligen Längsseite des Bogenformates. Beim Bedrucken der Papiere soll der Bogen mit der Laufrichtung parallel zum Zylinder der Presse laufen. Auf diese Weise wird das Papier gleichmäßig gedehnt und das Nachstellen an der Maschine bei Passerschwierigkeiten im Zweitdruck erleichtert. Wird die Laufrichtung im Bogen nicht beachtet, können Quetschfalten entstehen. Auch für den Buchbinder ist es wichtig, daß die Fasern des Papiers parallel zur Bindung laufen, wenn das gebundene Druckwerk bei geringster Feuchtigkeitseinwirkung nicht wellig werden soll.

Bestimmen der Laufrichtung

Ist die Laufrichtung eines Bogens nicht auf dem Einschlagpapier angegeben oder bei gröberen Papieren an der Maserung ersichtlich, so kann sie mit einer der folgenden Methoden ermittelt werden:

1. Reißprobe
   Dünne Papiere werden an Längs- und Schmalseite etwas eingerissen. Jene Reißstelle, die glatter ausfällt, zeigt die Laufrichtung des Papiers an.

2. Nagelprobe
   Bei stärkeren bis mittelschweren Papiersorten zieht man den Papierrand zwischen Daumennagel und angepreßtem Zeigefinger in zwei Richtungen durch. Eine Kante wird sich stärker als die andere wellen. Parallel zur letzteren läuft die Faserrichtung des Papiers.

3. Biegeprobe
   Bei schweren Papiersorten einschließlich Zeichenkarton wird ein spielkartengroßes Stück aus dem Bogen geschnitten. Durch leichtes Zusammendrücken in der Hand läßt sich ein stärkerer oder wesentlich geringerer Widerstand feststellen. Bei geringerm Widerstand liegt die Laufrichtung stets in der Flußrichtung bzw. Innenwölbung des Papiers.

4. Feuchtprobe
   Eine Seite des Papiers wird mit Wasser befeuchtet. Wird davon ein Abschnitt mit der nassen Seite auf die flache

Reißprobe

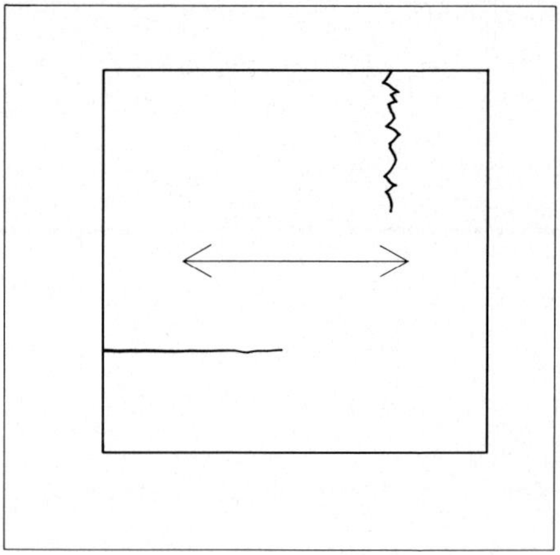

Nagelprobe

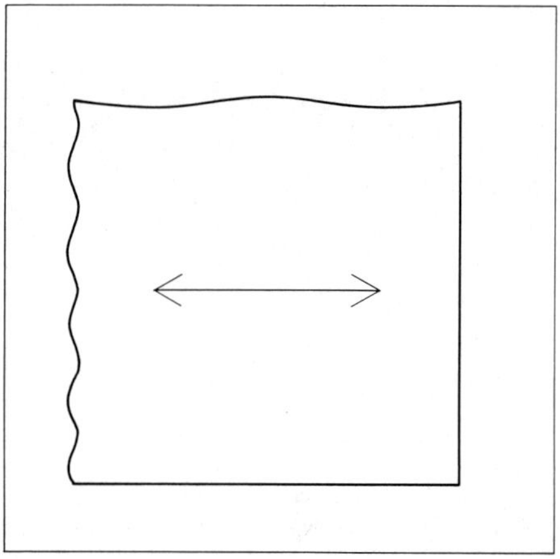

Biegeprobe

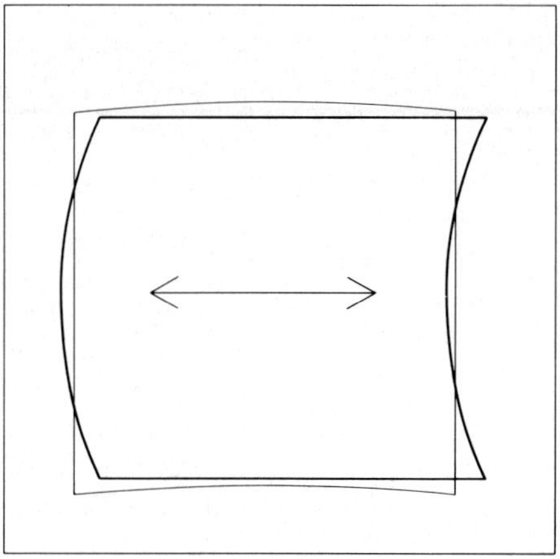

Feuchtprobe

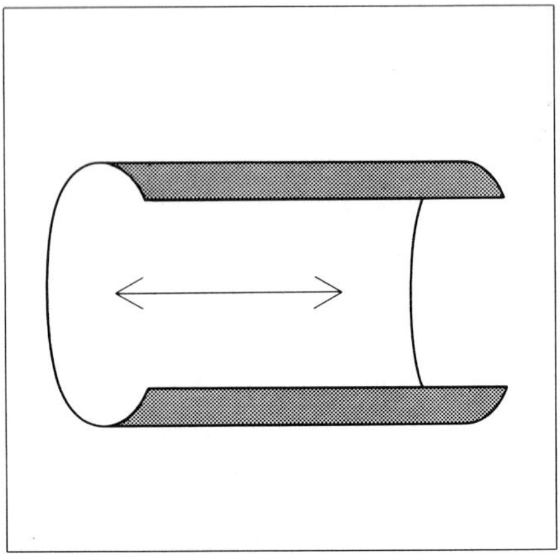

Brennprobe

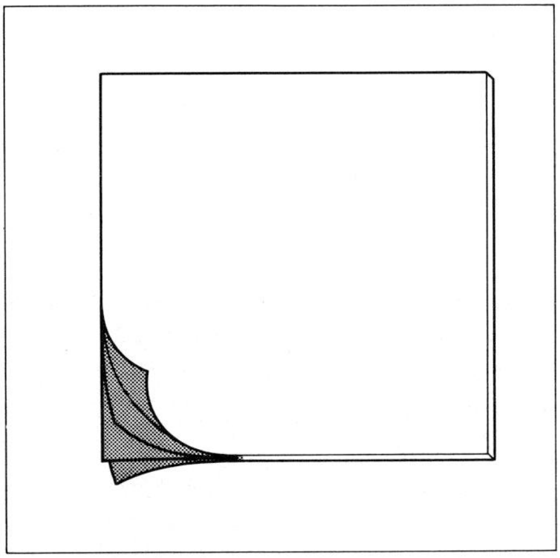

Hand gelegt, so rollt sich dieser in der Achse der Faserlaufrichtung ein.
In Zweifelsfällen ist diese Methode die sicherste und nahezu bei allen Papiersorten, außer stark saugenden Papieren, wie z. B. Löschpapieren, anwendbar.

5. Brennprobe
Bei schweren Kartons und Pappen gilt es nun noch festzustellen, ob es sich um einen „gegautschten", das heißt aus mehrfach aufgequetschten Stoffschichten bestehenden Naturkarton oder um einen in Lagen geklebten, kaschierten Karton geringerer Qualität handelt. Brennt man eine Ecke des Karton an, so wird der Naturkarton gleichmäßig abbrennen, hingegen spalten sich beim geklebten Karton die einzelnen Schichten. Ihre Lagen sind deutlich erkennbar.

Papiere und deren Verwendung im Druck

Machinenglattes Papier verläßt mit der Bezeichnung „mgl" die Fabrik. Durch einen merkbaren Unterschied zwischen Filz- und Siebseite ist dieses Papier nur für einfache Drucksachen geeignet.
Auf diesem Papier können Abbildungen nur mit grob gerasterten Autotypien bis zu 34er Raster wiedergegeben werden.
Als Siebseite wird die Unterseite der Papierbahn benannt, die auf dem Sieb der Papiermaschine auflag. Die obere und schönere Seite wird als Filzseite bezeichnet. Autotypien druckt man, soweit dies möglich ist, auf die Filzseite.
Satiniertes Papier „sat." trägt auch die Bezeichnung Illustrationsdruckpapier „Ill.Druck". Die Papierbahn wird durch einen Kalander, bestehend aus einer Kombination verschiedener Stahl- und Filzwalzen geführt. Dabei wird das Papier an der Oberfläche durch den Druck der Walzen geglättet. Es kann dann mit Autotypien bis 48er Raster, doppelt satiniertes Papier bis 54er Raster bedruckt werden.
Diese Papiere werden als Naturpapiere bezeichnet, im Gegensatz zu den gestrichenen Papieren, die man auch Kunstdruckpapiere nennt.

Bei der Wiedergabe von Halbtonreproduktionen erzielt man mit feinen und feinsten Rastern gute Ergebnisse auf Kunstdruckpapier. Diese Papiersorten werden mit einer Schicht feiner Füllstoffe und Kasein oder Dispersion als Bindemittel bestrichen und anschließend satiniert. Füllstoffe sind Naturgips, Titanweiß, Kreide, Talkum und auch Porzellanerde. Der Weißgehalt der Papiere wird dadurch verbessert und die Faserzwischenräume ausgefüllt. Holzhaltiges und holzfreies Papier erhält durch diesen Aufstrich eine elastische und saugfähige Oberfläche. Kunstdruckpapiere sind beidseitig gestrichen; die nur einseitig gestrichenen „Chromopapiere" werden für Packungen verarbeitet. Für farbige Kunstdruckpapiere wird den Füllstoffen Anilinfarbstoff beigemengt.

Rupfen und Stäuben der Papiere

Der Drucker prüft vor Druckbeginn die Papiere auf ihre Qualität. Das Papier darf weder stäuben noch rupfen. Aus zu schwach geleimten oder zu trocken gelagerten Papieren fallen bei der Verarbeitung die Füllstoffe heraus. Die Füllstoffe setzen als Staub die Zwischenräume der Rasterpunkte der Klischees und der Schriften zu; die Folge ist ein unsauberer Druck. Durch Gegeneinanderreiben und Ausklopfen der Druckbogen über einer schwarzen Unterlage stellt man fest, ob das Papier schwach oder stark stäubt. Stäubendes Papier muß in feuchtem Raum gelagert werden. Auch kann es passieren, daß bei schlecht geleimten Papieren die zähe Farbe die gestrichene Kreideschicht oder die Papierfasern abzieht. Diese Eigenschaft bezeichnet man als „Rupfen der Papiere; sie kann durch das Geschmeidigermachen der Farbe behoben werden. Durch mehrmaliges Auftupfen mit etwas Druckfarbe auf dem Finger wird die Rupffestigkeit der Papieroberfläche geprüft. Zieht die Farbe bei dieser Probe erst nach dem 10—12ten Auftupfen die Fasern ab, kann man das Papier als ausreichend rupffest bezeichnen.

Leimungen

Die Leimfestigkeitsgrade der Papiere werden in ungeleimte 1/4, 1/2, 3/4, 1/1 und hartgeleimte Sorten unterschieden. Oberflächengeleimte Papiere sind nicht radierfest, nach mehrmaligem Radieren laufen die mit Tinte gezogenen Striche aus. Zeichenpapiere, Schreib- und Wertpapiere sind in der Masse geleimt und als ausreichend radierfest zu bezeichnen. Wertvolle Zeichenpapiere erhalten eine zusätzliche tierische Oberflächenleimung.

Lichtdurchlässigkeit der Papiere

Will man die Durchlässigkeit von Transparentpapieren feststellen, legt man soviel Blätter des zu prüfenden Papiers über eine dunkle Fläche oder über eine kräftige Schrift, bis dieselbe nicht mehr sichtbar ist. Nach der Menge der Blätter, die notwendig sind, um die Schwärze zu decken, sagt man, das Papier deckt mit 1, 2, 3, 4 usw. Blättern. Die Durchlässigkeit wird im Bruch angegeben 1/1, 1/2, 1/3, 1/4 usw.

Lichtdurchlässigkeit der Papiere
Im Beispiel deckt das Papier
mit 4 Blättern.
Lichtdurchlässigkeit = $^1/_4$

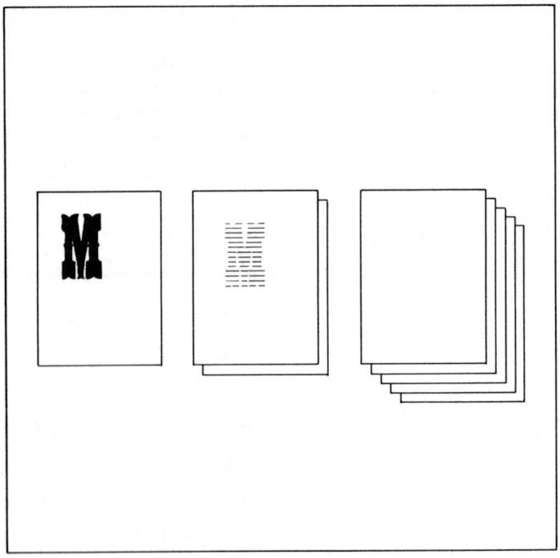

Papierstärke und Papiervolumen

Die Dicke eines Papiers kann man aus dem Quadratmetergewicht eines Bogens einfach ermitteln. Wiegt z. B. ein Quadratmeterbogen 80 g/qm, dann ist das Papier 0.08 mm stark. Dies trifft allerdings nur für die „Normalpapiere", die von den sogenannten Dickdruckpapieren unterschieden werden, zu. Dickdruckpapiere sind auftragende Papiersorten. Sie vergrößern den Umfang eines Büchleins und das anderthalb bis zweifache Volumen. Dadurch kann man ein Bändchen mit einem Umfang von nur 50 Seiten zu einem Buch mit der scheinbar doppelten Seitenzahl erweitern. Dickdruckpapiere bestehen aus kurzfaserig, rösch gemahlenem Zellstoff mit einem starken Zusatz von Füllstoffen. Diese Papiere kann man nicht satinieren, deshalb müssen sie gut geleimt werden, um die Möglichkeit des Stäubens zu verhindern. Die auftragende Wirkung der Dickdruckpapiere würde durch den Druck der Walzen im Satinierkalander wieder zunichte gemacht.

Prägungen und Wasserzeichen

Durch verschiedene Siebüberzüge in der Papiermaschine oder in einer speziellen Presse, dem sogenannten „Gauffierkalander", dessen Walzen mit Rippmänteln überzogen sind, können verschiedene Papierprägungen, z. B. gehämmerte Papiere, Leinenpapiere und gerippte Papiere, hergestellt werden.

Auch die „Wasserzeichen" werden in den verschiedenen Techniken in das Papier geprägt.

Durch den „Egoutteur" auf der Papiermaschine, einer leichten Walze mit aufgenähtem Drahtgebilde, entstehen die „echten Wasserzeichen". Das Drahtgebilde verdrängt

Formen echter Wasserzeichen

den noch flüssigen Papierbrei, dadurch erscheint die Stelle transparent.
„Schattierte Wasserzeichen" entstehen durch reliefartige Prägungen im Sieb. An den Hochprägungen wird das Papier durch die Stoffverdrängung transparent; an den tiefgeprägten Stellen sammelt sich mehr Papierbrei an. Dabei entsteht die Hell-Dunkelwirkung des Wasserzeichens. Schattierte Wasserzeichen sind schwer kopierbar. Sie werden bei Banknoten und Wertpapieren angewandt und sind im Gegensatz zu den aus Draht gebogenen Zeichen weich in den Übergängen von Hell zu Dunkel. „Künstliche Wasserzeichen" werden durch Pressendruck in Form einer verdichteten Stelle in die fertige Papierbahn eingepreßt. Auch den Aufdruck einer fettigen Farbe, die das Papier an den bedruckten Stellen durchsichtig erscheinen läßt wird eine wasserzeichenähnliche Wirkung erreicht.

Packpapiere und Pappen

Minderwertige Papiersorten, z. B. Packpapiere, Einwickelpapiere, Tüten und Pappen, werden aus Stroh, Braunholzschliff und Papierabfällen hergestellt. Gelbstrohpapiere sind an der stark gelbbraunen Färbung, Schrenzpapiere an der intensiven Grau-Färbung zu erkennen. Gelbstrohpappen sind als billigste Sorte steif und brüchig. Die weiße Holzpappe aus Holzschliff, auch finnische Pappe genannt, ist ebenfalls brüchig, wird aber wegen ihres Weißgehaltes vom Buchbinder beim Kaschieren von dünnem, leicht durchscheinendem Papier bevorzugt.
Lederpappen aus braunem, gedämpften Holzschliff sind sehr zäh und haltbar. Sie werden zu Schachteln und Mappen verarbeitet. Die Graupappe, auch Schrenzpappe genannt, besteht aus bedruckten Papierabfällen, sie ist auch unter dem Namen Buchbinderpappe handelsüblich. Schrenzpappe wird zu Buchdeckeln und Mappen, Schachteln und ähnlichem verarbeitet.
Die genannten Pappen werden als Vollpappen bezeichnet, im Gegensatz zu den Wellpappen, die aus einem gewellten Kern und zwei glatten Deckschichten bestehen. Wellpappen sind bei nahezu gleicher Stabilität wesentlich leichter als Vollpappen. Wellpappen schützen das Füllgut auch besser gegen Stoß.
Waschmitteltragetaschen und Faltschachteln aus Mikrowellpappe können im Flexodruck- und Offsetverfahren direkt bedruckt werden. Sogar Ein- und Mehrfarbendrucke sind mit feinerem Raster ausführbar.

Normung der Papierformate

1. Normalformate

Für sämtliche im Handel erhältlichen Papiere wurde eine Größennorm, die einem bestimmten Teilungsverhältnis entspricht, festgelegt. Diese Papiernormen stimmen mit denen der Länder Belgien, Finnland, Niederlande, Norwegen, Österreich, Polen, UdSSR, Schweiz und der Tschechoslowakei überein.

Bildet man aus der Breitseite eines DIN-Blattes ein Quadrat, dann ergibt sich aus dessen Diagonalmaß die entsprechende Längsseite des Formates. Dies entspricht einem Seitenverhältnis der DIN-Formate von 5 : 7 oder 1 : $\sqrt{2}$. Es wurde eine Normtabelle mit der Vorzugsreihe „A" und zwei weitere von der A-Reihe abhängigen Formatgrößenreihen „B" und „C" festgelegt. Die Klassennummer gibt zugleich an, wie oft der Ausgangsbogen DIN-A-0 gefalzt

DIN-Formatanordnung
Das Ausgangsformat DIN A0 ist ein Rechteck mit dem Flächeninhalt von 1 qm. Die beiden Seiten des Rechtecks verhalten sich zueinander wie die Seite eines Quadrates zu dessen Diagonale.

$d^2 = a^2 + a^2 = 2a^2$

$d = \sqrt{2a^2} = a\sqrt{2}$

$a = 1$

$\sqrt{2} = 1{,}414$

a:d = 1:1,4 oder 5:7

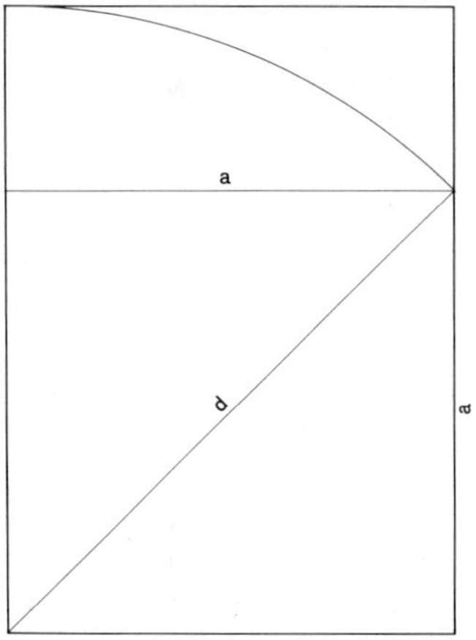

Formatteilung durch Halbierung
Die Zahl gibt zugleich an, wie oft das Ausgangsformat A0 geteilt wurde.

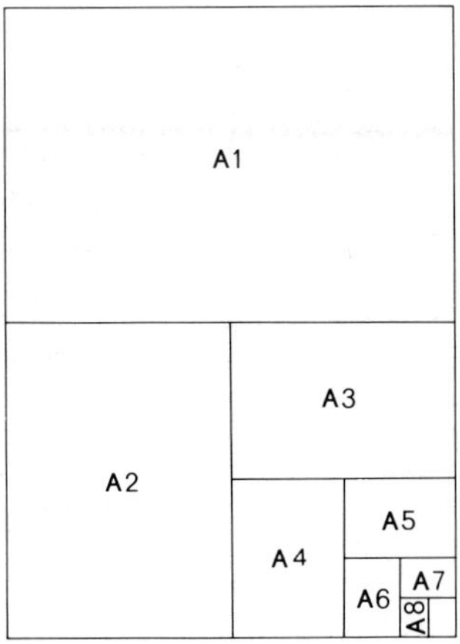

oder geteilt werden muß, um das gewünschte Format zu erhalten.

Klasse	Bezeichnung	Reihe A	Reihe B	Reihe C
0	Vierfachbogen	841×1189 = 1 qm	1000×1414	917×1297
1	Doppelbogen	594×841 = $\frac{1}{2}$ qm	707×1000	648×917
2	Bogen	420×594 = $\frac{1}{4}$ qm	500×707	458×648
3	Halbbogen	297×420 = $\frac{1}{8}$ qm	353×500	324×458
4	Viertelbogen	210×297 = $\frac{1}{16}$ qm	250×353	229×334
5	Blatt	148×210 = $\frac{1}{32}$ qm	176×250	162×229
6	Halbblatt	105×148	125×176	114×162
7	Viertelblatt	74×105	88×125	81×114
8	Achtelblatt	52× 74	62× 88	57× 81

Durch genaue Halbierungen der Bögen ohne Beschnitte erhält man die aus der Tabelle ersichtlichen jeweils kleineren DIN-Blätter innerhalb einer Formatreihe. Der Buchbinder ist jedoch gezwungen, die gebundenen Bücher, Zeitschriften und dergleichen gering zu beschneiden. Der Beschnitt beträgt 3—5 mm (1 Cic.) auf jeweils 3 Seiten des Formates. Aus diesem Grund liefern die Fabriken das Papier in folgenden Rohbogenformaten:

Klasse	Reihe A	Reihe B	Reihe C
0	860×1220	1030×1460	960×1320
1	610× 860	730×1030	660× 960
2	430× 610	515× 730	480× 660
3	305× 430	365× 515	330× 480
4	215× 305	257× 365	240× 330

Berechnen von Bogengewichten

Im Handel werden die Papiergewichte sowohl als Quadratmetergewicht eines Einzelbogens oder auch als Bogengewicht für 1000 Stück des entsprechenden Papieres angegeben.
(Sat. Druck i. Bogen 50 g/qm) beispielsweise bedeutet, daß ein Quadratmeter dieser Papiere 50 Gramm wiegt.
Aus diesem Quadratmetergewicht kann man nach folgender Formel das 1000-Stückgewicht jedes Formates errechnen.

$$\frac{\text{Länge} \times \text{Breite} \times \text{g/qm}}{10\,000} = ‰ \text{ Bg. Gewicht in kg}$$

(Sat. Druck 13 kg ‰ Bg. 43/61 cm) beispielweise heißt, daß 1000 Bogen dieses Papiers mit dem Format 43 × 61 cm 13 kg wiegen. Aus diesem 1000-Bogengewicht kann man nach folgender Formel das qm-Gewicht des Papiers errechnen:

$$\frac{\text{‰ Bg. Gewicht in kg} \times 10\,000}{\text{Länge} \times \text{Breite}} = \text{g/qm}$$

Die folgende Tabelle gibt die Gewichte der meist gebräuchlichen Sorten für Papiere (Druckpapiere, Einwikkelpapiere), Kartons und Pappen an:

Papiersorten	Gewicht in Gramm pro qm
Seidenpapier	17— 18 g/qm
Luftpostpapier	25 "
Durchschlagpapier	30 "
Mgl. Dünndruckpapier	30 "
Pergaminpapier	40— 42 "
Echt Pergaminpapier	45— 48 "
Mgl. Druckpapier i. Bg.	48 "
Sat. Druckpapier i. Bg.	50 "
Sat. Briefumschlagpapier	50 "
Mgl. Rollendruck	50 "
Schreibpapier	70 "
Hartpost	70— 80 "
Packpapier	70— 85 "
Werkdruckpapier	70—100 "
Kunstdruckpapier	80—150 "
Kunstdruckkarton	150—400 "
Postkartenkarton	140—170 "
Umschlagkarton	200—350 "

Als „Papiere“ gelten alle Sorten bis zu 150 g/qm. Schwere Sorten bis zu 500 g/qm werden als Kartons und darüber als Pappen bezeichnet.

Papiere	
leichte Sorten	15— 50 g/qm
mittelschwere Sorten	50—100 "
schwere Sorten	100—150 "
Kartons	
Halbkarton	150—200 "
Karton	200—500 "
Pappen	über 500 "

Papier- und Kartonsorten

Die Aufstellung enthält die wichtigsten Papier- und Kartonsorten mit ihren Handelsbezeichnungen. Sie wurden in alphabetischer Reihenfolge geordnet. Die Aufstellung gibt auch eine kurze Übersicht über die Anwendungsmöglichkeiten und Eigenschaften der jeweiligen Sorte.

Alabasterkarton

Hochfeine Kartonsorten von alabasterähnlichem Aussehen. Er zeichnet sich durch gute Druck-, Präge- und Rillfestigkeit aus. Alabasterkarton ist für den Druck von Glückwunschkarten, Besuchskarten und ähnlichem geeignet.

Alfapapier (auch Daunendruckpapier, Dickdruckpapier, Federleichtpapier oder Romanpapier genannt)

In den besten Qualitäten holzfreie, sonst holzhaltige Papiersorten mit auftragenden Eigenschaften, dickgriffig und weich. Es wird vorwiegend für den Druck von Büchern verwendet, deren Volumen erweitert werden soll.

Barytpapier

Hochwertiges Kreidepapier für den Andruck von Bleilettern. Die Barytandrucke auf diesem Papier sind bis 4-fach linear vergrößerbar und reproduktionsfähig.

Bastpapier

Ein- oder beidseitig glattes, dünnes Einschlagpapier. Es wird aus Zellstoffabfall und Altpapier hergestellt und vielfach für Beutel, billige Briefhüllen, Tüten und Papiersäcke verarbeitet.

Bilderdruckpapier

→ Maschinengestrichene Papiere

Braunholzpapier

Aus Braunholzschliff hergestelltes billiges Packpapier mit brauner Eigenfarbe.

Briefpapier

Gut geleimtes dünnes schreibfähiges Papier mit glatter Oberfläche. Die Leimung verhindert, daß die mit Tinte gezogenen Federstriche auslaufen.

Briefumschlagpapiere

Sie werden in allen Qualitäten, meist nur einseitig glatt hergestellt. Die Papiere müssen große Festigkeitseigenschaften aufweisen, damit sie der Behandlung bei der Postbeförderung standhalten.

Bristolkarton

Aus einer holzhaltigen Einlage und zwei holzfreien Dekken geklebter Karton.

Bücherpapier

Gut geleimte tintenfeste Schreibpapiersorte für Geschäftsbücher und ähnliche Zwecke. Sie werden aus Hadern mit Zellstoffzuschlag hergestellt.

Buchungspapiere (Buchungskarton)

Holzfreie, meist farbige Papier- bzw. Kartonsorten bester Qualität.

Büttenpapiere (auch Handpapiere genannt)

Handgeschöpfte Papiersorte; sie ist an den charakteristischen ungleichen Rändern erkennbar. Büttenpapiere werden heute auch maschinell naturgetreu nachgeahmt.

Chromoersatzkarton

Hochwertige, aus mehreren Schichten gegautschte Kartonsorte. Die Oberseite ist meist holzfrei, die Unterseite holzhaltig. Die Einlage besteht aus Altpapier. Aus Chromoersatzkarton werden die verschiedensten Verpackungsmittel und Faltschachteln hergestellt. Er wird als Ersatz für gestrichenen Chromokarton verarbeitet.

Chromopapiere (Chromokarton)

Einseitig gestrichene, meist holzhaltige Papiersorten. Sie sind für Kaschierungen von Packungen und ähnlichem geeignet. Die Oberfläche gleicht den Kunstdruckpapieren. Chromokarton muß falz- und rillfähig sein. Er dient zur Herstellung von Faltschachteln, Schiebeschachteln, Gürtelschachteln, Kappenschachteln und stummen Verkäufern.

Contiboard

Contiboard ist ein einseitig gestrichener Faltschachtelkarton, dessen Rückseite besonders präpariert und verstärkt ist. Er wird vorwiegend bei Faltschachteln für Flaschen, Tuben und Verpackungen von Waschmitteln, Spielwaren, Haushaltswaren und Metallwaren angewendet.

Chromolux

→ Hochglanzkunstdruckpapiere

Daunendruckpapier

→ Alfapapier

Dickdruckpapier

→ Alfapapier

Druckpapier satiniert mittelfein

Bezeichnung für eine stark holzhaltige, satinierte Papiersorte, die mit verhältnismäßig feingerasterten Autotypien bedruckt werden kann.

Dünndruckpapier

Dünne, meist hadernhaltige, hochwertige Papiersorte für den Druck von Sammelwerken, deren Volumen verringert werden soll. Es wird auch für den Druck von Gebetbüchern und Bibeln verwendet.

Durchschlagpapier

→ Schreibpapier

Efalinpapier

Kunststoffkaschiertes, geprägtes Papier für Buchbinderarbeit. Besonders geeignet für stark beanspruchte Mappen, Musterkartellen und Kassetten. Efalinpapiere können im Offsetdruckverfahren mit Schrift und flächigen Strichvorlagen bedruckt werden.

Effektpapier

Papiere mit verschiedenartig gemusterter Oberfläche (Damastpapier, Eispapier, Filigranpapier, Perlmutterpapier, Velourpapier). Sie entstehen durch Zusammenbringen verschieden gefärbter Papierstoffe während der Herstellung auf der Papiermaschine.

Einwickelpapiere (auch Hüllpapiere oder Packpapiere genannt)

Man unterscheidet weiße und braune Einwickelpapiere maschinenglatt, einseitig glatt oder satiniert, Braunholzpapiere, Schrenzpapiere, Gelbstrohpapiere und Kreppapiere. Für untergeordnete Zwecke verwendet man die Braunholzpapiere aus Holzschliff oder die Schrenzpapiere aus Altpapier. Gelbstrohpapiere sind geringwertige Papiersorten, sie werden meist zu Wellpappe verarbeitet. Tüten und Beutel werden aus zähem, auf der Beutelklebemaschine gut zu verarbeitendem Tütenpapier hergestellt. Kreppapiere sind mit einer Fältelung versehen. Auf einem speziellen Kreppzylinder in der Papiermaschine wird die noch feuchte Papierbahn quer gekräuselt, das heißt gekreppt.

Elfenbeinkarton

Hochwertiger holzfreier, geleimter Karton mit glatter Oberfläche. Er wird weiß und elfenbeinfarbig gehandelt. Elfenbeinkarton ist für Korrespondenzen gut geeignet.

Federleichtpapier

→ Alfapapier

Fließpapier (auch Löschpapier genannt)

Fließpapiere sind Papiere mit porösem Gefüge. Sie haben saugfähige Eigenschaften.

Florpostpapier (auch Luftpostpapier genannt)

Sehr leichte Papiersorte mit den Eigenschaften von üblichen Schreibmaschinenpapieren.

Glacépapier

Den Chromopapieren ähnliche Papiersorte, jedoch mit abwaschbarem, wasserfestem Strichauftrag.
Sie werden zur Herstellung von Packungen aller Art in der Kartonagenindustrie und zu Schutzumschlägen für Bücher verarbeitet. Es werden auch farbige Glacépapiere gehandelt.

Haftpapiere, Haftfolien

Haftpapiere und Haftfolien sind Chromo- und Naturpapiere sowie Folien verschiedenster Art mit einer Selbstklebe-Gummierung, die bis zur Verwendung durch imprägniertes Papier geschützt ist.

Handpapier

→ Büttenpapier

Hartpostpapier (auch Postpapier genannt)

Griffige, zähe Schreibpapiersorten für die Schreibmaschine. Es werden auch lichtpausfähige Hartpostpapiere gehandelt.

Hüllpapier

→ Einwickelpapier

Hochglanzkunstdruckpapiere, Hochglanzkunstdruckkartons
(auch Chromolux, Supercote genannt)
Ein- oder beidseitig gestrichene Papier- und Kartonsorten mit spiegelglänzender Oberfläche. Die Schicht wird auf erhitzten Chromozylindern geglättet. Mit Hochglanzfarben bedruckt, ähneln sie cellophanierten Drucksachen. Sie können mit feinst gerasterten Autotypien bedruckt werden.

Illustrationsdruckpapiere (auch Naturkunstdruckpapiere genannt)
Sammelbezeichnung für satinierte, holzhaltige bis holzfreie Papiersorten. Illustrationsdruckpapiere sind für die Wiedergabe von Autotypien geeignet. Hochwertige Illustrationsdruckpapiere werden auch als Naturkunstdruckpapiere bezeichnet. Sie zeichnen sich durch einen besseren Glättegrad aus und sind für die Wiedergabe feinerer Autotypieraster (bis zu 48 Linien) geeignet.

Imprägnierte Papiere (Paraffin- oder Wachspapiere, wasserdichte Papiere, unbrennbare Papiere)
Entsprechend oberflächenbehandelte Papiere mit speziellen Eigenschaften. Sie werden für Lebensmittelpackungen, Überseepackungen usw. verwendet. Heute werden diese Papiere auch durch kunststoffbeschichtete Papiere ersetzt.

Japanpapier
Im Handverfahren aus Maulbeerfasern hergestellte Papiersorten.

Kariertes, liniertes Papier
Mit dünner Quadratur oder Linien bedrucktes Schreibpapier für Schulhefte.

Karteikartenkarton
Holzhaltiger bis holzfreier satinierter farbiger Karton. Er kann mit der Schreibmaschine oder mit Feder und Tinte beschriftet werden. Beim Schneiden der Karteikarten muß die Faserrichtung senkrecht verlaufen, damit sich die Karten in den Karteikästen nicht wölben.

Kunstdruckpapier
Fein holzhaltige oder holzfreie, beidseitig gestrichene und mehrmals oberflächengeglättete Papiersorten. Sie werden mit matter, halbmatter oder glänzender Oberfläche geliefert. Kunstdruckpapiere können mit feinsten Autotypierastern bedruckt werden. Sie sind sowohl für Buch- und Off-

setdruck sowie durch besonderen Strich auch für den Tiefdruck geeignet. Es werden auch zweifarbige Kunstdruckpapiere gehandelt. Sie sind auf Vorder- und Rückseite verschieden eingefärbt (weiß-farbig oder farbig-farbig). Die Doppeltonung des Papiers erspart oft mehrfarbigen Druck. Bei Falzungen und Stanzungen ergeben sich gute Wirkungen. Kunstdruckpapiere können auch im Offset- und Tiefdruckverfahren bedruckt werden.

Kunststoffbeschichtete Papiere

Mit Kunststoffolie beschichtete Papiere für wasserdichte Packungen, Beutel, Papiersäcke und Einwickelpapier, wie sie für Lebensmittelverpackungen gebraucht werden.

Leinenpapier

Papier mit Leinenprägung. Es wird durch Kalandern auf gravierten Stahlwalzen oder auf einem Walzenpaar, das mit Leinentuch überzogen ist, hergestellt.

Löschpapier

→ Fließpapier

Manilakarton

Holzfreier, zäher Karton, der für Lochkartensysteme oder Paket-Anhänger verwendet wird.

Maschinengestrichene Papiere (auch Bilderdruckpapiere genannt)

Das Streichen dieser Sorten erfolgt nicht wie bei Kunstdruckpapieren auf einer besonderen Streichmaschine, sondern direkt in der Papiermaschine. Maschinengestrichene Papiere zeichnen sich durch eine höhere Weiße als die Naturpapiere aus. Obwohl der hohe Glanz und die absolut geschlossene Oberfläche der Kunstdruckpapiere nicht erreicht wird, kann man maschinengestrichene Papiere mit Autotypien bis zu 54er Raster bedrucken.

Mikrowellpappe

Mikrowellpappen bestehen aus einem holzhaltigen, gewellten Kern, der mit zwei holzfreien Decken verklebt ist. Mikrowellpappen können im Flexodruck und Ein- bis Mehrfarbenoffsetdruck direkt bedruckt werden. Mikrowellpappen werden zu Faltschachteln, Schiebeschachteln und stummen Verkäufern verarbeitet.

Nadelpapier

Chlor-, säure- und alkalifreie Packpapiersorten. sie werden auch als „Rostschützende Papiere" bezeichnet und dienen zum Verpacken von polierten Metallgegenständen.

Naturkunstdruckpapier

→ Illustrationsdruckpapier

Offsetpapier

Holzhaltige bis holzfreie Papiersorten mit guter Leimung. Sie weisen maschinenglatte oder rauhe Oberfläche auf. Offsetpapiere für Zeitschriften, die mit Rotationsoffsetdruck hergestellt werden, sind zum Teil stark holzhaltig.

Paraffinpapier

→ Imprägnierte Papiere

Pergamentpapier

Durch besondere Mahlung der Stoffe (schmierig lang) hergestellte Papiere mit fettdichten Eigenschaften. Das saugfähige Rohpapier wird in einem Schwefelsäurebad behandelt. Für den Pergamentrohstoff wird weicher und hochgebleichter Holzzellstoff eingesetzt.

Pergaminpapiere

Dünnere Sorte als die Pergamentpapiere. Durch Feuchtung und anschließende scharfe Satinage erreicht man eine hohe Glätte und Transparenz der Papiere.

Plastoprint

Maschinengestrichenes Papier mit einer hammerschlagähnlichen Prägung. Plastoprint kann mit Autotypien und Vierfärben bis zu 54er Raster gut bedruckt werden.

Postkartenkarton (auch Schreibmaschinenkarton genannt)

Meist holzfreie, selten holzhaltige Kartonsorten. Sie werden vielfach einschichtig hergestellt. Schwere Sorten werden aus mehreren Bahnen geklebt.

Postpapier

→ Hartpostpapier

Programmpapiere

Papier mit erhöhtem Füllstoffzusatz. Sie sind dadurch im Griff lappig. Durch seine geräuschlosen Eigenschaften beim Blättern ist dieses Papier besonders für den Druck von Theater- und Konzertprogrammen geeignet.

Prospektpapier

Holzhaltige, meist farbige maschinenglatte bis satinierte Papiersorten, die für Handzettel, Umschläge, Beilagen und Prospekte geeignet sind.

Saugpost (auch Abzug- oder Vervielfältigungspapier genannt)

Holzhaltige, schwach geleimte Papiersorten. Sie dienen zur Vervielfältigung von Schriftstücken auf Büroabzugapparaten.

Schreibpapiere

Holzhaltige bis holzfreie, aber auch aus 100 % Hadern hergestellte, voll geleimte, maschinenglatte oder matt satinierte Papiersorten. Sie haben radierfeste Eigenschaften, Tintenstriche laufen nicht aus. Die verschiedenen Sorten sind: Brief-, Post-, Hartpost-, Luftpost-, Konzept-, Schreibmaschinen-, Briefumschlag-, Bücher- und Durchschlagpapier sowie Postkarten- und Schreibmaschinenkarton. Die Bezeichnungen weisen auf den jeweiligen Verwendungszweck hin.
Briefpapiere und Durchschlagpapiere werden außer weiß noch in verschiedenen farbigen Abtönungen gehandelt. Die Verschiedenfarbigkeit bei Durchschlagpapieren dient zur Unterscheidung des Schriftwechsels getrennter Abteilungen innerhalb eines größeren Betriebes.

Schreibdruckpapiere

Holzhaltige, schreibfähige Papiere für den Vordruck von Formularen. Sie können mit Schreibmaschine oder Tinte beschrieben werden.

Seidenpapier

Sehr dünnes, halbdurchsichtiges aus Abfällen von Seilereien hergestelltes Papier. Es werden auch farbige Seidenpapiere gehandelt. Zigarettenpapiere sind eine hochwertige Seidenpapiersorte. Sie bestehen großenteils aus Hadern.

Supercote

→ Hochglanzkunstdruckpapiere

Synthetische Papiere

Aus synthetischen Fasern hergestellte Papiersorten mit Spezialeigenschaften, z. B. hohe mechanische Festigkeit und Dimensionsstabilität. Sie sind nahezu reißfest und haben deshalb eine lange Lebensdauer. Synthetische Papiere sind für die verschiedensten Druckverfahren geeignet, besonders für das Offsetdruckverfahren. Sie ähneln in der

Oberfläche den Offsetpapieren, man kann darauf zeichnen und schreiben, sie sind abwaschbar und auch gegen heißes Wasser beständig. Die häufigsten Anwendungsformen sind: Ausweispapiere, Dokumente, Werbefahnen, Bedienungsanweisungen, Karteikarten und dimensionsstabile Zeichnungen.

Tiefdruckpapier

Weiche, saugfähige, holzhaltige bis holzfreie Papiersorten. Die Papiere müssen weich und geschmeidig sein und den Anforderungen der Tiefdrucktechnik entsprechen.

Umdruckpapier

Mittelfeines, satiniertes, voll geleimtes Schreibpapier, das für Vervielfältigungen mittels hektographischer Umdruckapparate verwendet wird.

Umschlagkarton

Maschinenglatter, meist holzhaltiger Karton. Er ist rill-, nut- und prägefest und als Umschlag für Zeitschriften, Broschüren und Hefte geeignet. Er wird auch als farbiger Umschlagkarton gehandelt.

Unbrennbare Papiere

→ Imprägnierte Papiere

Vervielfältigungspapiere

→ Saugpost

Wachspapier

→ Imprägnierte Papiere

Wasserdichte Papiere

→ Imprägnierte Papiere — Kunststoffbeschichtete Papiere

Werkdruckpapier

Bezeichnung für holzhaltige bis holzfreie maschinenglatte Papiere, die für den Druck von Taschenbüchern, Wurfzetteln und kurzlebigen Drucksachen geeignet sind.

Wertpapier

Feinpapiere bester Qualität für Aktien, Banknoten und Schecks.

Zeichenpapier

Tierisch oberflächengeleimte, radierfeste, hochwertige Reinhadernpapiere und Kartons. Es werden Zeichenpapiere mit rauher und mit glatter Oberfläche gehandelt. Schulzeichenpapiere sind von geringerer Qualität und holzhaltig.

Zeitungsdruckpapier

Stark holzhaltige, maschinenglatte, billige Papiersorte für den Druck von Zeitungen. Zeitungspapiere sind nur schwach geleimt und können nur mit grobgerasterten Autotypien bedruckt werden.

Zigarettenpapier

→ Seidenpapier

Leime, Kleister und Klebstoffe auf Lösungsmittelbasis

Man unterscheidet tierische und pflanzliche Leime, die im Handel unter den verschiedenen Firmeneigennamen oder sonstigen Phantasiebezeichnungen erhältlich sind.

Tierische Leime

1. Haut- und Knochenleime

Haut- und Knochenleime sind tierische Klebe- und Bindemittel für Farben. Sie werden durch Auskochen von Häuten und Knochen hergestellt. Sie sind im Handel unter der Bezeichnung Hautleim, Lederleim, Knochenleim oder Mischleim erhältlich. Diese Leimsorten werden in Tafel- oder Perlform geliefert. Der Perlleim entsteht durch Eintropfen des heißen Leims in Benzin. Hierbei erstarren die Tropfen sofort zu Perlen. Andere Handelsformen sind der sogenannte Russische Leim, ein Knochenleim mit etwas Zusatz von Kreide. Der Hasenleim ist ein Hautleim, aus Hasenfellen hergestellt. Gelatine, ein gebleichter farbloser hochwertiger Hautleim, wird aus Kalb- oder Schafsgut gewonnen, und der Fischleim wird aus Fischgräten und sonstigen Fischabfällen erzeugt.

Haut- und Lederleime sind meist hell und durchsichtig, hingegen die Knochenleime etwas dunkler. Sie sind in Wasser quellbar und bei geringer Erwärmung löslich. Als Farbbindemittel sind sie mit allen Farbkörpern verträglich, hingegen nach der Trocknung weder wasser- noch wetterfest. Haut- und Knochenleime sind mit öligen Bindemitteln emulgierbar und können auch mit anderen Leimsorten vermischt werden, z. B. mit Kunstharzdispersionen (→ Seite 377). Als Klebemittel werden diese Leime vorwiegend in der Kartonagenindustrie und in der Buchbinderei angewandt.

2. Kaseinleime
   Kaseinleime sind ein Milchprodukt in Pulverform, das durch Ausfällung mit Säuren aus der Milch gewonnen wird. Der Rohstoff Kasein ist in Wasser quellbar, aber nicht löslich. Um das Kasein in wasserlöslichen Kaseinleim umzuwandeln, wird es chemisch aufgeschlossen, und zwar mit Kalk zu Kalkkasein oder mit den Alkalien „Natronlauge", „Kalilauge" oder Ammonium oder aber mittels alkalischer Salze, z. B. Borax, Soda, Pottasche oder Hirschhornsalz, zu Alkalikasein. Kalkkaseine werden für die Holzverleimung verwendet. Nur die Alkalikaseine sind als sogenannte „Malerkaseine" für die Bindung von Farben geeignet. Sie sind mit allen Farbkörpern verträglich, mit anderen Leimen vermischbar und können mit Ölen emulgiert werden. Kaseinfarbanstriche sind wasserfest, bei genügendem Bindemittelzusatz auch weitgehend wetterfest.

Pflanzliche Klebstoffe

1. Stärkekleister
   Stärkekleister wird aus Stärke oder Mehl hergestellt. Sie werden aus den Rohstoffen Kartoffelstärke, Weizenmehl, Roggenmehl, Reismehl und Mais gewonnen. In der fabrikmäßigen Herstellung werden diese Rohstoffe mit Wasser vermengt, erwärmt und mit Natronlauge chemisch aufgeschlossen. Die im Handel erhältlichen Trockenkleister entstehen durch Trocknung des aufgeschlossenen Stärkebreis zwischen heißen Walzen. Stärkekleister können auch selbst hergestellt werden. Man brüht sie mit heißem Wasser auf; allerdings entsteht dabei ein unvollständiger Aufschluß mit etwas geringerer Klebekraft. Die Stärke wird in kaltem Wasser angerührt und mit kochendem Wasser überbrüht.
   1 Teil Stärke
   1 Teil kaltes Wasser
   10 Teile kochendes Wasser
   Stärkekleister kann mit anderen Bindemitteln vermengt und mit öligen Bindemitteln und Harzlacken emulgiert werden. Stärkekleister wird hauptsächlich als Klebemittel für Tapeten und zum Kaschieren von Papieren verwendet. Als Bindemittel wirkt der Kleisterfarbanstrich lasierend, z. B. bei der Herstellung von Kleisterpapieren.

2. Dextrin
   Dextrin wird durch „Abbau von Stärke" bei Erhitzung und Zusatz von Säure hergestellt. Kartoffel-, Reis- oder Maisstärke wird mit verdünnter Salpetersäure benetzt und nach der Trocknung bei etwa 80—160 Grad geröstet. Das

weiße oder gelbliche Pulver wird zum Gebrauch in heißem Wasser gelöst. Es findet in der Papierindustrie zum Gummieren von Etiketten, Briefmarken und Briefumschlägen Verwendung. Als Bindemittel wird Dextrin vorwiegend für die Bindung von Aquarellfarben angewandt. Dextrin eignet sich zum Aufspannen von Bogen.

3. Zellulosekleister

   Zellulosekleister entsteht bei chemischer Umsetzung von wasserunlöslichem Zellstoff in wasserlösliche Zelluloseverbindungen. Durch das Einwirken von Natronlauge entsteht Natronzellulose. Dieses Zwischenprodukt wird durch Chlormethylgas zu Methylzellulose umgewandelt. Das im Handel erhältliche, meist flockige oder griesartige Pulver ist leicht löslich. Es wird mit Wasser im Verhältnis 1 : 50 angerührt.

   Zellulosekleister verträgt sich mit allen Farbkörpern, er ist auch mit anderen Bindemitteln vermischbar. Mit Ölen kann Zellulosekleister leicht emulgiert werden. Zellulosekleister wird häufig als Tapetenkleister und für den Plakatanschlag verwendet. Zum Kaschieren von Plakaten und sonstigen Bogen auf Karton oder Holz ist Zellulosekleister gut geeignet.

4. Gummileim

   Gummileime sind im Handel unter dem Namen Gummiarabikum, Kirschgummi (Cerasin) und Tragant erhältlich. Es sind harzartige Ausscheidungen verschiedener Pflanzen. Gummiarabikum ist eine Ausscheidung tropischer Akazien. Gummiarabikum wird in durchsichtigen, erbsengroßen Stücken gehandelt.

   Kirschgummi, eine Ausscheidung der Kirschbäume, wird in unregelmäßigen, bräunlichen Stücken geliefert. Tragant, eine Ausscheidung der Astralgausträucher, in Kleinasien vorkommend, wird in hornartigen Bändern gehandelt. Gummileime sind in Wasser leicht löslich und mit allen Farbkörpern verträglich. Sie können mit anderen Bindemitteln vermengt und mit Ölen und Harzen emulgiert werden. Gummileime sind nach dem Antrocknen wieder wasserlöslich. Sie sind nicht wetterbeständig. Gummileime finden hauptsächlich als Bindemittel für Aquarell-, Tempera- und Pastellfarben Verwendung.

Kunstharzklebstoffe

Kunstharzkleber setzen sich neuerdings stark durch und verdrängen dank ihrer vorzüglichen Klebeeigenschaften, die durch spezielle Weichmacher gesteigert werden kön-

nen, die tierischen und pflanzlichen Klebstoffe. Man kennt Kunstharzlösungen, die mit einem flüchtigen Lösungsmittel ohne Materialbewegung hart auftrocknen und mit speziellen Weichmachern auf ihren Verwendungszweck abgestimmt werden.
Als zweite Art kennt man Kunstharzlösungen, die in Wasser emulgiert oder dispergiert sind.
Beim Klebevorgang verdunstet das Wasser oder schlägt in das Material ein. Die Klebung entsteht durch einen elastischen Kunstharzfilm in Form einer Haut. Bei Verwendung dieser Klebstoffe wirkt sich die Schrumpfung des Materials wesentlich geringer aus, als dies bei der Verarbeitung von tierischen oder pflanzlichen Klebstoffen der Fall ist.
Kunstharzdispersionen werden als Klebemittel in der Buchbinderei und als Bindemittel anstelle von Kasein für wasserfeste Anstriche und Malfarben verwendet, z. B. auch für wasserfeste Plakatfarben. Feine Künstlerfarben, die Acrylfarben, sind mit Acrylharzdispersion gebunden.

Montage-Kleber

Alle zuvor beschriebenen Klebemittel beruhen auf Wasserbasis. Bei Verklebung von Papieren, Kartons oder Pappen mit diesen Klebern entsteht durch Einschlagen der Feuchtigkeit eine stärkere oder schwächere Materialbewegung, die nicht immer wünschenswert ist, besonders wenn es darum geht, saubere Entwurfsarbeiten mit farbigen Papieren herzustellen, Kunststoffolien aufzukleben oder Fotografieren auf Karton zu kaschieren.
Für diese speziellen Zwecke wurde ein wasserfreier Spezialklebstoff entwickelt, der elastisch auftrocknet und die verklebten Flächen nicht verzieht.
Diese Klebstoffe bewirken eine Kontaktklebung, das heißt, beide Klebeflächen werden gleichmäßig angestrichen und nach kurzem Antrocknen der Klebemittel in Kontakt gebracht, wobei eine sofortige Bindung entsteht. Montage-Kleber bestehen aus Spezialkautschuksorten, die mit einem flüchtigen Lösungsmittel verflüssigt werden.
Mit Montage-Kleber fehlerhaft geklebte Flächen können wieder abgezogen werden; notfalls wird die Klebung mit einigen Tropfen Benzin oder Benzol wieder gelöst.
(Markenbezeichnung: Rubber-Cement, Fixo-Gum, Letraset Gum-Set.)
Montage-Kleber gibt es auch in der Sprühdose. Diese Sprühkleber eignen sich für das Aufkleben größerer Flächen, sie sind für fast alle Materialien geeignet.

Farben

Jede Art Malfarbe besteht aus einem Farbpulver, der trockenen „Farbe“, und einem Bindemittel, das gemeinsam mit dem Pulver eine flüssige bis pastenförmige Farbe entstehen läßt. Man unterscheidet grundsätzlich lösliche und unlösliche Farbpulver. Erstere sind die sogenannten „Farbstoffe“, die sich in Wasser, Spiritus oder auch in Öl zu farbigen Flüssigkeiten lösen. Bringt man ein derartiges Farbpulver in geringsten Mengen in eine der genannten Flüssigkeiten, werden die darin eingetauchten Materialien gefärbt; sie saugen sich mit Farbe voll. Die Farbe ist auch mit den gleichen Lösungsmitteln nicht mehr abwaschbar. Als unlösliche Farbpulver bezeichnet man solche, die sich in Flüssigkeiten nicht lösen, man nennt diese Farbpulver auch „Farbkörper oder Pigmente“. Zur Herstellung von Mal- und Anstrichfarben werden ausschließlich Farbpigmente verwendet, hingegen bilden die Farbstoffe die Grundlage der Tusche- und Eiweißlasurfarben für die Fotoretusche.

Temperafarben

Temperafarben bestehen aus einem Farbpigment und dem Bindemittel in Form einer Emulsion. In der Anwendung für grafische Entwurfsarbeiten unterscheidet man die Kaseintempera, Gummitempera und die Dispersionstempera (Acrylfarben).
Will man eine Emulsion herstellen, müssen die zu emulgierenden Bestandteile dickflüssig sein. Die richtige Emulsion erkennt man daran, daß sie mit Wasser verdünnbar bleibt und sich die Stoffe beim Anstrich nicht mehr trennen.

1. Kaseintempera
Zur Selbstherstellung von Kaseintempera rührt man einen Teil technisch reines, wasserunlösliches Kasein in 5 Teile Wasser ein und bringt das Ganze durch leichtes Erwärmen zum Quellen. Um das Kasein aufzuschließen, werden 0,3 Teile Borax, Pottasche oder Hirschhornsalz in etwas Wasser angerührt und in das erwärmte Kasein geschüttet. Durch Aufwallen entweicht dem Gemisch die Kohlensäure, die Lösung ist nach dem Umrühren fertig. Ammoniakkasein ist in Flaschen aufbewahrt lange haltbar. Zum Gebrauch werden die fein vermahlenen Pulverfarben mit wenig Wasser angerieben und sind nach Zusatz von einem Teil Kaseinlösung und drei Teilen Wasser gut streichfähig. Kaseintempera bindet wasserunlöslich ab und kann auch emulgiert werden. Kaseinleim und Leinölfirnis werden im

Verhältnis 4 : 1 zu einer Emulsion gebracht. Die zu emulgierenden Bestandteile werden in der Reihenfolge „erst Öl, dann Wasser" in einer Flasche kräftig geschüttelt.

2. Gummitempera
   Die käuflichen Temperafarben bestehen aus Gummi- oder Leimemulsionen, da dieses Bindemittel fast unbegrenzt haltbar ist und auch bei längerer Lagerung der fertig zusammengesetzten Farben nicht verdirbt.

   Zur Selbstherstellung mischt man:
   1 Teil pulverisierten arabischen Gummi
   3 Teile Wasser
   5 % Zusatz von Glycerin als Weichmacher

   Die dickflüssige Gummilösung wird ebenfalls mit eingedickten Ölen, z. B. Leinölfirnis für ein fetteres oder Dammarfirnis für ein mageres Temperabindemittel emulgiert. Die Emulsion setzt sich aus 5 Teilen arabischem Gummi und einem Teil Leinölfirnis zusammen.
   Der angetrocknete Gummitemperafarbanstrich kann mit Wasser wieder gelöst werden.

3. Dispersionstempera (Acrylfarben)
   Das Farbpigment wird mit wenig Wasser angerieben und Acrylatdispersion zugesetzt. Die Farben trocknen irreversibel auf, sie sind mit Wasser nicht mehr aufzulösen.

Aquarellfarben

Aquarellfarben bestehen aus feinst verriebenen, lasierenden Erd-, Mineral- und Teerfarben, dem Bindemittel Dextrin oder Gummiarabikum und einem Zusatzmittel zur Feuchthaltung der Farbknöpfe, meist Glycerin.
Die gesamten Grundstoffe werden fabrikmäßig vermengt, auf Walzenstühlen verrieben und bei Wärme eingedickt. Die Masse wird zu elastischen Platten ausgewalzt, die man zu viereckigen oder runden Farbknöpfen ausstanzt und in Porzellan- oder Steingutnäpfchen eindrückt. Aquarellfarben sind in dickflüssiger Form auch in Tuben erhältlich. Sie wirken im Aufstrich lasierend und lassen sich leicht verwaschen oder auf gefeuchtetem Untergrund verlaufend vermalen. Die Lichtechtheit ist nach den Farbpigmenten unterschiedlich. Als Malgrund verwendet man schwach saugendes, weißes Papier. Aquarellpapier ist am besten geeignet.

Siebdruckfarben

Siebdruckfarben setzen sich aus besonders feinkörnigen Weiß-, Bunt- und Schwarzfarben zusammen. Für Lasurfarben werden lasierende Farbpigmente verwendet. Die Pigmente werden mit Alkydharzlacken als Bindemittel vermengt.
Siebdruckfarben müssen butterig pastos sein und bei der Verarbeitung mit der Gummirakel dünnflüssiger werden. Die Trocknungszeit der Siebdruckverfahren ist verhältnismäßig kurz. Mattfarben haben eine Trocknungsdauer von ca. 15—30 Minuten, Glanzfarben etwas länger.

Tusche

Tusche wird als Stangentusche, einer Tusche in fester Form zum Selbstanreiben und als flüssige Tusche gehandelt. Beide Sorten werden „Chinesische Tusche", in englisch sprechenden Ländern „Indian ink" genannt.

1. Stangentusche schwarz
   Die Grundstoffe für Stangentusche sind Gasruß oder Lampenruß verschiedener Ölsorten oder Holzarten. Das Bindemittel ist Lederleim. Als Schutzmittel gegen Schimmelbefall werden Karbolsäure und Kampfer beigemengt. Die Maschine knetet die Grundstoffe zu einer zähen Masse und formt dünne Plättchen, die man eintrocknen läßt.
   Für den Gebrauch reibt man die Tusche in einer matten Porzellanschale mit etwas Wasser in kreisrunden Bewegungen an. Die Schwärzung der Tusche wird durch die Dauer des Anreibens und der Lösung der Tuscheteilchen bestimmt.

2. Flüssige Tusche schwarz
   Das Bindemittel für flüssige Tusche besteht im Gegensatz zur Stangentusche aus wässriger Schellacklösung. Schellackharz wird mit Borax in Lösung gebracht. Man vermengt das Bindemittel mit dem Gas- oder Lampenruß und vermahlt dies auf Walzenmühlen. Es entsteht gleichsam eine Rußlösung in Form feinst vermahlener Teilchen, welche sich nicht mehr zusammenballen und zu Boden sinken können. Flüssige Tuschen trocknen wasserfest und glänzend bis seidenmatt auf.

3. Farbige, lasierende Tuschen
   Zur Herstellung lasierender Tuschen werden Farbstoffe, die mit Schellack verträglich sind, verarbeitet. Sie trocknen mit dem Bindemittel zu einem widerstandsfähigen Film

auf. Farbige Tuschen sind gering lichtbeständig und nur mit destilliertem Wasser zu verdünnen.

4. Farbige Pigmenttuschen
Farbige Pigmenttuschen bestehen aus dem fein verriebenen Farbpigment und gleichfalls einer Schellacklösung als Bindemittel. Pigmentfarben setzen sich nach längerem Stehen etwas ab. Sie müssen vor Gebrauch aufgeschüttelt werden. Farbige Pigmenttuschen können mit destilliertem Wasser geringfügig verdünnt werden.

5. Tusche in der Tube
Die pastose Tusche in der Tube, auch „Grafikerschwarz" genannt, ist ebenfalls mit Schellack gebunden und somit der flüssigen Tusche verwandt, mit der sie gegebenenfalls auch vermischt werden kann. Hingegen ist eine Mischung mit Leimtemperafarben nicht möglich. Grafikerschwarz trocknet tiefmatt auf.

Eiweißlasurfarben

Eiweißlasurfarben bestehen aus relativ lichtbeständigen Farbstoffen mit etwas Bindemittelzusatz, meist Gummiarabikum oder Gelatine. Sie werden zum Kolorieren oder Färben von Fotografien auf mattem und auf glänzendem Grund verwendet. Die Farben sind transparent und können mit Leitungswasser beliebig verdünnt und untereinander gemischt werden. Eiweißlasurfarben dringen in die Materialschicht ein. Es entsteht dadurch kein Farbauftrag, sondern eine nur noch schwer auswaschbare Färbung des Materials.

Farbstifte

Farbstifte bestehen aus dem Farbkörper, Füllstoffen und unterschiedlichen Bindemitteln.

1. Pastellstifte
Pastellstifte oder Pastellkreiden setzen sich aus einem lichtechten Farbpigment und einem Füllmittel, meist Tonerde (Kaolin) oder ungebranntem Naturgips, zusammen. Naturgips wird im Handel unter dem Namen Leichtspat, Analin oder Lenzin geführt. Geleimt sind die Pastellstifte mit Tragant oder Zelluloseleim. Die fertigen Pastellstifte erhalten eine Papierumklebung. Pastellkreidemalerei und -zeichnungen müssen eine nachträgliche Festigung durch Fixativ erhalten.

2. Ölstifte oder Ölkreiden
Ölstifte und Ölkreiden bestehen aus dem Farbkörper, dem Füllstoff und einem Bindemittel, meist Wachs und verschiedene Steiffette. Ölstifte werden für Zeichnungen und als farbige Schreibstifte verwandt. Sie sind mit Wasser nicht vermalbar.

3. Farbstifte und Farbkreiden, halbvermalbar und restlos vermalbar
Vermalbare Farbstifte bestehen aus dem Farbkörper und einem Füllstoff. Sie erhalten eine stärkere Leimbindung und einen Gleitmittelzusatz in Form wasserlöslicher Wachse und fettsaurer Salze.
Bei der Herstellung wird der aus den einzelnen Bestandteilen vermischte Farbbrei durch mehr oder weniger breite Düsen gepreßt und die noch nassen Farbstifte in einem Ofen getrocknet. Dünne Farbstifte werden in Form von „Minen" in eine Holzfassung gebettet, dickere Farbstifte mit Papier umklebt.
Man unterscheidet halbvermalbare und restlos vermalbare Farbstifte. Die halbvermalbaren Farbstifte sind mit Wasser vermalbar, dabei bleiben aber die angelegten Farbstiftstriche noch sichtbar.
Restlos vermalbare Farbstifte, auch Aquarellstifte genannt, sind wie Aquarellfarben mit Wasser restlos flächig vermalbar.

Fixative

Fixative sind flüssige Überzugsmittel für Kreidezeichnungen, Kohlezeichnungen und Pastellbilder. Durch Aufstäuben mit einer Fixativspritze auf die Zeichnung werden die lose haftenden Farbteilchen gefestigt.
Fixative bestehen aus Harzen, die in flüchtigen Lösungsmitteln gelöst werden.

Grundieren

Es kann vorkommen, daß man zur Ausführung einer großformatigen Arbeit eine Pappe, eine Hartfaserplatte, eine Holztafel oder aber eine reißfeste Leinwand oder Packpapier benötigt. Diese Materialien sind in „naturbelassenem Zustand" für saubere Arbeiten ungeeignet. Die Farben werden stumpf oder haften nur ungenügend, auch die Transparenz lasierender Farbtöne kommt nicht zur Geltung. Das Material muß mit einer geeigneten Grundierung versehen werden. Von der guten Grundierung hängt auch ein Großteil der Haltbarkeit und der beständigen Leuchtkraft der Farben ab.

Die geeignete Grundierung besteht aus einem Füllstoff, einer Deckfarbe und dem Bindemittel.

Als Füllstoffe sind geeignet:
Kreide (am besten Champagnerkreide) oder Naturgips (Analin oder Leichtspat), ferner Kaolin, Talkum, Schwerspat oder Marmormehl.
Als Deckfarbe ist geeignet:
Zinkweiß, Titanweiß oder Lithopone (man verlange Lithopone lichtecht).
Als Bindemittel verwendet man:
Leim (am besten Kölnerleim oder Lederleim, auch Hautleim genannt), Kaseinleim oder Kunstharzdispersionen.

1. Herstellung eines Kreidegrundes:
Vorleimung:
80 Gramm Kölner Leim auf 1 Liter Wasser

Grundierung:
1 Teil Naturgips oder Champagnerkreide
1 Teil Zinkweiß
1—3 Teile Wasser
1 Teil erwärmte Leimlösung

Das Material wird mit einem feuchten Lappen gesäubert. Bei Hartfaserplatten entfernt man die Imprägnierung der glatten Seiten durch Schleifen mit mittelfeinem Sandpapier. Das Material wird vorgeleimt, um die Poren zu verschließen und bei Leinwand die Fasern zu binden. Nach dem Antrocknen der Vorleimung wird die Grundierung aufgetragen. Die Grundierung kann gestrichen oder gespachtelt werden. Für das Streichen verrührt man den Füllstoff und das Deckweiß mit drei Teilen Wasser, zum Spachteln mit einem Teil Wasser.
Die Grundierung wird 2—3mal aufgetragen und kann nach dem Trocknen mit einer Spachtelkante geschabt und anschließend mit feinem Sandpapier geschliffen werden. Die entstandene Grundierung ist nun bemalbar. Will man das Saugen des Grundes mildern, überstreicht man nach dem Schleifen mit einer Isolierschicht.

Isolierung:
1 Teil Kaseinleim
3 Teile Wasser

2. Herstellung eines Kaseingrundes:
Bindemittel:
50 Gramm Kaseinpulver
$\frac{1}{2}$ Liter Wasser

Durch leichtes Erwärmen bringt man das Kaseinpulver in dem Wasser zum Quellen. 15 Gramm Borax, Pottasche oder Hirschhornsalz wird in etwas Wasser angerührt und dem erwärmten Kasein beigemengt. Durch kurzes Aufwallen entweicht die Kohlensäure. Die Kaseinlösung ist gebrauchsfertig.

Voranstrich:
1 Teil Kaseinlösung
3 Teile Wasser
Grundierung:
1 Teil Naturgips
1 Teil Zinkweiß
2 Teile Wasser
1 Teil Kaseinlösung

Die Stoffe verrührt man zu einem schlanken Brei. Nachdem der Voranstrich getrocknet ist, wird die Grundierung in dünnen Lagen 2—3mal mit halbstündigen Trockenpausen der Schichten aufgetragen. Der Kaseingrund ist weniger stark saugend als der Kreidegrund, kann aber zusätzlich noch geschliffen und zum Schluß isoliert werden.

Isolierung:
1 Teil Kaseinlösung
3—5 Teile Wasser

3. Grundierung mit Kunstharzdispersion
Voranstrich:
1 Teil Kunstharzdispersion
2 Teile Wasser
Grundierung:
1 Teil Champagnerkreide oder Leichtspat
2 Teile Wasser
1 Teil Kunstharzdispersion
Isolierung:
1 Teil Kunstharzdispersion
3—5 Teile Wasser

Diese Grundierung ist sehr einfach herzustellen und auch lange Zeit haltbar. Der Grund ist für die Anwendung von Tempera- oder Kaseinfarben gleich gut geeignet. Durch

Schleifen kann die Oberfläche noch mehr geglättet werden.

4. Aquarellgrundierung
Bei der Anwendung von Aquarellfarben für Entwurfsarbeiten setzt man voraus, daß die aufgetragenen Farbtöne auch nach dem Antrocknen die ursprüngliche Leuchtkraft bewahren. Um auch weniger wertvolle Zeichenpapiere für Aquarellfarben zu präparieren, bestreicht man sie mit einer Isolierschicht.

1 Teil Zellulosekleister, Gummiarabikum oder Dextrin
3—5 Teile Wasser

Diese Isolierung ist auch dazu geeignet, für einen Kreidegrund, Kaseingrund oder eine Grundierung mit Kunstharzdispersion eine Oberfläche zu schaffen, die ein Bemalen mit Aquarellfarben zuläßt. Als Schlußisolierung ist für diese Gründe eine Verdünnung des Kleisters mit Wasser im Verhältnis 1 : 2 bis 1 : 3 zu empfehlen.

5. Pastellgrund
Will man Papiere, Kartons und Pappen für Pastellmalerei präparieren, bestreicht man diese mit Stärkekleister und streut Bimssteinpulver auf. Die Reste werden wieder abgeklopft. Nach dem Antrocknen des Kleisters ist der Pastellgrund gebrauchsfertig.
Auf der rauhen Oberfläche des präparierten Kartons oder der Pappe greifen die Pastellstifte gut an. Vor dem Fixieren sollte man die Arbeit vorsichtig abblasen.

Kleben und Aufziehen

Ein wichtiger Bestandteil einer Entwurfsarbeit ist auch die Präsentation derselben. Um eine solche Arbeit wertbeständig zu erhalten und vor unachtsamer Handhabung zu schützen, tut man gut daran, sie mit einem hinterklebten Karton oder Pappe zu versteifen oder auf eine Platte, eventuell auch auf Leinwand aufzuziehen, wenn es sich um größere Arbeiten handelt.

Das Kleben mit Montage-Kleber oder Sprühkleber

Montage-Kleber werden für alle Klebearbeiten verwendet, wo es darum geht, einen Entwurf auf ein dünnes Papier bis kartonstarkes Material zu kaschieren, ohne die Rückseite, wie dies bei wasserhaltigen Klebstoffen notwendig ist, mit einem Gegenzugpapier zu versehen. Wasserhaltige Klebstoffe haben die Eigenschaft, die Materialien in welliger

Form zu verziehen. Die Feuchtigkeit dehnt die Papiere aus; beim Wiedertrocknen übt das aufgeklebte Papier einen starken Zug aus. Selbst dünne Sorten, auf eine starke Platte aufgeklebt, zwingen diese in eine nach innen gekrümmte Hohlform.
Montage-Kleber ist ein wasserfreier Klebstoff, bei dessen Anwendung die verklebten Flächen plan bleiben. Die Klebetechnik mit Montage-Kleber für Papier wurde bereits auf Seite 184 beschrieben.
Montage-Kleber eignet sich auch für folgende Klebearbeiten:

1. Klebeumbruch (Einkleben von Fahnenabzügen und Andrucken)
2. Typografischer Drucksachenentwurf (Aufkleben der Schriftzeilen auf die fertige Entwurfsarbeit)
3. Hinterkleben von Fotografien mit Karton
4. Bestimmen der Bildgrößen für die Klischeeanstalt (Aufkleben der Fotografien auf einen größeren Bogen Papier, Aufkleben eines Passepartouts)
5. Schnittmontage (Zusammenkleben der ausgeschnittenen Bildteile)
6. Entwurfsarbeiten von Vorsatzpapieren und Einwickelpapieren (Zusammentragen und Aufkleben der Bildelemente zu einem Rapport)
7. Aufziehen empfindlicher Arbeiten (z. B. mit Wasserfarbe ausgeführte Entwürfe auf Karton, Pappe oder Holz)
8. Aufziehen bereits mit Montage-Kleber ausgeführter Entwurfsarbeiten (Klebearbeiten mit farbigem Papier oder Folien auf Karton, Pappe, Hartfaserplatte oder weißes PVC-Material)

Wichtig ist für alle Klebearbeiten, die mit Montage-Kleber ausgeführt werden, daß diese nicht gerollt werden dürfen. Da diese Klebung keine innige Verbindung der Papiere herbeigeführt, sondern nur auf Kontaktklebung beruht, entstehen bei eingerollten Arbeiten Falten und Brüche.

Aufziehen mit Leim und Kleister

Die Anwendung wasserhaltiger Klebstoffe erfordert einige Erfahrung und vor allem die Kenntnis der unterschiedlichen Klebeeigenschaften von Leim und Kleister. Leime zeichnen sich mit geringerem Wassergehalt und starker Klebkraft aus, hingegen hat Kleister bei geringerer Klebkraft einen wesentlich höheren Wassergehalt. Leime eignen sich vor allem für das Aufziehen von kartonstarken Arbeiten, Kleister zum Aufziehen von dünnerem Papier. Weitere unterschiedliche Eigenschaften der beiden Klebstoffe

sind der Dehnungsfaktor. Da Kleister viel Feuchtigkeit enthält, dehnt sich das Papier stärker aus als bei dem Bestreichen mit Leim. Die Spannung, die beim Trocknen dadurch erzeugt wird, daß sich das Papier wieder zusammenzieht, ist infolgedessen bei der Anwendung von Kleister viel größer. Das Papier legt sich dabei innig an die Unterlage. Auch die Struktur des Untergrundes wird stärker sichtbar als bei Anwendung von Leim.
Deshalb dürfen für Kleisterkaschierungen nur glatte, strukturlose Unterlagen verwendet werden. Die Verwendung wasserhaltiger Klebstoffe setzt allgemein voraus, daß aufgeklebte Papiere oder Kartons auf Pappe oder Holz auf der Rückseite gegenkaschiert werden. Kleister muß immer da verwendet werden, wo ein stärkerer Gegenzug notwendig ist.
Diese unterschiedlichen Eigenschaften der Klebstoffe macht man sich zunutze und führt durch geschickten Wechsel von Leim und Kleister den Spannungsausgleich herbei. Wichtig für die Verarbeitung ist es auch, die Laufrichtung beider Papiere zu beachten. Da sich Papiere quer zur Laufrichtung stärker ausdehnen und auch wieder zusammenziehen, muß das gegenkaschierte Papier in gleicher Laufrichtung verarbeitet werden. Dabei wird die Spannung wieder aufgehoben, so daß die Arbeit nach der Trocknung vollkommen plan bleibt.

Das Einstreichen

Der aufzuziehende Bogen wird mit etwas Zugabe in passender Größe zurechtgeschnitten und mit der Bildseite nach unten auf einen sauberen Tisch so über das Eck gelegt, daß je zwei Seiten des Bogens ca. 5 mm über die Tischkante reichen. Der in Klebstoff getauchte Pinsel wird nun von der Mitte des Bogens beginnend, sternförmig gegen die Außenkante geführt. Der Klebstoff ist gleichmäßig aufzutragen. Ist bereits die Hälfte des Bogens eingestrichen, wird er um 180 Grad gewendet und der Klebstoff auch auf der zweiten Hälfte gleichmäßig verteilt. Man verwendet einen relativ großen, weichen Pinsel, der ein rasches, gleichmäßiges Überziehen des Bogens mit Klebstoff ermöglicht. Zum Schluß prüft man gegen das Licht, ob keine matten, freigelassenen Papierstellen mehr sichtbar sind. Die Pinselführung an den Rändern darf nur von innen nach außen, niemals parallel zur Bildkante erfolgen. Nur so kann man vermeiden, daß der Klebstoff auf die unterliegende Bildseite fließt, was zu Fleckenbildung führt. Handelt es sich bei dem verwendeten Klebstoff um Kleister, wird dieser etwas „saftiger“ als Leim aufgetragen. Mit

Kleister bestrichenes Papier läßt man 2—3 Minuten nach dem Einstreichen strecken, bevor man es aufklebt. Ein mit Leim bestrichener Bogen wird sofort nach dem Einstreichen aufgeklebt.

Einstreichen eines Bogens mit Kleister
Der Bogen reicht an je zwei Seiten
1 cm über die Tischkante.

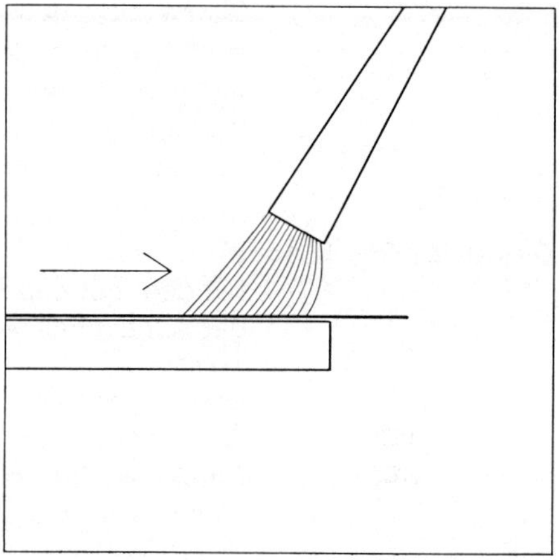

Der Bogen wird an zwei Ecken der Diagonale angefaßt, bei größeren Bogen zieht man besser eine Hilfsperson zu. Man dreht den Bogen um und legt ihn mit einer Kante so auf die Unterlage, daß er dadurch gleichsam eingepaßt wird, bis man ihn schließlich im Ganzen locker auflegt.
Mit einem sauberen, dünnen Blatt Papier bedeckt, reibt man nun den Bogen mit dem Handballen oder einer harten Bürste von der Mitte beginnend nach außen gut an. Dieses Anmassieren dauert so lange an, bis alle Luftblasen herausgepreßt sind.
Es versteht sich von selbst, daß die eingestrichene Fläche vor dem Aufkleben auf Unsauberkeiten wie Klebstoffklümpchen, Pinselhaare und ähnlichem untersucht wird und diese entfernt werden.
Nachdem man die Rückseite in gleicher Weise gegenkaschiert hat, trocknet man die Kaschierung zwischen saugfähigen Weißpappen, auch Finnenpappen genannt, die man mit weiteren Pappen oder Holzplatten ausreichend beschwert. Auf stärkere Holzplatten aufgezogene Arbeiten können auch waagrecht über 2 gegeneinandergestellte Stuhllehnen getrocknet werden.

Trockenaufziehen von Hochglanzbildern
mit Aufziehfolie

Hochglanzbilder können schnell und sauber mit selbstklebenden Folien, die beidseitig mit einem genarbten oder kunststoffbeschichteten Papier geschützt sind, aufgezogen werden. Vor Gebrauch entfernt man das Schutzpapier der einen Seite, klebt das Foto auf und schneidet die überstehende Folie mit Schere oder Messer ab. Nachdem man das zweite Schutzpapier entfernt hat, hinterklebt man das Bild mit dem passenden Karton, mit der passenden Pappe, Hartfaserplatte oder weißen PVC-Platte. Die Folie klebt auch auf Metall, Glas und Gewebe. Das Gegenkaschieren erübrigt sich bei dieser Art des Aufziehens.

Bindung (Buchbinden)

Mit dem gebundenen Werk schließt das letzte Kapitel der gestalterischen Arbeit ab. Die gebundenen Seiten einer Zeitschrift, einer Werbeschrift oder eines Buches präsentieren das fertige Druckwerk.
Die Bindung muß wie die Gesamtausführung schon bei Entstehen der Drucksache mit berücksichtigt und preislich einkalkuliert werden. Eine wesentliche Rolle spielt hierbei die Falzart, die ebenfalls schon bei Entstehen der Entwurfsarbeit bestimmt werden sollte. Im folgenden sind die verschiedenen Falz-, Heft- und Einbandarten angeführt.

Falzarten

Der ungefalzte Bogen, auch Planobogen genannt, kann auf verschiedene Art gefaltet werden. Man spricht von einer Kreuzbruch- und einer Parallelfalzung und von gemischten Falzungen anderer Art. In Falzmaschinen werden die Bogen durch eine Kombination von Falzmessern oder durch ein Stauchsystem gefalzt. Solche Maschinen arbeiten halb- oder ganzautomatisch, wobei man eine Stundenhöchstleistung je nach Falzart von etwa 3500—5000 Bogen in der Stunde erreicht.

1. Kreuzbruchfalzung: Am häufigsten angewandt wird die Kreuzbruchfalzung bei Werk- und Zeitungsdruck, wobei die Falzung in Zwei-, Drei- und Vierbruch ausgeführt wird.
2. Parallelfalzung: Die Parallelfalzung ermöglicht außerordentlich viele Falzkombinationen. Diese Falzart wird hauptsächlich für Prospekte usw. angewandt.
3. Gemischtfalzung: Als Gemischtfalzung bezeichnet man die Kombination von Kreuz- und Parallelfalzbrüchen.
4. Lagenfalzung: „In Lagen falzen“ bedeutet, daß mehrere Viertelbogen zu einer Lage gefalzt werden. Hauptsächlich angewandt wird diese Falzart für Kontobücher und Schreibbücher.

Kreuzbuchfalzung

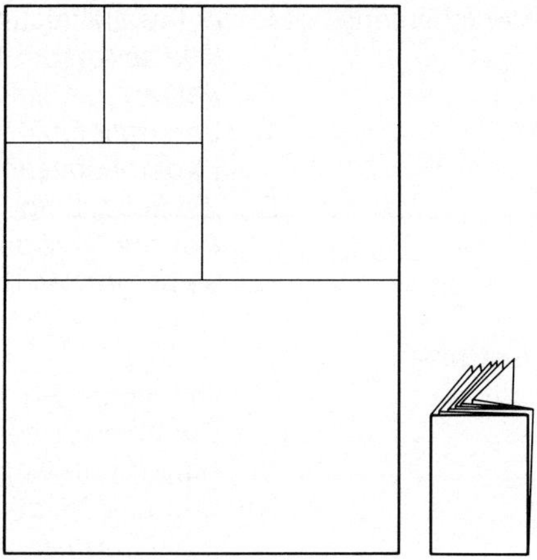

Die Faltungen, am Beispiel für das Format DIN A3 durchgeführt, sind sinngemäß auf alle übrigen Normformate anwendbar.

Faltformeln:
Ausgangsformate A3 hoch und A3 quer
A3 — ½ A3 = A3 auf ½ A3 gefaltet
A3 — ½ A3 — A5 = A3 über ½ A3 auf A5 gefaltet
A3 — A4 = A3 auf A4 gefaltet
A3 — A4 — A5 = A3 über A4 auf A5 gefaltet
A3 — A4 — ½ A4 = A3 über A4 auf ½ A4 gefaltet

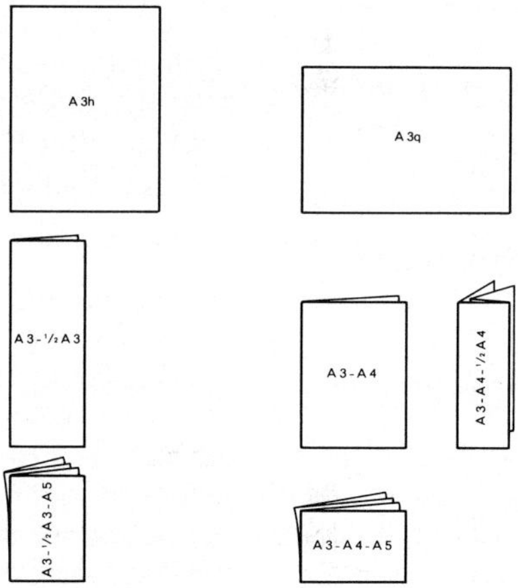

1 Parallelfalzung
2 Leporellofalzung (Zickzackfalzung)
3 Wickelfalzung
4 Gemischtfalzung
5 Lagenfalzung
6 Gefalzte Blätter zusammengetragen
7 Gefalzte Blätter einstecken

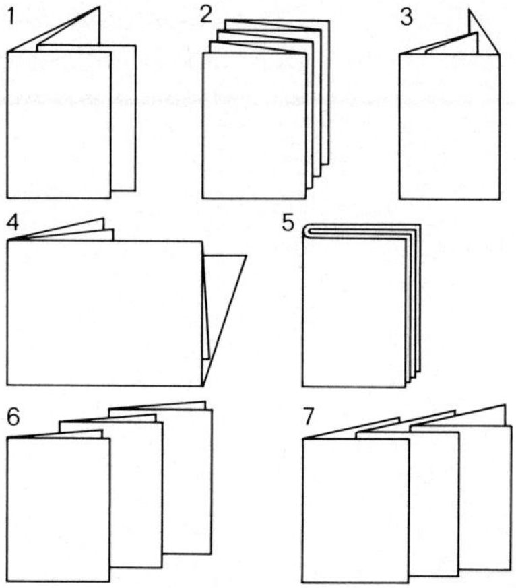

Verschiedene Arten der Parallelfalzung

Wie schon der Name sagt, laufen die Falzbrüche in dieser Falzart parallel zueinander.

1. Leporellofalzung oder Zickzackfalzung
   Leporellofalzung bezeichnet eine harmonikaartige Falzung.
2. Wickelfalzung, Tabernakelfalzung
   Bei der Wickelfalzung wird der Bogen gleichsam aufwikkelnd gefalzt. Das Druckwerk öffnet wie ein Tabernakel.

Heftarten

Die gefalzten Bogen werden „zusammengetragen". Der Buchbinder versteht darunter das planvolle Aneinanderreihen derselben zu einem Buch. Manche Bindearten sehen ein „Einstecken" vor, wobei gefalzte Doppelbogen zu einer Lage ineinandergesteckt werden.
Zum Heften verwendet man Bindfaden oder Draht. Erstere Heftart wird in der Fadenheftmaschine, die andere in der Drahtheftmaschine ausgeführt. Während die Fadenheftung die Bogen mit einem Faden gleichsam zusammennäht, werden sie in der Drahtheftmaschine durch gleichmäßig verteilte Drahtklammern zusammengehalten.

Fadenheftung

Bei der Fadenheftung unterscheidet man zwischen einer Durchaus- und einer Wechselstichheftung. Bei der ersteren werden die Bogen einzeln durchgeheftet, während bei der Wechselstichheftung jeweils zwei Bogen gemeinsam durch einen Heftfaden erfaßt werden. Dabei kann etwas rationeller gearbeitet werden.

1. Knotenfadenheftung: Einfache Schreibhefte werden durch die Knotenfadenheftung meist in drei Stichen zusammengehalten, die Fadenenden werden dabei verknotet.
2. Holländern: Unter „Holländern" versteht man eine Heftart, die die einzelnen Bogen in einer einfachen und besonders preiswerten Art bindet. Der Zusammenhalt der Bogen er-

Knotenfadenheftung

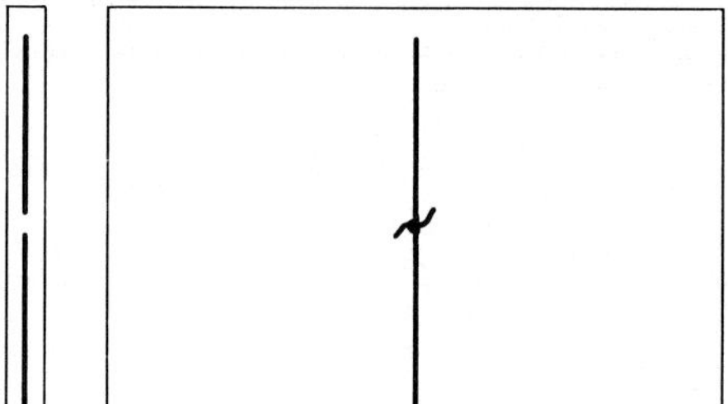

Holländern

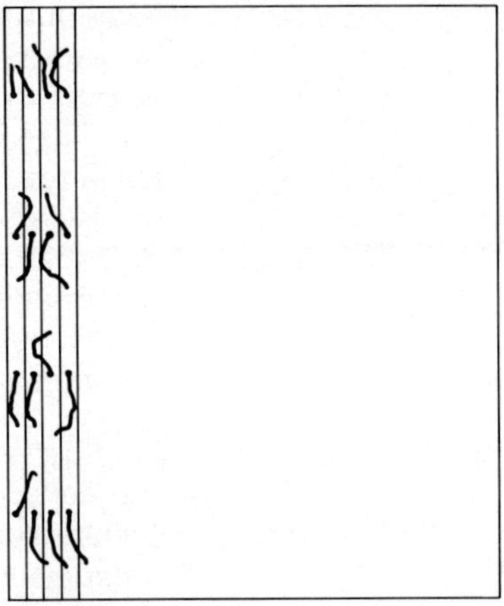

Auf Gaze heften

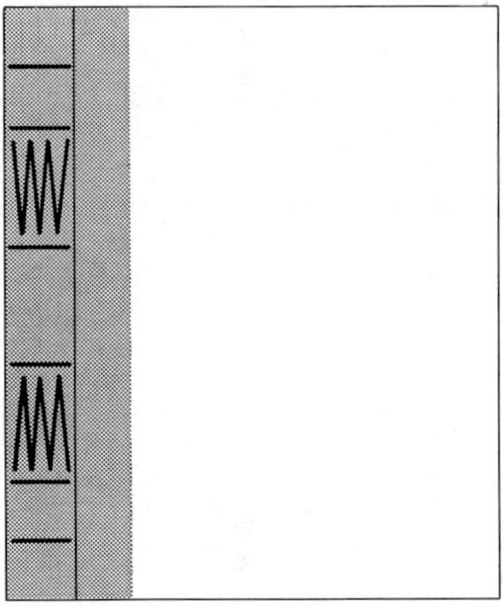

Auf Bänder heften

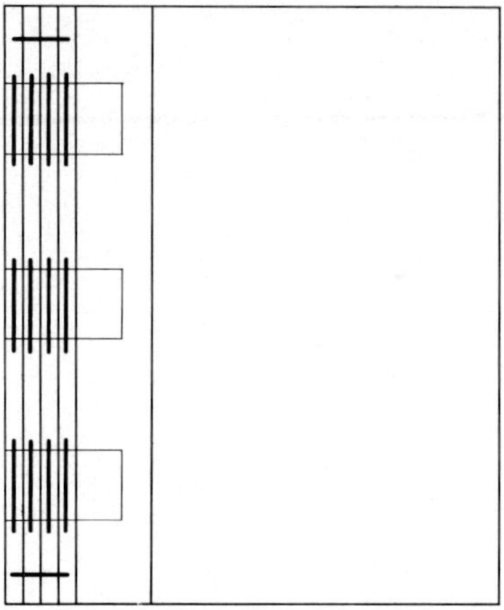

folgt durch Heftzwirn und anschließende Leimung am Rücken. Geholländert wird mit der Buchfadenheftmaschine oder mit dem Holländerapparat in der Falzmaschine.

3. Auf Gaze heften: Bücher werden zum Großteil mit Faden auf Gaze geheftet. Die Gaze bürgt für einen guten Halt, besonders wenn es darum geht, eine größere Anzahl von Bögen zu einem starken Buch zu binden.
4. Auf Bänder heften: Kontobücher, Schreibbücher, Notenbände usw. werden häufig auf Band geheftet. Wertvolle Pergamenteinbände heftet man auf Riemen aus Leder.

Drahtheftung

Drahtgeheftet werden Kontobücher, Blocks, Broschüren und Zeitschriften.

1. Drahtheftung durch den Rücken: Zeitschriften und andere einlagige Arbeiten werden durch den Rücken geheftet. Dabei ist der Klammerschluß stets innen.
2. Seitliche Heftung mit Draht (Querheftung): Blocks, Kataloge und ähnliche Arbeiten werden vielfach seitlich geheftet. Der Nachteil dieser Heftart ist der, daß ein in dieser Art ge-

Drahtheftung durch den Rücken

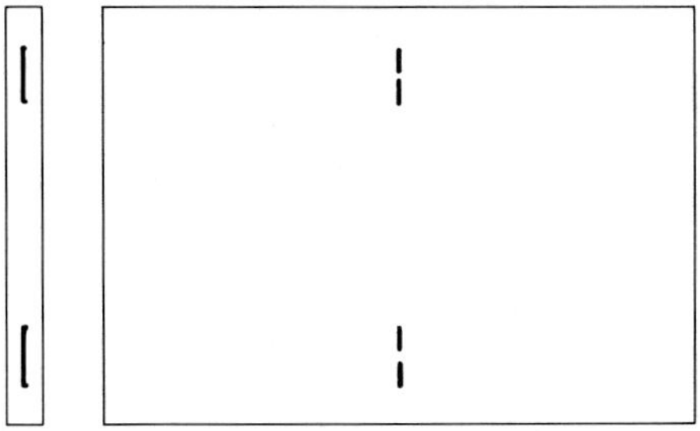

Seitliche Drahtheftung

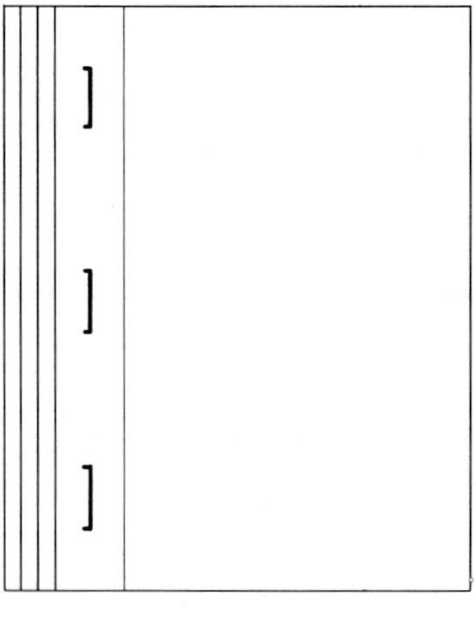

heftetes Buch oder eine Zeitschrift nicht gut aufgeschlagen werden kann. Diese Heftung beschädigt auch die Innenseiten.

Fadenloses Binden (Lumbeck-Bindeverfahren)

Das Lumbeck-Bindeverfahren ermöglicht die Bindung von Einzelblättern. Die Technik dieses Bindeverfahrens beruht darauf, daß der Buchrücken nach einem Geradeschnitt durch seitliches Umbiegen desselben aufgefächert und mit einem dauerelastischen Spezialklebemittel (Dispersionsleim) eingestrichen wird. Das Auffächern und Einstreichen des Rückens erfolgt auf beiden Seiten. Anschließend wird der Block gepreßt und mit einem Gewebe am Rücken beklebt.

Lumbeck Bindeverfahren
1 Einstreichen der aufgefächerten Blätter
2 Pressen des Buchblocks

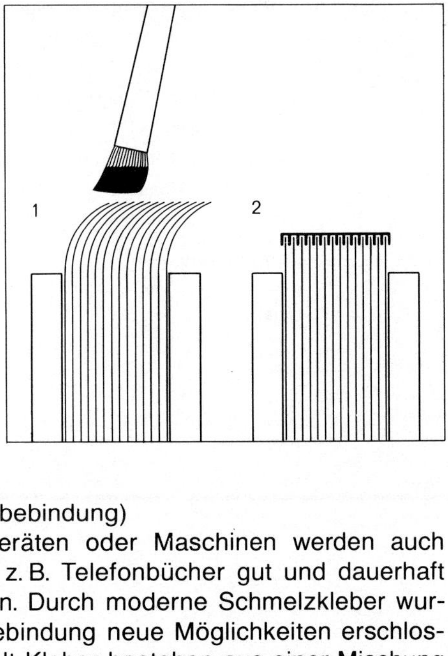

Maschinelle Klebebindung (Hot Melt-Klebebindung)

In besonderen Geräten oder Maschinen werden auch dicke Broschüren z. B. Telefonbücher gut und dauerhaft fadenlos gebunden. Durch moderne Schmelzkleber wurden der der Klebebindung neue Möglichkeiten erschlossen. Diese Hot Melt-Kleber bestehen aus einer Mischung synthetischer Harze, welche durch Aufschmelzen verflüssigt werden. Zur besseren Haltbarkeit der Klebebindung wird der Buchrücken gefräst und dadurch aufgerauht. Das wesentliche Kennzeichen der Hot Melt-Klebstoffe ist das schnelle Erstarren des Klebefilms. Eine rasche Weiterverarbeitung ist möglich.

Einbandarten

Die Einbandarten unterscheidet man entsprechend ihrer technischen Herstellung. Die meist vorkommenden Formen sind die Broschur und der Gewebe- und Pappband. Sehr wertvolle Bücher werden in Leder gebunden.

Die Broschur

Die Broschur wird nochmals in eine solche im Papier- oder Kartonumschlag, der sogenannten Verlagsbroschur (Paperback-Taschenbuch) und in eine Steifbroschur unterschieden.

1. Verlagsbroschur

   Die geholländerten oder mit Draht gehefteten Bogen werden im Stoß geleimt, beschnitten und in den Umschlag „eingehängt".

   Der Umschlag besteht aus einem mehr oder weniger starken, meist viermal gerillten Karton. Bei einfachen Broschüren klebt man den Umschlag nur am Rücken fest. Die Broschur ist die billigste Einbandart.

   Gerillt wird in einem Rillapparat, dieser formt gleichsam einen Wulst, wobei der Karton an der Stelle gelockert, nicht aber geschwächt wird, wie dies beim „Ritzen" der Fall ist.

   Beim Ritzen wird ein spanabnehmender Einschnitt in das Material vorgenommen. Die Ritzung wird vorwiegend in der Kartonagenfabrikation angewandt.

Verlagsbroschur (Weichbroschur)

2. Die Steifbroschur

   Die Steifbroschur unterscheidet sich von der einfachen Verlagsbroschur durch Heftung auf Gaze sowie durch angesetzte Pappen als Deckel und gegebenenfalls einem

Geweberücken. Zwischen Deckel und erster Buchseite wird ein „Vorsatz" in Form eines Doppelblattes eingeklebt. Erst dann wird der Buchblock zusammen mit den angesetzten Deckeln an allen 3 Seiten glatt beschnitten.

Der Gewebe- und Pappband

Die veraltete Bezeichnung Leinenband wird heute durch „Gewebeeinband" ersetzt, da der heutige Leinenband kaum mehr aus Leinen hergestellt wird. Es sind haltbarere, teilweise mit Kunstfasern gemischte Sorten im Gebrauch zum Beispiel „Kaliko". Die Bindetechnik des Gewebe- und des Pappbandes genießt gegenüber der Broschur den Vorzug der Dauerhaftigkeit. Die Heftung des Gewebebandes erfolgt auf Gaze. Nach der Verleimung des Rückens wird der Buchblock beschnitten und anschließend rundge-

Halbgewebeband

Ganzgewebeband

klopft. Dabei entsteht ein halbrunder Rücken. Der Deckel wird aus steifer Pappe angefertigt und zusammen mit dem Rücken mit Gewebe bezogen. Der Buchblock wird auf der ersten und letzten Seite des Vorsatzes mit Kleister eingeschmiert und in den Buchdeckel eingehängt.

1. Halbgewebeband
   Der Halbgewebeband ist preiswerter als der Ganzgewebeband. Während der Rücken aus Gewebe gefertigt wird, überzieht man den Deckel nur mit einem Papier.

2. Ganzgewebeband
   Der Ganzgewebeband ist einfacher herzustellen, da die gesamte Decke in einem Stück gearbeitet werden kann.

3. Der Pappband
   In der Bearbeitung entspricht der Pappband in allem dem Ganzgewebeband, nur mit dem Unterschied, daß der Überzug ausschließlich aus Papier besteht.

4. Kunststoffeinband (Plastikeinband)
   Für den Kunststoffeinband werden die Buchdeckel in einem Stück mit dem Buchrücken beidseitig mit PVC-Folie (Polyvinylchlorid-Folie) bezogen und an den Kanten verschweißt. Der Buchblock wird vorwiegend auf Gaze geheftet und in die fertige Buchdecke eingehängt. Die Decke kann man auch ohne Innenversteifung, also ohne Pappe, aus einem Stück Folie arbeiten; beim Einhängen des Buchblocks wird der Vorsatz mit einem Spezialkleber eingeschmiert. Kunststoffolien werden mit glatter oder leicht genarbter Oberfläche gehandelt. Im Siebdruckverfahren kann man die Folien mit speziellen PVC-Farben gut bedrucken. Es gibt auch Bucheinbandmaterial auf Fliesbasis mit einer Deckschicht aus PVC. Die Rückseite dieses Materials ist so beschaffen, daß es mit jedem Klebstoff verarbeitet werden kann. Auf das Material kann auch geprägt werden. Der Vorteil von Kunststoffeinbänden ist die Strapazierfähigkeit des Materials, es ist abwaschbar, kratz- und scheuerfest und unempfindlich gegen Öle und Fette.

Lederband, Halblederband, Halbfranzband, Halbpergamentband, Ganzpergamentband

1. Der Ledereinband ähnelt in der Verarbeitung der Art des Gewebebandes. Halblederbände werden meist mit Leinen kombiniert, so daß der Rücken aus Leder gefertigt und der Deckel mit Leinen überzogen wird.

Der Halbfranzband und der Franzband erhält seine Bezeichnung aus einer Ableitung von „französischem Einband“. Man unterscheidet den Franzband mit eingesägtem Rücken und den Franzband auf „echte erhabene Bünde“ gebunden. Bei dieser Einbandart wird der Rücken besonders behandelt, damit sich die Bünde durch den Lederrükken erhaben abbilden. Der Halbfranzband erhält einen Lederrücken, der Ganzfranzband eine ganze Lederdecke.
Halbpergament- und Ganzpergamenteinbände zählen zu den wertvollsten Buchbinderarbeiten. Pergament weist bei der Verarbeitung starke Dehnungs- und Zusammenzugkräfte auf. Früher hat man statt der Pappe Holzplatten verarbeitet. Heute verwendet man vielfach Leichtmetallplatten als Deckel. Alle diese Bindemethoden sind bereits veraltet, sie werden nur mehr handwerklich gepflegt. Einzelexemplare und kleine Auflagen werden für besondere Anlässe (Jubiläum, Hochzeit) hergestellt. Wertvolle alte Bücher wird man in der „antiken“ Bindeart restaurieren.

Spezialbindungen

Für Sammelkataloge, Alben sowie für Kalender und Angebotsmappen oder Mustermappen verwendet man vielfach eine Spiralbindung oder Plastikbindung.
Die Einzelblätter erhalten im Bund durchlaufende Lochstanzungen, durch die die Spirale oder die Plastikringbindung hindurchgezogen wird, die die Blätter im Bund zusammenhält. Ein großer Vorteil dieser Bindeart besteht darin, daß beim Aufschlagen die Blätter absolut flach liegen. Auch gibt es auswechselbare Plastik-Ringbindungen, deren Vorzug es ist, daß die Blätter mühelos entnommen und ausgewechselt werden können.

Spiralbindung

Prägen

Der Aufdruck des Buchtitels, einer Vignette, eines Faksimiles oder ähnlicher Formen erfolgt auf die fertige Decke in der Prägepresse. Gedruckt wird mit einem Prägestempel, der vom Stempelschneider in Messing geschnitten wurde oder von Messingprägeschriften, die als Einzellettern auf einem Stück Pappe in der richtigen Stellung aufgeklebt wurden. Von Druckschriften oder nach einer Strichätzung wird ein Prägestempel angefertigt.

Je nach Art des Gewebes fällt die Druckqualität der Prägung verschieden aus. Glatte Gewebe können am besten bedruckt werden, grobfädiges Leinen muß man erst im Blinddruck ohne Farbe vorprägen und im Zweitdruck mit Farbe wiederholen. Für weißen oder hellfarbigen Druck eignen sich besser Prägefolien. Diese gibt es in verschiedenen Ausführungen. Sie bestehen aus einer Trägerschicht mit dünnen, aufgewalzten Farbschichten. Geprägt wird mit einem heißen Stempel, dadurch lösen sich die Farbschichten an der erwärmten Stelle und haften auf der Buchdecke. Ähnliche Folien gibt es auch für Gold- und Silberprägungen. Bei der Entwurfsausführung für eine geprägte Buchdecke vermeide man eine Lösung, die zu enge Strichlagen oder dünne Schriften mit feinen Haarlinien zeigt. Die Prägezeilen dürfen nicht zu knapp an den Rand des Buchdeckels laufen. An der Buchkante wird der Widerstand bei der Prägung vermindert, dies führt zu unsauberen Drucken. Auch trägt das umgeschlagene Leinen auf der Innenseite der Decke auf, dadurch prägt die Schrift, die Vignette oder das Zeichen an dieser Stelle stärker.

Fachausdrücke der Werbung

a

accentuate, to	betonen, hervorheben
account	Etat, Kunde, Budget
account executive	Sachbearbeiter einer Werbeagentur, Kontaktmann, Kontakter
additional charge	Zuschlag
address	Anschrift
ad, advertisement	Inserat, Anzeige
advertisement manager	Anzeigenleiter
advertise	werben
advertiser	Werbungstreibender
advertising	Werbung
advertising agency	Werbeagentur
advertising consultant	freier Werbeberater
advertising counsel	freier Werbeberater
advertising department	Werbe-Abteilung
advertising in circulating magazines	Lesezirkelwerbung
advertising media	Werbeträger
advertising message	Werbebotschaft
advertising rates	Inseratentarif
advertising schedule	Terminkalender
advertising in tramways	Straßenbahnwerbung
advertising in transport systems	Verkehrsmittelwerbung
Affichen	Plakate
agency agreement	Vertrag zwischen Kunde und Werbebüro
agency commission	Provision
agreement	Abkommen
airmail paper	Flugpostpapier
all rights reserved	alle Rechte vorbehalten
almanac, calendar	Almanach, Kalender
analysis of subscribers	Bezieheranalyse
animated cartoon	Trickfilm
apostrophe	Apostrophenzeichen
appendix	Anhang
arabic numerals	arabische Ziffern
art board	Kunstdruckkarton
artist	Grafiker
art mat paper	mattes Kunstdruckpapier
art paper, coated paper	Kunstdruckpapier
art pull, glossy print	Kunstdruckabzug
art-work	grafische Illustration, Grafik
associated advertising	Gemeinschaftswerbung
attention value	Aufmerksamkeitswert
audience	Leserschaft
author's correction	Autorkorrektur
autotype, half-tone-block	Autotypie
average circulation	Durchschnittsauflage

b

background	Hintergrund
before insertion	vor Einschaltung
before issue	vor Erscheinen
bi-monthly	zweimonatlich
bill	Rechnung, Plakat
bill posting	affichieren
bleed	Schnittrand
bleed-off page	druckangeschnittene Seite
block	Klischee
blockmaker	Chemigraf
block pull	Klischee-Abzug
blue-print, cyanotype	Blaupause
blow-up	Vergrößerung
board	Karton
body matter	Text
bodytypes	Werksatz
bold face	fetter Satz
booklet	Broschüre
booklet, prospectus	Prospekt
bookbinder	Buchbinder
book designer	Buchgestalter
border	Schmuckleiste, Einfassung
bottom of page	Fuß der Seite
bound insert	geheftete Beilage
brakets	Klammern
brand name	Markenzeichen
briefing	schriftliche Instruktion, Aufgabenstellung

break the line, make up	umbrechen
breakdown	Aufschlüsselung
business manager	Verlagsleiter

c

campaign	Werbekampagne
cancellation right	Rücktrittsrecht
cap, capital	Großbuchstabe
caption	Legende, Bildunterschrift
cartoon	humoristische Zeichnung
catalogue	Katalog
chapter	Kapitel
character count	Satzberechnung
chromo lithography	Chromolithographie
cinema	Kino
circular letter	Rundschreiben
circulation analysis	Leseranalyse
circulation, edition, run	Auflage, Verbreitung
classification	Einteilung
classified ad	Kleinanzeige
client	Kunde, Auftraggeber
clipping	Zeitungsausschnitt
closing date, deadline	Inseratenschluß
close-up	Großaufnahme
coarse-screen	Grobraster
coated board	Kunstdruckkarton
coated paper	Kunstdruckpapier
collective advertising	Gemeinschaftswerbung
colophon, imprint	Kolophon, Schlußschrift
collotype	Lichtdruck
colon	Doppelpunkt
colour	Farbe
colour printing	Farbdruck
column	Spalte
column length	Zeilenlänge
column width	Spaltenbreite
combined edition	Kombinationsausgabe
combined line and half-tone	Strichklischees mit einkopiertem Raster
commercial picture	Werbefilm
commercial television	Fernsehwerbung
comic strip	aus mehreren humoristischen Einzelbildern aufgebaute Handlung
commission	Provision
composition machine	Setzmaschine
comma	Komma
commercial radio	Radiowerbung
commercial artist	Gebrauchsgrafiker
compositor	Setzer
compose, set	setzen
composition, type matter	Satz
composition pattern	Satzanweisung
concertinafolding	Zickzackfalzung
condensed type	enger, schmaler Satz
condition	Bedingung
contact man	Kontakter
contents	Inhaltsverzeichnis
copper gravure	Kupfertiefdruck
copperplate-engraving	Kupferstich
copperplate-printing	Kupferdruck
copy	Text, Exemplar
copy deadline	Redaktionsschluß
copyproof	Film- oder Papierabzug von Lichtsatzschriften oder Strichzeichungen
copyright	Autorrecht, Urheberrecht
copyright reserved	alle Rechte vorbehalten
copy writer	Texter
correction	Korrektur
corrugated paste board	Wellkarton
counter display	Ladenaufsteller
counter display container	stumme Verkäufer
counterfeit	Nachahmung
cover, mask	abdecken, Umschlag
cover page	Umschlagseite
cropping	Bildausschnittbestimmung
cross section	Querschnitt
cross size	Querformat
customer, client	Kunde, Auftraggeber
cut	Schnitt, Druckstock
cyanotype	Blaupause

d

daily paper (press)	Tageszeitung
deadline	Inseratenschluß
deep-etch	Tiefätzung
definition	Konturzeichnung
density	Dichte
department	Abteilung
depth of page	Satzhöhe
design, drawing	Zeichnung
design, to	zeichnen, entwerfen
designer	Zeichner, Entwerfer
desktop publishing	Elektronisches Satz- und Layout-programm
diaeresis	Trema, Trennpunkte
dingbats	Typosignale
direct mail advertising	Direktwerbung
discount	Rabatt
display faces, display window	Schaufenster
distribution	Vertrieb
division	Abteilung
dotted rule	punktierte Linie
double column	zweispaltig
double spread, double page	Doppelseite
drawing	Zeichnung
dub	synchronisieren
dummy	Handmuster, Schau-packung
dye-transfer copy	Farbkopie, Farb-photo

e

easy class	wohlhabende Klasse
edition	Auflage
editor	Redakteur, Heraus-geber, Redaktion
editoral	Leitartikel
editorial matter	redaktioneller Teil
electric sign	Lichtreklame
electric sign advertising	Leuchtwerbung
electro/electrotype	Galvano
electrotyping	Galvanoplastik
embossing	Reliefdruck
employment wanted	Stellengesuch
enclosure	Beilage
enlargement	Vergrößerung
envelope	Briefumschlag, Kuvert
erratum	Druckfehler
estimate	Kostenvoranschlag
estimate of com-position	Satzberechnung
estimate to	kalkulieren
etching	ätzen
etched copperplate	Radierung
exclamation mark	Ausrufungszeichen
exhibition	Ausstellung
extra bold	fetter Satz
eye-catcher	Blickfang

f

facing matter	textanschließend
facsimile	Faksimile
fair	Messe
finished drawing	Reinzeichnung
field investigation	Marktforschung
figure	Ziffer, Zahl
filmlet	Kurzfilm
flat	Film für Offset
film paper	Fotopapier
flip-flop	Umlegemappe
flong	Mater
folder	Faltprospekt, Mappe
folio	Pagina
footnote	Fußnote
frame	Rand, Rahmen
framed text	umrandeter Text
free copy	Freiexemplar
free lance contributor	freier Mitarbeiter
front page	Vorderseite
full colour printing	Mehrfarbendruck, Farbdruck
full stop	Punkt (Satzzeichen)
full (whole) page	ganze Seite

g

gallay proof	Bürstenabzug
glazed paper	gestrichenes Papier
glossary	Sachregister
glossy print	Kunstdruckabzug
good for printing	druckreif
gothic	Gotisch
graph	Diagramm
grooved paste-board	Wellkarton

h

half-bold	halbfett
half-tone	Autotypie
half-tone block	Autotypie
hand composition	Handsatz
handbill	Flugblatt
handbook	Handbuch

head, heading, headline	Überschrift
headline	Schlagzeile, Überschrift
height to paper	Schrifthöhe
high size	Hochformat
i	
illustrated	illustriert
impact	Intensität (der Werbebotschaft)
imprint	Impressum
increase	Erhöhung
independent	unabhängig
index	Inhaltsverzeichnis
index board	Kartothekkarton
inner page, inside page	Innenseite
initial	Initiale
inline	konturierte Schrift innerhalb der Begrenzung des Buchstabenbildes erzeugt
insert	Beilage, Einschaltung (TV)
insertion	Insertion
institutional advertising	Firmenwerbung
institutional campaign	Erinnerungswerbung
intaglio printing	Tiefdruck
interrogation mark	Fragezeichen
invoice	Rechnung
issue	Ausgabe
italic	kursiv
jobbing work	Akzidenzdruck
k	
key number	Kennziffer
keyed advertising	Werbung mit Kennziffern
kraft paper	Kraftpapier
l	
label	Etikette, Kleber
landscape	Querformat
layout	Anordnung, Druckvorlage
layout man	Entwerfer
lead out, to	spationieren, sperren
leaflet	Flugblatt
length	Höhe

letter	Buchstabe
letter head	Briefkopf
letter spacing	spationieren, sperren
lettering artist	Schriftenmaler
letterpress printer	Buchdrucker
letterpress printing	Buchdruck
level printing	Flachdruck
light	mager
line	Linie, Zeile
line block	Strichklischee
line drawing	Strichzeichnung
lino cut	Linolschnitt
listing	redaktionelle Einschaltung
lithographer	Lithograf
lithography	Lithografie
live matter	Stehsatz
logotype	Wortmarke
lower case	Kleinbuchstabe
m	
magazine	Zeitschrift
make up, to	umbrechen
make-up	Umbruch, Klebespiegel
make-up hand	Metteur
make-up man	Umbruchredakteur
manager of the advertising department	Werbeleiter
manual	Handbuch
margin	unbedruckter Rand
market	Markt
marketing	Marktplanung, Marktfähigmachung
market research	Marktforschung
market(ing) consultant	Berater für Marktverhalten
mask, to	abdecken
mat, matrix	Mater
measure	Satzbreite
mechanical data	technische Daten
media research	Untersuchung der Effizienz von Werbeträgern
mediamix	Streuplan der Werbemaßnahmen in den Medien
middle class	Mittelstand

midline	konturierte Schrift (Die Strichstärke der Kontur wird jeweils zur Hälfte innerhalb und außerhalb der Begrenzung des Buchstabenbildes erzeugt.)
misprint	Druckfehler
mobile	beweglicher Ladensteller
monthly	Monatszeitung
mould	Matrize
motivation	Motivforschung
moving picture (movie) advertising	Filmwerbung
multilith	Rotaprintverfahren

n

negative	Negativ
newspaper	Zeitung
newsprint	Zeitungspapier
number	Zahl
number of columns	Zeilenzahl
numbering	Numerierung

o

oblong size	Querformat
offset paper	Offsetpapier
offset printer	Offsetdrucker
offset printing	Offsetdruck
o. k. to print	Gut zum Druck, Imprimatur
o. k. w/c	Gut zum Druck mit Korrekturen
on request	auf Anfrage
opening	Seitenpaar, Doppelseite
order	Auftrag
ornament	Vignette
ornamental rule	Zierleiste
outdoor advertising	Außenwerbung
outline	entwerfen
outline	konturierte Schrift außerhalb der Begrenzung des Buchstabenbildes erzeugt

p

packaging	Verpackung
page	Seite
page make-up	Umbruch
pamphlet	Flugblatt
panel	Verbraucher-Testgruppe
paper	Papier
paper size	Papierformat
paragraph	Abschnitt, Absatz
paragraph mark	Alineazeichen
passed for press	Gut zum Druck
paste-up	Montage
perforating rule	Perforierlinie
period	Punkt (Satzzeichen)
periodical	Zeitschrift
photo-engraving	Autotypie, Rasterätzung
photogelatin	Lichtdruck
photographer	Fotograf
photography	Fotografie
photogravure	Foto-, Rakel-, Rotations-Tiefdruck
photogravure printer	Tiefdrucker
photo-lithography	Fotolithografie
photostat	Fotokopie
planographic printing	Flachdruck
plastic block	Kunststoffklischee
plastic packaging	Kunststoffverpackung
plate	Klischee
pocket size	Taschenformat
point	Punkt
point, full stop	Punkt (Satzzeichen)
position	Placierung
poster	Plakat
poster advertising	Plakatanschlag
poster pillar	Plakatsäule
poster printing plant	Plakatdruckerei
preface	Vorwort
preferred position	Vorzugsplatz
prescribed position	vorgeschriebene Placierung
press advertising	Anzeigenwerbung
prestige advertising	Repräsentationswerbung
price	Preis
price of line	Zeilenpreis
printer	Drucker
printing	Druck
printing material	Druckunterlage
printing plant	Druckerei
print script	Blockschrift
printing down reversed	seitenverkehrt kopieren
process engraver	Klischeur
progress control	Terminkontrolle

progress report	Tagesrapport
progressive proof	Farbandruck
PRO, public relation officer	Sachbearbeiter
production	Produktion
professional magazine	Fachzeitschrift
promotion	Werbung (amerik.)
propaganda	Propaganda
proof, pull	Abzug
proof, to	abziehen
proofsheet	Abzug
prospectus	Prospekt
public relations	Zielpublizistik
publication	Zeitschrift, (Verlags-)Werk
publication date	Erscheinungstag
publicity	allgemeine Werbung
publishing house	Verlag
publisher	Verleger
pull	Abzug
punctuation mark	Interpunktionszeichen, Satzzeichen

q

quotation mark	Anführungszeichen
quarterly	vierteljährlich
questionnaire	Fragebogen

r

radio	Rundfunk
rate	Tarif
rate-card	Preisliste
reader	Korrektor
reader's mark	Korrekturzeichen
ready for press (OK)	druckreif
register mark	Passerkreuz
repetition	Wiederholung
reprint	Nachdruck
research man	Befragter in Marktuntersuchungen
retailer	Wiederverkäufer
retouch	Retusche
reversed plate	Umkehrätzung
review	Zeitschrift, Rundschau
ribbon face	Schreibmaschinenschrift
roman type	aufrecht
rotary printing	Rotationsdruck
rotogravure	Rotations-Tiefdruck
rough drawing	Skizze
routing	Ausfräsen eines Klischees
rub on	Anreibeschrift
run	Auflage
run on	Fortdruck
run on, to	anhängen

s

sales display	Verkaufsauslage
sales inquiries	Verkaufsinformation
sales promotion	Verkaufsförderung
sample	Muster
sampling	Musterversand
sans serif	Grotesk
scanner	Elektronische Abtasteinrichtung in der Reprokamera
schedule of insertions	Daten-, Erscheinungsplan
scratch board	Schabkarton
scribble	Grafische Layoutskizze
screen	Raster, Bildschirm
screen advertising	Filmwerbung
second proof	zweiter Abzug
section	Abteilung
section mark	Paragraphenzeichen
section title	Abteilungstitel
semicolon	Strichpunkt
separate copies	Sonderdruck
service	Kundendienst
set, to	setzen
shadow	plastisch
sheet	Blatt
sheet of note-paper	Briefblatt
show	Ausstellung, Messe
showcard	Aufstellplakat
signature	Unterschrift
silhouette half-tone	Autotypie freistehend
silkscreen printing	Siebdruck
single column	einspaltig
size	Format
sketch	Entwurf
slide	Diapositiv
slide advertising	Diapositivwerbung
slogan	Schlagzeile
small capital	Kapitälchen
sound film	Tonfilm
space	Inseratenraum
space buying	Anzeigenraum bestellen
space rates	Inseratentarif

special section	Rubrik
spacing	Erweitern der Abstände zwischen den Drucklettern
specimen copy	Probeexemplar
spectacular	Probeseite
specimen page	Lichtwerbung
split run	Aufgabe von mehreren Inseratenvarianten in der gleichen Ausgabe
spot	Rundfunk oder Fernseheinschaltung
standard media	Zeitungskatalog
standard paper size	Papier-Normalformat
standard rates	Grundpreise
standing matter/composition	Stehsatz
statement, release	Mitteilung
sticker	Etikette, Aufkleber
stone proof	Bürstenabzug
story	Werbetextidee
streamer	Streifenanzeige
subline	Untertitel
subscription	Abonnement
summary	Inhaltsangabe (Zusammenfassung)
supplement	Beilage
supplier	Lieferant
swash letter	Zierbuchstabe

t

tabular matter	Tabellensatz
tasting	geschmacklich abstimmen
tear sheet	Belegseite
teaser	Neugier erregendes Element, Lockanzeige
technical publication	Fachzeitschrift
television (TV)	Fernsehen
test campaign	Versuchskampagne
testimonial	Zeugnis
text	Text
thin	dünn, mager
thin board	Halbkarton
thin face	magerer Satz
three-colour printing	Dreifarbendruck
three column	dreispaltig
tie-up advertising	kombinierte Aktion
tint block	Tonplatte
title	Titel
title page	Titelseite, Haupttitel
total circulation	Gesamtausgabe
trade advertising	Händlerwerbung
trade mark	Schutzmarke
transit/transportation advertising	Verkehrsmittelwerbung
trend	Markttendenz
trim	Beschnittzugabe
TV-spot	Fernseheinschaltung
twice yearly	halbjährlich
two-three and four-colour process	Zwei-, Drei- und Vierfarbdruck
type	Buchstabe
type area	Satzspiegel
type height	Schrifthöhe
type matter, typesetting	Satz
typesetting machine	Setzmaschine
type size	Schriftgrad
type specimen book	Schriftmusterbuch
type writing machine	Schreibmaschine
typewriter face	Schreibmaschinenschrift
typewriter pages	Schreibmaschinenpapier
typographer	Typograph
typography	Typographie

u

underlay	Klischeeunterlage
unrevised	nicht revidiert

v

vending machine	Verkaufsautomat
visiting card	Visitenkarte
visualiser	Gestalter, Ideen-Mann, Grafiker
volume	Jahrgang
voucher copy	Belegexemplar

w

water-colour	Wasserfarbe
watermark	Wasserzeichen
wavy rule	Wellenlinie
weekly	wöchentlich (Wochenzeitung)
whole sale	Großhandel
width of column	Spaltenbreite
window display	Schaufensterplakat
window dresser	Dekorateur
window streamer	Fensterkleber
with surcharge	mit Preisaufschlag
wrapping paper	Einwickelpapier

z

zinc white	Deckweiß

Sachwortregister

F